国家社科基金
后期资助项目

刑法分论争议问题研究

Research on the Controversial Issues of Specific Theories of Criminal Law

郑泽善 著

中国人民大学出版社
·北京·

国家社科基金后期资助项目
出版说明

　　后期资助项目是国家社科基金项目主要类别之一,旨在鼓励广大人文社会科学工作者潜心治学,扎实研究,多出优秀成果,进一步发挥国家社科基金在繁荣发展哲学社会科学中的示范引导作用。后期资助项目主要资助已基本完成且尚未出版的人文社会科学基础研究的优秀学术成果,以资助学术专著为主,也资助少量学术价值较高的资料汇编和学术含量较高的工具书。为扩大后期资助项目的学术影响,促进成果转化,全国哲学社会科学规划办公室按照"统一设计、统一标识、统一版式、形成系列"的总体要求,组织出版国家社科基金后期资助项目成果。

全国哲学社会科学规划办公室
2014 年 7 月

前　言

　　本书可以说是作者有关刑法分论的第二本专著，2009年，由人民出版社出版的《刑法争议问题探索》中的大部分内容，也是以中外刑法分论中有争议的问题为探讨对象的。本书以比较研究的视角，选择中外刑法理论中有争议的分则问题进行了探讨。本书的主要内容包括：刑法分论的思考方法、放火罪的处罚根据、故意伤害罪新论、抢劫罪的基本构造、转化型抢劫罪的认定、近亲属间盗窃免予处罚之法理、"毁坏"之界定、网络虚拟财产的刑法保护、诈骗罪中的处分行为、诉讼诈骗、妨害公务罪、滥用职权罪、贿赂罪的认定与处罚等。

　　本书的主要观点是：

　　刑法总则和分则可以说是一般与特殊、抽象与具体的关系。但是，严格地说，一般与特殊、抽象与具体的关系并不是对总则和分则关系的恰切表述。刑法分则一般以保护法益为基准进行分类，这样是考虑到理解和适用上的便利。我国刑法理论中的十种分类方法当然有其合理性，但是，按照对个人法益、社会法益和对国家法益的犯罪安排分则体系，或许是一种更为合理的价值取向。研究刑法分则的目的在于掌握解决具体纷争的基准和得出合理结论的方法。在解释刑法条文和解决具体事例的过程中，有必要注意法益保护、一体性评价、基准的明确性、法规范的整合性以及利益衡量原则。

　　放火罪的保护法益是公共安全，公共安全是指不特定或多数人的生命、健康或财产的安全。行为人烧毁自己的财物本身并不违法，行为人烧毁自己的财物构成放火罪的处罚根据在于这种行为危及公共安全，因此，公共安全应当解释为一种构成要件要素，而行为人有必要认识该罪的构成要件要素之危及公共安全。即便达到独立燃烧的程度，还不能说发生了财产侵害，因此，通说有过于强调危及公共安全而忽视放火罪同时所具有的毁弃、损坏的一面。独立燃烧说将会导致放火罪的既遂时点过于提前而几乎没有成立未遂犯和中止犯的余地。

由于我国刑法只规定一个伤害故意,因而当行为人出于轻伤的故意导致他人重伤结果时,应当怎样处罚,不仅在刑法理论中没有一个统一的基准,在司法实践中也是见仁见智。实施暴力行为,导致被害人重伤或死亡的,应当属于故意伤害罪的结果加重形态。在故意伤害的情况下,即便有被害者的承诺,由于作为伤害的社会意义并没有变更,因而不能阻却构成要件的符合性。但是,基于被害者承诺的违法性的阻却,在某种情况下可以成立。阻却违法性的判断,应当根据被害者处分自己身体的安全这一法益是否具有社会相当性而进行。针对同时伤害的情况,不应认定为共同伤害。

我国的通说认为,以非法占有为目的,使用暴力、胁迫或其他方法,强行劫取公私财物构成抢劫罪。抢劫罪除侵犯他人财产之外,还侵犯他人的人身权利。抢劫罪中的暴力、胁迫,是否有必要达到一定的程度,通说一般没有论及,原因在于同样的暴力行为对不同被害人的心理产生不同影响。通过暴力、胁迫手段压制被害者的反抗,强取财物成立抢劫罪。在这里,是否压制反抗不仅有必要,也是关键的要件之一。换言之,抢劫罪是通过暴力、胁迫压制被害者的反抗,强取财物的行为。

有关转化型抢劫罪的主体,各国刑法规定有所不同。大部分国家刑法只限于盗窃罪,我国刑法还包括诈骗、抢夺罪。诈骗罪能否转化为抢劫罪或有无必要将其纳入转化型抢劫罪的范畴,有待探讨。转化型抢劫罪的成立,需要盗窃行为与暴力、胁迫行为之间的紧密关联性,两者之间的关联性一般由实施这两种行为的场所、时间、距离的远近所决定。转化型抢劫罪的既遂、未遂的判断,以侵犯人身的暴力、胁迫行为本身作为区分基准不尽合理;而以盗窃既遂、未遂作为该罪的既遂、未遂的区分基准,理论上难以自圆其说。转化型抢劫罪虽然不属于典型的不纯正身份犯,但将其理解为不纯正身份犯相对合理。

基于"法不介入家庭"的思想,对于近亲属间的盗窃,与其动用国家刑罚权,不如在家庭内部通过协商解决。近亲属间的盗窃之所以减免处罚,是基于刑事政策,而不是将减免处罚的根据求之于不构成犯罪。在近亲属间盗窃的情形下,确实存在某种意义上的消费共同体关系。在这种亲属关系之下,就不应要求行为人仍然遵守与社会上一般盗窃罪等同的禁止规范,而可以对其要求遵守与社会上的规范相比相对缓和的禁止规范。从刑事政策的角度来说,解决近亲属间盗窃问题,与其适用刑罚,毋宁在近亲属间内部解决,这样,不仅相对容易,也可以节省更多的司法资源。

故意毁坏财物罪,是指故意毁灭或者损坏公私财物,数额较大或者情节严重的行为。毁坏这一词语作为日常用语，确实意味着物理意义上的破坏。问题是，缘何物理意义上的破坏作为侵害财产犯罪的关键要素而被适用于司法实践。侵犯财产罪的处罚根据并不在于物理意义上的破坏本身，而在于破坏使所有者失去了对该财物的使用价值。毁坏并不限于物理意义上的破坏，而在于失去或减少作为财产的效用。故意毁坏财物罪的认定，应当从其效用的失去或减少这一视角出发，作为财产犯罪的一环进行全面理解。

应当对网络虚拟财产进行刑法保护，关于这一点，在我国的刑法学界已经基本达成了共识。但是，针对侵犯网络虚拟财产犯罪的行为，究竟应以什么罪名进行处罚，目前还有相当程度的争议。虚拟财产属于计算机信息系统中的数据之一，但是，电子数据只是虚拟财产自然物理属性的体现，不但虚拟财产能和现实世界的财产进行交换，而且市场上也形成了一个成熟的交易机制。因此，这些虚拟财产已经超越了电子数据本身而具有了财产的属性。

诈骗罪中的处分行为是没有记载的构成要件要素，是区分盗窃罪和诈骗罪的关键。处分行为，是指被害人基于认识错误而"自愿"地交付财物或处分财产性利益的行为。诈骗罪的成立需要有处分意思，但是，作为处分行为的主观要件，被骗者应当认识到何种程度，即处分意思究竟包括哪些内容，便有待探讨。处分意思的内容是要求财产处分者对所处分财产的性质、种类、数量、价值有完全的认识，还是只要认识到财产的外形的转移即可，抑或只要具有某种中间形态的认识内容即可？其实，只要被骗者认识到自己的行为是把某种财产转移给对方占有，而根据自己的"自由"意思作出这种决定，就应当认为已经具备了处分意思的内容。

妨害公务罪的行为对象虽然是国家机关工作人员等，但是，该罪所要保护的并非上述人员本身，而是通过上述人员执行的国家机关或相关部门的职能，即保护公务的公正、顺利进行才是该罪的保护法益。因此，妨害公务罪的行为对象和保护对象是不同的。妨害公务罪中的暴力，是指不法行使有形力，即向他人当面实施有形力，但并不限于向身体直接实施暴力行为，间接暴力及毁损相关公务人员周边财物的行为也应包括在内。威胁，是指告知足以使他人产生畏惧感的恶害，但应限于使他人的人身、财产安全感受到被侵害的情况。至于告知恶害的内容、方法没有限制。从妨害公务罪的性质看，暴力、威胁行为只要达到足以妨害公务的执行即可，本罪属于抽象危险犯。

受贿罪的保护法益是职务行为的公正性和社会对这种公正性的信赖。

公务员的职务行为，对于国家立法、司法、行政作用的正确发挥、公正运用不可或缺，公务员为他人谋取利益，其他人没有得到这种利益，但仍然要承受公务行为不正行使的后果，因此，本罪的保护法益首先是职务行为的公正性。同时，即便职务行为是公正行使的，与职务相关联的公务员如果收受贿赂，国民对公务的信赖感就会丧失，公务的正确行使就会受到损害或会产生这种危险。贿赂的范围应当包括与职务相关的非法报酬或不正当利益，即贿赂包括金钱、物品以及财产性利益等能够满足人们需求和欲望的有形、无形的利益。

本书分为20个专题，加上《刑法争议问题探索》中的15个刑法分论的专题，刑法分论中的大部分有争议的问题，通过这35个专题得到了相对系统的梳理和探讨。当然，刑法分论中还有一些有争议的问题。本书中的部分专题曾经在不同期刊上发表过，而本书中的大部分内容在研究生的教学过程中进行过讨论。本书主要是以研究生为主要对象而撰写的，当然，也可供研究人员参考。本书中的部分观点还有很多不成熟之处，作者衷心期待广大读者和学界同人提出不足之处，以便进一步进行深入的研究。另外，在本书的立项、出版以及校正、定稿过程中，中国人民大学出版社方明老师、南开大学法学院博士生车剑锋、陈国坤以及硕士生米珍枢、刘雯、殷碧蕾等同学付出了辛勤的劳动，在此表示衷心的感谢。

作者

2015年8月

目 录

第一章 刑法分论的思考方法 ··· 1
  一、刑法分则与总则的关系 ··· 1
  二、法益的分类以及在分则中的意义 ······························· 5
  三、刑法分则思考方法中的几项原则 ······························· 7
  四、结语 ··· 20
第二章 放火罪的处罚根据 ·· 22
  一、放火罪中的"公共安全"之意义 ······························· 22
  二、"烧毁"的意义 ·· 29
  三、我国刑法第114条与第115条之关系 ························· 35
  四、结语 ··· 38
第三章 危险驾驶罪的处罚范围 ·· 40
  一、危险驾驶罪的罪过形式 ··· 41
  二、危险驾驶罪与"但书"的关系 ································· 47
  三、危险驾驶罪的处罚范围——基于抽象危险犯处罚根据
      之实质说的限制 ··· 50
  四、结语 ··· 59
第四章 故意伤害罪新论 ··· 61
  一、伤害行为之意义 ·· 62
  二、伤害罪中的故意 ·· 69
  三、被害者的承诺 ··· 72
  四、同时伤害 ··· 75
  五、故意伤害罪的认定 ··· 76
第五章 抢劫罪的基本构造 ·· 83
  一、抢劫罪的保护法益 ··· 83
  二、暴力、胁迫之内涵 ··· 87
  三、抢劫罪与近似罪的区别 ··· 92

四、相关案例评析 …………………………………………… 96
第六章 转化型抢劫罪新探 …………………………………… 103
　一、转化型抢劫罪的主体 …………………………………… 104
　二、转化型抢劫罪的行为 …………………………………… 106
　三、转化型抢劫罪的既遂与未遂 …………………………… 111
　四、转化型抢劫罪与共犯 …………………………………… 114
第七章 近亲属间盗窃免予处罚之法理 ……………………… 119
　一、近亲属间盗窃免予处罚之理论根据 …………………… 120
　二、近亲属范围之界定 ……………………………………… 125
　三、近亲属关系错误 ………………………………………… 128
　四、相关指导性案例 ………………………………………… 129
第八章 刑法中的"毁坏"之界定 …………………………… 137
　一、问题的提出 ……………………………………………… 137
　二、中外学说概观 …………………………………………… 138
　三、效用侵害说的相对合理性 ……………………………… 142
　四、相关指导性案例 ………………………………………… 145
第九章 事后不可罚行为与共罚的事后行为 ………………… 153
　一、问题的提出 ……………………………………………… 153
　二、事后不可罚行为之法律性质 …………………………… 155
　三、事后不可罚行为之理论依据及认定 …………………… 158
　四、结语 ……………………………………………………… 168
第十章 网络虚拟财产的刑法保护 …………………………… 170
　一、问题的提出 ……………………………………………… 170
　二、网络虚拟财产的概念及我国法律规制之现状 ………… 171
　三、国外对网络虚拟财产的刑法保护 ……………………… 176
　四、网络虚拟财产的刑法保护 ……………………………… 180
　五、结语 ……………………………………………………… 191
第十一章 诈骗罪中的处分行为 ……………………………… 193
　一、诈骗罪中处分行为之意义 ……………………………… 194
　二、有关处分意思必要与否的争论 ………………………… 198
　三、处分意思之内容 ………………………………………… 202
　四、处分行为的具体判断 …………………………………… 204
　五、结语 ……………………………………………………… 214
第十二章 诈骗罪中的财产损害 ……………………………… 216

一、诈骗罪中财产损害之立法现状……………………216
　　二、财产损害中的"财产"概念……………………218
　　三、有关财产损害中"损害"之中外学说……………221
　　四、诈骗罪中财产损害之具体认定……………………226
　　五、结语……………………………………………234
第十三章　诉讼诈骗新论………………………………235
　　一、问题的提出……………………………………235
　　二、中外学说概观…………………………………236
　　三、诉讼诈骗处罚之处罚根据………………………240
　　四、结语……………………………………………252
第十四章　财物与财产性利益…………………………254
　　一、问题的提出……………………………………254
　　二、财物……………………………………………256
　　三、财产性利益……………………………………259
　　四、财物与财产性利益之关系………………………264
　　五、结语……………………………………………273
第十五章　背信罪………………………………………275
　　一、背信罪的立法沿革……………………………276
　　二、背信罪的本质…………………………………278
　　三、背信罪的基本构造……………………………280
　　四、增设背信罪之必要性…………………………287
第十六章　妨害公务罪新论……………………………298
　　一、妨害公务罪的保护法益及行为对象……………298
　　二、职务行为的合法性……………………………301
　　三、妨害公务罪中的暴力、胁迫行为………………307
　　四、相关案例评析…………………………………312
第十七章　滥用职权罪…………………………………315
　　一、滥用职权罪的保护法益………………………315
　　二、滥用职权行为…………………………………317
　　三、犯罪主体………………………………………322
　　四、主观方面………………………………………325
第十八章　受贿罪的保护法益及贿赂之范围……………336
　　一、有关受贿罪保护法益的中外学说………………336
　　二、有关贿赂范围的中外学说………………………340

三、受贿罪的保护法益及贿赂的界定……………………………342
　　四、结语………………………………………………………………353
第十九章　受贿罪与"利用职务上的便利"……………………………355
　　一、大陆法系刑法理论中的相关学说………………………………355
　　二、我国刑法理论中的相关主张……………………………………359
　　三、受贿罪中"利用职务上的便利"之类型、判断基准…………363
第二十章　法秩序的统一性、相对性与刑法分论……………………376
　　一、刑法中的财产概念………………………………………………377
　　二、盗窃罪的保护法益——本权说与占有说………………………380
　　三、正当权利的行使与恐吓…………………………………………383
　　四、妨害公务罪中的"职务行为的合法性"………………………386

主要参考文献……………………………………………………………391

第一章 刑法分论的思考方法

刑法一般由总则和分则组成。总则主要规定刑法的任务、基本原则、适用范围以及犯罪成立的一般法律条件、刑罚裁量和执行的原则与方法。分则主要规定犯罪的具体内涵、责任要素和处罚效果，提供尽可能精准、清晰的"罪刑关系"，以落实罪刑法定主义原则，实现刑法的一般预防功能，全面保护法益。"分则通过解释、适用具体的犯罪构成要件和其法律效果之刑事制裁，系统规定各种犯罪类型，依此来探究刑法规范所追求的法律秩序之意义。分则的主要任务就是通过分析犯罪的具体构成要件，明确刑法规范的保护目的。"[1] 刑法总则和分则共同构成规范体系，唇齿相依，缺一不可。刑法分则好似一片方圆数万公顷的森林，其中长满各种不同类型的树木，再加上茂密的矮灌木，假如没有刑法总则的帮助，经由刑法总则理论的概念化和系统化的导引，则无论是学习刑法的人还是适用刑法的司法者，往往不是会发生见树不见林的谬误，就是在茂密的森林中迷失方向，而不知要走向何方或走上错误之路。[2]

一、刑法分则与总则的关系

刑法总则规定犯罪与刑罚的一般原则、原理，分则规定具体的犯罪以及其法定刑，因此，总的来说，总则规定与分则规定大体上是一般与特殊、抽象与具体的关系。但是，严格地说，一般与特殊、抽象与具体的关系并不是对总则和分则关系的完整表述，因为总则的大部分规定并没有抽象出分则的全部内容，或者说没有全面抽象分则的规定。原则上，如果没有分则的规定就不能适用总则的规定。"需要注意的是，这并不是说总则

---

[1] 〔韩〕金日秀、徐辅鹤：《刑法各论》，6版，博英社，2004，第3页。
[2] 参见林山田：《刑法各罪论》（上册），修订5版，作者发行，2005，第37页。

的规定依据分则的规定而需要具体化过程，而是说适用总则的规定需要分则规定来进行补充。刑法分则的本质就在这种关系中得到明确。由此可见，刑法总则的规定与分则的规定并非普遍性和特殊性的关系，更不是在具有普遍性的总则中，作为普遍性的具体化过程而演绎出分则来。"① 也就是说，与民法中的债权总则和分则的关系不同，刑法总则与分则的关系并非体系上的上下位关系，总则与分则是既有区别又需要相互补充的关系。刑法总则中规定的因果关系、犯罪未遂、共犯论等规定并非分则的上位概念，而是修正可罚性的一种补充概念。另外，分则中的绝大部分规定，只有和总则的规定一并适用，才能成为完整的规范。比如，分则中有关未遂犯的处罚规定，就不能离开总则中有关未遂的相关规定。

目前，区别刑法总则和分则是各国刑法理论界的一种趋势，即便是在没有刑法总则而只有刑法分则的英美法系，部分学者指出传统法律体系存在的缺陷。因此，在刑法分则的研究过程中，不仅有必要重视总则与分则的区别及关联性，而且不应忽视体系上的完整性。总则和分则虽然在概念上有所区别，但是，在内容和机能上却相互补充和制约，并依此构成一个统一的整体。两者之间是一种不可或缺的相互补充关系，并非上下位关系。由于分则是具体或特别规定，因而分则完全可能在总则要求之外另设特别或例外规定。所以，不能要求分则规定完全"符合"总则规定。

分则规定不同于总则的一般规定时，应当认为是分则的特别或例外规定，而不能简单地否定分则的规定。比如，刑法第 241 条第 6 款规定："收买被拐卖的妇女、儿童，对被买儿童没有虐待行为，不阻碍对其进行解救的，可以从轻处罚；按照被买妇女的意愿，不阻碍其返回原居住地的，可以从轻或者减轻处罚。"针对这一规定，不能认为这一条款违反了总则的一般规定。事实上，这一条款是基于刑事政策的理由以及为了更好地保护妇女、儿童的人身自由所作的特别规定。② 同样，针对刑法第 390 条第 2 款"行贿人在被追诉前主动交待行贿行为的，可以从轻或者减轻处罚"的规定，不应认为，该行为不是犯罪中止，因此规定适用中止的法律效果是错误的；该行为虽然可以认定为自首，但总则只是规定对犯罪较轻的自首可以免除处罚，故该规定违反总则关于自首的规定。因为该规定除

---

① 〔韩〕金日秀、徐辅鹤：《刑法各论》，6 版，博英社，2004，第 5 页。
② 参见张明楷：《刑法分则的解释原理》，北京，中国人民大学出版社，2004，第 39 页。

具有法律理由外，还具有刑事政策上的理由。

总则中有许多一般原则、一般概念。这种一般原则、一般概念不仅指导总则的规定和对总则的解释、适用，而且指导分则的规定和对分则的解释、适用。比如，刑法第14条和第15条规定："故意犯罪，应当负刑事责任"；"过失犯罪，法律有规定的才负刑事责任"。针对这两个规定，不应离开规范意义而单纯以形式上的、文字上的意义进行理解。也就是说，故意犯罪不需要法律规定也可以追究刑事责任，过失犯罪则需要法律规定，或者说，不能对故意犯罪实行罪刑擅断主义，而对过失犯罪实行罪刑法定主义。因为上述规定的含义是：由于刑法分则条文通常只是描述具体犯罪的客观要素，一般没有说明主观要素，因而在刑法分则条文没有规定过失可以构成该罪的情况下，只有故意行为才能构成该罪。比如，刑法第141条生产、销售假药的，处3年以下有期徒刑或者拘役，并处罚金；对人体健康造成严重危害或者有其他严重情节的，处3年以上10年以下有期徒刑，并处罚金；致人死亡或者有其他特别严重情节的，处10年以上有期徒刑、无期徒刑或者死刑，并处罚金或者没收财产。针对刑法的这一条款，一般人并不知道这里的生产与销售是仅限于故意行为，还是同时包括过失行为，因为在实践中完全可能因为过失而生产、销售假药。但是，一旦联系刑法第14条与第15条的规定，一般人就会明白：由于该条并没有明文规定过失可以成立生产、销售假药罪，因而只有行为人出于故意时，该行为才能成立本罪。

总则虽然指导分则，但分则完全有可能作出例外规定，因此，总则有时出现本法分则另有规定的，依照分则的表述。另外，即便刑法总则没有这种表述，也完全有可能出现分则的例外规定。在这种情况下，不能认为分则的规定违反了总则。如前所述，总则与分则的相互补充关系，决定了总则不可能将分则的内容纳入总则，分则必然出现一些例外规定。比如，刑法第23条第2款规定："对于未遂犯，可以比照既遂犯从轻或者减轻处罚。"那么，是否存在由于分则已经为未遂犯规定了独立的法定刑，因而不需要适用该条款的例外情形？关于这一问题，在我国的刑法理论界尚未达成共识。刑法分则有不少条文，起先规定了危险犯，后来规定了实害犯或结果加重犯。如果认为刑法分则规定的犯罪均以既遂为模式，那么，危险犯便以发生危险为既遂标准，则可能存在例外情形。但是，如果认为危险犯不以发生危险为既遂标准，就不存在例外情形。例如，刑法第116条、第117条分别规定了破坏交通工具罪、破坏交通设施罪，"足以使火车、汽车、电车、船只、航空器发生倾覆、毁坏危险，尚未造成严重后果"的情形。尚未造成严重后果包括造成轻微后果和没有造成任何后果。如果认为，上述犯罪仍以造成了交通工具的倾覆、毁坏为既遂标准，那么，第116条、第117条规定的就是未遂犯或者其中至少包含了未遂犯；既然分则对未遂犯已经规定了独立的法定刑，那么，就不能再适用总则关于未遂犯从轻、减轻处罚的规定。本书倾向于后一种立场。

刑法第27条规定了从犯及其处罚原则，其中包括帮助犯。但是，刑法分则也可能将帮助行为规定为独立犯罪。比如，刑法第358条第3款规定：为组织卖淫的人招募、运送人员或者有其他协助组织他人卖淫行为的，处5年以下有期徒刑，并处罚金；情节严重的，处5年以上10年以下有期徒刑，并处罚金。如果刑法没有规定本罪，对于协助组织他人卖淫的，应认定为组织卖淫罪的共犯。但是，刑法考虑到这种行为的严重危害程度，避免将本罪主体以从犯论处而从轻、减轻或免除处罚，从而导致刑罚畸轻现象，便将协助组织他人卖淫的行为规定为独立犯罪。"据此，协助组织他人卖淫的行为与组织他人卖淫的行为，不构成共同犯罪，应当分别定罪量刑处罚。不能认为刑法第358条的上述规定违反总则关于共同犯罪的原理，因为分则不是总则的演绎，相反，总则是分则的抽象，另外，为了实现处罚的合理性，分则完全可能作出与总则不同的特别规定。"①

刑法总则第29条第1款规定了共同犯罪中的教唆犯，根据这一规定，教唆犯与已经实施犯罪的被教唆犯构成共同犯罪。但是，分则也可能对某种犯罪的教唆行为作出特别规定，因而导致不再适用总则关于教唆犯的处罚原则。刑法第104条第1款规定："组织、策划、实施武装叛乱或者武装暴乱的，对首要分子或者罪行重大的，处无期徒刑或者十年以上有期徒刑；对积极参加的，处三年以上十年以下有期徒刑；对其他参加的，处三年以下有期徒刑、拘役、管制或者剥夺政治权利。"第2款规定："策动、胁迫、勾引、收买国家机关工作人员、武装部队人员、人民警察、民兵进行武装叛乱或者武装暴乱的，依照前款的规定从重处罚。"这里的"策动、胁迫、勾引、收买"都是教唆他人实施武装叛乱或者武装暴乱的方式。基于教唆对象的特殊性，刑法将其规定为法定的从重情节，因此，不再适用总则第29条第1款。

只要分则不存在特别或例外规定，在解释分则时，应当注意分则和总则的协调。比如，刑法总则规定犯罪故意的认识因素是"明知"自己的行为会发生危害社会的结果，刑法分则的部分条文对犯罪行为规定了

---

① 张明楷：《刑法分则的解释原理》，北京，中国人民大学出版社，2004，第50页。

"明知"的特定内容。这两种"明知"既有联系又有区别。总则中的"明知"[①] 是故意的一般构成要素，分则中的"明知"则是故意的特定构成要素，只有具备分则中的"明知"，才能产生总则中的"明知"，但分则中的"明知"不等于总则中的"明知"，只是总则中的"明知"的前提。例如，刑法第 312 条规定的有关赃物的犯罪，以行为人明知是犯罪所得赃物为成立条件：行为人明知是赃物，然后才能明知自己行为的危害性质与危害结果；如果不明知是赃物，则不可能明知自己行为的危害性质与危害结果；如果行为人明知可能是赃物，则意味着行为人明知自己的行为可能是窝藏赃物、收购赃物、转移赃物或代为销售赃物的行为，自己的行为可能产生妨害司法活动的危害结果，倘若行为人放任该结果的发生，便成立间接故意。[②] 因此，当分则规定以"明知"为要件时，也不排除间接故意的可能性。

二、法益的分类以及在分则中的意义

刑法分则一般以保护法益为基准进行分类，刑法典一般也以保护法益为顺序进行编排，这样是考虑到理解和适用上的便利。有关刑法分则体系化的具体方法，在中外刑法理论界，有"两分说""三分说"和"综合说"的对立。两分说将犯罪分为侵害公法益的犯罪和侵害私法益的犯罪；综合说主张犯罪类型的分类不能只依靠所保护的法益，除了法益侵害的样态之外，还应考虑社会伦理意义上的违反义务这一侧面，只有这样，才能明确具体内容；三分说将犯罪分为侵害个人法益的犯罪、侵害社会法益的犯罪和侵害国家法益的犯罪，三分说是德、日、韩等国刑法理论中的有力说。

在上述三种分类中，16 世纪以来的刑法理论认为个人法益属于私法益，国家、社会法益则属于公法益，因此，主张犯罪可以分为针对公法益的犯罪和针对私法益的犯罪两种。由于国家是社会的一种特殊形态，侵害国家法益的犯罪为侵害社会法益的犯罪所包容。这种主张在 18 世纪以后

[①] 不管总则中的明知还是分则中的明知，都是一种现实的认识，而不是潜在的认识，即明知是指行为人已经知道某种事实的存在或者可能存在（如明知自己窝藏的是赃物或者可能是赃物），而不包括应当知道某种事实的存在（不包括应当知道是赃物），否则，混淆了故意和过失。遗憾的是，我国的部分司法解释将"应当知道"解释为"明知"，有违反罪刑法定原则中的禁止类推解释之嫌。

[②] 参见张明楷：《刑法分则的解释原理》，北京，中国人民大学出版社，2004，第 53 页。

被广泛采用，1794年的普鲁士普通邦法、1810年的法国刑法典都对犯罪采用这种分类方法。不过，这种分类的缺陷是：首先，在刑法学领域，个人法益是否就是纯粹的私法益，有待探讨。早在古罗马时期，人们就认为，对个人的犯罪就是对整个社会的犯罪，因此，个人法益也可以被视为公法益，或者说在刑法这一公认的公法领域讨论公法益和私法益的区分意义并不是很大。其次，近代以来的政治哲学和社会理论都强调国家和社会的界分，它们的构成方式、运作模式、对个人的意义都不相同，将国家和社会纠结在一起对于抑制日益强大、难以撼动的国家"利维坦"，对于扶植市民社会、扩大个人生存空间都不利。再次，针对国家的犯罪和针对社会的犯罪明显不同，前者直接威胁政权组织体本身的存在，后者危及国家管理、保护之下的个人集合体而非国家体制本身。[①]

综合说是近年来出现的一种观点，这种主张的理论根据是：首先，日本刑法第218条之保护责任者遗弃罪，抛开社会伦理义务，就无法明确该罪的特征。其次，单靠保护法益，则无法恰切地分类刑法分则。因为各种犯罪类型都有某种意义上的犯罪学（刑事法学）特征，如果不考虑这种犯罪学或刑事法学特征，无法完成刑法各论的体系化。[②] 但是，这种主张有以下致命缺陷：第一，就把握犯罪类型时考虑违反社会伦理义务这一点而言，这并非单纯的刑法分则问题，因为这一问题不仅事关刑法和道德的关系问题，也与理解违法性的本质之结果无价值一元论和行为无价值、结果无价值二元论具有密切的关联性。[③] 第二，在各种犯罪类型中，确实有一些显现了犯罪学特征的犯罪类型，问题是，即便是这些犯罪类型，也不能离开法益而进行分类，从解释论的视角而言，只能将法益作为基本出发点区分犯罪类型。也就是说，对于日常生活中频繁发生的犯罪类型，基于社会实际情况进行探讨，对刑法分论的解释论来说是一个不容忽视的分类方法，问题是，如果彻底贯彻这种分类方法，不得不导致以下结局：与刑法分则所规定的条文相比，在现实生活中发挥作用的多数属于特别刑法，因此，理应将特别刑法作为分类的对象。但是，特别刑法是刑法典的例外或修正，因此称之为"特别"，如果将特别刑法作为分类的对象，不得不说这种分类方法远离了刑法的基本研究对象。[④] 由此可见，这种观点并不可取。

[①] 参见周光权：《刑法各论》，北京，中国人民大学出版社，2008，第6页。
[②] 参见〔日〕川端博：《集中讲义刑法各论》，成文堂，1999，第7页。
[③] 有关这一问题的详细情况，可参见郑泽善：《刑法总论争议问题比较研究Ⅰ》，北京，人民出版社，2008，第190页以下。
[④] 参见〔日〕川端博：《集中讲义刑法各论》，成文堂，1999，第8页。

本书基本倾向于三分说，即必须将法益相对地划分为个人法益、社会法益和国家法益。如果否定这种区分，那么，只能说所有的犯罪都是侵犯国家法益的犯罪，因为今天的刑法归根结底是国家刑法，是国家为维护一定范围内的法秩序所制定的行为准则。直接针对社会或个人的侵害行为最终都指向了国家，比如生产、销售有毒有害食品，对经济秩序和公共安全都有所威胁，对个人身体有害，对于这种犯罪从国家的立场看如果任其蔓延也会动摇统治权威。由此可见，将所有的犯罪都界定为侵害国家法益的行为是最稳妥的观点。问题是，这种主张无助于刑法分论体系的构建。①

我国刑法分则对犯罪采用的是简明的分类方法，将犯罪共分为10类，依次是：危害国家安全罪；危害公共安全罪；破坏社会主义市场经济秩序罪；侵犯公民人身权利、民主权利罪；侵犯财产罪；妨害社会管理秩序罪；危害国防利益罪；贪污贿赂罪；渎职罪；军人违反职责罪。我国刑法分则对犯罪进行分类的标准是犯罪的同类客体；对各类犯罪以及各种具体犯罪的排列标准主要是各类犯罪的社会危害程度。我国刑法理论中的这种分类方法当然有其合理性，但是，是否有必要借鉴国外的分类法，是一个有待探讨的问题之一。正如有观点所指出的那样，"我国的罪刑各论体系一直与刑法分则体系保持一致，但应肯定的是，按照对个人法益的犯罪、对社会法益的犯罪与对国家法益的犯罪安排罪刑各论体系，是一种合理的价值取向"②。

三、刑法分则思考方法中的几项原则

一般地说，学习刑法分则的目的在于掌握刑法的基本原理、原则、概念、条文以及学说，根据这些知识分析具体案例，掌握解决具体纷争的基准和能够得出合理结论的"推定""判断"能力。在解释刑法条文和解决具体事例的过程中，有必要留意以下几项基本原则。③

（一）法益保护的特定原则

既然刑法的目的在于"法益保护"，犯罪的本质在于"法益侵害"，那

---

① 参见周光权：《刑法各论》，北京，中国人民大学出版社，2008，第6页。
② 张明楷：《刑法学》，4版，北京，法律出版社，2011，第577页。
③ 参见〔日〕大塚裕史：《刑法各论的思考方法》（新版），早稻田经营出版，2007，第2页以下。

么，在刑法解释论层面，不应忽视把握和理解处罚某一种犯罪时，刑法要保护的法益是什么这一点。刑法中的具体犯罪类型，根据所保护法益的归属主体，一般分为保护个人法益的犯罪、保护社会法益的犯罪和保护国家法益的犯罪。① 因此，在界定具体犯罪时，首先有必要明确某一种犯罪所保护的法益究竟是什么。

在具体犯罪类型中，部分犯罪所保护的法益非常明确，因此，并不存在争议。比如，故意杀人罪的保护法益是"生命"，遗弃罪的保护法益是生命、身体的安全。但是，盗窃罪的保护法益究竟是所有权还是占有权，非法侵入住宅罪的保护法益是居住权还是居所的平稳权，在中外刑法理论中有激烈的争论。在认定这种犯罪时，针对所保护的法益理解的不同，得出的结论往往截然不同，因此，有必要明确所要保护的法益，这便是法益保护的特定原则。

比如，有关盗窃罪，我国的通说认为，所谓盗窃罪是指以非法占有为目的，秘密窃取数额较大的公私财物的行为。对此，刑法理论界一般认为，盗窃罪中的"窃取"意味着财物从所有人、保管人控制之下转移到盗窃者手中。其犯罪对象是国有、集体所有或公民私人所有的财物，犯罪行为通过作用于犯罪对象，侵犯的法益是公私财产的所有权。② 而在大陆法系的刑法理论界，关于盗窃罪保护的法益，有着极其广泛深入的研究，存在着"本权说""占有说"以及"平稳占有说"的争论。本权说认为，盗窃罪是通过排除他人对财物的支配，建立新的由自己或第三者支配关系来侵害他人所有权的犯罪。财物由他人支配即他人占有是盗窃罪成立的要件，但占有本身并不是法益。比如，在他人只是为自己保管财物的情况下，即使窃取了该财物，由于被害者是自己而不是他人，因而不能成立盗窃罪。占有说则认为，鉴于民法不仅保护本权，同时也保护从本权独立出来的占有权，因此，刑法上的占有也可以理解为具有独立意义的一种法益。民法和刑法上的占有应当作为独立出来的法益加以保护，本权的推定只应在这一基础上进行，否则，很难期待安定的社会秩序。如果以欠缺本权为由允许侵害他人的占有，等于是在放纵无秩序的私人之间的争斗。也就是说，盗窃罪规定的机能不仅仅在于保护所有权，其重点应当在于保护

---

① 如前所述，我国刑法分则对犯罪的分类，采用的是简明的分类方法，将犯罪共分为10大类。这一点虽然与国外通说的三分说有所不同，但是，我国的10大类的分类方法，也可以将其归纳为侵害国家、社会、个人法益三大类。
② 参见高铭暄、马克昌主编：《刑法学》，5版，北京，北京大学出版社、高等教育出版社，2007，第504页。

财物之占有状态下的财产秩序。因此，盗窃的犯罪对象并不限于他人的所有物，其重点更应该是他人占有的财物，即他人占有财物之状态本身。平稳占有说是为了克服本权说和占有说的缺陷而出现的学说，意在既不扩大也不缩小盗窃罪的处罚范围。这种学说又可以分为两种情况，一种是以本权说为基础的平稳占有说，另一种是以占有说为基础的平稳占有说。

本权说又称所有权说，这种学说存在以下几点缺陷：第一，根据这种学说，对于盗窃自己所有而由他人合法占有的财物的行为，不能认定为盗窃罪，因而缺乏合理性。第二，根据所有权说，对于盗窃他人占有的违禁品的行为，难以认定为盗窃罪，因为这种行为没有侵犯占有者的所有权。通说认为这种行为侵犯了国家的财产所有权，但事实上并非如此。所有权取得的具体时间应以交付的时间为标准来确定。所谓交付，是指将具体的财产或所有权凭证转移给他人的行为。就没收而言，国家现实地实施了没收行为时，才取得对所没收之物的所有权；在国家应当没收而还没有没收的情况下，国家对应当没收之物实际上并没有所有权。第三，所有权说难以回答故意毁坏他人非法占有的财物应如何处理的问题。例如，甲盗窃了乙所有的一辆摩托车，藏在自己的室内，丙故意毁坏了甲所占有的该摩托车。根据所有权说，丙的行为成立犯罪，是因为最终实质上侵害了乙的财产所有权整体。因此，不仅甲的行为侵害了乙对摩托车的所有权整体，而且丙的行为也侵害了乙对摩托车的所有权整体。然而，既然甲的行为已经侵害了乙对摩托车的所有权整体，那么丙的行为就不可能再侵害乙对摩托车的所有权整体。①

由于财物是所有权人自主占有，因而处在具体联系中的其他事物是他人享有所有权的其他财物，行为人所（欲）影响或者改变的是所有权人对其财物的所有权。但是，由于所有权的归属并不因为财物的占有状态被非法改变而发生转移，盗窃行为虽然偷去财物，却永远也不能剥夺所有权人在法律上的所有权，因而受到侵犯的实际上只是所有权人对财物的占有权。尽管在所有权的权利行使中，所有权人不一定通过实际占有财物的方式来行使使用权、收益权和处分权，但是，在财物被盗走、财物实际的占有状态被非法改变了的情况下，丧失占有则意味着所有权人再行使其所有权将会变得很困难，甚至往往使所有权人实际上不可能再行使所有权的其他权能。由此，可以说所有权人丧失其对财物的占有权就等于丧失了所有权。可见，盗窃他人所有的财物，盗窃行为所（欲）影响或者改变的实际

---

① 参见张明楷：《刑法学》，2版，北京，法律出版社，2003，第744页以下。

上是他人对财物的占有状态,这才是"事物可以感觉的那一面",这一面反映的正是事物的本质——盗窃罪所侵犯的法益的本质。① 由此可见,"所有权说"的缺陷是过于缩小盗窃罪的处罚范围,"占有说"基本上是正确的,但是,该说的不足点是过于扩大盗窃罪的处罚范围,因此,"保护占有说"相对合理。

另外,部分犯罪类型的保护法益并不限于一个法益。在这种情况下,首先有必要明确主要法益,在此基础上,还要明确主要法益和次要法益之间的关系。比如,放火罪的保护法益是不特定或者多数人的生命、健康和重大公私财产。可见,放火罪的保护法益首先是"生命健康",其次是"重大公私财产",在这里,两者的关系便成为问题。在认定放火罪的既遂时,解释"烧毁"概念两者之间的关系至关重要。独立燃烧说侧重的是针对"生命健康"的法益,与此相反,侧重"重大公私财产"这一法益的学说则是效用丧失说。另外,在侧重"生命健康"的基础上,考虑"重大公私财产"的学说是重要部分独立燃烧说;而在重视"重大公私财产"的基础上,考虑"生命健康"的学说则是部分损坏说。由此可见,界定"烧毁"时,取不同学说,结论将截然不同。

(二) 一体性评价原则

在考虑刑法分则的具体事例时,根据行为所发生的时间顺序,逐一探讨究竟符合哪一个罪名的构成要件。所谓分则问题"无非是将具体事例套进相关罪名的构成要件之中"说的正是这一层意思。需要注意的是,在分析具体事例时,存在形式上虽然属于两个行为,但在实质上属于一个行为的情况。在这里,将数个行为评价为"一个行为"的基准便成为问题,这就是一体性评价的原则。

一体性评价原则,主要有以下三种判断基准②:第一,法益侵害的同一性,即数个行为在本质上侵害了一个法益。数个行为虽然侵害的是一个法益,但这一点并不能决定属于一个行为,因此,法益侵害的同一性不过是一体性评价的一个条件。第二,客观关联性,即数个行为之间需要有客观关联性,要有较强的因果关联性。只有数个行为具有因果关联性,原因

---

① 参见蔡英:《盗窃罪犯罪客体及对象研究》,载《西南政法大学学报》,第 7 卷第 4 期,2005 年 8 月,第 97 页。
② 参见〔日〕大塚裕史:《刑法各论的思考方法》(新版),早稻田经营出版,2007,第 12 页以下。

和结果之间具有较强的因果关系,才能作为一个行为进行违法性评价。另外,肯定数个行为之间的因果关联性时,有必要确认数个行为之间时间、场所上的紧密性。第三,主观关联性,即数个行为之间要有主观上的关联性,即要有较强的意思上的关联性。只有在数个行为之间存在关联性时,才有可能作为一个责任对其进行评价。肯定数个行为之间的主观关联性,数个行为之间一定要有始终如一的意思上的关联性。可见,将数个行为评价为一系列行为还是没有关联的不同行为,其判断基准包括法益侵害的同一性、客观关联性和主观关联性三个方面。这种思考方法不仅事关判断成立一罪还是数罪问题,也有助于判断究竟成立何罪的问题,是一个极为重要的原则。

例如,X多年交往的恋人移情别恋于A,基于这种"夺爱之恨",X有一天将A杀害,并从A的口袋里取走了装有现金的钱包。这一问题事关"死者占有"的问题。有关死者的占有归属问题,迄今为止,在我国刑法理论界很少有人研究。在有关遗忘物的扩大解释问题上,有学者提到:"对遗忘物作扩大解释,还可以对没有实施加害行为的第三者在他人死后拿走其生前所携带财物的行为性质进行判断。将死者的财物认定为非他人本意而偶然丧失占有的遗忘物,就可以将取得财物者的行为认定为侵占遗忘物。倘不如此解释遗忘物,就只能认定其无罪,可能导致结局上的不合理。"① 关于死者的占有归属,在大陆法系的刑法理论界争议极大,一般分为肯定说与否定说,而否定说的内部又有分歧。肯定说认为:杀害被害人后,如果取走了被害人所持有的财物,不仅杀害被害人的行为者,即使是与杀害行为没有关联的第三者取得被害人的财物,均构成盗窃罪。② 而否定说又分为死者的占有否定、盗窃罪成立说与死者的占有否定、盗窃罪否定说。

死者的占有否定、盗窃罪成立说主张:由于行为人通过杀害被害者,在侵害被害者生前的占有基础上取得了被害者生前所持有的财物,因而如果通盘考虑这一系列的行为,应当肯定盗窃罪的成立。③ 这种主张着眼于被害者生前的占有,强调通盘考虑一系列行为:如果取得财物者的是杀害被害者的行为者,则成立盗窃罪;而如果取得财物者是与杀害行为没有关

---

① 周光权:《侵占罪疑难问题研究》,载《中国刑法学精萃》(2003年卷),北京,机械工业出版社,2004,第418页。
② 参见〔日〕小野清一郎:《新订刑法讲义各论》,有斐阁,1950,第245页。日本的判例一般支持肯定说,即杀害被害人后取得被害人生前的财物时,成立盗窃犯。
③ 参见〔日〕团藤重光:《刑法纲要各论》,创文社,1990,第572页。

联的第三者，那么，只能成立侵占罪而非盗窃罪。这种主张将占有理解为，"在社会观念上，处于排除他人支配的状态"，如果被害者死亡后经过了相当长的时间，尸体腐烂后难以辨认或者尸体已经白骨化，就可认定被害者生前所持有的财物并非死者继续占有；而被害者死亡后所经过的时间不长，就应视被害者所持有的财物的占有仍在继续，因此，如果这时取得被害者的财物则构成盗窃罪。另外，这种主张又认为，被害者生前在居所保管的财物，即使被害者死亡后经过了相当长的时间，尸体已经白骨化，或者被害者被埋葬在居住地以外的地方，如果取得被害者生前的财物，就构成盗窃罪。这种主张通过客观把握占有概念，肯定没有占有主体的占有状态，强调占有侵害这一行为无价值性而肯定盗窃罪的成立，因此，实质上可以归类于死者占有肯定说。[1] 而死者的占有否定、盗窃罪否定说则认为：由于死者既没有对财物的支配意思也没有事实上支配财物的能力，另外，如果取得财物者事前不存在取得的意思，就不应将一系列的行为视为一个整体，即通盘考虑，因而取得死者的财物者是杀害被害人的行为者也好，还是与杀害行为无关的第三者也罢，均成立侵占罪而非盗窃罪。[2]

之所以对死者的占有归属问题有争议，是因为，盗窃罪的实行行为是"窃取"，即在违反占有者的意思侵害财物的占有（占有侵害行为）的基础上，将财物转移到自己或第三者的控制之下（占有取得行为）。就上述事例而言，X杀害A时，X并没有盗窃的意思。但是，从客观上看，杀害行为本身除了侵害他人的生命之外还包括侵害占有财物的行为，因为被害者的生命被侵害，如果否定死者的占有，那么，自然也就失去了对财物的占有。认为"占有侵害行为"已经包括在杀害行为的基础上，一并考虑后来的"占有取得行为"，也就是将上述行为视为一系列行为，就会成立盗窃罪。与此相反，如果分别考虑占有侵害行为和占有取得行为，那么，只能成立侵占罪。这就是两种观点争论的焦点。

根据一体性原则分析上述事例的话，首先，客观上看，X的占有侵害行为和占有取得行为，同样侵害了A的占有权（占有权说）和A的所有权（所有权说）这一保护法益，符合法益侵害的同一性；其次，占有侵害行为和占有取得行为不仅发生在同一场所，时间上也是前后发生的，因此，可以肯定客观关联性。两种观点争论的焦点是，占有侵害行为与占有取得行为之间是否有主观上的关联性。成立盗窃罪的观点肯定主观关联

---

[1] 参见〔日〕西原春夫：《犯罪各论》，筑摩书房，1983，第215页。
[2] 参见〔日〕大谷实：《刑法讲义各论》，成文堂，1990，第193页。

性，而主张成立侵占罪的观点则否定主观关联性。

笔者认为，在行为者杀害被害人后产生取得死者财物的意思而取得死者财物的情况下，原则上应当否定死者的占有；但是，死者的财物在一般人的观念中，如果仍然可以肯定事实上还处于死者支配范围内的占有状态，那么，就应当肯定行为者取得行为的侵害占有的行为无价值性，因此成立盗窃罪。由于盗窃罪与侵占罪都是对他人财物的非法取得行为，因而其结果的无价值性是相同的——都是对占有者所有权的侵害，但是，两者的行为无价值性却有区别：盗窃罪是针对他人财物的事实性支配，通过秘密窃取的手段排除所有者的支配而肯定其行为的无价值性，而侵占罪却不存在这一点。盗窃罪与侵占罪的法定刑之所以有区别，正是由于存在这种违法性的不同之故。因此，在一般人的观念中，如果财物处于排除他人支配的占有状态时，行为者通过排除支配者的占有而取得该财物，那么，无论是实施杀害被害人的行为者还是与杀害行为没有关联的第三者，其行为均可以成立盗窃罪。在这种情况下，即使财物占有的主体已经死亡而欠缺支配意思，也应肯定成立盗窃罪而非侵占罪。占有财物的当初是否存在占有意思当然是一个不可忽视的关键问题，但是，在通过客观化而已经成立占有状态的情况下，占有意思的存在与否并不重要，也就是说，支配意思的存在在界定占有的成立时不可缺少，但是，当界定占有的继续是否存在时并不重要。因此，被害人死亡后经过了相当长的时间而尸体已经白骨化或无法辨认时，被害人所持有的财物可以认为并非死者占有，但是，在被害人死亡后不久的情况下，死者对所持有的财物的占有应当视为仍在继续，如果这时取得死者的财物，就应肯定盗窃罪的成立。另外，死者生前在居所内保管的财物，即使由于被害人死亡后经过了相当长的时间而尸体已经白骨化，或者死者的尸体被埋葬于居住地之外，该财物应被视为仍然归死者所占有，因而取得该财物时就应肯定盗窃罪的成立。[①]

（三）基准的明确性、合理性原则

区别一个犯罪和另一个犯罪，一般称之为构成要件的犯罪个别化机能；区别犯罪行为和非犯罪行为，称之为构成要件的非犯罪行为排除机能；充分发挥这些机能则需要设定解释的基准。尤其是在罪刑法定主义原则之下，解释构成要件时，应当明确判断的基准，这就是基准的明确

[①] 参见〔日〕野村稔：《刑法中占有之含义》，载〔日〕阿部纯二等编：《刑法基本讲座》，第5卷，法学书院，1993，第79页以下。

性原则。解决某一具体问题时，选择相应学说的关键就是这一基准的明确性。基准的明确性，不仅有助于论证自己的观点，也有助于反驳不同的学说。

如前所述，有关死者的占有归属，在大陆法系的刑法理论界争议极大，一般分为肯定说与否定说，而否定说的内部又有分歧。肯定说认为：杀害被害人后，如果取走了被害人所持有的财物，不仅杀害被害人的行为者，即使是与杀害行为没有关联的第三者取得被害人的财物，均构成盗窃罪。而否定说又分为死者的占有否定、盗窃罪成立说与死者的占有否定、盗窃罪否定说。之所以对死者的占有归属问题有争议，是因为，盗窃罪的实行行为是"窃取"，即在违反占有者的意思侵害财物的占有（占有侵害行为）的基础上，将财物转移到自己或第三者的控制之下（占有取得行为）。就前述之事例而言，X 杀害 A 时，X 并没有盗窃的意思。但是，从客观上看，杀害行为本身除了侵害他人的生命之外还包括侵害占有财物的行为，因为被害者的生命被侵害，如果否定死者的占有，那么，自然也就失去了对财物的占有。认为"占有侵害行为"已经包括在杀害行为的基础上，一并考虑后来的"占有取得行为"，也就是将上述行为视为一系列行为，就会成立盗窃罪。与此相反，如果分别考虑占有侵害行为和占有取得行为，那么，只能成立侵占罪。这就是两种观点争论的焦点。在这里，"视为一系列行为"的判断基准本身就有缺乏明确性之嫌。

判断基准必须明确，但是，并非明确所有问题就能够得以解决。判断基准的内容还要合理，这便是基准的合理性原则。比如，在受委托保管封装物、包装物的过程中，直接占有封装物、包装物，或者打开封装物、包装物，取得内容物的，应当如何定性，是一个极有争议的问题。这一问题的关键是：对封装物或特别包装（加锁或封固）的财物，委托他人保管或运送，其财产的占有权归谁所有？[①] 对此，有三种不同的主张：一是分别占有说。这种学说认为，整个包装物归受托人占有，但其包装物内的物体归委托人所有。因为委托人对内容物特别加锁或包装后，对物体的支配可能性之手段犹存，支配可能性就存在，自然其具有现实支配力；基于成立占有关系的事实上支配说，一般社会观念认为其在事实上能够支配者，都不失为占有，并不以事实上的管理、占有为必要。受托人在保管、运送包装物的途中，对于整个封装物因运送业务本身而占有，但封装物内的财

[①] 有关这一问题的详细论证，可参见郑泽善：《刑法争议问题探索》，北京，人民出版社，2009，第 354 页以下。

物，仍为委托人占有，并不能由受托人所自由支配，如果其将包装物打开，窃取包装物内的财物，就与侵占整个包装物有所不同，因此，应当构成盗窃罪。① 批判这种学说的观点认为，分别占有说可能导致罪刑关系的失衡：受托人取得整个包装物，构成性质较轻的侵占罪；只抽取其中一部分财物，反而构成法定刑更重的盗窃罪。② 二是委托人占有说。整个包装物及其内部财物均由委托人持有，受托人侵占包装物整体或抽取内容物，均构成盗窃。③ 三是受托人占有说。整个包装物以及其内容物均由受托人占有，受托人侵占包装物整体或抽取内容物，均只构成侵占罪。因为整个包装或加锁的财物既已交付受托人保管或运输，其能支配物之全体，自然就支配包装物内的内容物。这是合乎情理的。持有包装物之人，随时可能破坏包装或门锁取出内容物，处于可以自由支配其持有物内部物品的状态中。

  采用哪一种学说，就涉及判断基准的合理性原则问题。笔者认为，对加封或上锁容器内的财物的占有控制关系与对一般财物的占有控制关系相比，的确是一个很特殊的问题，特殊的问题就应特殊对待，不应局限在一般的财物占有控制关系的模式中寻找答案。如果认为加封或上锁的容器内的财物只受委托人的占有控制，那么，如何理解受托人在对整个容器的占有控制过程中对容器内财物的影响？整个容器是由容器本身加上容器内的财物组成的，受托人对整个容器的占有控制必然要涉及内部的财物，因此，认为容器内的财物与受托人无关是很难说得通的。而如果认为加封或上锁的容器内的财物作为整个容器的一部分，都归受托者占有控制，那么，又如何理解受托人对于封存在容器中的财物，显然没有自由控制或支配力的状态？笔者认为，对加封或上锁的容器整体来讲，显然只受受托人占有控制；至于封存在容器内的财物，实际上是在委托人和受托人的共同占有控制之下。之所以说委托人占有控制封存的财物，是因为委托人在容器上加封或上锁的行为，就意味着委托人仍控制着封存的财物，特别是相对于受托人，这种加封或上锁限制着受托人控制封存财物的自由，因此，委托人把容器整体交付受托人后，并没有失去对封存财物的占有控制。而说受托者也占有控制着封存的财物，是因为受托者对容器整体的占有控制自然包括对封存财物的控制，特别是相对于受托人与委托人之外的第三者

---

① 参见〔日〕前田雅英：《刑法各论讲义》，东京大学出版会，1989，第225页。
② 参见〔日〕川端博：《刑法各论概要》，成文堂，1992，第157页。
③ 参见〔日〕团藤重光：《刑法纲要各论》，创文社，1990，第570页。

来讲，受托人对封存财物的占有控制就更明显。虽然委托人和受托人共同占有控制封存的财物，但两种控制的具体情况则大不相同：受托人对封存财物的控制是一种不完全、不自由的控制状态，是要受到委托人控制封存财物方式的限制，也就是受托人必须以封存的方式对财物进行控制，如果受托人超越了这种控制限度，受托人自然也就失去了对封存财物的控制权。[①] 因此，受托人如果取得封存物的内容物，由于共同占有控制者的一方侵犯了另一方的占有控制，因而应构成盗窃罪；而于取得封存物整体的情形则构成侵占罪。

（四）法规范的整合性原则

由于刑法通过严厉的刑罚对行为人进行制裁，因而只有在通过刑法以外的其他法规范无法充分保护法益时，作为法益保护的最后手段而动用刑法。这就是刑法的补充性原则。比如，即便没有履行债务偿还而给债权者带来财产上的损害，一般不会成立犯罪。这是因为契约当事者之间的利益，原则上应当通过民法予以解决，通过刑法对财产进行保护只是一种例外之故。[②] 可见，即便是其他法规范中的违法行为，基于刑法的谦抑性原则而在刑法上并不属于犯罪行为。那么，在其他法规范中属于合法的行为，能否在刑法上作为犯罪行为而对其处罚？如果肯定这一点，有可能破坏法秩序的统一性。因为如果把在刑法以外的法规范中属于合法的行为，在刑法中作为违法行为而予以禁止，一般国民就不知应当基于怎样的基准行动，进而会导致限制行动自由的结局。法秩序原则上应当统一，不同的法领域不能分别进行价值判断。因此，在刑法解释时，一定要注意该解释是否与其他法律规范发生矛盾。这便是法规范的整合性原则。

在刑法理论中，违法性概念在整个法领域是否应当统一理解，或者是否应在不同法领域分别加以理解，是一个有争议的理论问题。有关这一问题的争论，最初是以不同法领域之间违法性是否存在本质上的不同，在作为犯罪成立的要件之违法性中，可罚的违法性概念是否有必要存在的形式进行的。围绕这一争论，主张违法性判断在整个法秩序中应当统一加以理解的违法一元论倾向于违法的统一性；与此相反，主张刑法中的违法性是以是否值得处罚为前提，因此，刑法中的违法性不同于民法、行政法中的

[①] 参见董玉庭：《盗窃罪研究》，北京，中国检察出版社，2002，第130页。
[②] 参见〔日〕大塚裕史：《刑法各论的思考方法》（新版），早稻田经营出版，2007，第13页。

违法性的违法多元论则倾向于违法的相对性。

违法性在其根本上，在法秩序的整体当中应当统一，但是，其形式具有各种各样的类别和轻重阶段。也就是说，违法一元论并不意味着在其他法领域中的违法行为，在刑法领域一定也要处罚。一个行为作为犯罪受到处罚，一定要具备相应的"质"和"量"，即要具备可罚的违法性。[①] 法秩序的统一性与违法判断的相对性问题，在刑法中，主要体现在以下两个方面：第一，符合构成要件的行为，如果在民法和其他行政法中并不构成违法，那么，是否在刑法中也属于正当行为？第二，民法或行政法中的违法行为，如果符合刑法上的构成要件，该行为在刑法上是否也具有违法性而应当处罚？就第一个命题而言，如果对在其他法领域中并不违法的行为，在刑法中予以处罚的话，这是令人难以忍受的矛盾评价，与作为社会政策的最后手段的刑法补充性发生矛盾，因此不应处罚。而对第二个命题来说，由于在为了实现一定目的而使用各种法律手段，按照比例原则所使用的各种法律手段合乎目的的情况下，基本上就应排除目的论的考虑，保证比例原则的落实，因而对其必须予以否定。[②]

有关骗取不法原因给付行为是否构成诈骗罪，是理解上述问题的切入点之一。笔者认为，对这一问题应当从财产罪保护法益的视角出发进行探讨。按照所有权说[③]，交付者的财产处分行为为法律所禁止，应当将其财产利益排除在法律保护范围之外，从而惩治、取缔类似行为。同时，由于受法律所保护的财产不存在，财产上的损害就无从谈起，财物交付者对这些财物都没有返还请求权，因而骗取不法原因给付的行为不能构成诈骗罪。但是，如果按照占有权说，民法和刑法对占有权的保护应当持不同的态度，民法上不予保护的不法给付，在刑法上仍然可能成立对占有关系的侵害。笔者倾向于占有说。民法以保护平等主体的合法财产权为宗旨，基于不法原因的占有在民法上难以进行保护。但是，刑法以保护法益为目的，认定是否成立犯罪要考虑有无法益侵害的存在。在欺诈他人，使之为不法给付时，如果对方没有受骗，就不会处分财物；正是因为欺骗了对方，从而骗取不法给付的，有欺诈行为，有对方交付行为，对方的交付导

[①] 有关这一问题的详细论证，可参见郑泽善：《法秩序的统一性与违法的相对性》，载《甘肃政法学院学报》，2011（4），第60页以下。

[②] 参见〔日〕曾根威彦著、黎宏译：《刑法学基础》，北京，法律出版社，2005，第214页以下。

[③] 在我国的刑法理论界，通说认为侵犯财产罪的保护法益是公私财物的所有权。其实，这种表述不够完整，应当是所有权和部分占有权。

致其财产损害,从而侵犯了财产罪所保护的占有状态本身,所以,刑法要最终保护财产上的所有权和其他本权,就必须先对占有关系实施保护。所以,在基于欺骗人的行为而交付的财物是"不法原因给付"时,应当成立诈骗罪。[①]

(五) 利益衡量原则

在刑法分论的思考方法中,最后一项原则便是利益衡量原则。所谓的利益衡量原则,是指如果某一个侵害法益的行为具有某种价值,那么就有必要衡量该法益和被侵害的法益,如果前者优于后者,就不处罚该侵害法益行为的原则。刑法所处罚的并非所有侵害法益的行为,它处罚的只是其中的一部分,因此,如果侵害法益的行为是为了实现社会意义上有益的行为,那么,就不应处罚这种行为。

利益衡量原则,有时在构成要件层面成为问题,有关妨害执行公务罪中职务行为合法性判断基准就是典型问题之一。有关职务行为合法性的判断基准,在大陆法系的刑法理论界,主要有以下三种观点的对立[②]:

第一种观点是公务员标准说。这种观点认为,职务行为是否合法的判断应当以执行该职务行为的公务员为基准,既然公务员的行为属于抽象权限,那么,公务员认为合法而实施,就应视该行为为合法。理由是:公务员具有属于抽象权限的,针对特定事实是否可以执行职务的判断权限,因此,即便公务员的判断并不符合客观事实,也应将其视为合法行为。主观说的立论基础是试图保护该罪所规定的"主观上的合法性",但是,如果将合法性交给公务员的主观而进行判断,不仅有可能助长公务员的恣意,更有可能偏向于国家利益而侵害个人权益,会导致职务行为的合法性要件形同虚设的结局。因此,现在几乎没有支持这种观点的学者。

第二种观点是一般人标准说。这种观点认为,根据行为当时的具体情况,如果一般人认为是合法的,那么,应当将这种职务行为视为合法。理由是:既然将职务行为的合法性理解为规范性构成要件要素,那么,妨害公务罪的成立,就有必要对行为者要求在公务员合法执行该公务时对其进行妨害,但是,由于刑法属于一种"行为规范",因而其判断应当以一般人是否认为合法为基准。这种观点的立论基础是保护"合法公务之外观"。

[①] 参见陈兴良、周光权:《刑法学的现代展开》,北京,中国人民大学出版社,2006,第640页。
[②] 参见〔韩〕金日秀、徐辅鹤:《刑法各论》,6版,博英社,2004,第301页。

但是,"一般人这一基准本身,作为合法性的判断基准极为含糊;并不精通法律法规的一般人,针对公务员执行公务的情形,绝大部分一般人都会认为是合法的,因此,其结论与主观说并没有多大的区别"[1]。这可以说是折中说的致命缺陷。

第三种观点是裁判官标准说。这种观点认为,由于职务行为的合法性属于行为本身内在的法律性质问题,因而应由法院通过解释法律法规进行客观判断。这是韩国、日本等国的通说,也是判例所取的立场。[2] 我国的主流观点也倾向于这种观点。[3] 但是,在客观说的内部,有关合法性的判断时点,又有行为时标准说和裁判时标准说的对立。行为时标准说主张,职务行为的合法性,应当根据职务行为时的具体情况进行客观判断。与此相反,裁判时标准说则主张,应当以裁判时掌握的所有材料为基础,进行事后客观判断。

两种主张的根本对立,主要体现在错误逮捕犯罪嫌疑人时结论上的不同。比如,深夜,巡逻中的警察甲,发现杀人现场站着一名衣服上有血迹的乙,于是就向乙询问相关情况。由于乙的回答有所暧昧,加上杀人凶器就在乙的脚下,甲于是断定乙就是杀人犯而准备逮捕。其实,偶然路过杀人现场附近的乙,见有人倒在血泊中,于是想救助被害人,但是,万万没有想到有人想逮捕自己,因此,基于本能进行反抗的同时,伤害了警察甲。在这种情况下,根据行为时标准说,实施逮捕行为当时,如果存在能够肯定乙就是杀人犯的客观情况,即便事后发现乙并非杀人犯,只要逮捕行为没有违反刑事诉讼法所规定的相关条款,那么,错误逮捕行为也属于合法的职务行为。因此,乙的行为有可能成立妨害公务罪。与此相反,如果根据裁判时标准说,既然事后已经判明是错误的逮捕,由于警察的判断有错误,因而在是否成立妨害执行公务罪的关系上,警察的行为属于"违法"的职务行为。也就是说,乙的行为不符合妨害公务罪的构成要件。虽然乙的行为有可能符合故意伤害罪的构成要件,由于成立正当防卫因而阻却违法性。

笔者倾向于行为时标准说,理由是:职务行为的合法性要件,应当属于该行为作为职务行为应否得到法律上的肯定问题,因此,理应根据行为当时的具体情况进行客观判断。如果考虑到裁判时得以判明的事后所有情

---

[1] 〔日〕西原春夫:《刑法各论》,成文堂,1991,第419页。
[2] 参见〔韩〕金日秀、徐辅鹤:《刑法各论》,6版,博英社,2004,第858页。
[3] 参见周光权:《刑法各论》,北京,中国人民大学出版社,2008,第352页。

况的话，不仅有过于轻视保护公务之嫌，如果根据裁判时标准说，即便是刑事诉讼法上的合法行为，也有可能成立妨害执行公务罪，这种结论显然不尽合理。① 也就是说，首先，既然法律、法规以行为当时情况为前提肯定职务的执行，那么，职务行为的合法性应当以行为当时为基准进行判断，将行为当时合法的行为，根据事后判断将其视为违法，有破坏法秩序统一性之嫌。其次，针对逮捕现行犯的行为人而言，要求考虑所有事项，绝不能出现错误逮捕，这不仅不大可能，且极有可能导致影响逮捕现行犯人之需要，因此，以行为时点为判断基准并不违反刑事诉讼法的合法逮捕，即便事后判明是错误逮捕，从刑事司法的视角而言，仍是一种值得保护的职务行为。

四、结语

刑法一般由总则和分则组成，总则主要规定刑法的任务、基本原则、适用范围以及犯罪成立的法律条件、刑罚裁量和执行的原则和方法；分则主要规定犯罪的具体内涵、责任要素和处罚效果，提供尽可能精准、清晰的"罪刑关系"。总则与分则大体上是一般与特殊、抽象与具体的关系，但是，严格地说，一般与特殊、抽象与具体的关系并不是对总则与分则关系的完整表述，因为总则的大部分规定并没有抽象出分则的全部内容，或者说没有全面抽象分则的规定。

刑法分则一般以保护法益为基准进行分类，刑法典也以保护法益为顺序进行编排，这样有助于理解和适用。有关刑法分则体系化的具体方法，在大陆法系的刑法理论界，有两分说、综合说和三分说的对立。我国刑法分则对犯罪采用的是简明的分类方法，将犯罪分为危害国家安全罪等10大类。我国刑法理论中的这种分类方法当然有其合理性，但是，按照对个人法益的犯罪、对社会法益的犯罪与对国家法益的犯罪安排罪刑各论体系，或许是一种更为合理的价值取向。

一般地说，学习刑法分则的目的在于掌握刑法的基本原理、概念以及学说，根据这些知识分析具体事例，掌握解决具体纷争的基准和能够得出合理结论的"推定""判断"方法。在解释刑法条文和解决具体事例的过程中，有必要留意以下几项原则：第一，法益保护的特定原则。由于刑法

---

① 参见〔日〕井田良：《刑法各论》，弘文堂，2002，第198页。

的目的在于"法益保护",因而在刑法解释论层面,怎样把握和理解处罚一种犯罪时刑法所要保护的法益是什么,即,在界定具体犯罪时,首先有必要明确某一种犯罪所保护的法益究竟是什么这一点。第二,一体性评价原则。在考虑刑法分则的具体事例时,根据行为发生的时间顺序,逐一探讨符合哪一个罪名的构成要件。在分析具体事例时,存在形式上虽然属于两个行为,实质上却属于一个行为的情况。在这里,将数个行为评价为"一个行为"的基准便成为问题。第三,基准的明确性、合理性原则。区别一个犯罪和另一个犯罪,一般称之为构成要件的犯罪个别化机能;区别犯罪行为和非犯罪行为,称之为构成要件的非犯罪行为排除机能。充分发挥这些机能需要设定解释的基准。尤其是在罪刑法定主义原则之下,解释构成要件时,应当明确判断的基准。第四,法规范的整合性原则。由于刑法通过严厉的刑罚对行为人进行制裁,因而只有在通过刑法以外的其他法规范无法充分保护法益时,作为法益保护的最后手段动用刑法。即使在其他法规范中属于违法的行为,基于刑法谦抑性原则,在刑法上有可能不属于犯罪。法秩序原则上应当统一,不同的法领域不能分别进行价值判断,因此,在刑法解释时,一定要注意该解释是否与其他法律规范发生矛盾。需要注意的是,这只是相对的,而不是绝对的。第五,利益衡量原则。如果某一个侵害法益的行为具有某种价值,那么就有必要衡量该法益和被侵害的法益,如果前者优于后者,就不处罚该侵害法益行为。刑法所处罚的并非所有侵害法益的行为,它处罚的只是其中的一部分,因此,如果侵害法益的行为是为了实现社会意义上有益的行为,那么,就不应处罚这种行为。

第二章 放火罪的处罚根据

放火罪，是指故意放火烧毁公私财物，危害公共安全的行为。放火罪的保护法益是不特定或多数人的生命、健康和重大公私财产。公私财产的对象包括生产设施、公共建筑以及其他公私财产。我国刑法第114条将放火与爆炸、决水、投放危险物质等犯罪并列，放在刑法分则第二章"危害公共安全罪"中；并规定只要实施放火行为，不管烧毁的对象是自己的财产还是他人的财产，也不管是否造成了损害结果，只要客观上危害公共安全，均构成放火罪。这充分表明我国刑法首先将放火罪视为危害公共安全的危险犯。但是，从刑法第115条第1款的规定来看，在放火致人重伤、死亡或者使公私财产遭受重大损失的情况下，这一条文与故意伤害罪、故意杀人罪以及故意毁坏财物罪的法定刑有所不同，因此，放火罪又具有实害犯的性质。有关放火罪的处罚根据之"公共安全"的意义以及"烧毁"的界定等，在中外刑法理论中，均有不同程度的争议。

一、放火罪中的"公共安全"之意义

（一）"公共安全"之含义

危害公共安全罪，顾名思义，是指危害公共安全的犯罪，或者说是制造了公共危险的犯罪。因此，这一类犯罪在大陆法系部分国家的刑法理论中被称为公共危险罪。[1] 但是，有关"公共安全"或"公共危险"的界定，在中外刑法理论中，有不同观点的对立：

第一种观点认为，所谓公共安全，是指不特定多数人的生命、健康或

---

[1] 参见〔韩〕金日秀、徐辅鹤：《刑法各论》，6版，博英社，2004，第567页；〔日〕山口厚：《问题探究刑法各论》，有斐阁，2005，第226页。

者重大公私财产的安全。① 这是我国的通说。第二种观点认为，公共安全是指多数人的生命、健康和财产安全，包括不特定多数人和特定多数人，或者说不区分特定还是不特定。② 第三种观点认为，公共安全是指不特定人的生命、健康或者财产安全。③ 第四种观点认为，公共安全是指不特定或者多数人的生命、身体或者财产安全。④ 这是我国的有力说，是日本和韩国的通说。

法益具有作为犯罪构成要件解释之目标的机能，由于"一切犯罪之构成要件系针对一个或数个法益构架而成。因此，在所有之构成要件中，总可以找出其与某种法益的关系。换言之，即刑法分则所规定之条款，均有特定法益为其保护客体。因之，法益可谓所有客观之构成要件要素与主观之构成要件要素所描述之中心概念。准此，法益也就成为刑法解释之重要工具"⑤。可见，针对刑法意义上的"公共安全"或"公共危险"理解的不同，将会影响对危害公共安全罪的认定范围。

在上述之有关"公共安全"界定的四种观点中，笔者倾向于第四种观点，即公共安全是指不特定或多数人的生命、健康或财产的安全。理由是：

第一，"公共"是相对于"个人"而言的，那么，"公共安全"理应成为与"个人安全"相对应的概念，因此，公共安全应当是指多数人的安全。⑥ 另外，危害公共安全罪是以公众利益为侵犯内容的犯罪，故应注重行为对"公众"利益的侵犯。刑法规定危害公共安全罪的目的，实际上是将个人法益抽象为社会法益作为保护对象，因此，应当重视其"社会性"。"公众"与"社会性"要求重视量的"多数"，换言之，"多数"是公共安全这一概念的核心，"少数"的场合应当排除在外。⑦ 由此可见，如果取公共安全是"不特定多数人的生命、健康或者重大公私财产的安全"这一我国的通说，将会不当地缩小危害公共安全罪的成立范围。由于"不特定多数"意味着危害公共安全罪的犯罪对象受到双重限制，不仅是"不特定"，而且必须是"多数"，因而特定的多数人的生命、健康或财产的安全

---

① 参见王作富主编：《刑法分则实务研究》（上），北京，中国方正出版社，2009，第54页。
② 参见〔日〕立石二六主编：《刑法各论30讲》，成文堂，2006，第248页；赵秉志主编：《刑法相邻相近罪名界定》（上册），长春，吉林人民出版社，2000，第93页等。
③ 参见张小虎：《放火罪之理论探究》，载《河南省政法管理干部学院学报》，2002（4），第79页。
④ 参见张明楷：《刑法学》，北京，法律出版社，2003，第537页。
⑤ 林山田：《刑法特论》（上册），台北，三民书局，1978，第6页。
⑥ 参见胡东飞：《论刑法意义上的"公共安全"》，载《中国刑事法杂志》，2007（2），第53页。
⑦ 参见张明楷：《刑法学》，北京，法律出版社，2003，第538页。

以及不特定少数人的生命、健康或财产的安全,都不属于"公共安全"。这不仅缩小了危害公共安全罪的成立范围,也和我国的司法实践不符。① 比如,按照我国刑法第133条的规定,交通肇事罪是危害公共安全罪的一种,但是,根据相关司法解释,行为人只要违反交通规则造成事故,导致一人死亡并且是造成事故的主要责任人的,就可以构成该罪,而没有要求一定要造成多数人的死伤才能构成。② 由此可见,上述第一种观点并不可取。

第二,主张公共安全是指多数人的生命、健康和财产安全,包括不特定多数人和特定多数人的观点,同样存在不当缩小危害公共安全罪成立范围的缺陷。因为,即便放火罪的犯罪对象是不特定的少数人,由于存在向多数人扩展的盖然性,因而这种观点同样会不当地缩小危害公共安全罪的成立范围。

第三,仅仅将"不特定人"的生命、财产安全作为公共安全的上述之第三种观点同样存在缺陷,因为这种观点会将"特定多数人"的生命、财产排除在危害公共安全罪的保护范围之外。"多数人",即便是特定多数人的生命、健康或者财产安全,理应包括在公共安全之中。其实,我国刑法的相关规定已经体现了这一种宗旨。比如,刑法对人的生命、财产的保护,不仅规定有危害公共安全罪,而且规定有故意杀人罪、故意伤害罪、故意毁坏财物罪等。显然,立法者将保护特定的或少数人的生命、财产安全的犯罪与保护多数人或者不特定人的利益的犯罪,通过立法进行了明确的区分。

有关"公共安全"或"公共危险"的判断基准,根据取违法性的本质是结果无价值一元论还是行为无价值、结果无价值二元论,存在应以"针对法益的物理意义上的客观危险"和应以"一般人的危险感"为基准的观点的对立。前者是基于结果无价值一元论的主张,后者则是基于行为无价值、结果无价值二元论的主张。立论于结果无价值一元论的观点认为,放火罪的保护目的并不限于确保社会一般成员的安全感和平稳感,由于放火罪的保护目的在于保障不特定或多数人的生命、身体以及财产的安全,因而危险判断的基准应当是现实存在的客观事项。也就是说,判断基准应当是事后得到判明的事项,即便是行为当时附近居民不可能认识或预见的事项,如果属于行为时存在的事项,那么,理应将其包括在判断基准之中。③

---

① 参见黎宏:《论放火罪的若干问题》,载《法商研究》,2005(3),第118页。
② 具体可参见最高人民法院《关于审理交通肇事刑事案件具体应用法律若干问题的解释》第2条。
③ 参见〔日〕曾根威彦:《刑法的重要问题》(各论),成文堂,1997,第283页。

有关违法性的本质，笔者倾向于行为无价值、结果无价值二元论，因此，有关"公共安全"或"公共危险"的判断基准，倾向于以"一般人的危险感"为基准的主张。理由是：放火罪的保护目的在于确保社会一般成员的安全感和平稳感，因此，"公共安全"的判断应当以一般人能够感到存在威胁为基准。即便并不存在物理意义上的燃烧的可能性，如果处于放火现场的一般人感到有必要躲避或采取灭火措施，那么，由于存在伴随躲避或灭火而发生的针对生命和身体的现实危险，因而有必要处罚放火罪。由此可见，"放火罪中的具体的公共安全或危险，虽然是以现实存在为基础的具体的盖然性判断，但是，由于是一种已经排除附近居民无法预见或认识事项的事前判断，因此，危险的判断应当以行为状况下的一般人的感受为基准进行"[1]。

（二）放火罪是抽象危险犯还是具体危险犯

刑法中的犯罪，一般分为危险犯和实害犯，危险犯又可以分为抽象危险犯和具体危险犯。由于各国刑法对放火罪的规定有所不同，因而放火罪究竟是抽象危险犯还是具体危险犯，在中外刑法理论界，有不同程度的争议。比如，日本刑法第108条规定，"放火烧毁现供人居住或者现有人在内的建筑物、火车、电车、船舰或者矿井的，处死刑、无期或者5年以上有期徒刑"。第109条规定，"放火烧毁现非供人居住而且现无人在内的建筑物、船舰或者矿井的，处2年以上有期徒刑。前项所列之物属于自己所有的，处6个月以上7年以下徒刑，但未发生公共危险的，不处罚"。第110条规定，"放火烧毁前两条规定以外之物，因而发生公共危险的，处1年以上10年以下徒刑。前项之物属于自己所有的，处1年以下徒刑或者10万日元以下罚金"。在日本刑法理论界，主流观点认为，放火罪，是将公共安全作为其保护法益的典型的公共危险罪。危险犯又可以分为抽象危险犯和具体危险犯。抽象危险犯是并不将发生公共危险特别作为构成要件要素的危险类型，具体危险犯则是将发生公共危险作为构成要件要素的危险类型。因此，日本刑法第108条、第109条第1款属于抽象危险犯，第109条第2款和第110条则属于具体危险犯。[2] 韩国刑法中的放火罪的规定也与此相似，可以分为抽象危险犯和具体危险犯。[3]

---

[1] 〔日〕井田良：《有关放火罪之最近的论点》，载〔日〕阿部纯二等编：《刑法基本讲座》，第6卷，法学书院，1993，第185页。

[2] 参见〔日〕立石二六主编：《刑法各论30讲》，成文堂，2006，第248页。

[3] 详细可参见〔韩〕金日秀、徐辅鹤：《刑法各论》，6版，博英社，2004，第566页以下。

有关具体危险犯与抽象危险犯问题，在我国的刑法理论界，主要有两种观点的对立：第一种观点认为，所谓具体危险是指作为某种犯罪的构成要件而被明确规定出来的危险；抽象危险则是没有被作为构成要件明确加以规定，而是行为本身所具有的侵害合法利益的危险。由于刑法明文规定，成立放火罪，必须达到危害公共安全的程度，因而放火罪是具体危险犯。① 第二种观点认为，首先将危险限定在法律明文规定的范围之内，认为符合构成要件的行为一经在特定地点或针对特定对象实施，就认为具有一般危险，比如，行为人只要在工厂、矿山、住宅等特定地点实施放火、爆炸等行为，就具有危害公共安全的危险，这就是抽象危险犯；而具体危险犯是指危险内容已由法律具体加以规定，需要依法认定，比如，破坏交通工具罪、破坏交通设施罪中的"足以使火车、汽车、电车、船只、航空器发生颠覆、毁坏"的危险，便是具体危险犯。② 按照这种观点，放火罪应当是抽象危险犯。③ 笔者认为，抽象危险是一种拟制的危险，一般不需要进行具体的危险判断。也就是说，所谓抽象危险犯，是指免除法官审查有无危险发生之义务的符合构成要件的一种类型性事实，即如果发生了这种事实就可以断定存在法益侵害而并不要求具体危险的发生。换言之，只要实施了符合构成要件的行为，就可以认为存在危险——抽象危险犯是将危险视为单纯的立法理由的一种犯罪类型。④ 由于我国刑法第114条以及第115条明文规定"危害公共安全"，因而放火罪理应属于具体危险犯。

（三）"公共安全"之认识

作为放火罪的成立要件，针对发生公共危险，行为人是否有必要认识

---

① 参见史卫忠、马松建主编：《刑法理论与司法认定研究》，北京，中国检察出版社，2001，第225页。
② 参见黎宏：《论放火罪的若干问题》，载《法商研究》，2005（3），第119页。
③ 针对这种主张，在我国刑法理论界，有观点认为，放火罪是具体危险犯。理由是：第一，不是任何放火行为都会造成公共危险。第二，刑法规定成立放火罪必须达到危害公共安全的程度。第三，在刑法理论上，并不存在"符合构成要件的行为一经在特定地点或针对特定对象实施，就认为具有一般危险"的危险犯。无论是具体危险犯还是抽象危险犯，实质上都是以发生一定危险作为其成立要件的犯罪，至于手段有无危险，必须根据行为时存在的所有事实，从科学的一般人的立场出发加以判断；否则，就会违背我国刑法学所坚持的犯罪是危害行为即客观上具有社会危害性的行为的原理。放火罪既然被视为"危害公共安全罪"的典型，那么，其成立必然要从放火行为是否会引起危害公共安全的结果的立场加以认定。（参见黎宏：《论放火罪中的危险概念》，载何鹏、李洁主编：《危险犯与危险概念》，长春，吉林大学出版社，2006，第134页。）
④ 有关抽象危险犯的概念以及处罚根据，可参见郑泽善：《刑法争议问题探索》，北京，人民出版社，2009，第35页以下。

到这一点，在大陆法系的刑法理论界，有必要说和不要说的争论。有关这一问题，在我国的刑法理论界，很少有系统的研究。不过，也有观点认为，放火罪在主观方面是故意，即行为人明知放火行为会危害公共安全，而追求或者放任这种结果的发生，放火的动机只影响量刑。"对于放火罪的具体危险犯，要求行为人对具体公共危险的发生有认识，即不仅认识到放火行为是违法行为，而且要认识到一旦实施放火行为就具有公共危险性。这也是在放火毁坏财物的情况下，应当以放火罪而不以轻罪之故意毁坏财物罪处罚的原因。"[1]

有关这一问题，日本的判例认为，无论是抽象危险犯还是具体危险犯，均不需要针对发生公共危险的认识，即主张认识不要说。比如，最高裁判所认为，"刑法第110条第1款规定的放火罪的成立，虽然有必要认识到实施放火行为烧毁该条所规定的财物，但没有必要认识到烧毁引发公共危险的结果"[2]。针对判例的上述立场，在日本的刑法理论界，虽然有少数观点支持判例的立场，主张可以将发生公共危险理解为结果加重犯或客观处罚条件，但是，绝大多数的观点否定判例的立场而主张认识必要说。

日本学者中主张公共危险认识不要说的理由是：（1）日本刑法第109条第2款中的"不处罚"是一种处罚条件，而第110条第1款中的"因而"是指结果加重犯。（2）必要说认为，在具体危险犯的情况下，即便有通过放火烧毁犯罪客体（对象）的认识，如果没有针对公共危险的认识，只能成立失火罪；而在抽象危险犯的情况下，如果有通过放火烧毁犯罪客体的认识，就应认定具有放火罪的故意。然而，即便有通过放火烧毁犯罪客体的认识，如果没有针对公共危险的认识则主张成立失火罪，理由不充分。（3）如果将公共危险理解为针对第108条、第109条第1款中的物件的一种延烧的可能性，所谓针对公共危险的认识，应当是第108条、第109条第1款中的故意。可见，基于必要说的主张，如果不存在针对公共危险的认识，就不能成立第109条第2款和第110条所规定的犯罪；如果有针对公共危险的认识，就应成立第108条和第109条第2款规定的犯罪，那么，就不存在第109条第2款和第110条规定的犯罪成立的余地，这显然不尽合理。[3]

---

[1] 周光权：《刑法各论》，北京，中国人民大学出版社，2008，第168页。
[2] 《刑集》第39卷第2号，第75页。
[3] 参见〔日〕西田典之：《放火罪》，载〔日〕芝原邦尔等编：《刑法理论的现代展开》（各论），日本评论社，1996，第293页等。

针对不要说的上述主张，日本学者中必要说的批判是：(1) 从责任主义原则出发，在没有特别理由的情况下，不应肯定结果责任。由于烧毁自己的财物本身并不违法，因而如果像不要说所主张的那样，将发生公共危险解释为一种客观处罚条件，那么，第109条第2款和第110条第2款的处罚，并不是基于违法而是基于处罚条件，显然不尽合理。因此，公共危险的发生是一种构成要件要素而有必要认识这一要素。另外，不要说将第110条第1款视为一种结果加重犯，但是，在这种情况下，重结果属于侵犯社会法益的公共危险罪，基本犯是基于放火行为的烧毁罪而应属于侵犯个人法益的犯罪。由此可见，一方面将基本犯和重结果这一并不属于相同犯罪性质的问题，解释为结果加重犯本身不妥当，另一方面也可以将"因而"这一表述解释为"基于该原因"，因此，将第110条第1款理解成结果加重犯并不妥当。(2) 就第109条第2款和第110条第2款而言，由于烧毁的是自己的财物，因而该行为本身并不违法，作为其结果，即便发生公共危险，充其量是一种过失；进而即便烧毁自己财物的行为发展成燃烧第108条和第109条第1款所规定的事项，仍然属于过失犯而不应构成结果加重犯。因此，成立第109条第2款和第110条第2款规定的犯罪，除了有烧毁自己财物的认识之外，还需要有针对发生公共危险的认识。(3) 即便认识或容认发生延烧的危险，在某种情况下，也有可能存在并没有容认延烧本身的心理状态。另外，发生公共危险与发生延烧的危险并不一定等同。在和延烧的危险没有关联的情况下，也有可能发生公共危险。即便不存在延烧的认识或容认，在某种情况下，也有可能认识或容认附近居民会躲避或开始灭火而实施的情形。第109条第2款和第110条的规定，可以说正是为了处罚这种情况而规定的条款。[①]

如前所述，有关这一问题，在我国的刑法理论界，并没有系统、深入的研究。然而，在放火罪的司法认定中，不得不涉及这一问题。比如，放火烧毁自己的财产，是否可以构成放火罪？有观点认为，我国刑法并没有就焚烧自己的财产作出特别的规定，因此，焚烧自己的财产是否构成犯罪，与一般的放火行为一样，其认定的关键在于是否危害公共安全。如果放火烧毁自己的财产，已经实际危害到公共安全或可能危害公共安全的，应当构成放火罪。比如，被告人吕某，三天两头和她丈夫为鸡毛蒜皮的小事吵架，弄得四邻不安。某日夜晚，吕某又与丈夫争吵打架。吕某为了泄

---

① 参见〔日〕井田良：《有关放火罪之最近的论点》，载〔日〕阿部纯二等编：《刑法基本讲座》，第6卷，法学书院，1993，第186页等。

愤，于深夜把一桶柴油浇在自己家的柴垛上点着火。因当天风大，火灾使周围几户邻居的财产都受到不同程度的损失。在本案中，吕某虽然浇柴油放火烧的是自己家的柴垛，属于焚烧自己财产的行为，但由于时值夜深，并且大风，完全可能给邻居的财产造成危害并且可能危及他人的生命、健康安全，而且，事实上这种行为也使邻居的财产受到了不同程度的损失，因而其行为应当构成放火罪。[1]

笔者认为，行为人烧毁自己的财物本身并不违法，行为人烧毁自己的财物构成放火罪的处罚根据在于，这种行为具有发生危及公共安全的危险。因此，公共安全应当被解释为一种构成要件要素，从责任主义的观点来讲，行为人有必要认识作为放火罪的构成要件要素之危及公共安全。然而，根据认识不要说，作为行为人的认识内容，即便并不符合任何犯罪，但是，如果客观上危及公共安全就应成立故意犯，显然不尽妥当。[2] 另外，即便行为人烧毁他人的财物，在没有危及公共安全的情况下，充其量只能构成故意毁坏财物罪。在这种情况下，之所以成立放火罪，主要理由在于危及公共安全。因此，作为构成要件要素，行为人有必要认识这一点，即危及公共安全。

二、"烧毁"的意义

（一）中外学说概观

放火罪以目的物"烧毁"作为既遂的时点。针对烧毁的意义，由于这一问题不仅涉及放火罪的既遂和未遂的区分，还与放火罪的保护法益应当侧重财产还是公共安全具有密切的关联性，因而在中外刑法理论界，有不同观点的对立。[3]

1. 独立燃烧说

这种观点将放火罪的本质视为一种危及公共安全的犯罪，因此，主张

---

[1] 参见王作富主编：《刑法分则实务研究》（上），北京，中国方正出版社，2009，第 55 页以下。
[2] 参见〔日〕立石二六主编：《刑法各论 30 讲》，成文堂，2006，第 254 页。
[3] 参见〔日〕立石二六主编：《刑法各论 30 讲》，成文堂，2006，第 237 页以下；〔韩〕金日秀、徐辅鹤：《刑法各论》，6 版，博英社，2004，第 567 页；张明楷：《刑法学》，北京，法律出版社，2003，第 541 页；周光权：《刑法各论》，北京，中国人民大学出版社，2008，第 166 页以下等。

放火后的火离开媒介物转移到目的物，达到能够持续独立燃烧的状态便认为是烧毁。这种观点并不要求目的物的效用是否得到损害。这种观点的理由是，放火罪是一种危及公共安全的犯罪，因此，当目的物开始独立燃烧时，已经发生了危及公共安全的状态。德国和法国立法不仅与此相似，这一观点在其刑法理论中也处于通说的地位。这种学说也是我国的通说。但在日本和韩国的刑法理论界，很少有学者支持这种观点，不过也是一种有力说。

2. 效用丧失说

这种观点认为，火烧毁目的物的重要部分，达到目的物失去原来的效用程度，才能视为烧毁。这种观点的理由是：与放火罪一样，作为危害公共安全罪处罚的决水罪中有"浸水之害"这一概念，这一概念要求效用丧失，因此，对于放火罪中的烧毁有必要同样加以理解。基于失去目的物的重要部分而达到丧失效用的程度，才能说是发生了公共危险。也就是说，这种观点认为，有必要从目的物损坏程度这一财产犯的侧面加以把握和理解。

3. 重要部分开始燃烧说

这种观点将目的物的重要部分开始燃烧视为烧毁。这种观点以独立燃烧说为基础，认为虽然达到独立燃烧的程度，由于很容易进行灭火，因而尚不能视为烧毁，只有达到不易灭火的状态，才应视为放火罪的既遂。理由是，以独立燃烧为基准认定放火罪的既遂，既遂的认定过于提前，因此，有必要推迟既遂的成立时点。由于放火罪属于危害公共安全罪，因而没有必要将目的物的效用丧失视为既遂，当重要部分开始燃烧时就应视为发生了危害公共安全的危险。

4. 部分烧损说

部分烧损说又称毁弃说。这种观点认为，只有火所烧损的目的物达到毁弃罪所规定的损坏程度，才应视为烧毁。这种观点虽然是以效用丧失说为基础，由于效用丧失说主张烧损重要部分导致丧失目的物的效用才能视为烧毁，因而作为缓和认定烧毁的基准而主张以部分损坏为基准认定烧毁。这种观点的理由是，放火罪具有毁弃罪和危及公共安全罪的性质，刑法既然没有把通过火力的毁弃行为规定在毁弃罪而规定在危害公共安全罪中，那么，基于对毁弃概念的理解，应当以部分损坏为基准认定烧毁。另外，可以把部分损坏时点视为发生公共危险。这种观点力争将可以视为烧损的程度和毁弃罪中的毁弃统一进行理解，准确把握放火罪具有的双重性质——危及公共安全和烧毁财物。

5. 中间说

近年来，随着使用耐燃性建筑材料的建筑物的普及，表面上虽然没有达到独立燃烧的程度，由于产生有毒气体导致人们的伤亡，或高温导致墙面脱落而丧失建筑物效用的情况时有发生，因而部分观点认为，在木质结构房屋的情况下，可以适用独立燃烧说；在耐燃性建筑物的情况下，则可适用丧失效用说。也有观点认为，放火罪具有危及公共安全的性质，因此，在耐燃性建筑物的情况下，应当将目的物开始燃烧而持续产生有害气体视为烧毁。还有观点认为，在抽象危险犯的情况下，应当适用独立燃烧说；在具体危险犯的情况下，则应适用重要部分开始燃烧说。

（二）本书的立场——部分烧损说之相对合理性

在有关界定"烧毁"的上述观点中，独立燃烧说有以下不足：第一，即便达到独立燃烧的程度，还不能说发生了财产侵害，因此，这种观点有过于强调危及公共安全的一面，而忽视放火罪同时所具有的毁弃、损坏罪的另一面之嫌。第二，即便达到独立燃烧的程度，并不一定立即危及公共安全，因此，以独立燃烧的作用为依据界定危及公共安全不尽妥当。第三，独立燃烧说源于普遍使用木质结构房屋时代，现在的房屋基本上使用的是耐燃性建筑材料，因此，将过去的基准适用于现代社会并不合理。第四，根据独立燃烧说，由于放火罪的既遂时点过于提前，因而几乎没有成立未遂犯和中止犯的余地。[①] 由于独立燃烧说存在这一致命缺陷，因而在主张独立燃烧说的观点中，也有观点主张通过修正独立燃烧说而推延既遂的时点，比如，火单纯从媒介物转移到目的物开始燃烧尚不能认定为烧毁，有必要要求燃烧能够持续一段时间；也有观点认为，燃烧要达到有可能发生公共危险才应视为烧毁；还有观点认为，既然认为放火罪的既遂是烧损或烧毁，那么，就应要求烧损目的物的一部分才是自然的解释等。[②] 由此可见，在主张独立燃烧说的内部，并没有一个统一的基准。

[①] 针对独立燃烧说的上述不足及批判，主张独立燃烧说一方的反驳是：第一，放火罪保护的法益是公共安全，由于放火罪的客体之财产价值的损坏程度是否达到动用刑法来加以保护并不重要，因而从财产受损的程度理解和把握烧毁概念并没有逻辑上的必然性。第二，我国至今为止的建筑物仍然是以木质结构为主，放火客体之建筑物处于可以独立燃烧的程度，那么，这一时点至少在抽象意义上可以说已经发生了延烧其他建筑物的危险性。第三，就将会导致提前既遂的问题而言，如果在目的物丧失效用之前进行灭火，那么，可以在量刑时加以考虑，另外，也可以通过适用缓刑的办法加以解决。（参见〔日〕大塚裕史：《刑法各论的思考方法》（新版），早稻田经营出版，2007，第435页。）

[②] 参见〔日〕立石二六主编：《刑法各论30讲》，成文堂，2006，第243页。

效用丧失说的缺陷是：第一，即便目的物没有达到丧失效用的程度，在一般情况下，完全可以肯定公共危险的存在，因此，这种观点过于轻视放火罪作为危害公共安全罪的一面。第二，火具有通过加热周围的物质引发其他火灾的性质，因此，危险性极大；与此相比，水则只有达到一定的量才会溢出并依此发生危险。也就是说，火力和水力具有不同的性质，因此，理应分别加以理解和把握。这一点从刑法将利用水力的犯罪和利用火力的犯罪规定在不同章节便可得到证明。因此，将决水罪中的浸水之害和放火罪中的烧损同样加以理解，并不存在逻辑上的必然性。第三，现在，虽然耐燃性建筑材料使用比较普遍，但是，如果以丧失建筑物的重要部分的功能为基准认定既遂，有可能导致即便发生公共危险也只能以未遂定罪的结局，从而放火罪的成立范围受到过分限制。[1]

重要部分开始燃烧说的不足是：第一，究竟以什么为基准认定"开始燃烧"，这种主张并没有一个明确的基准。第二，所谓重要部分究竟是指哪一部分，这种主张过于含糊。第三，在使用耐燃性建筑材料的情况下一般见不到火焰，因此，很难说这种情况也属于"开始燃烧"，所以，很难界定放火罪的既遂。[2]

针对部分烧损说的批判是：第一，针对部分烧损程度的理解存在差异，如果在较早的时点认定部分烧损，那么，这种主张与独立燃烧说并没有实质性的区别。第二，放火罪具有危害公共安全的性质，如果以损坏程度为基准认定烧毁的话，将会导致过于重视毁弃而轻视危及公共安全的结局。第三，不得不以财产犯基准之"达到毁弃罪中的损坏程度"这一概念来判断是否发生危及公共安全，但是，它与放火罪中不可缺少的目的物的燃烧是否持续一定时间的判断很难相提并论。[3]

中间说的缺陷是：从烧毁这一表述便可知，当然有必要烧毁，但并不一定要求见到火焰，作为燃烧的一种，至少需要基于高温的酸化。然而，中间说却主张即便没有酸化的结果，如果目的物丧失功能就可以认定烧毁，作为一种文理解释是不尽自然的。在耐燃性建筑物的情况下，基于火势部分目的物已经烧毁，如果火势波及其他部分而发生公共危险就可以视为烧毁；但是，火势停留在最初部分并没有波及其他部分的情况下，根据

---

[1] 参见〔日〕大塚裕史：《刑法各论的思考方法》（新版），早稻田经营出版，2007，第435页以下。

[2] 参见上书，第436页。

[3] 参见〔日〕立石二六主编：《刑法各论30讲》，成文堂，2006，第244页。

这种主张就不能认定为烧毁，因此，无法构成放火罪而只能构成毁坏罪。这明显不合理。①

独立燃烧说和重要部分开始燃烧说侧重的是放火罪的危害公共安全的一面，与此相比，效用丧失说和部分烧损说则兼顾放火罪的财产损害的一面。上述学说，各有长短和利弊。

独立燃烧说的最大缺陷在于放火罪的既遂过于提前而几乎没有未遂犯和中止犯存在的余地，与此相反，根据效用丧失说，只有在目的物的效用丧失时才能肯定放火罪的既遂，而放火罪在未遂阶段也可能危及公共安全，因此，这种学说的既遂的范围将过于狭窄。重要部分开始燃烧说中的"开始燃烧"，在司法实践中很难把握，这是这种学说的最大不足。中间说考虑到如今的建筑物大部分使用的是耐燃性材料，而力图寻找一个恰当的认定基准，值得肯定，但目前很难制定一个同一基准，因此，同样不可取。

基于上述原因，笔者倾向于部分烧损说，理由是：

第一，放火罪首先是危害公共安全的犯罪，然而，放火罪还具有作为财产犯罪的故意毁坏财物罪的性质。"燃烧他人财物不足以危害公共安全的，只能构成故意毁坏财物罪"②，指的就是放火罪涉及财产犯罪的另一面。人们虽然支配或利用火，但是，火有时超出人们的支配范围而给社会带来灾难，刑法之所以将放火罪放在危害公共安全罪中，正是缘于将公共安全作为该罪的保护法益。因此，放火罪首先是危害公共安全的犯罪。不过，刑法除了保护公共安全之外，我们不应忽视刑法保护公私财产的另一面。也就是说，我们首先应当将放火罪作为危害公共安全的犯罪加以理解和把握，即发生危及生命、身体、财产等公共危险，才是处罚放火罪的实质性根据。应当重视的是火灾带来的危及公共安全的重大危险性，如果没有危及公共安全，只有财产性损害，就应以故意毁坏财物等罪进行处罚。需要注意的是，由于该罪只有在危及公共安全的情况下才能定罪，因而该罪所具有的作为财产犯罪的另一面，我们应当以与保护个人其他有关财产的法益一样的尺度加以把握和理解。也就是说，"放火罪中'损坏'的界定，应与建筑物损坏罪中的既遂时点一样加以理解和把握。那么，部分烧损建筑物就应相当于建筑物的'损坏'。换言之，如果建筑物的一部分受到损坏，就具备了通过火力实施建筑物损坏罪的构成要件"③。当然，当

---

① 参见〔日〕立石二六主编：《刑法各论30讲》，成文堂，2006，第245页。
② 张明楷：《刑法学》，北京，法律出版社，2003，第540页。
③ 〔日〕植松正等：《现代刑法论争Ⅱ》，2版，劲草书房，1997，第254页。

建筑物的一部分受到烧损时,界定是否开始危及公共安全,才是能否成立放火罪的关键。

第二,如前所述,针对部分烧损说的批判主要集中在,如果部分损害的判断不够严谨,结论上与独立燃烧说并没有什么区别。当然,根据部分烧损说,只要建筑物的一部分被烧损,那么,与独立燃烧说的主张一样,就充足了"烧毁"概念而应成立放火罪的既遂。因此,即便取部分烧损说,也不能缩小独立燃烧说所肯定的既遂的成立范围。但是,这种批判忽视了关键问题,即,在适用过程中两种观点的结论或许接近,但两种观点的思维逻辑全然不同。正是基于这种思维逻辑的不同,在具体适用中,两种观点的结论将会大不相同。也就是说,独立燃烧说将离开媒介物开始燃烧视为放火罪的既遂,与将建筑物的一部分受到损害视为放火罪的既遂之间相差极大。① 尤其是,随着现在建筑物的使用材料以耐燃性材料为主,开始独立燃烧和部分损坏之间的差距会越来越明显。②

第三,如前所述,独立燃烧说有过于提前放火罪既遂成立的弊端,与此相反,效用丧失说、重要部分开始燃烧说和中间说则有过于推迟既遂成立或难以认定的缺陷。因此,综合建筑物的构造和材质,应当将放火行为导致危险的发生时点视为烧毁。不过,"烧毁"的成立应当以损坏目的物的一部分为基准,而不应以开始独立燃烧——离开媒介物发生烟雾或气体为基准。当然,至于基于部分烧损而发生的有毒气体或烟雾的影响,如果附近居民感到有可能构成生命、身体或财产上的危险,那么,可以将这种情况认定为烧毁。

---

① 参见〔日〕植松正等:《现代刑法论争Ⅱ》,2版,劲草书房,1997,第255页。
② 我国的通说认为,理论上关于放火罪的既遂、未遂有各种学说。我国多取"独立燃烧说"。即只要放火的行为将目的物点燃,已经达到脱离引燃媒介物也能够独立燃烧的程度,即使没有造成实际的危害结果,也应视为放火罪的既遂。(参见高铭暄、马克昌主编:《刑法学》,3版,北京,北京大学出版社、高等教育出版社,2007,第380页。)也有观点认为,独立燃烧说的合理性应该被司法实践所肯定,因为放火罪的公共危险的侧面必须被重视,目的物达到独立燃烧的可能,就会发生危害公共安全的危险;放火罪中的目的物一般都是易燃物,容易释放有毒气体,引起周围公众的不安感,如果放火行为达到了使目的物独立燃烧的状态,公共危险的发生就可以认定。此外,需要考虑的是,我国普通的建筑物在城市里是砌体结构或者现浇铸结构,在农村多为土墙、砖瓦构造,要使建筑物效用的主要部分或者整体丧失并不容易,要使其达到毁弃状态更为困难,所以如果坚持效用丧失说或者毁弃说,就可能导致放火罪大多没有既遂,而只有未遂。而独立燃烧说决定了犯罪有成立既遂的可能,且由于着手放火到独立燃烧之间有一段时间距离,因而有成立中止犯的可能,从而鼓励犯罪者自动放弃犯罪或者防止危害后果的发生,以切实维护公共安全。所以,坚持独立燃烧说是在情理之中的。(参见周光权:《刑法各论》,北京,中国人民大学出版社,2008,第167页。)

三、我国刑法第 114 条与第 115 条之关系

　　我国刑法将放火罪分为两种类型，即将引起危害公共安全的危险结果作为构成要件的犯罪类型，与已经造成人员伤亡和重大财产损失的实际危害结果作为构成要件的犯罪类型，并将它们分别规定在刑法第 114 条和第 115 条之中。针对刑法的这一规定的理解，在我国的刑法理论界，有两种观点的对立。

　　第一种观点认为，两者之间是基本犯和结果加重犯的关系，即以出现危害公共安全的危险状态为构成要件的犯罪是基本犯，而以发生致人伤亡或重大财产损失的实害结果为构成要件的犯罪是结果加重犯。这是主流观点，处于通说的地位。[①] 第二种观点认为，两者之间是未遂犯与既遂犯之间的关系，即以出现危害公共安全的危险状态为构成要件的犯罪是未遂犯，而以发生致人伤亡或重大财产损失为构成要件的犯罪是既遂犯。[②]

[①] 参见叶高峰主编：《危害公共安全罪的定罪与量刑》，北京，人民法院出版社，2000，第 93 页以下。

[②] 参见段立文：《犯罪"未得逞"含义辨析》，载杨敦先等主编：《廉政建设与刑法功能》，北京，法律出版社，1991，第 304 页以下。在我国的刑法理论界，也有观点倾向于这种主张，理由是：第一，这样理解符合未遂犯的理论。从理论上讲，未遂犯之所以要作为犯罪受到处罚，并不仅仅是因为其在形式上符合了某种犯罪的修正的构成要件，而是在实质上还具有侵害刑法上所保护的某种利益的危险。从这种意义上说，未遂犯也是危险犯。就刑法第 114 条所规定的放火罪而言，其是以"危害公共安全，尚未造成严重后果"为构成要件的，也属于刑法理论上所谓的危险犯。因此，将刑法第 114 条所规定的放火罪理解为刑法第 115 条第 1 款所规定的，以"致人重伤、死亡或者使公私财产遭受重大损失"作为构成要件的放火罪的实害犯的危险犯，并没有什么理论上的障碍。第二，这样理解符合处罚放火罪的具体需要。通说认为，刑法分则的规定是有关犯罪的既遂要件的规定，而不是未遂要件的规定，刑法第 114 条有关放火罪等的规定也不例外。但是，笔者认为通说并不具有说服力。如果说刑法分则规定的是犯罪的既遂形态，则意味着刑法分则中任何犯罪都可能有未遂等犯罪停止的形态；但是，通说同时又认为刑法分则中大量存在的过失犯罪、间接故意犯罪以及直接故意犯罪中的举动犯、情节犯、结果加重犯和情节加重犯、突发性犯罪等不具有未遂停止形态，这已经是对其理论前提进行的自我否定。因此，对于刑法分则规定的是不是各个犯罪的既遂形态，必须进行具体分析。就放火罪而言，一方面其具有烧毁财物和杀伤人命的性质，因而，具有财产犯罪和对人身犯罪的一面；另一方面，由于其一经实施，就会使不特定或多数人的生命、人身、财产受到威胁，因而还具有危害公共安全犯罪的一面。正因为如此，刑法一方面根据其具有财产犯罪和对人身犯罪的特征的一面，将实际造成了人身伤亡和重大财产损失作为成立该罪的基本形态加以规定；另一方面，考虑到该罪具有危害公共安全的特征，是各种普通刑事犯罪中社会危害性最大的犯罪，所以，将没有造成人身伤亡和重大财产损失但已经危害到了公共安全的行为也作为犯罪予以处理。这实际上是对该罪所具有的严重社会危害性的强调。虽然刑法将放火罪分别规定在不同的条文之中，但这并不

笔者认为，第一种观点值得商榷，理由是：结果加重犯，在刑法理论中，可以分为单一行为的结果加重犯和复合行为的结果加重犯两种类型。就我国刑法第115条第1款所规定的放火造成"致人重伤、死亡或者使公私财产遭受重大损失"的犯罪而言，如果说其是第114条所规定的放火罪的结果加重犯的话，最多也只能看作单一行为的结果加重犯，因为作为这些犯罪的客观要件的放火等行为都是单一行为。按照有关结果加重犯的基本原理，行为人对第115条第1款中所规定的"致人重伤、死亡或者使公私财产遭受重大损失"的结果只能是持过失的心理态度。但是，第115条第2款明文规定，过失犯前款罪的，另外构成失火罪。这就明确排除了行为人故意放火、过失引起了人身伤亡或者重大财产损失但适用第115条第1款规定的放火罪的可能。也就是说，按照刑法的规定，行为人对于实施第114条所规定的放火等行为，引起第115条第1款所规定的"致人重伤、死亡或者使公私财产遭受重大损失"的加重结果，不能持过失态度，

（接上页）意味着它一定就是两种不同既遂形态的规定，而只是一种立法技术上的选择而已。第三，这样理解便于理顺刑法规定之间的关系。刑法理论的通说认为，对于行为人把对象物点燃之后，就被人发现而扑灭，以致没有造成损失的场合，属于行为人已经着手实施犯罪，但由于行为人意志以外的原因而未得逞的情况，是放火罪的未遂形态。司法实践中，对于这种情况，都是直接适用第114条的规定加以处理的。如果将上述情况理解为放火罪的未遂形态，按照刑法第23条的规定，就可以比照既遂犯从轻或者减轻处罚。但是，对于上述情到底按照哪一个条款规定的放火罪的未遂犯处理呢？不一定清楚。笔者认为肯定不能按第114条所规定的未遂犯处理，因为自行为人将对象物点燃的时候起，就可以说已经具有了"危害公共安全"的危险，完全符合本条所规定的放火罪的构成要件；可以考虑的只能是第115条第1款所规定的放火罪。但是，最高司法机关编发的有关处理放火罪的判决，对于上述类似的情况，均没有提及放火未遂的情节，而是直接按照第114条的规定，作为放火罪定罪量刑的。由此可以看出，司法实务部门对于刑法理论上所说的放火未遂都是按照第114条规定的放火罪处理的。这种做法实际上是间接地承认了第114条所规定的放火罪实际上是第115条第1款所规定的未遂犯的情形。第四，这样理解有利于鼓励犯罪中止。司法实践中，对于行为人在点燃对象物使其独立燃烧之后又主动将火扑灭之类的所谓危险状态出现以后又中止犯罪的该如何处理，一直存在分歧。第一种观点认为，该行为是在犯罪已经达到既遂状态之后所发生的，不可能成立中止犯，应当以既遂犯处理；第二种观点认为，可以将该行为认定为第114条所规定的放火罪的中止犯；第三种观点认为，该行为成立第115条第1款规定的放火罪的中止犯。上述第三种观点的结论是相对妥当的。……按照危险犯与实害犯之间是未遂犯与既遂犯的观点，就能够得出危险状态出现之后的中止行为，是属于与该危险犯相应的实害犯的中止犯的结论。行为人已经将对象物点着，就应当说已经出现了危害公共安全的危险状态，但是，由于还没有产生致人死伤或毁坏公私财物的结果，所以，该行为还不成立与该危险犯相应的实害犯。在此之前，行为人仍可以停止下来，防止实害的发生。如果在此阶段，行为人根据自己的意愿，有效地防止了犯罪结果发生的话，就应当视为犯罪中止。（参见黎宏：《论放火罪的若干问题》，载《法商研究》，2005(3)，第122页以下。）

而只能是持故意态度。既然行为人对于故意放火等行为所引起的人身伤亡或者重大财产损失持追求或者放任的态度，那么，怎么能说这种放火行为是结果加重犯？可见，刑法第 115 条第 1 款中所规定的各项犯罪与刑法第 114 条所规定的犯罪之间，不应是结果加重犯与基本犯之间的关系。[①]同时，如果将第 115 条第 1 款所规定的放火罪理解为第 114 条所规定的放火罪的结果加重犯的话，还会带来不必要的麻烦。按照上述第一种观点，在行为人的放火行为造成了严重后果的情况下，是第 115 条第 1 款所规定的放火罪的既遂犯；在没有造成严重后果的情况下，就是第 114 条所规定的放火罪的既遂犯。第 114 条和第 115 条第 1 款本是对同一犯罪的规定，只是为了立法上的方便而放在两个不同的条文中而已，而绝不是规定了两个犯罪。既然是同一犯罪，如果说造成严重后果的是既遂犯，没有造成严重后果的也是既遂犯的话，岂不是有自相矛盾之嫌？[②] 另外，如果说第 115 条第 1 款所规定的犯罪是第 114 条所规定的放火罪的结果加重犯的话，那么，第 115 条第 2 款有关失火罪规定中的"过失犯前款罪的"条款就只能理解为"过失犯放火罪等的结果加重犯"。本来，结果加重犯只是某一具体犯罪的特殊形态，加重结果不是具体的犯罪，不具有独立的犯罪意义，它只有依附于基本犯罪才具有刑法意义。因此，如果将第 115 条第 1 款规定的犯罪理解为结果加重犯的，那么，过失犯故意罪的结果加重犯，该是怎样一种情形？很难想象。因此，这种理解只会给对第 115 条第 2 款规定的过失犯的解释引起不必要的麻烦。[③] 可见，这种理解不尽妥当。

上述之第二种观点也有商榷之处。理由是：这种观点与传统的刑法理论不符，某一种具体犯罪，要么是危险犯，要么是实害犯或其他犯罪类型，只能居其一，而不可以既是危险犯又是实害犯；在犯罪停止形态上，也只能是既遂与未遂中的一种情形，否则，犯罪类型理论与犯罪停止形态制度就失去了其存在价值，非但如此，还会导致认识上的混乱。[④] 按照上述第二种观点，将无法解释第 114 条规定中的未遂形态。比如，行为人放火烧毁某种目的物，根据我国通说之独立燃烧说或本书所主张的部分烧损说，火离开媒介物独立燃烧或部分烧毁目的物便成立放火罪的既遂；然而，根据上述第二种主张，只能成立放火罪的未遂，显然不尽合理。

[①] 参见黎宏：《论放火罪的若干问题》，载《法商研究》，2005 (3)，第 121 页。
[②] 参见陈航：《对"危险犯属于犯罪既遂形态"之理论通说的质疑》，载《河北法学》，1999 (2)，第 78 页。
[③] 参见李邦友：《结果加重犯基本理论研究》，武汉，武汉大学出版社，2001，第 9 页。
[④] 参见陈兴良主编：《刑事疑案评析》，北京，中国检察出版社，2004，第 27 页。

笔者认为，我国刑法第 114 条和第 115 条是有关危害公共安全犯罪的规定，并非放火罪的单独规定。由于立法技术上的特殊性，引发了上述理论上的争议。因为，第 114 条和第 115 条第 1 款完全可以合并在一起，即："放火、决水、爆炸、投放危险物质或者以其他危险方法致人重伤、死亡或者使公私财产遭受重大损失的，处……危害公共安全，尚未造成严重后果的，处……"第 114 条和第 115 条第 1 款将放火罪区分为"尚未造成严重后果的"和"致人重伤、死亡或者使公私财产遭受重大损失的"两种情形，并分别规定了不同的刑罚。其中，"尚未造成严重后果"的放火既包括已经造成了实际损害但后果尚不严重的情形，也包括已经着手实行犯罪但尚未造成实际损害的情形。因此，只要行为人着手实行放火行为，在尚未造成严重后果的情况下，就应适用第 114 条规定的法定刑。"这就是说，我国刑法对放火罪是撇开了犯罪既遂与未遂的刑罚规定，而直接根据后果是否严重来设置法定刑的。因此，对这类犯罪应根据其后果直接适用分则中的刑罚规定，而不再适用刑法总则关于犯罪未遂的刑罚规定。"[①]这或许是立法上的一大缺陷。

四、结语

放火罪，是指故意放火烧毁公私财物，危害公共安全的行为。放火罪的保护法益是不特定或多数人的生命、健康和重大公私财产。我国刑法将放火与爆炸、决水、投放危险物质等犯罪并列，放在刑法分则第二章"危害公共安全罪"中；并规定只要实施放火行为，不管烧毁的对象是自己的财产还是他人的财产，也不管是否造成了损害结果，只要客观上危害公共安全，均构成放火罪。这充分表明我国刑法首先将放火罪视为危害公共安全的危险犯。公共安全是指不特定或多数人的生命、健康或财产的安全。由于我国刑法第 114 条以及第 115 条明文规定"危害公共安全"，因而放火罪应当属于具体危险犯。行为人烧毁自己的财物本身并不违法，行为人烧毁自己的财物构成放火罪的处罚根据在于，这种行为具有危及公共安全的危险。因此，公共安全应当解释为一种构成要件要素。从责任主义的观点来讲，行为人有必要认识放火罪的构成要件要素之危及公共安全。

就放火罪的既遂和未遂问题而言，只有火所烧损的目的物达到毁弃罪

[①] 刘之雄：《犯罪既遂论》，北京，中国人民公安大学出版社，2003，第 197 页。

所规定的损坏程度，才应视为烧毁。这虽然是以效用丧失说为基础，由于效用丧失说主张烧损重要部分丧失目的物的效用才能视为烧毁，因而作为缓和认定烧毁的基准而主张以部分损坏为基准认定烧毁。放火罪具有毁弃罪和危害公共安全罪的性质，刑法既然没有把通过火力的毁弃行为规定在毁弃罪而规定在危害公共安全罪中，那么，基于对毁弃概念的理解，应当以部分烧损为基准认定烧毁。另外，应当将可以视为烧损的程度和毁弃罪中的毁弃统一进行理解，准确把握放火罪具有的双重性质——危及公共安全和烧毁财物。

第三章 危险驾驶罪的处罚范围

近年来，随着我国社会经济的发展和人们物质生活的日益丰富，我国已进入汽车消费时代，人们在享受汽车带来的便捷的同时，安全隐患也随即上升，飙车撞人、醉酒驾驶撞人等已不再是偶发事件。在我国的司法实践中，针对醉酒驾驶造成交通事故应当如何处理，意见并不统一。[①] 有观点认为，这种行为属于典型的交通事故，应当以交通肇事罪处理。也有观点认为，这种行为严重危害了公共安全，应当以以危险方法危害公共安全罪处罚。这种认识上的不统一造成司法实践中做法各异，不利于司法的统一。根据最高人民法院通告的案例，针对行为人酒后驾驶，如果对有可能引发危及道路交通安全严重后果的行为采取放任心态的，可以以危险方法危害公共安全罪定罪处罚。这样一来，如果醉酒驾驶导致交通事故，既可以以刑法第133条规定的交通肇事罪论处，也可以以第115条规定的以危险方法危害公共安全罪论处。问题是，按交通肇事罪对此类行为进行定罪处罚受到了现实的严峻挑战，制约了对危险驾驶行为的正确定性及处罚，甚至使罚当其罪出现应然和实然的严重背离。如果将危险驾驶行为以危害公共安全罪进行处罚，根据我国刑法第114条的规定，以其他危险方法危害公共安全即便尚未造成严重后果，也要处以3年以上10年以下有期徒刑。如果对醉酒驾驶和追逐驾驶没有造成人员伤亡或公共财产重大损失的，均以以危险方法危害公共安全罪处罚，其刑罚又明显畸重。

鉴于这种现实情况，《刑法修正案（八）》第22条正式将危险驾驶行为纳入刑罚处罚的范围。而《刑法修正案（九）》在第8条进一步完善了处罚危险驾驶行为。即将刑法第133条之一修改为："在道路上驾驶机动车，有下列情形之一的，处拘役，并处罚金：（一）追逐竞驶，情节恶劣的；（二）醉酒驾驶机动车的……有前两款行为，同时构成其他犯罪的，

[①] 参见储槐植、闫雨：《危险驾驶行为入刑：原因、问题与对策》，载《中南民族大学学报》（人文社会科学版），2012（2），第107页。

依照处罚较重的规定定罪处罚。"有关本罪的规定,首先,危险驾驶行为的罪过形式是否限于故意,有不同观点的争论;其次,最高人民法院将本罪罪名抽象为危险驾驶罪,抽象危险犯的危险是立法者根据社会生活经验推定的,具有一般性、类型性特征,因此,在现实生活中,完全可能存在实施了符合构成要件的行为,却没有出现法益侵害危险的例外情况。"醉驾"入刑以来,对"醉驾"应否一律定罪,该罪的主观罪过形式是否限于故意,"但书"条款能否成为"醉驾"出罪的依据,一直困扰着我国刑法理论研究和司法实务界人士。

一、危险驾驶罪的罪过形式

"在道路上醉酒驾驶机动车的"是刑法第 133 条之 1 对"醉驾"行为入罪的罪状表述,这一表述采用了叙明罪状的表述方式。通过这一表述可以明确地判断出"醉驾"行为的主体、行为地点和行为方式,但是,无法对"醉驾"行为人的罪过形式进行直观判断。围绕这一问题,在我国的刑法理论界,有故意说、过失说和故意·过失说的争论。主张故意说的观点认为,"醉酒驾驶属于故意犯罪,行为人必须认识到自己是在醉酒状态下驾驶机动车"[①]。醉酒型危险驾驶罪是故意犯罪,"行为人对自身行为危险有认识,对自己的行为可能对公共安全产生危险持希望或放任态度"[②]。主张过失说的观点认为,对故意的"醉驾"型危险驾驶行为应当以以危险方法危害公共安全罪(未遂)论处,只有过失的"醉驾"型危险驾驶行为才是符合"醉驾"型危险驾驶罪的客观行为。[③] 对"醉驾"型危险驾驶罪主观构成要件的判断,必须区分存在论的认定与规范论的评价,规范论的评价以存在论的认定为基础,但规范论的评价可能又区别于存在论的认定。根据这一逻辑,无论存在论范畴内的"醉驾"是出于故意还是出于过失的心理事实,均应规范性地统一评价为过失。[④] 主张故意·过失说的观点则认为,"醉驾"型危险驾驶罪的罪过形式既可以是故意,也可以是过失。[⑤]

---

① 张明楷:《刑法学》,4 版,北京,法律出版社,2011,第 638 页。
② 周光权:《刑法各论》,2 版,北京,中国人民大学出版社,2011,第 95 页。
③ 参见冯军:《论〈刑法〉第 133 条之 1 的规范目的及其适用》,载《中国法学》,2011(5),第 140 页以下。
④ 参见梁根林:《"醉驾"入刑后的定罪困扰与省思》,载《法学》,2013(3),第 58 页。
⑤ 参见谢望原、何龙:《"醉驾型"危险驾驶罪若干问题探究》,载《法商研究》,2013(4),第 105 页。

笔者认为，危险驾驶罪的罪过形式只能是故意而非过失，理由是：

第一，我国刑法第 14 条和第 15 条规定了故意和过失两种责任形式，其中，第 14 条第 2 款和第 15 条第 2 款分别规定："故意犯罪，应当负刑事责任。""过失犯罪，法律有规定的才负刑事责任。"上述两款规定表明，刑法以处罚故意犯罪为原则，以处罚过失犯罪为例外；分则条文仅描述客观构成要件、没有规定责任形式的犯罪，只能由故意构成；只有当"法律"对处罚过失犯罪"有规定"时，才能将该犯罪确定为过失犯罪。① 针对"法律有规定"的理解，在中外刑法理论界有以下三种观点的争论：(1) 明文规定说。这种观点认为，只有当法律条文对某种犯罪使用了"过失""疏忽"这些明确指示过失犯罪的词语时，该犯罪才属于"法律有规定"的过失犯罪。明文规定说忠实罪刑法定原则，明确划定过失犯的处罚范围，这是这种观点的可取之处。但是，我国刑法分则并没有对所有过失犯罪使用"过失""疏忽"等概念，比如，刑法分则中有关重大飞行事故罪、铁路运营安全事故罪等。可见，这种主张"不仅忽视了语言的抽象性和模糊性，而且违反了罪刑法定原则的实质性解释要求"②，因此并不可取。(2) 实质规定说。这种观点认为，为了实现分则刑法条文的法益保护目的，只要有必要处罚过失行为，即便没有"明文规定"，也应认定为"法律有规定"。这种观点着眼于刑法的法益保护目的，试图使侵害法益的过失行为受到处罚，似乎有一定的合理性，但是，仅以法益保护目的或实质的处罚根据为由，将"法律有规定"解释为"法律有实质的规定"，必然架空罪刑法定原则，导致对过失犯处罚的恣意性③，因此同样不可取。(3) 文理规定说。这种主张认为，法律条文虽然没有"过失""疏忽"等"明文规定"，但根据具体条文的文理，能够合理地认为法律规定了过失犯的构成要件时，就属于"法律有规定"，因而可以以过失犯处罚。这种观点在日本刑法学界得到了广泛的支持。比如，有学者认为，"除了通过法律条文的解释能推导出来的场合之外，肯定处罚无明文规定的过失犯这一点，从罪刑法定的见地出发是有疑问的，在我看来也是不妥当的"④。笔者倾向于这种观点。理由是：首先，以成文刑法规定犯罪与刑罚，是罪刑法定原则的基本要求。一个刑罚法规的目的，必须在它实际使用的语言中

---

① 参见张明楷：《刑法学》，4 版，北京，法律出版社，2011，第 259 页。
② 谢望原、何龙：《"醉驾型"危险驾驶罪若干问题探究》，载《法商研究》，2013 (4)，第 106 页。
③ 参见张明楷：《刑法学》，4 版，北京，法律出版社，2011，第 260 页。
④ 〔日〕山口厚著，付立庆译：《刑法总论》，北京，中国人民大学出版社，2011，第 226 页。

去寻找，根据它明显的和清晰的含义来解释。因此，应当根据法条文字及其文理，确定某种犯罪是否属于"法律有规定"的过失犯罪。其次，"法律有规定"并不一定指明文规定。刑法要以简洁的语言表述罪刑规范，当分则条文对一个方面的表述足以表明另一方面的含义时，往往省略对另一方面的明文规定。所以，"法律有规定"既包括明文的规定，还包括隐含的规定。比如，刑法第400条第1款规定了私放在押人员罪（故意犯罪），第2款虽然没有使用"过失"概念，但从其使用的"严重不负责任"的表述、要求"造成严重后果"的规定，以及较轻的法定刑来看，可以认为其规定了过失犯罪[1]，否则，就不能说明第2款与第1款间的关系。

第二，主张成立过失犯的观点认为，如果将危险驾驶罪确定为故意犯罪，就没有填补刑法的漏洞。理由是："在行为人通过醉酒驾驶行为故意给公共安全造成了抽象危险的情况下，完全可以将其行为视为以危险方法危害公共安全罪的未遂犯，将刑法第114条和刑法第23条结合起来，就可以处罚行为人。"[2] 笔者认为，交通肇事罪与以危险方法危害公共安全罪之间并不存在处罚漏洞。交通肇事罪是过失犯罪，以危险方法危害公共安全罪是故意犯罪，这完成了对故意和过失的封闭，此外还有与交通肇事罪竞合的过失以危险方法危害公共安全罪，故意和过失之间并不需要过渡性罪名。交通肇事罪和过失以危险方法危害公共安全罪均以发生危害结果为必要，而以危险方法危害公共安全罪，既包括危害公共安全的危害结果，也包括发生这种危害结果的具体危险，故也不存在处罚漏洞。[3] 醉酒驾驶行为永远不会产生与"放火、决水、爆炸"等相似的危险，任何情况下都不能单独根据刑法第114条的规定，直接将醉酒驾驶行为认定为以危险方法危害公共安全罪，也不能将刑法第114条和刑法第23条结合起来，作为该罪的未遂犯处罚。[4] "醉酒"仅仅是交通肇事罪的主要原因之一，

---

[1] 参见张明楷：《刑法学》，4版，北京，法律出版社，2011，第260页。
[2] 冯军：《论〈刑法〉第133条之1的规范目的及其适用》，载《中国法学》，2011（5），第142页。
[3] 参见曲新久：《危险驾驶罪的构成要件及其问题》，载《河北学刊》，2012（1），第131页。
[4] 近年来，醉酒驾车导致的恶性交通事故频发，引起社会公众的关注。特别是2009年6月南京醉酒司机张明宝开车冲进人群，沿途撞倒9人，造成5死4伤的严重后果，引起公愤。检察机关顺应民意，以以危险方法危害公共安全的罪名批准逮捕。7月成都市中级人民法院对孙伟铭无证且醉酒驾车造成4死1重伤案公开宣判，认定孙伟铭的行为构成以危险方法危害公共安全罪，并依法判处其死刑（后改判为无期徒刑）。有观点认为，这意味着对"醉驾"造成严重后果的，只要按以危险方法危害公共安全罪定罪处罚，就可以有效地解决按交通肇事罪定罪处罚过轻不足以平民愤的问题。但是，笔者认为，针对"醉驾"引起的恶性交通肇事案件，一般不应以危险方法危害公共安全罪定罪处罚。

而非交通肇事罪"违反交通规章"的构成要件的内容,不能仅仅因为"醉酒"的存在而将交通事故发生的责任归咎于行为人。"醉驾"型危险驾驶罪的成立,与其说是为了弥补处罚漏洞,不如说是超出刑法第 13 条犯罪本质概念而去扩张刑事处罚范围。也许正是这一原因,决定了立法部门选择了远低于以危险方法危害公共安全罪,而且明显低于刑法分则四百多个具体犯罪当中法定最高刑最低(1 年有期徒刑)的犯罪。即便立法部门为危险驾驶罪设立较重甚至于很重的法定刑,也无法证明交通肇事罪与以危险方法危害公共安全罪之间存在处罚上的漏洞。

第三,主张成立过失犯的观点认为,如果将危险驾驶罪确定为故意的抽象危险犯,就会导致罪刑关系的明显失衡。[⑤]笔者认为,将危险驾驶罪确定为抽象危险犯,并不会产生罪刑关系失衡现象。首先,刑法第 114 条规定的是故意的具体危险犯,因此,作为故意抽象危险犯的危险驾驶罪的法定刑应当轻于刑法第 114 条的法定刑。其次,刑法第 133 条原本只是过失的实害犯,以造成他人死亡、重伤为前提,其法益侵害严重,违法程度高。而且,既然已经造成了他人伤亡的结果,就表明行为原本就存在具体

(接上页)因为,构成以危险方法危害公共安全罪,客观上必须要有与放火、爆炸等相当的可以称之为"危险方法"的行为,主观上必须要有危害公共安全的犯罪故意。而醉酒驾车引发交通事故的情况错综复杂,仅就醉酒的程度而言,不同程度的醉酒对"醉驾"者驾驶车辆的影响程度会有很大差异,并且,不同的人醉酒的反应也各不相同,加上驾驶技术、行驶的速度、道路的状况等,对事故的发生又有重要影响。因此,不能认为所有"醉驾"行为,都与放火、爆炸等危险方法具有相当性,都可以视为以危险方法危害公共安全的行为。况且,即便"醉驾"行为可以被评价为与放火、爆炸等相当的"危险方法",还需要"醉驾"者主观上对撞死撞伤人等事故后果有故意,才可能构成以危险方法危害公共安全罪。而在现实生活中,"醉驾"者一般都不会希望撞死撞伤人等事故后果发生,大多是轻信这种结果能够避免,充其量只是放任这种结果发生。当然,如果"醉驾"者主观上的轻信不具有客观根据,如严重醉酒导致无法控制车辆,开车在道路上横冲直撞,致多人死伤,即便其声称不会出事,轻信结果不会发生,也仍然可以认定为有危害公共安全的间接故意。但是,据此并不能得出酒后驾车特别是"醉驾"者都有间接故意,更不能以我国刑法第 18 条有"醉酒的人犯罪,应当负刑事责任"的规定,就意味着醉酒后犯罪都构成故意犯罪,事实上,醉酒后既可能犯故意罪也可能犯过失罪,这还得根据行为人的主观心理状态来作具体判断。就醉酒驾车肇事案来说,至少许多轻度醉酒驾车引起事故后果发生的,行为人主观上并不存在间接故意,而只有过于自信的过失,并不能认定为以危险方法危害公共安全罪。(参见刘明祥:《有必要增设危险驾驶致人死伤罪》,载《法学》,2009 (9),第 12 页以下。)

[⑤] 具体理由是:如果认为应当通过设立危险驾驶罪来处罚这种故意的抽象危险犯,那么,从罪质上看,它应当轻于刑法第 114 条规定的作为故意的具体危险犯的以危险方法危害公共安全罪,重于作为过失实害犯的交通肇事罪,否则,就不可能以它为媒介,从交通肇事罪过渡到以危险方法危害公共安全罪;相应的,对危险驾驶罪配置的法定刑就应该重于交通肇事罪的法定刑,轻于以危险方法危害公共安全罪的法定刑。(参见冯军:《论〈刑法〉第 133 条之 1 的规范目的及其适用》,载《中国法学》,2011 (5),第 140 页。)

危险。而危险驾驶行为只要求发生抽象危险，其违法程度明显轻于过失的交通肇事罪，其法定刑可以轻于交通肇事罪的法定刑。再次，刑法增设危险驾驶罪后，交通肇事罪由原来的单一性过失犯罪，演变成两种类型，其中之一便是危险驾驶罪的结果加重犯。① 也就是说，故意的危险驾驶行为过失致人伤亡的，虽然成立交通肇事罪，但是，此时的交通肇事罪属于结果加重犯。可见，作为结果加重犯的交通肇事罪的法定刑，应当重于作为其基本犯的故意的危险驾驶罪的法定刑。

第四，故意·过失说同样不能成立。"因为故意和过失在本质上不同。因此，基于同一行为发生同一结果的情形下，不可能同时存在故意或过失。不过，基于同一行为发生不同结果时，对同一结果，可以认定同时存在故意和过失。比如，A试图杀害B而向其射击，却击中了C，在这种方法错误（aberratioictus）的情形下，针对B成立故意杀人的未遂，针对C成立过失致死罪（想象竞合关系）。"② 在我国的刑法理论界，之所以会出现危险驾驶罪的罪过形式既可以是故意也可以是过失的主张，是因为，针对我国刑法分则中的滥用职权罪、玩忽职守罪等一些个罪的主观罪过形式究竟是什么，有不同学说的激烈争论。比如，有观点认为，滥用职权罪、玩忽职守罪是"复合罪过形式"，即一个基本罪的构成可以有两种不同的罪过。并且论证说，由于法定犯罪增加且较自然犯罪复杂，间接故意与轻信过失的分界更加模糊难辨等原因，许多国家的刑事立法或理论研究中出现了将二者合二为一的研究趋势。③ 笔者认为，这种主张有待商榷，理由

---

① 危险驾驶致死伤罪是日本刑法2001年新设的罪名，目的是实现对恶性交通犯罪的重罚化。危险驾驶致死伤罪是故意犯，其构造类似于结果加重犯。在日本的刑法理论界和实务部门，过去一般认为在违法驾驶机动车造成他人死伤事故时，由于行为人对死伤结果不存在故意，因而只能认定为过失犯，即以业务上过失致人死伤罪论处。过失犯在责任程度上轻于故意犯，这也是裁判所的实际量刑普遍偏轻的主要理由之一。而危险驾驶致死伤罪是从法益保护早期化的原理出发，将危险驾驶行为本身规定为犯罪的实行行为，只要行为人认识到驾驶行为的危险性，就成立本罪，不需要对死伤结果有认识。这样，危险驾驶致死伤罪就成了故意犯，为规定较重的法定刑奠定了基础。当然，这里的故意是指危险驾驶的故意，而不是致人死伤的故意；故意致人死伤的行为，应成立故意杀人罪和故意伤害罪。（参见〔日〕高桥则夫：《刑法各论》，成文堂，2013，第59页以下。）笔者认为，我国刑法增设的有关危险驾驶罪的规定本身存在缺陷，因为基于危险驾驶行为成立以危险方法危害公共安全罪的概率很低，所以，如果借鉴日本的立法经验而增设危险驾驶致死伤罪的话，不仅能够避免刑法理论界不必要的争论，同时也不会困扰实务部门。当然，日本刑法增设的危险驾驶致死伤罪本身也有不足，至今仍有不少争议。
② 〔韩〕朴相基：《刑法总论》，6版，博英社，2005，第277页。
③ 参见储槐植、杨书文：《复合罪过形式探析——刑法理论对现行刑法内含的新法律现象之解读》，载《法学研究》，1999（1），第78页。

是：(1) 从刑法的规定来看，任何一种具体的犯罪只有一种罪过形式，在不同罪过形式支配下实施的相同的危害行为，其犯罪的社会危害性质及其程度是有区别的，属于不同罪质的犯罪。相同罪质的行为同一罪名，不同罪质的行为不同罪名，这是确定罪名的基本原则。因此，在同一罪名里，行为人的主观罪过形式或是故意，或是过失，不可能既表现为故意，又表现为过失。(2) 这种主张不符合刑法学原理。按照我国的刑法理论，罪过是犯罪构成的有机组成部分，没有罪过就不构成犯罪。但是，作为构成犯罪的"心理要件"的罪过，在各国刑法上的规定并不完全相同。比如，法国的刑事立法中并没有明确区分"犯罪故意"和"犯罪过失"，而是使用了不少与我国不同的术语。而我国刑法却在总则中明确地按照罪过形式，将犯罪区分为故意犯罪和过失犯罪两大类，即明知自己的行为会发生危害社会的结果，并且希望或者放任这种结果发生的是故意犯罪；应当预见自己的行为可能发生危害社会的结果，因为疏忽大意而没有预见，或者已经预见而轻信能够避免，以致发生这种结果的，是过失犯罪。因此，作为一种犯罪的基本构成来说，其罪过形式应当只是一种，或者是故意犯罪，或者是过失犯罪，而不应当既可以是故意犯罪也可以是过失犯罪。[①] (3) 这种主张否定了两种罪过形式在主观恶性程度上的区别，不符合罪责刑相适应原则的要求。众所周知，罪过形式的不同反映出行为人程度不同的主观恶性，对刑事责任有着不同的影响。正因为这样，包括我国在内的各国刑法都采取以处罚故意犯罪为主，以处罚过失犯罪为补充的立法模式，并且，在故意犯罪和过失犯罪造成的危害结果相同的情况下，对故意犯罪的处罚重于对过失犯罪的处罚。(4) 有关间接故意与过于自信的过失的界限模糊、难辨的问题，应当说，这种现象不仅在法定犯中存在，在自然犯中也同样存在。但是，难分不等于不能分，以界限难分作为二罪可以具有"复合罪过形式"的理由，难免牵强附会。[②]

[①] 当然，刑法上的确存在这样一种犯罪情况，即行为人故意犯某种罪，却意外地造成了比其预期的结果严重得多的另一种结果，即对这种结果表现为过失，典型的适例就是刑法第234条第2款规定的故意伤害致死罪。如果把这叫作"复合罪过"也未尝不可。但是，作为基本构成的罪过只有两种，一为故意犯罪，二为过失犯罪。我国台湾学者也主张存在"所谓过失与故意竞合"的情况。但是，这都是指在具体实施一种犯罪过程中可能出现的复杂现象，而并非作为一种犯罪的基本构成要件的罪过形式可以是故意或过失。故意伤害致死所犯的罪是故意伤害罪，其罪过形式只能是故意，过失地致人死亡，只是对故意伤害罪加重处罚的结果条件而已。(参见王作富、刘树德：《刑法分则专题研究》，北京，中国人民大学出版社，2013，第501页。)

[②] 参见王作富、刘树德：《刑法分则专题研究》，北京，中国人民大学出版社，2013，第502页。

二、危险驾驶罪与"但书"的关系

在我国的刑法理论界,针对危险驾驶罪有无适用刑法第 13 条"但书"的余地,有肯定说和否定说的激烈争论。

肯定说认为,"对法律无特殊情节要求的行为犯、危险犯(比如我国刑法中的非法拘禁罪、非法侵入住宅罪,包括危险驾驶罪)并非一律定罪,而是仍然要考虑总则的规定,对于情节显著轻微危害不大的,不作为犯罪处理"[1]。肯定说的理由,主要有以下两点:首先,刑法总则与分则的关系。刑法第 13 条"但书"属于总则性规定,而新增设的危险驾驶罪属于分则规定,所有分则罪名的适用都必须受总则的制约。比如,有观点认为,"刑法总则对刑法分则所有罪名都有指导和制约作用,醉酒驾驶机动车的也无例外的理由"[2]。也有观点认为,在刑法分则中,有些罪名明确规定了犯罪成立所要求的"情节恶劣的""情节严重的"或者"数额较大的"条件,这样的立法语言只是把刑法总则第 13 条所说的"情节显著轻微危害不大的"表述得更为具体,仍未突破刑法总则的原则性规定;对于有些没有写明犯罪成立情节要求的罪名,同样要受刑法总则第 13 条的约束。[3] 其次,抽象危险犯并不排斥"但书"的适用。根据刑法规定,不可否认醉酒驾驶机动车构成本罪的属于抽象危险犯,但确定抽象危险犯的主要依据是立法者或者说社会公众的生活经验或社会常识,那么,公众的生活经验或社会常识在告诉我们,醉酒之后驾驶机动车具有高度危险的同时,也说明如果醉酒驾驶发生在车辆、人员极其稀疏的道路上,其危险状态肯定和我们立法所设定的危险驾驶罪的"抽象危险"有一定的距离,从而可以将这种情形下的醉酒驾驶行为视为情节显著轻微,达不到入罪所需的抽象危险的程度,进而不构成犯罪。[4]

---

[1] 卢建平:《一个刑法学者关于醉驾入刑的理性审视》,载《法制日报》,2011-05-25。
[2] 王强军:《危险驾驶罪的构成特征及司法适用》,载《学术交流》,2011 (11),第 48 页。
[3] 参见赵秉志、赵远:《危险驾驶罪研析与思考》,载《政治与法律》,2011 (8),第 67 页。
[4] 参见王强军:《危险驾驶罪的构成特征及司法适用》,载《学术交流》,2011 (11),第 49 页。也有观点认为,既然抽象危险犯场合,危险仍然是独立于行为的犯罪成立要素,行为和危险不是完全一体的,在很大程度上仍然是分离的;既然我国区分犯罪和一般违法,犯罪场合的违法必须达到刑法可罚的程度,那么,在抽象危险犯的场合,即便行为人实施了符合构成要件的行为,完全可能出现没有法益侵害危险而不构成犯罪的情形;或者即便出现了法益侵害,也完全可能没有达到刑法要求的"严重程度"。所以,刑法"但书"在抽象危险犯场合应当有适用余地。(参见何荣功、罗继州:《也论抽象危险犯的构造与刑法"但书"之关系——以危险驾驶罪为例》,载《法学评论》,2013 (5),第 53 页。)

也有观点虽然主张醉酒驾驶行为不应一律入罪，但不赞成根据"情节显著轻微危害不大"的"但书"规定来出罪化，而应根据是否存在违法性阻却事由或责任阻却事由来实现出罪化。① 肯定说在我国刑法理论界处于主流地位。

---

① 这种主张的具体理由是：第一，以但书"情节显著轻微危害不大"作为出罪依据不符合刑法第133条之1的立法目的。从本罪的设立过程看，在第三次审议《刑法修正案（八）（草案）》时，就有委员建议进一步明确"醉酒"的概念，还有委员提出，对醉酒驾驶机动车一律追究刑事责任可能涉及面过宽，建议增加"情节严重"等限制条件。但是，公安部、国务院法制办等部门认真研究了上述建议后认为，醉酒驾车的标准很明确，与一般酒后驾车的界限是清晰的，并且已经执行多年，在实践中没有发生重大问题。将在道路上醉酒驾驶机动车这种具有较大社会危害性的行为规定为犯罪是必要的，如果再增加规定"情节严重"等限制条件，具体执行中难以把握，也不利于预防和惩处这类犯罪行为，建议维持草案的规定。最终通过的《刑法修正案（八）》不仅没有增加"情节严重"等限制条件，而且为了防止产生歧义，还特意修改了表述顺序，即将《刑法修正案（八）（草案）》中"在道路上醉酒驾驶机动车的，或者在道路上驾驶机动车追逐竞驶，情节恶劣的"这一表述，修改为"在道路上驾驶机动车追逐竞驶，情节恶劣的，或者在道路上醉酒驾驶机动车的"，以避免产生"在道路上醉酒驾驶机动车也需要情节恶劣才构成危险驾驶罪"的误解。所以，考察立法本意，很明显，在立法者看来，符合现行刑法规定的，就难以再认为属于"但书""情节显著轻微危害不大"的情形了。第二，与外国的立法例相比较，根据"情节显著轻微危害不大"这一标准来进行醉酒驾驶行为的出罪化也不妥当。并以日本为例指出，日本《道路交通法》第117条规定了酒后驾驶罪和醉酒驾驶罪。根据日本《道路交通法》第117条之4第2号的规定，如果行为人在驾驶时每毫升血液里的酒精浓度达到0.3毫克以上，就成立酒后驾驶罪，要处以1年以下的有期徒刑或30万日元以下的罚金；根据日本《道路交通法》第117条之2第1号的规定，如果行为人在驾驶时由于酒精的影响而处于不能正常驾驶的状态，就成立醉酒驾驶罪，要处以3年以下的有期徒刑或50万日元以下的罚金。在我国的酒后驾驶问题更为严重的情势下，对于本来已经由血液里的酒精浓度大于或者等于80mg/100ml这一血液酒精含量值所严格限定的醉酒型危险驾驶罪，就完全没有必要再根据"情节显著轻微危害不大"这一标准来进行出罪化。进而认为，能够使醉酒驾驶行为出罪的根据，应该是存在违法性阻却事由或责任阻却事由。特别是，如果行为人在醉酒驾驶上的责任极其轻微，那么，就无须将其醉酒驾驶行为认定为犯罪。例如，行为人在一次为庆祝母亲的生日而举行的家庭晚宴上，高兴地与父亲喝了三两茅台酒，他完全没有打算酒后驾驶，但是，在半夜里，母亲咳嗽的老毛病又犯了，不巧的是，母亲的止咳药没有了，急需去给母亲买止咳药，在既没有出租车可供利用又没有其他人提供"代驾"的情况下，这个孝顺的儿子选择了谨慎地开车到五公里外的医院去买药这一不得已的方式，在买了药快到家的时候，被民警检查出是醉酒驾驶。在这个例子中，对行为人的醉酒驾驶行为很难进行法规范上的谴责，因为他只不过在一种不得已的状况中带着遵守法规范的心情而违反了法规范，不需要通过将他的醉酒驾驶行为认定为犯罪来证明"禁止醉酒驾驶"刑法规范的有效性，所以，可以不将他的这种醉酒驾驶行为认定为犯罪。（参见冯军：《论〈刑法〉第133条之1的规范目的及其适用》，载《中国法学》，2011（5），第143页以下。）笔者认为，这种主张有待商榷，因为在我国犯罪构成理论的语境下，责任阻却的适用恐怕不大可能。由于我国的犯罪构成理论是四要件说，只要四个要件齐备，就可以成立犯罪；并不像德日刑法理论中的符合构成要件→违法→有责这种递进关系而有出罪的可能，因而要么成立犯罪，要么不成立犯罪。我国犯罪构成理论备受诟病的主要原因之一，便是没有出罪的可能性。

与此相反，否定说则认为，刑法第 13 条"但书"在本罪中没有适用的余地。比如，有观点认为，《刑法修正案（八）》明确规定，"在道路上醉酒驾驶机动车的"构成犯罪，就是立法认为醉酒驾车不是"情节显著轻微危害不大的"行为。也有观点认为，情节已经包含在条文的规定当中，因为醉酒状态，按照我们现在的规定是血液当中的酒精含量达到了 80mg/100ml 以上，就应认定已经构成醉酒驾驶的状态，就应该构成犯罪了。至于说其他情节，实际应该是没有达到 80mg/100ml 以上的，认为不构成犯罪，这是情节显著轻微，危害不大，不认为是犯罪。只要达到或超过了 80mg/100ml 以上，那么就认为他的行为应该按照犯罪来处理。① 否定说在我国明显处于弱势地位。

另外，关于危险驾驶罪有无适用"但书"的可能，司法实务界的意见也有很大的分歧。2011 年 10 月在重庆召开的全国法院刑事审判工作座谈会上，时任最高人民法院的一位副院长指出，5 月 1 日以后，各地公安机关已陆续查获了一批醉酒驾驶犯罪嫌疑人，很快将起诉至人民法院。各地法院具体追究刑事责任，应当慎重稳妥。虽然《刑法修正案（八）》规定追究醉酒驾驶机动车的刑事责任，没有明确规定情节严重或者情节恶劣的前提条件，但根据刑法总则第 13 条规定的原则，危害社会行为情节显著轻微、危害不大的，不认为是犯罪。针对在道路上醉酒驾驶机动车的行为需要追究刑事责任的，要注意与行政处罚的衔接，防止将可依据道路交通安全法处罚的行为，直接诉至法院追究刑事责任。与此相反，2011 年 8 月公安部发布了《关于公安机关办理醉酒驾驶机动车犯罪案件的指导意见》，指出：公安机关办理醉酒驾驶机动车犯罪案件，要进一步规范立案侦查，从严掌握立案标准。"经检验驾驶人血液酒精含量达到醉酒驾驶机动车标准的，一律以涉嫌危险驾驶罪立案侦查；未达到醉酒驾驶机动车标准的，按照道路交通安全法有关规定给予行政处罚……"② 最高人民检察院的立场更接近于公安部，2011 年 5 月 23 日，最高人民检察院的新闻发言人接受采访时表示，对于检方来说，"醉驾"案件只要事实清楚、证据充分一律起诉。③ 需要注意的是，从法院对具体案件的审理情况来看，对于本罪的处罚范围，还是秉持了慎重的立场，并没有将醉酒驾驶机动车在

---

① 参见何荣功、罗继州：《也论抽象危险犯的构造与刑法"但书"之关系——以危险驾驶罪为例》，载《法学评论》，2013（5），第 50 页。
② 邢世伟、张媛：《公安部：警方对醉驾一律刑事立案》，载《新京报》，2011-05-18。
③ 参见《最高检表态只要证据充分醉驾一律起诉》，载《北京晚报》，2011-05-24。

道路上行驶的行为，一律认定为本罪。

笔者认为，危险驾驶罪不应适用刑法第13条之"但书"。理由是：

第一，刑法总则与分则并非简单的一般与特殊、抽象与具体的关系，刑法总则为共通性规定，而刑法分则为特殊性规定。刑法总则不仅指导刑法分则，而且补充刑法分则；刑法分则的理解和适用离不开刑法总则，但是，刑法分则本身也有独立的价值，不能要求刑法分则的规定都完全符合刑法总则的规定。危险驾驶罪与刑法第13条之"但书"的关系也不例外。如果行为人的行为完全符合刑法第133条之1的规定，那么，就构成危险驾驶罪。这是基于罪刑法定原则的必然结果，而不应再根据刑法第13条之"但书"的规定宣告无罪，否则，危险驾驶罪所规定的构成要件就失去了其应有的意义。[①]

第二，危险犯是以造成法定的危险为构成要件的犯罪，法定危险的出现已经表明行为具有较大的社会危害程度，因此，针对这类犯罪一般就不能适用但书。[②] 刑法中的危险犯有抽象危险犯和具体危险犯两类，抽象的危险犯有：刑法第114条的放火罪，第115条的决水、爆炸、投放危险物质、以危险方法危害公共安全罪等。从"醉驾"型危险驾驶罪的罪状表述看，"醉驾"型危险驾驶罪是抽象危险犯，其成立并不以情节严重或情节恶劣为要件。只要行为人实施了"醉驾"行为，原则上就可以推定其"醉驾"行为对公共安全造成潜在的现实危险，即构成"醉驾"型危险驾驶罪。

第三，从全国人民代表大会常务委员会对《刑法修正案（八）（草案）》的第三次审议稿关于"醉驾"行为构成犯罪的罪状表述变化以及审议过程中争论的焦点来看，"醉驾"型危险驾驶罪的判断是类型化判断，并不存在因情节显著、轻微危害不大而不构成犯罪的例外适用。

三、危险驾驶罪的处罚范围
——基于抽象危险犯处罚根据之实质说的限制

（一）形式说的不足

抽象危险是一种拟制的危险，一般不需要进行具体的危险判断。抽象

---

① 参见谢望原、何龙：《"醉驾型"危险驾驶罪若干问题探究》，载《法商研究》，2013（4），第109页。
② 参见张永红：《我国刑法第13条但书研究》，北京，法律出版社，2004，第92页。

危险犯的构成要件设置是一种法益保护的前置措施，在风险社会下，当然具有合理性。① 在德、日刑法理论界和司法实践中，有关抽象危险犯的处罚根据，形式说一直处于支配地位。形式说的理论依据是：处罚抽象危险犯限于立法部门防止侵害法益发生的动机，危险的发生并不作为构成要件中的犯罪成立要素而予以明示。因此，对抽象危险犯的处罚，在具体案件中并不要求证明侵害法益的危险能否发生，只要认定符合构成要件的行为犯罪就成立。

形式说在日本的司法实践和刑法理论中一直处于通说的地位。早在大审院时代，大审院就伪证罪的成立认为：“作为形式犯的伪证罪，根据相关法律进行宣誓了的证人，如果对裁判所的讯问故意进行虚伪的陈述，就成立伪证罪，而不管该虚伪陈述是否对裁判结果产生影响。”② 可见，判例对伪证罪处罚根据之抽象危险的认定是以"虚伪陈述"的存在与否为基准的，这种认定可以说是典型的形式性判断基准。③ 就有关放火罪的成立基准，大审院的判旨是："刑法第108条规定的放火罪，是指对他人作为居所使用或现有人居住的居所等处放火导致建筑物烧毁的行为，与能否引发公共危险与该罪的成立并没有直接的关联性。"④ 判例就放火罪中的"烧毁"的界定基本上采纳了独立燃烧说，判例以达到独立燃烧的程度时就已经发生了"对公共静谧的危险"为由肯定了放火罪的成立。判例界定放火罪中的抽象危险是以是否存在"烧毁"为基准的。⑤

针对判例的上述立场，在日本的刑法理论界，支持判例的学说即形式

---

① 参见高巍：《抽象危险犯的概念及正当性基础》，载《法律科学》，2007（1），第70页。
② 《刑录》第16辑，第1714页。
③ 参见〔日〕山口厚：《危险犯研究》，东京大学出版会，1982，第28页。
④ 《刑录》第16辑，第384页。
⑤ 在我国的刑法理论界，有关抽象危险的概念及界定方面的研究极少。不过，针对放火罪属于抽象危险还是具体危险近年来却有两种观点的对立。一种观点认为，所谓具体危险是指作为某种犯罪的构成要件而被明确规定了的危险；抽象危险则是没有被作为构成要件明确加以规定，而是行为本身所具有的侵害合法利益的危险。由于刑法明文规定，成立放火罪必须达到危害公共安全的程度，因而放火罪是具体危险犯。另一种观点首先将危险限定在法律明文规定的范围之内，认为符合构成要件的行为一经在特定地点或针对特定对象实施，就认为具有一般危险，如行为人只要在工厂、矿山、住宅等特定地点实施放火、爆炸等行为，就具有危害公共安全的危险，这就是抽象危险；而具体危险是指危险内容已由法律具体加以规定，需要依法认定，如破坏交通工具罪、破坏交通设施罪中的"足以使火车、汽车、电车、船只、航空器发生倾覆、毁坏"的危险，这便是具体危险。按照这种观点，放火罪应当属于抽象危险犯。（参见黎宏：《论放火罪中的危险》，载何鹏、李洁主编：《危险犯与危险概念》，长春，吉林大学出版社，2006，第133页以下。）

说一直处于通说的地位。例如，所谓抽象危险犯，是指免除裁判官审查有无危险发生之义务的符合构成要件的一种类型性事实，如果发生了这种事实就可以断定存在法益侵害而并不要求是否存在具体危险的发生。换言之，只要实施了符合构成要件的行为，就可以认为存在危险——抽象危险犯是将危险视为单纯的立法理由的一种犯罪类型。① 形式说认为，判例对抽象危险犯的解释基本上是正确的，因此，作为解释论，各论中具体犯罪的处罚范围基本上也是妥当的。从形式说的视角解释抽象危险犯中的抽象危险，只能将它解释为一种单纯的"立法理由"，或"可以视为一种经常存在"的极富形式性内容的危险。因此，抽象危险犯的处罚范围，将不得不依据是否存在"法律规定的行为"这样一个形式性基准而确定。即使基于某种具体事项的特殊性，法益侵害根本就没有也不可能发生，由于"可以视为蕴含这种危险"而肯定其可罚性，因而从形式说的视角来看，所谓的抽象危险无非是法律"拟制"的危险之发生。

针对形式说的上述主张，部分观点认为适用这种理论于司法实践将会导致抽象危险犯处罚范围的无限宽泛。例如，有观点认为，在有关妨碍执行公务罪的最高裁判所的判决中，将妨碍执行公务罪解释为抽象危险犯有欠妥当，应当将这种情况解释为具体危险犯。理由是：妨碍执行公务罪中的施暴程度和强度……应当以是否妨碍了公务员正常执行公务为处罚的基准，即应当以是否发生了妨碍执行公务的现实为基准进行判断。因此，妨碍执行公务罪是一种具体危险犯而非抽象危险犯。② 也有观点认为，针对执行公务不会发生任何危险的"暴行"或"胁迫"，与其否定成立妨碍执行公务罪（由于没有处罚这种罪的未遂犯规定），不如将这种情况解释为并不符合"暴行"或"胁迫"更为妥当。③ 也就是说，这种观点是在主张通过限定解释来限缩妨碍执行公务罪的成立范围。类似的主张在处罚有关遗弃罪时也曾出现过，成为争议焦点的情形是：如果遗弃于确实能够被人救助的场所时，例如，将身有残疾的亲属遗弃到养老院的门口或者将婴儿丢弃在警察的巡逻车必经的地方，在这种情况下，如果他人不予以救助，实施遗弃的行为者打算予以救助而隐藏在附近的情况下，是否成立遗弃罪？在这种情况下，如果将遗弃罪解释为抽象危险犯，那么，即使在上

---

① 参见〔日〕山口厚：《危险犯研究》，东京大学出版会，1982，第36页。
② 参见〔日〕熊仓武：《妨碍执行公务罪中暴行之意义》，载《法学志林》，第56卷第4号，第110页。
③ 参见〔日〕谷口正孝：《妨碍执行公务罪中暴行之范围》，载《法律时报》，第31卷第8号，第67页。

述并不存在任何危险的情形下也得肯定遗弃罪的成立。由于这种解释明显过于苛刻,因而不少学者主张应当将遗弃罪解释为具体危险犯而非抽象危险犯。① 遗憾的是,在有关遗弃罪的法律条文中并没有体现出置"危险"的发生而不顾,上述主张将具体危险作为不可缺少的成立要件来试图限缩处罚范围,却未能阐明这种解释在解释论上的根据。②

鉴于形式说处罚抽象危险犯的范围过于宽泛这一现实,有观点认为,应当通过考虑个别的、具体的情况而实质性地理解抽象危险犯,也就是说,界定抽象危险犯时应当以实质性抽象危险作为抽象危险犯的成立要件,这便是实质说。主张实质说的观点认为,抽象危险犯的处罚不应以单纯的违反义务为依据,应当从法益侵害以及危殆化的立场出发寻找犯罪的实质,因此,首先应当否定拟制意义上的危险这样一个抽象危险犯概念。③ 即为了避免在没有发生"危险"的情况下也处罚抽象危险犯的情况发生,应当否定拟制的危险这种概念,从实质性立场出发,将某种具体的危险作为抽象危险犯的成立要件。界定犯罪成立时,将具有实质性内容的"法益侵害或危殆化"作为处罚抽象危险犯的根据,是这种观点的出发点。也有观点认为,满足刑事犯的基本构成要件,首先不可缺少的是针对个别情况下的法益保护的侵害或具体的危殆化,即使在抽象危险犯的情况下,也应具备作为危殆犯的本质及刑事犯的不法这一本质,因此,界定为违法时就需要某种程度的"具体危险"(抽象危险),如果丝毫没有成立危殆犯时不可缺少的"具体危险"的话,那么,就应否定这一行为的违法性。④ 也就是说,这种观点以作为危殆犯的本质及刑事犯的不法这一本质为根据,认为行为与法益之间就需要有某种实质性关联,因此,肯定抽象危险犯的成立,在违法性阶段就需要有可能导致法益侵害发生的程度较低的具体危险,否则,就应否定抽象危险犯的成立。上述观点是从行为无价值论的视角出发否定形式说的。需要注意的是,也有从结果无价值论的视角出发论证形式说的缺陷而主张实质说的观点。这种观点认为,抽象危险犯与具体危险犯的根本区别在于"危险判断的形式"不同,也就是说,在抽象危险犯的情况下,抽象危险犯是以行为当时所有的一般情况——尤其是以行为客体(指对象)的形态及自然、社会状况为基础进行有无危险的判

---

① 参见〔日〕团藤重光:《刑法纲要各论》,增补版,创文社,1972,第361页等。
② 参见〔日〕山口厚:《危险犯研究》,东京大学出版会,1982,第38页。
③ 参见〔日〕内田文昭:《刑法Ⅰ》(总论),青林书院,1977,第97页以下。
④ 参见〔日〕冈本胜:《抽象危殆犯存在的问题点》,载《法学》,第38卷第2号,第101页。

断，根据行为当时的各种情况，如果能够肯定会发生危险，那么，就可以认为存在抽象危险。然而，如果不能肯定会发生危险，那么，即使存在构成要件性行为，也应否定抽象危险的存在。①

（二）实质说的意义

如前所述，形式说将处罚抽象危险犯的根据求之于作为抽象行为性质的一般危险、拟制或不允许反证②这一法律上推定的危险之中。形式说认为，抽象危险犯中对法益的不同行为的危险性不过是立法者的立法动机，在这里，针对法益的危险的发生不仅不是构成要件要素，也不是不同行为的属性，就具体行为而言，即使在现实中并不存在侵害法益的危险，也不影响抽象危险犯的成立。也就是说，形式说主张抽象危险犯中的危险不同于具体危险犯中的危险，由于在法律条文中危险的发生并不是构成要件要素，因而抽象危险犯中的危险判断应当交由立法过程中的立法者来进行。在法律适用过程中，判断是否存在危险系依据立法者所规定的要件，只要行为符合立法的规定，那么，就应肯定抽象危险犯的成立。

一般来说，在结果犯之侵害犯的情形下，由于通过侵害结果，已经规定了应当处罚的行为的类型范围，因而行为本身的特定并不存在多大的意义。在这里，不可缺少的是现实发生的法益侵害的结果与符合构成要件行为之间是否存在因果关系。也就是说，在结果犯的情况下，刑罚法规中作为规范性表述而规定的法律命题在具体适用过程中，以确认与符合构成要件行为的事实性表述是否妥当为依据，即符合构成要件的行为与法益之间的无价值关联性在实体上得到确认，才能成为处罚该行为的根据。与此相同，在将具体危险犯理解为结果犯的情况下，以确认具体的符合构成要件行为与具体法益的具体危险之间存在因果关系为依据，当符合构成要件行为与法益之间的无价值性关联在实体上得到确认时，作为具体危险犯处罚的根据就已具备。确认规范性表述之法律命题适用于有关具体的符合构

---

① 参见〔日〕山口厚：《危险犯研究》，东京大学出版会，1982，第41页。
② 在我国的刑法理论界，有观点认为，对于应否允许抽象危险犯以"具体的案件中并未发生相应的危险"为由而出罪，学术界存在分歧，实务部门也未能达成共识。其实，对于包括危险犯在内的所有犯罪都应作实质化的理解。由于抽象危险犯中的危险是推定的危险而非拟制的危险，因而应当允许反证危险不存在而出罪。在我国刑法中，应当允许反证的抽象危险犯除"醉驾"型危险驾驶罪外，还包括伪证罪、帮助毁灭、伪造证据罪、伪造货币罪、私自开拆、隐匿毁弃邮件、电报罪、传播性病罪等犯罪。（参见付立庆：《应否允许抽象危险犯反证问题研究》，载《法商研究》，2013（6），第78页。）

成要件行为的事实性表述之中是否妥当,往往作为判断是否存在因果关系的一个依据而进行,这便是结果犯的最大特征。① 与此相反,在同样属于侵害犯范畴的单纯行为犯中,由于没有必要确认是否存在因果关系,因而也就没有必要确认与结果犯相同形式的法律适用过程中法律命题的妥当性问题。但是,如果符合构成要件的行为已经发生,即在明示法益侵害结果(状态)发生这样一个行为状况或行为条件的侵害犯的单纯行为犯中,就具体的符合构成要件行为而言,就有必要具体确认构成要件所规定的行为状况已经存在或行为条件是否得以充足。在侵害犯之单纯行为犯中,以确认行为状况已经存在或行为条件是否得以充足为依据,即通过确认刑罚法规中作为规范性表述而明示的法律命题,适用于具体符合构成要件行为的事实性表述中是否妥当,与结果犯一样,符合构成要件行为与法益之间的无价值性关联在实体上得以确认,才能说具备了处罚该行为的根据。②

形式说认为,抽象危险犯中的符合构成要件行为与法益之间的无价值性关联,没有必要在实体上进行确认。不过,也有观点认为抽象危险犯中的危险推定也有可能进行反证,这种观点以被告人可以进行反证为依据,认为确认符合构成要件行为与法益之间的实体性关联并非不可能。③ 然而,如果将上述主张中的有可能进行反证之事实的推定视为证据规则的话,即使在不能确认有关抽象危险的事实存在与否的情况下,由于具备了可以无视裁判官心证的拘束力,迫使裁判官进行没有确信的事实认定,因而将导致裁判官的心证形成过程中,不得不舍去符合构成要件行为与法益之间无价值性关联的事实性确认这一过程。另外,如果将上述主张中的有可能进行反证的事实性推定视为举证责任规则的话,在危险这一构成违法性的要素中不得不导入不利于被告人的推定,而这是违反"存疑有利于被告"这一刑事诉讼法的根本原则的。④ 通过舍去在实体法上确认符合构成要件行为与法益之间的无价值性关联,来论证抽象危险犯的处罚根据并作为其前提,是违反刑事诉讼法的核心点的。也就是说,承认推定危险这种观点,即使在允许反证的情况下论证抽象危险犯的处罚根据时,实质上还

---

① 参见〔日〕北野通世:《处罚抽象危险犯之理论依据》,载《大野真义教授古稀祝贺论文集》,世界思想社,2000,第94页。
② 参见上书,第98页。
③ 参见〔日〕冈本胜:《抽象危殆犯存在的问题点》,载《法学》,第38卷第2号,第109页。
④ 参见上书,第102页。

是在主张没有在实体上确认符合构成要件行为与法益之间无价值性关联的必要。这几种观点认为有关抽象危险犯中的法律适用，和以符合构成要件行为与法益之间无价值性关联为处罚根据的结果犯之侵害犯、具体危险犯以及侵害犯之单纯行为犯中的法律适用不同，因此，有必要构筑新的处罚根据的理论。

形式说所主张的理论根据是这样的：在抽象危险犯的情况下，上述规范性表述之法律命题，在有关具体的符合构成要件行为这一事实性表述中是否妥当，应当成为确认妥当性依据的构成要件要素，并没有在法律条文上予以明示，因此，没有必要在实体上确认符合构成要件行为与法益之间是否存在无价值性关联。然而，有关抽象危险犯的法律命题形式及法律条文，是否与侵害犯及具体危险犯不同，可以舍去符合构成要件行为与法益之间的无价值性这一实体性关联，而赋予了抽象危险犯的处罚根据呢？① 法律命题一般作为逻辑性格式予以明示，刑罚法规作为处罚的前提，将犯罪与处罚方法通过逻辑上的必然性或可能性联系起来。而这种逻辑上的必然性或可能性，终究还是停留在作为法律命题内在的正当化根据这一逻辑上的必然性或可能性上。法律并非像利用凶器进行强盗行为或具体命令对方实施某种行为等行为那样，在心理上促使对方形成某种动机的因果性装置，法律是有关指导社会成员应当做什么或不应该做什么之实践性推论，也就是说，法律的立足点在于构筑人们对社会生活中社会成员的行动的正当化或谴责、非难的根据。因此，法律本身对其服从要求的正当性，在逻辑上必然地、不可回避地论及法律本身，法律意义上的命令、指示的本质正在于这种规范性妥当的主张。法律作为这种规范性妥当主张的归属，针对法律是否具有正当性的反问不得不采用开放性体系。这种情形不应仅限于法律命题的正当性，在法律命题的具体适用中的正当性问题上也应相同。② 形式说虽然论及法律命题的正当性，在具体法律适用过程中的正当化问题上却主张没有必要论及这一点。可见，形式说的有关法律的规范性妥当这一主张过于片面。形式说摒弃了在抽象危险犯中实体上有必要确认行为与法益之间无价值性关联这一要求，而实质说的本质在于在具体法律适用过程中，有必要满足规范性妥当之主张。

---

① 参见〔日〕冈本胜：《抽象危殆犯存在的问题点》，载《法学》，第38卷第2号，第103页。
② 参见〔日〕北野通世：《处罚抽象危险犯之理论依据》，载《大野真义教授古稀祝贺论文集》，世界思想社，2000，第99页。有关抽象危险犯处罚根据的详细论证，可参见郑泽善：《刑法争议问题探索》，北京，人民出版社，2009，第35页以下。

(三) 危险驾驶罪的处罚范围

笔者认为，界定抽象危险犯时应当以实质性抽象危险作为抽象危险犯的成立要件——作为处罚的根据。具体而言，对抽象危险犯的处罚不应以单纯的违反义务为依据，应当从法益侵害及危殆化的立场出发寻找犯罪的实质，因此，首先应当否定拟制意义上的危险这一抽象危险犯概念。即为了避免在没有发生"危险"的情况下也处罚抽象危险犯的情况发生，应当否定拟制的危险这一概念，从实质性立场出发，将某种"具体危险"作为抽象危险犯的成立要件。在界定犯罪是否成立时，将具有实质性内容的"法益侵害或危殆化"作为处罚抽象危险犯的根据。

根据抽象危险犯处罚根据的实质说，危险驾驶罪原则上应当一律入罪，但是，可以将那些毫无"法益侵害或危殆化"的危险驾驶行为，排除在危险驾驶罪的处罚范围之外。具体而言：

第一，只"醉"不"驾"行为。只"醉"不"驾"行为，可以被排除在"醉驾"型危险驾驶罪的处罚范围之外，因为首先，"醉驾"型危险驾驶罪的实行行为是醉酒后的驾驶行为，而不是醉酒行为。其次，"醉驾"型危险驾驶罪是抽象危险犯，而抽象危险犯的可罚性根据在于某一行为对法益的威胁。如果某一行为无法对法益构成侵害或侵害的威胁，那么，该行为就不可能成立抽象危险犯。

第二，在冷僻公路、荒废公路或已竣工但尚未通车的道路上的醉酒驾驶行为。冷僻公路，一般是指偏远地区或因为夜深人静而车流量极少的公路。荒废的公路，是指以前一直正常使用，因为某种原因现在被闲置或弃用的公路。已竣工但尚未通车的道路，是指筑路工程已经完工但还没有正式交付使用的公路。这些特殊的道路能否属于《道路交通安全法》中"道路"范畴值得探讨。笔者认为，冷僻公路仍然属于"道路"范畴，但荒废公路或已竣工但尚未通车的道路则可以排除在"道路"的范畴之外。因为，虽然冷僻公路上车辆、行人稀少，但是，其毕竟属于公众通行的开放区域。荒废公路由于已经被弃置，因而意味着已经丧失了公路的效用。而已竣工但尚未通车的道路，由于没有正式交付使用而不属于《道路交通安全法》中"道路"范畴。[①] 由于荒废公路和已竣工但尚未通车的道路，本身不属于《道路交通安全法》中"道路"范畴，因而在这里行驶本身也就

[①] 参见谢望原、何龙：《"醉驾型"危险驾驶罪若干问题探究》，载《法商研究》，2013(4)，第110页。

不存在"醉驾"型危险驾驶问题。但是，由于冷僻公路仍然属于《道路交通安全法》中"道路"范畴，因而在这里醉酒驾驶理应构成危险驾驶罪。不过，即便在冷僻公路醉酒驾驶，如果不存在"法益侵害或危殆化"的可能性，那么，可以将这种行为排除在"醉驾"型危险驾驶罪的处罚范围之外。

第三，在封闭的社区、校园、企业内的醉酒驾驶行为。有关大学校园内的道路是否属于刑法第133条之1罪状表述中的"道路"范畴问题，学界有争议。刑法第133条之1并没有对"道路"的范畴作出明确的规定。不过，按照通常的理解，作为《道路交通安全法》保障法的刑法中的"道路"的含义，与《道路交通安全法》中"道路"的含义应当相同。《道路交通安全法》第119条规定："'道路'，是指公路、城市道路和虽在单位管辖范围但允许社会机动车通行的地方，包括广场、公共停车场等用于公众通行的场所。"那么，校园的道路，是否属于"虽在单位管辖范围但允许社会机动车通行的地方"呢？第一种观点认为，"从状态上看，码头、广场、小区、大学校园、公共停车场等可能是一种客观上开放的场所，能够由不特定车辆或者不特定行人自由通行，因此，在开放性的码头、广场、小区、大学校园、公共停车场驾驶机动车的，也是在道路上驾驶机动车"①。第二种观点认为，"不能简单地将校园与码头、广场、公众停车场等同视之，我国的校园通常是一个相对封闭的区域，是供学生、教师和其他人员学习、生活和工作的地方，并不属于公共交通管理的范围"②。笔者倾向于第一种观点，理由是：我国的大学校园与国外的大学校园不同，国外的大学校园只有教学楼、实验楼、行政楼等，而我国的大学校园除了上述楼群之外，还有教职工住宅楼、医院、市场等生活区，因此，人来人往相对频繁，加上校园并非完全封闭，一般外来人员可以自由进入校园。鉴于这种现状，可以将我国的大学校园视为"小区"。既然校园内的道路可以成为《道路交通安全法》中的"道路"，那么部分封闭的社区、企业内的道路也可以解释为《道路交通安全法》中的"道路"。不过，即便在这些"道路"上醉酒驾车，如果并不存在"法益侵害或危殆化"的可能性，那么，这种"醉驾"型危险驾驶不应成为该罪处罚的对象。

---

① 冯军：《论〈刑法〉第133条之1的规范目的及其适用》，载《中国法学》，2011 (5)，第143页。
② 谢望原、何龙：《"醉驾型"危险驾驶罪若干问题探究》，载《法商研究》，2013 (4)，第110页。

第四，并没有实质性"法益侵害或危殆化"内容的"醉驾"行为，即"情节显著、轻微危害不大"的"醉驾"行为，也应被排除在"醉驾"型危险驾驶罪的处罚范围之外。

四、结语

有关"醉驾"型危险驾驶罪的刑法第133条之1规定："在道路上驾驶机动车，有下列情形之一的，处拘役，并处罚金：（一）追逐竞驶，情节恶劣的；（二）醉酒驾驶机动车的……有前两款行为，同时构成其他犯罪的，依照处罚较重的规定定罪处罚。"针对这一规定，尤其是对"在道路上醉酒驾驶机动车"的理解，无论是在我国的刑法理论界还是在实务部门，均存在不同程度的争论。

我国刑法分别规定了故意和过失两种责任形式，即"故意犯罪，应当负刑事责任"，"过失犯罪，法律有规定的才负刑事责任"。上述规定表明，刑法以处罚故意犯罪为原则，以处罚过失犯罪为例外；分则条文仅描述客观构成要件、没有规定责任形式的犯罪，只能由故意构成；只有当"法律"对处罚过失犯罪"有规定"时，才能将该犯罪确定为过失犯罪。以成文刑法规定犯罪与刑罚，是罪刑法定原则的基本要求。一个刑罚法规的目的，必须在它实际使用的语言中去寻找，根据它明显的和清晰的含义来解释。因此，应当根据法条文字及其文理，确定某种犯罪是否属于"法律有规定"的过失犯罪。"法律有规定"并不一定指明文规定。刑法要以简洁的语言表述罪刑规范，当分则条文对一个方面的表述足以表明另一方面的含义时，往往省略对另一方面的明文规定。所以，"法律有规定"既包括明文的规定，还包括隐含的规定。因此，危险驾驶罪的主观方面只能是故意。

危险驾驶罪不应适用刑法第13条之"但书"。刑法总则与分则并非简单的一般与特殊、抽象与具体的关系，刑法总则为共通性规定，而刑法分则为特殊性规定。刑法总则不仅指导刑法分则，而且补充刑法分则；刑法分则的理解和适用离不开刑法总则，但是，刑法分则本身也有独立的价值，不能要求刑法分则的规定都完全符合刑法总则的规定。危险驾驶罪与刑法第13条之"但书"的关系也不例外。如果行为人的行为完全符合刑法第133条之1的规定，那么，就构成危险驾驶罪。这是基于罪刑法定原则的必然结果，而不应再根据刑法第13条之"但书"的规定宣告无罪，否则,危险驾驶罪所规定的构成要件就失去了其应有的意义。危险犯是以造成法定的危险为构成要件的犯罪,法定危险的出现已经表明行为具有较大的社会危害程度,因此,针对这类犯罪一般就不能适用"但书"。"醉驾"型危险驾驶罪原则上都应入罪,但是,根据抽象危险犯处罚根据的实质说,可以将毫无"法益侵害或危殆化"的危险驾驶行为排除在危险驾驶罪的处罚范围之外。

第四章　故意伤害罪新论

　　故意伤害罪，是指故意伤害他人身体健康的行为。我国刑法第234条规定："故意伤害他人身体的，处三年以下有期徒刑、拘役或者管制。犯前款罪，致人重伤的，处三年以上十年以下有期徒刑；致人死亡或者以特别残忍手段致人重伤造成严重残疾的，处十年以上有期徒刑、无期徒刑或者死刑。本法另有规定的，依照规定。"我国刑法对故意伤害罪的规定比较笼统、简单。

　　与此相比，在大陆法系部分国家的刑法中，除规定故意伤害罪外，还规定有殴打他人罪或暴行罪，比如，意大利刑法第581条规定："殴打他人的，如果行为造成身体的或精神的疾患，经被害人告诉的"，构成殴打罪；韩国刑法第260条规定："对于他人之身体为暴行而未至伤害者"，构成暴行罪；日本刑法第208条规定："实施暴行而没有伤害他人的，处二年以下惩役、三十万日元以下罚金或者拘留或者科料。"故意伤害罪和暴行罪，都是与身体相关联的犯罪，就刑法所保护的有关人的身体的法益而言，应当包括身体的生理性机能、身体的外部完整性及身体的不可侵犯性、安全性。在部分国家的刑法理论中，侵害身体的生理性机能构成故意伤害罪，侵犯身体的不可侵犯性或安全性则构成暴行罪。就伤害的概念问题而言，争论的焦点往往集中在除身体的生理性机能之外，身体的外部完整性是否与伤害罪或暴行罪发生关联这一点上。另外，既然暴行罪是以身体的不可侵犯性或安全性作为其保护法益，那么，其本身是否具有独立的内容，也就是说，暴行罪是否属于伤害罪的前阶段，即是否存在伤害罪的未遂阶段，也是争论的焦点问题之一。

　　由于我国刑法规定中只有一个伤害故意，因而当行为人出于轻伤他人的故意导致重伤结果时，是以刑法第234条第2款的故意伤害罪（重伤）的法定刑处罚，还是作为刑法第234条第1款的故意伤害罪（轻伤）的未遂与刑法第235条过失致人重伤罪的想象竞合处理？出于重伤他人的故意只是导致轻伤结果的，是以故意伤害罪（重伤）的未遂，还是以故意伤害罪(轻伤)的既遂处理?出于重伤他人的故意,没有导致他人伤害结果的(只导致了轻微伤及以下的结果),作为故意伤害罪(重伤)的未遂,是适用故意伤害罪(轻伤)的法定刑,还是适用故意伤害罪(重伤)的法定刑?等等。这些问题不仅在我国刑法理论中没有一个统一的基准,在司法实践中也是见仁见智,极不统一。另外,"在司法实践中,故意伤害罪呈多发趋势;在刑法理论上,对故意伤害罪的研究却几乎中止"[①]。

一、伤害行为之意义

(一) 伤害概念

在人的生存意义上,首要的是生命,其次是身体的完整性。如果将生命视为种子,身体便是保护种子的滋养成分。因此,在刑法所保护的法益中,首先保护的是生命,其次便是身体的完整性。在大陆法系的部分国家,根据保护身体的完整性(Körperintegrität)和身体的不可侵犯性(Körperliche Unverse-hrtheit),刑法规定有伤害罪和暴行罪。[②]是否区别两罪,根据不同国家的立法情况而不同。德国刑法不区分伤害罪和暴行罪,将两者以伤害罪处罚。日本、韩国和瑞士的刑法则区分两者。

有关伤害罪的保护法益,有观点认为:"伤害罪章所要保护的法益乃是个人之身体法益,包括身体之完整性与身体之不可侵害性(Korperliche Unversehrtheit)、生理机能之健全与心理状态之健康等。"[③]在这里,将"身体之不可侵害性"作为伤害罪的保护法益,主要是为了说明暴行罪的性质。由于我国刑法没有规定暴行罪,因而没有必要将"身体的不可侵害性"作为伤害罪的保护法益。"心理状态之健康"是内容极为宽

[①] 张明楷:《故意伤害罪探疑》,载《中国法学》,2001(3),第117页。

[②] 实施暴力行为,对他人的人身进行侵犯但未造成损害结果的,在大陆法系的部分国家的刑法中成立暴行罪;在我国,原则上不构成犯罪,但不排除在情节严重的情况下成立寻衅滋事罪的可能。不过,在我国,相当于部分国家暴行罪的行为,可以成为治安管理处罚法的处罚对象。我国治安管理处罚法第43条规定:"殴打他人的,或者故意伤害他人身体的,处五日以上十日以下拘留,并处二百元以上五百元以下罚款;情节较轻的,处五日以下拘留或者五百元以下罚款。有下列情形之一的,处十日以上十五日以下拘留,并处五百元以上一千元以下罚款:(一)结伙殴打、伤害他人的;(二)殴打、伤害残疾人、孕妇、不满十四周岁的人或者六十周岁以上的老人的;(三)多次殴打、伤害他人或者一次殴打、伤害多人的。"

[③] 林山田:《刑法各罪论》(上册),增订2版,台湾大学法学院图书部,1999,第101页。

泛的概念，例如，行为人采取某种方法导致被害人长期存在焦虑感，可谓损害了被害人"心理状态之健康"，却不可能构成伤害罪。如果行为造成被害人精神失常，构成伤害罪无疑，但这种情形可以包含在损害"生理机能之健全"当中。人的生理机能的健全是伤害罪保护的法益，问题是"身体的完整性"是否属于伤害罪保护的法益。这在某种程度上取决于如何理解"身体的完整性"。如果将"身体的完整性"理解为器官的完整性，那么，身体的完整性无疑也应属于伤害罪的保护法益。但是，人体的器官都有其机能，如果破坏了器官的完整性，必然也有损生理机能。因此，这个意义上的"身体的完整性"属于"生理机能之健全"。不过，如果将"身体的完整性"解释为身体外形的完整性，结论则不同。① 人的头发与指甲是身体外形的一部分，如果将身体外形的完整性视为伤害罪保护的法益，那么，使用暴力或者其他方法剪去他人头发和指甲的行为，就应成立故意伤害罪。

伤害，一般是指非法损害他人身体健康的行为。有关伤害的概念，在中外刑法理论界，有生理机能障碍说、身体完整性侵害说和折中说的对立。②

生理机能障碍说是从生物学的角度出发，以是否能够引起生理机能障碍作为认定是否构成伤害的基准，即认为伤害就是对人的生理机能的侵害。也就是说，行为人实施的行为造成他人内脏器官损害的，即便从外表上看并没有破坏身体的完整性，也属于伤害。根据这种观点，被害者受到性暴力后，由步行困难、睡眠障碍、食欲减退等引发机能障碍，以及由淤血、中毒引发呕吐、疲劳倦怠、处于失神状态等，虽然没有外伤，也属于伤害。但是，头发、指甲受损等虽然外观上带来很大变化，由于并没有引起生理机能障碍而不属于伤害。这是日本和韩国刑法理论界的主流观点。

身体完整性侵害说着眼于身体外观在物理意义上的变化，以是否能够改变身体外观的完整性为基准认定是否构成伤害，即认为伤害就是对身体外部完整性的侵害。根据这种观点，外伤引起出血自然是伤害；剪掉头发、胡须、指甲，导致外观明显变化的，也属于伤害。英美法上的伤害概念大致与这种主张相同，比如，在英国刑法中，构成伤害罪，全身皮肤的完整性必须受到破坏。③

折中说是在生理机能障碍说的基础上考虑身体外观完整性说，以克服

---

① 参见张明楷：《故意伤害罪探疑》，载《中国法学》，2001（3），第120页。
② 参见〔日〕曾根威彦：《刑法的重要问题》（各论），补订版，成文堂，1997，第28页等。
③ 参见〔英〕J. C. 史密斯、B. 霍根著，李贵方等译：《英国刑法》，北京，法律出版社，2000，第477页。

两种观点各自的缺陷，与此同时，在解释论上将针对身体外观完整性的侵害限定在发生"重要变化"的程度。也就是说，侵害人的生理机能以及导致身体外形的重要变化便是伤害。这是目前部分国家刑法理论中的有力说。这种观点认为，应当根据社会一般人的观念，以能否达到被忽视的程度为基准认定是否构成伤害。如果从社会一般观念看，属于程度过于轻微的身体上的伤害，甚至连被害人本人都毫不介意，那就不能认定为伤害。而日常生活中不认为是伤害的，比如引起中毒症状、头晕、使人呕吐、感染病菌、失神、被电话骚扰导致神经衰弱、处女膜破裂、剃光女性的头发等，都包含在伤害的意义之内。[1]

笔者倾向于折中说，理由是：

第一，如果将伤害限定在引起生理机能障碍范围之内，则剃除头发、胡须、指甲等行为，虽然引起了身体外观的变化，由于并不会影响到生理机能而不能认定为伤害，但是，如果将女性的头发剃光、剪掉吉他演奏家的指甲，认为并不构成伤害显然不尽合理。上述情况所引起的心理上的冲击已经超过了生理学领域的判断。

第二，单从身体外观完整性这一物理意义上的变化来理解伤害，就会排除虽不造成身体外形的变化，但却引起身体内部组织机能发生障碍或者对人体的健康状况造成明显不良变化的情况。显然，侵犯人身只造成内伤而外表没有任何创伤的情况是常见的。当然，也许会认为，这里并非专指身体外部的完整性，还包括身体内部的完整性。但是，即便如此，身体完整性侵害说还有不妥之处。去掉发须、指甲的行为被视为伤害，明显不符合社会一般观念上的伤害概念。不仅如此，如果将侵害身体完整性行为统统认定为伤害，将不利于区分伤害罪和一般违法行为。

鉴于此，笔者认为，伤害罪是以人的身体安全为保护法益的犯罪，因此，不限于对人的身体生理机能的破坏，违反他人意志使他人身体外形发生明显变化的行为也应包含在伤害的范围之内。拔掉一根毛发或剪掉一块指甲之类的身体外观上的细微变化，在社会一般观念上可以忽略不计，因此，这种行为只能属于一般违法行为。也就是说，所谓伤害，就是破坏人的身体生理机能和使人的身体外形发生重大变化的行为。"重大变化"的认定应以社会一般人的观念为基准。

（二）伤害对象

伤害罪的犯罪对象是他人的身体。身体，是指具有生命的整个肉体，

---

[1] 参见〔日〕西原春夫：《犯罪各论》，筑摩书房，1983，第15页。

包括体外的四肢与躯干，也包括体内的内脏器官、血液以及口腔内的牙齿、舌头。人造的假牙、假发不是肉体的一部分，因此不是本罪的侵害对象，故意毁坏他人价值极高的假牙、隐形眼镜等，不构成故意伤害罪，而构成故意毁坏财物罪。但人工设计的人体代用品，比如义肢、心脏起搏器等，如果已经完全成为身体的重要组成部分，发挥着维持个人生存所必要的器官功能的，应当视为人的身体的一部分，因此，对其故意加以侵害的，可以构成本罪。① 没有伤害他人身体，而是伤害自己身体的，不构成本罪。但自伤行为侵害社会法益且刑法另有规定的，可以成立犯罪，比如我国刑法第434条规定的战时自伤罪。

故意伤害罪的成立应以"他人"的存在为前提。由于胎儿不是独立的刑法意义上的人，因而对胎儿实施加害行为，不应构成故意伤害罪。问题是，对母亲实施侵害，并未导致当场流产或堕胎的后果，但致使胎儿出生后出现畸形发育的，是否构成故意伤害罪，则存在争议。一般来说，这一问题涉及两个方面问题。首先，针对胎儿伤害的结果，这一结果如果与出生后的婴儿有关联，在刑法意义上能否构成对出生婴儿的伤害？其次，在这种情况下，能否构成对怀孕母亲的伤害？就这一问题而言，前一种情况往往成为争论的焦点。针对胎儿实施的伤害结果涉及出生后的婴儿这一问题，是否只构成对出生后婴儿的伤害，在大陆法系的刑法理论界有否定说、肯定说和二分说的对立。②

否定说是德国、瑞士、奥地利、韩国等国家刑法学界的多数说，也是日本刑法学界的有力说。这种观点的理由是：第一，刑法条文中的伤害罪和过失伤害罪的"行为对象"是"人"，因此，如果取肯定说，就有违背罪刑法定原则中禁止类推解释之嫌。第二，刑法并不处罚过失堕胎罪，其实，堕胎概念中已经包含着致胎儿死亡这样一层意思。可见，既然不处罚过失致胎儿死亡，那么，没有任何理由处罚过失行为。第三，刑法主要规定的是对"人的伤害"行为，一般不规定对"胎儿的伤害"行为。第四，故意伤害罪一般属于状态犯。但是，如果取上述肯定说，故意伤害罪就不应被视为状态犯。也就是说，状态犯是指犯罪结果发生的同时就应成立犯罪的既遂，因此，即便基于犯罪所引起的侵害状态仍然继续，也不能称之为犯

---

① 参见陈兴良、周光权：《刑法学的现代展开》，北京，中国人民大学出版社，2006，第526页。
② 有关这一问题的详细情况，可参见郑泽善：《刑法争议问题探索》，北京，人民出版社，2009，第108页以下。

罪。第五，所谓的伤害，是指对"人"的身体生理机能的一种侵害。因此，伤害这一概念本身应当以"人"的良好状态作为其解释的前提。但是，在这种情况下，所探讨的无非是已经受伤害的胎儿出生后的问题，而不是在探讨处于良好状态的"人"，因此，其谈论的前提条件本身存在问题。

肯定说是随着日本胎儿性水俣病的裁判而出现的有力说。德国的判例就催眠药事件采纳过这一学说，不过在刑法理论界其还是少数说。肯定说的理论依据包括以下几个方面：第一，胎儿处于具备"人"的机能的萌芽状态，胎儿一般都会成长为"人"，因此，对胎儿的伤害具有"伤害"人这一结果发生的危险性。第二，在伤害胎儿的情况下，通过危害胎儿的方法伤害胎儿并导致婴儿残疾等同于直接伤害婴儿。换言之，因服用药物或其他原因导致孕妇生出残疾婴儿，等同于伤害婴儿。第三，伤害胎儿导致出生后的婴儿先天性残疾，其性质比杀害胎儿更为严重。第四，伤害罪的成立并不需要行为时的伤害对象必须是"人"。比如，以伤害他人的目的挖了一个陷阱，过了相当长的时间后，挖陷阱时尚未出生的孩子不幸掉进陷阱受重伤，就不能以挖陷阱时受伤的孩子尚未出生为理由，否定行为人伤害罪的成立。第五，部分观点认为，由于刑法并不处罚过失堕胎罪，因而即使过失伤害胎儿导致出生后的婴儿残疾，因为其性质轻于过失堕胎而不应予以处罚。这种观点缺乏说服力。因为刑法并不处罚过失堕胎行为，所以只能得出过失伤害胎儿而胎儿在出生前已经痊愈，即出生时正常情况下不处罚之结论，但是，这并不意味着伤害胎儿的结果影响到法律意义上与胎儿不同的受保护的人时也不受处罚。

二分说无论是在德国还是在日本都是少数说。这种观点的基本立场是：行为人故意伤害胎儿时倾向于前述之肯定说，而在过失伤害胎儿的情况下，主张不应以过失伤害胎儿罪处罚。

笔者倾向于肯定说，理由是：第一，如果像否定说所主张的那样，认为行为人无罪，有违一般社会观念之嫌。由于行为人基于伤害的故意，实施了伤害胎儿的行为，但这首先应当排除以堕胎罪定性的可能，因为堕胎罪是以在自然分娩前，通过人工将胎儿排出母体外的行为以及将胎儿杀死在母体内的行为为内容的犯罪[①]；何况，现在堕胎行为本身在很多国家并

[①] 英国普通法就有这样一种观念，即胎儿或者正在分娩中的婴儿不能作为被侵害的对象，但由于胎儿被视为其母亲身体的一部分，该行为可能构成对其母亲的侵害。制定法中的解释与普通法的相一致。（参见〔英〕J.C.史密斯、B.霍根著，李贵方等译：《英国刑法》，北京，法律出版社，2000，第446页。）

不属于犯罪行为。伤害胎儿的行为与使胎儿夭折显然是两回事。如果把对胎儿的伤害转移到母亲身上，认为是对母亲构成了伤害，这又于理不通。第二，事实上，就伤害胎儿的行为来说，单纯的伤害后果并不一定马上就会出现，要认定是否存在伤害，必须等到胎儿出生、成为真正意义上的人之后。虽然行为时针对的是胎儿，但是胎儿作为人的雏形，与出生后的人不能截然分开。既然这种伤害状态一直延续到出生后，那么，伤害行为针对的也就是出生后的人。这并没有扩大伤害罪的侵害对象，而只是在这种特殊情况下，忽略胎儿与人的区别，将对胎儿的伤害行为视为在胎儿出生后实施的，从而对行为人以伤害罪论处。[①] 尤其是在既无堕胎罪，故意伤害罪的规定又较为笼统、简单的我国，肯定说有其相对的合理性。

（三）伤害手段及结果

伤害的实行行为通常表现为暴力，暴力是伤害的手段。这里的暴力应当是在最广泛的意义上而言的，它主要是指非法行使物理意义上的有形力，使人的身体受到伤害，比如，拳打、脚踢、推撞等方法，但也不排除使用无形的方法也可以构成伤害罪。比如，欺骗特定的被害人，使之食用腐烂的食物而腹泻，或令异性去传染性病，使他人感染性病，或以冷嘲热讽、指桑骂槐、胁迫、装神弄鬼等精神和惊吓的手段，故意使他人精神痛苦，导致其患病，甚至精神失常等，这些都不是用有形的暴力造成的，但也应当作为暴力看待。[②] 无形的方法实际上很多，用催眠术使人昏迷就是一例。用噪声干扰或增高室内的温度，使对方精神陷入昏沉状态，也是暴力的一种。从行为的表现方式来看，伤害既可以由作为的方式实施，也可以由不作为的方式实施。比如，医生不给病人服药这种不作为就可以构成伤害罪。另外，利用自然力或动物，利用被害人自己的行为，也应包括在伤害行为之内。

以造成伤害的结果为基准，伤害分为轻伤、重伤、伤害致死三种情况。轻微的伤害行为，比如打骚扰电话，仅仅使他人陷入烦躁、不安境地的，不构成本罪。轻伤、重伤的区分应以最高人民法院、最高人民检察院、公安部、国家安全部、司法部于2013年8月联合发布的《人体损伤程度鉴定标准》为统一标准。认定伤害结果是重伤还是轻伤，应以何时的伤势为基准是一个较为复杂的问题。伤情的认定一般应以伤害当时的伤势

[①] 参见安翱、杨彩霞：《侵犯公民人身权利罪比较研究》，北京，中国人民公安大学出版社，2005，第88页。

[②] 参见〔韩〕金日秀、徐辅鹤：《刑法各论》，6版，博英社，2004，第63页。

为主，结合审判时的治疗和恢复情况综合认定。例如，当场扎伤他人，致胃肠穿孔大出血，即使经过手术治疗痊愈，也应定为重伤。在一般情况下，认定是否构成重伤，应当看伤害行为当时给被害人的身体健康造成实际损害的程度，不能因为抢救及时或医术高超而最终被害人恢复健康，就否认致人重伤。对于当时造成的伤害结果，显示为非重伤，但是，事后发展为重伤的，是否应当以重伤论处，则必须注意分析伤害行为与重伤结果的因果关系。如果重伤是突发性的伤害行为自然发展的直接结果，即该伤害行为是重伤的决定性原因，应当以重伤论处。如果行为人只造成轻伤，事后由于其他力量介入，例如，甲打伤乙的小腿致轻伤，后因乙护理不当致伤口感染、溃烂，导致截肢，则甲的伤害行为与截肢不存在直接的、必然的因果关系，甲不能对此重伤后果负责。①

根据上述之基准，伤害行为是程度较高的、在伤害故意的支配下实施的暴力行为；一般的殴打行为不属于故意伤害罪中的伤害行为，比如，父母为教育子女而实施的打骂，丈夫与妻子发生口角后的拳脚相加等。当然，如果造成的后果比较严重，符合过失致人重伤、死亡罪标准的，应当以相应犯罪追究责任。

在结果加重犯的情况下，暴力行为与加重结果之间应当具有因果关系。在故意伤害致死的情况下，死亡者通常就是伤害行为的犯罪对象。但是，有时会出现故意伤害导致第三者死亡的情况。对此，有观点认为，由于暴力行为不是直接对第三人实施的，而是间接施加的，所以不成立故意伤害致死。但是，这种主张并不合理，只要伤害行为与死亡结果之间存在因果关系，行为人对死亡结果有过失，就应当成立伤害致死，至于是伤害行为的直接犯罪对象死亡，还是与伤害行为无关的第三人死亡，都无关紧要。也就是说，针对类似问题，应当根据行为人对死亡者的死亡是否具有预见能力以及事实错误的处理原则加以认定。② 比如，在甲对乙实施伤害行为，乙为躲闪而突然踩了丙的脚，醉酒的丙倒地后死亡的情况下，只要甲对丙的死亡大致能够预见，就应当对第三者的死亡负责。

伤害行为必须具有非法性，因此，基于正当防卫、紧急避险而伤害他人，或因治疗上的需要而为患者截肢，或体育运动项目中规则所允许的伤害等，都不属于刑法意义上的伤害行为。需要探讨的是，基于被害人的承

---

① 参见王作富主编：《刑法分则实务研究》（中），北京，中国方正出版社，2010，第827页。
② 参见陈兴良、周光权：《刑法学的现代展开》，北京，中国人民大学出版社，2006，第530页。

诺的伤害行为是否违法问题。由于这一问题与怎样理解违法性的本质具有密切的关联性，因而在中外刑法理论界争议极大。有关这一问题，后面有详尽的论述。

二、伤害罪中的故意

本罪的主观方面，是非法伤害他人身体健康的故意。对造成伤害结果而言，可以包括直接故意和间接故意；而就故意伤害致死而言，行为人对伤害结果出于故意，而对死亡结果则必须是过失的心理态度，即属于复杂罪过的情况。需要注意的是，在间接故意伤害的情况下，只能是放任对他人身体健康损害结果的发生，而不能是放任死亡结果发生，否则，应构成故意杀人罪。伤害的动机是多种多样的，但动机不影响本罪的成立，只是量刑情节。[①] 这是我国的主流观点。

在大陆法系的刑法理论界，有关伤害罪的主观要件存在激烈的争议，即伤害罪的故意是否要求行为人认识并希望或者放任伤害结果的发生。也就是说，行为人仅具有暴行或殴打的故意而导致他人身体伤害的，是否成立伤害罪？出于殴打的故意致人死亡的，是否成立故意伤害致死？有关这一问题，主要有结果加重犯说、故意犯说和折中说的对立。

结果加重犯说认为：伤害罪是暴行罪的结果加重犯，只要行为人有暴行的故意即可，不必有伤害的故意。因为暴行罪的法定刑轻于故意伤害罪，却重于过失致人伤害罪。如果要求有伤害的故意，那么，对于在暴行的故意支配下实施的行为造成他人身体伤害的，就只能认定为过失致人伤害罪，这显然不尽合理。这是多数说，也是判例所取的立场。故意犯说认为：伤害罪是结果犯，因此，伤害罪的成立以行为人具有伤害的故意为前提。因为既然是伤害罪，行为人当然必须具有伤害的故意。折中说则认为，伤害罪既可能是结果加重犯，也可能是结果犯；当行为人使用暴行方法实施伤害行为时，只要有暴行的故意即可；但当行为人使用无形方法（不属于暴行）实施伤害行为时，则要求有伤害的故意。[②]

[①] 参见高铭暄、马克昌主编：《刑法学》，3版，北京，北京大学出版社、高等教育出版社，2007，第523页。

[②] 参见〔日〕曾根威彦：《刑法的重要问题》（各论），补订版，成文堂，1997，第34页以下。

由于我国刑法没有暴行罪的规定，因而有关这一问题，并没有系统的研究。但是，司法实践中的历来做法是，行为人只对暴力行为本身有所认识，而对伤害结果的程度没有认识或无法预料的，只要伤害结果达到相当程度，都构成伤害罪。例如，用浓硫酸泼洒他人的情形，造成毁容的就是重伤，只达到了一定程度的烧伤的就是轻伤，审判中一般将重伤的情形确定为行为人有重伤的故意，将轻伤的情形确定为行为人有轻伤的故意，也就是说是由客观的结果出发来反溯行为人的主观心态，一般不会判断行为人是基于轻伤故意导致了重伤结果。

针对我国司法实践中的这种做法，在我国的刑法理论界，有观点认为，"这并不违反责任主义，不属于客观归罪，因为无论是重伤结果还是轻伤结果，都在行为人概括的伤害故意之中，任何一种结局的出现都并不违背其本意"[1]；也有观点认为，"我国刑法没有规定暴行罪，故意伤害罪不可能成为暴行罪的结果加重犯。因此，成立故意伤害罪要求行为人主观上具有伤害的故意，即对伤害结果具有认识和希望或放任的态度。如果仅具有殴打的意图，只是希望或者放任造成被害人暂时的肉体疼痛或者轻微的神经刺激，则不能认定为有伤害的故意。因此，在仅出于殴打的意图而无伤害故意的情况下，造成他人伤害的，不宜认定为故意伤害罪。基于同样的道理，在殴打行为导致他人死亡的情况下，不得认定为故意伤害致人死亡。如果将出于殴打的意图造成他人伤害或者死亡的案件认定为故意伤害罪，则意味着在行为人没有刑法上的犯罪故意的情况下（殴打的意图不等于刑法上的伤害故意），也可以成立故意伤害罪，其对主客观相统一原则的违反至为明显。正确认识这一点，对于合理区分故意伤害致死与过失致人死亡具有重要意义"[2]；还有观点认为，在我国故意伤害（重伤）罪是故意伤害（轻伤）罪的结果加重犯，故意伤害（致死）罪是故意伤害（重伤）罪的结果加重犯，故意伤害（致死）罪是故意伤害（轻伤）罪的双重的结果加重犯，将故意伤害罪理解为双重的结果加重犯，根据结果加重犯的相关理论有助于解决我们在故意伤害罪适用上遇到的难题。[3]

笔者认为，实施暴力行为，导致被害人重伤或死亡的，应当属于故意

---

[1] 陈兴良、周光权：《刑法学的现代展开》，北京，中国人民大学出版社，2006，第531页。
[2] 张明楷：《故意伤害罪探疑》，载《中国法学》，2001 (3)，第123页。
[3] 参见杜文俊：《故意伤害罪的二重的结果加重犯性质探究》，载《政治与法律》，2008 (9)，第93页。

伤害罪的结果加重形态。在结果加重犯的情况下，除了要求暴力和加重结果具有客观上的因果关系外，还应要求在主观上行为人对作为基本行为的暴行有伤害故意（至于是重伤故意、轻伤故意还是施暴的故意，在所不问），其对加重的重伤或者死亡结果应当有过失。在我国的司法实践中，往往对死亡结果不要求行为人有过失，但是，从责任主义的立场来看，在不能或无法预见结果的情况下，不能根据该结果对行为人进行谴责，因此，应当要求行为人对加重结果有过失。实施伤害行为，对伤害结果有认识，同时对死亡结果也有较为明确认识的，以故意伤害罪可能已经很难准确评价，因此，可以构成故意杀人罪。在部分犯罪中，行为人不顾被害人死伤而实施行为，在这种情况下，行为人究竟有杀人的故意还是伤害的故意并不明确；如果被害人没有死亡，但造成了实际伤害后果的，可以成立故意伤害罪；如果造成被害人死亡的，由于杀人故意是主观恶性程度很高的犯罪故意，因而可以认为伤害故意包含在杀人故意中，应当成立故意杀人罪。[①] 故意轻伤，但未造成轻伤结果的，不成立犯罪。

需要注意的是，只有施暴的故意而没有伤害故意的情况下，能否成立故意伤害罪？比如，基于施暴的故意而殴打他人，导致对方重伤的情况下，是否构成故意伤害罪？笔者认为，由于行为人实施了能够引发伤害结果的具有高度危险性的施暴行为，因而在发生重伤结果的情况下，可以肯定行为人的刑事责任，即作为施暴行为的结果加重犯而追究行为人的刑事责任。理由是：

第一，这种伤害结果属于"基于施暴而引发的当然结果"。因此，"作为行为的施暴"与"作为结果的伤害"之间存在"密切关联性"。可以说，这正是施暴引发的结果加重犯的特征。也就是说，只有在能够肯定施暴行为与伤害结果之间存在这种因果关系时，才作为施暴行为的结果加重犯而肯定伤害罪的成立。这是将施暴行为的结果加重犯的成立范围限定在一定范围内的主张，即在施暴行为"直接"引发结果的情况下，应当肯定结果加重犯的成立。其实，"无论是伤害，还是暴行，总的来说都是无视他人的人格，实施不法侵害的行为。由于伤害的手段多是暴行，而暴行引起伤害结果的潜在危险性已包括其中，所以暴行的故意一般与潜在的伤害的未必故意往往是重叠的。强行把伤害的故意与暴行的故意加以区分，必然在证据上相当程度上依赖于行为者的供述，反倒会造成不公平的结果。

---

① 参见陈兴良、周光权：《刑法学的现代展开》，北京，中国人民大学出版社，2006，第532页。

所以暴行的故意与伤害的故意在理论上不严加区分实际上对于定罪量刑更为有利"①。换言之，由于我国刑法没有规定暴行罪，因而，可以将施暴的故意理解成概括的"伤害的故意"。

第二，判断是否系施暴行为"直接"引发了伤害结果，可以以社会一般人为基准进行判断。即以施暴行为所具有的危险性与已经实现了这一危险性的关系为切入点，以针对具体行为与具体结果之间的关联性之社会一般人观念为基准进行判断。因此，在行为人施加暴力的情况下，如果被害人基于施暴而被附近的石块绊倒而受伤，那么，就应肯定故意伤害罪的成立；但是，即便行为人施暴，被害人由于慌忙躲避而被恰巧路过的汽车撞伤，就不应肯定伤害罪的成立。② 由于后一种情况属于偶然，因而与施暴行为没有必然的关联性。

第三，在施暴行为导致伤害结果的情况下，行为人至少应当对发生伤害结果存在过失。因为成立施暴行为的结果加重犯，除了要求在客观上实施导致伤害结果的施暴行为之外，还应要求主观上行为人具备对实施基本行为的某种认识。只有存在对实施基本行为的认识，才能直接面对"如果施加暴力行为，有可能引发伤害结果而不应实施"这一规范问题。然而，行为人全然不顾这一规范而施加暴力导致伤害结果本身，在主观层面完全可以肯定"基本行为和重大结果之间的关联性"③。

三、被害者的承诺

如前所述，基于被害人承诺的伤害行为是否违法，由于这一问题与怎样理解违法性的本质具有密切的关联性，因而在中外刑法理论界争议极大。一般来说，基于被害者承诺的行为要排除犯罪的成立，必须具备以下几个条件：第一，承诺者只能对自己具有处分权限的利益承诺他人的侵害行为，而具有处分权限的利益只限于个人利益。第二，承诺必须是承诺者

---

① 安翱、杨彩霞：《侵犯公民人身权利罪比较研究》，北京，中国人民公安大学出版社，2005，第92页。当然，对于那些父母为教育子女而实施惩戒行为导致子女死亡，邻里之间由于民间纠纷一方殴打另一方造成重伤或死亡，以及其他轻微暴行致人重伤或死亡的案件，不能轻易地认定为故意重伤或致死，因为在上述情况下，很难说存在施暴的故意，所以，可以认定为过失致人重伤或致死罪。
② 参见〔日〕立石二六编著：《刑法各论30讲》，成文堂，2006，第40页。
③ 同上书，第41页。

的真实意志，而且其前提是承诺者对所承诺的事项的意义、范围、结果具有理解能力。第三，被害者具有承诺的意思表示。第四，行为人认识到被害者的承诺。第五，行为的内容与承诺的内容相一致，既不能超出承诺者的处分权限，也不能违反法秩序。虽然承诺者只能对自己的个人利益表示承诺，但这并不意味着基于对侵害个人利益的承诺的行为都排除犯罪的成立。个人虽然可以放弃自己的财产、自由等法益，但对于生命、身体的侵害的承诺则有一定限度。迄今为止，难以承认自杀是一种权利，相反，帮助自杀、得到他人承诺的杀人，都被规定为犯罪行为。然而，个人能否承诺对自己身体的伤害，换言之，基于他人的承诺而伤害承诺人身体的，是否成立故意伤害罪，则是较为棘手的问题。[①]

大部分国家的刑法只是明文规定处罚基于承诺的杀人，并且其法定刑轻于普通故意杀人罪的法定刑，但没有对基于承诺的伤害作出规定。于是有观点认为，既然刑法只规定了基于承诺的杀人罪，而没有规定基于承诺的伤害罪，就表明基于被害者承诺的伤害一概无罪。有观点则得出相反的结论：既然刑法只是特别规定了基于承诺的杀人，而没有特别规定基于承诺的伤害，就表明将基于承诺的伤害一概按普通伤害罪处理。[②] 二者似乎都走向了极端，于是出现了以下几种观点[③]：第一种观点是公序良俗基准说。这种观点认为，即便伤害行为是基于被害者的承诺而实施，但是，如果该行为违反公序良俗，就不能阻却违法。第二种观点是社会相当性基准说。这种观点认为，即便伤害行为是基于被害者的承诺而实施，但是，如果该行为超出社会相当性，就不能阻却违法性。第三种观点是全法益处分基准说。这种观点认为，即便伤害行为是基于被害者的承诺而实施，如果不存在对整个被害法益的承诺，那么，就不能阻却违法性。第四种观点是重大法益基准说。这种观点认为，即便伤害行为是基于被害者的承诺而实施，如果侵害的是重大利益，就不能阻却违法。另外，立论于重大法益基准说，也有观点认为，区别是不是侵害重大利益，可以根据是否存在生命危险来进行判断。在上述几种观点中，公序良俗基准说和社会相当性基准说综合考虑被害者承诺以外的各种要素，全法益处分基准说和重大法益基准说则侧重考虑基于被害者承诺的法益处分。

---

① 参见张明楷：《故意伤害罪探疑》，载《中国法学》，2001（3），第121页。
② 参见〔日〕前田雅英：《刑法总论讲义》，东京大学出版会，1998，第115页。
③ 参见〔日〕川崎一夫：《伤害罪》，载〔日〕阿部纯二等编：《刑法基本讲座》，第6卷，法学书院，1993，第38页。

这些观点的主要区别在于针对违法性理解的不同：前两种观点的立论基础是行为无价值、结果无价值二元论，后两种观点的立论基础则是结果无价值一元论。

有关这一问题，在我国的刑法理论界，有观点认为，在这个问题上，单纯按照行为无价值论或者结果无价值论的观点进行处理，都会带来不合理的结局，应当以结果无价值论为基础，重点考虑伤害行为引起生命危险的程度，同时兼顾行为无价值论，即在被害人承诺伤害的情况下，造成重伤结果的，应当认定为成立故意伤害罪。① 这主要是考虑到故意伤害行为严重侵犯他人身体生理机能的健全性，行为造成的法益侵害性较重，所以被害人的承诺无效；对于造成轻伤结果的，原则上不成立本罪，主要是因为伤害结果较轻，刑事法律对个人承诺原则上不予干预。但是如果伤害行为严重违反法规范和社会伦理，也可以成立故意伤害罪，例如，出于骗取保险金的恶劣动机，行为人与被害人经共谋后对后者实施轻伤害的，也构成故意伤害罪。② 这是主流观点。

笔者认为，在故意伤害的情况下，即便有被害人的承诺，"由于作为伤害的社会意义并没有变更，因而不能阻却构成要件的符合性。但是，基于被害者承诺的违法性的阻却，在某种情况下可以成立"③。阻却违法性的判断，应当综合考虑具体状况下的诸多事项而进行，即应当根据被害人处分自己身体的安全这一法益是否具有社会相当性而进行。也就是说，被害人法益处分的有效性，在综合社会诸多事项的前提下，以是否具有社会相当性为基准进行。身体的安全虽然属于个人法益，但是，处分自己身体的安全，也只有在社会相当性的范围内才应得到肯定。如果有悖于社会相当性，即便有被害人的承诺，也应当成立故意伤害罪，不过，可以在量刑时考虑从轻处罚。

---

① 参见张明楷：《故意伤害罪探疑》，载《中国法学》，2001（3），第122页等。
② 参见陈兴良、周光权：《刑法学的现代展开》，北京，中国人民大学出版社，2006，第529页。不过，在我国的刑法理论界，也有观点主张以"善良风俗论"来为故意伤害罪中的被害人同意确立界限。理由是，这是基于两个方面的考虑：一是"善良风俗"本身的规范性；二是"善良风俗"能从我国刑法具体语境下寻找根据。即被害人同意在身体伤害上的客观界限只能来自外部，与"重大伤害"相比，"善良风俗"更具有这种相对于个人自治权的外部性。因此，从理论本身的比较而言，"善良风俗"比"重大伤害"更适合作为限制被害人同意他人伤害的界限。（参见车浩：《论被害人同意在故意伤害罪中的界限》，载《中外法学》，2008（5），第718页。）
③〔日〕川崎一夫：《伤害罪》，载〔日〕阿部纯二等编：《刑法基本讲座》，第6卷，法学书院，1993，第40页。

四、同时伤害

　　根据共同犯罪的相关理论，成立伤害罪的共同犯罪要求二人以上有共同伤害的意思联络。如果二人以上在没有意思联络的情况下，同时对同一犯罪对象实施伤害行为，就应构成伤害罪的同时犯。同时犯不属于共犯，因此，行为人应分别作为单独正犯，按自身行为所产生的结果负刑事责任。这是刑法中责任主义原则的当然要求。问题是，在同时犯的情况下，要清楚地证明某一结果是由某一行为造成的，往往十分困难；如果不能证明，按照责任主义原则，就不能让行为人负伤害罪的刑事责任，这样一来，就有可能放纵犯罪。明明已经存在伤害的结果，而且可以肯定二人之中必定有一人的行为造成了伤害的结果，仅仅因为证明问题上的原因而无法构成伤害罪，显然不尽合理。鉴于这种特殊情况，日本和韩国的刑法规定了同时伤害的特别处罚条款。日本刑法第207条规定："二人以上实施暴行伤害他人的，在不能辨认个人暴行所造成的伤害的轻重或者不能辨认何人造成伤害时，即使不是共同实行的，也依照共犯的规定处断。"韩国刑法第263条的规定与此相似。有关日本刑法第207条的法律性质，有观点认为，这是在法律上对共犯作出了推测的规定；也有观点认为，这是更改了举证责任的规定；还有观点认为，这属于法律上的一种拟制规定，虽然不是共同行为人，也要按照共犯的规定来处理。[1]

　　由于我国刑法没有类似的规定，因而针对同时伤害的情况不应认定为共同伤害，可以按照以下原则进行处理：第一，同时伤害行为没有造成伤害结果的，都不承担刑事责任。第二，同时伤害行为造成轻伤结果，有证据表明该轻伤是由其中一人的行为所致，但不可能辨认该轻伤行为究竟是由何人造成的，也不能追究任何人的刑事责任。第三，同时伤害行为造成了重伤结果，但证据表明该重伤是由其中一人所致，却不能辨认该重伤行为究竟是由何人造成的，可以对各行为人追究故意伤害未遂的刑事责任。第四，同时伤害行为造成了轻伤或重伤，而能够认定其中谁的行为造成了何种伤害的，可以分别追究刑事责任。[2]

　　由此可见，根据上述原则处理同时伤害，会带来很多不合理的结果。

---

[1] 参见〔日〕立石二六编著：《刑法各论30讲》，成文堂，2006，第47页。
[2] 参见张明楷：《故意伤害罪探疑》，载《中国法学》，2001（3），第124页。

没有意思联络的两人以上的行为人,在同一场合分别实施故意伤害行为,仅以究竟是谁的行为造成伤害结果不明,即由于在诉讼上难以证明,就使得所有的行为人都对同时犯的伤害结果不承担责任,或者仅对较轻的结果承担责任,会使实际造成伤害结果的行为人逃避刑事追究,更使被害人的人身权利得不到保障,不仅有失公平,也不利于法益的保护。为了避免司法实践中会带来的不合理的结果,我们可以借鉴日本、韩国刑法中的特别规定,增设"同时伤害的特例"之规定,即在并不属于共犯的二人以上同时实施暴力行为,但究竟是何人的行为导致他人重伤难以证明的情况下,二人以上的行为人均应对重的结果负责,从而将行为人作为拟制的共同正犯看待,将原本由控方承担的举证责任转移到犯罪嫌疑人身上,迫使其想尽一切办法来证明自己的伤害行为和伤害结果之间不存在因果关系。

五、故意伤害罪的认定

(一) 故意伤害致死与故意杀人的界限

故意伤害罪的认定极为复杂,即便有法医鉴定的结论,人们往往对造成伤害结果与被告人行为的关系存在不同的认识。限于篇幅,本书仅论及有关故意伤害致死和故意杀人的界限。

行为人实施故意伤害行为,导致被害人死亡的结果,究竟构成故意伤害致死罪还是故意杀人罪,在我国的刑法学界,有以下几种观点的对立[①]:

第一种观点认为,两者的区分,关键在于弄清犯罪的目的,因为犯罪的目的是决定犯罪行为的性质和方向的根本条件。根据这种观点,证明有杀人的目的,就是故意杀人罪;证明只有伤害的目的,就是故意伤害罪。

第二种观点认为,从犯罪行为来认定故意杀人罪和故意伤害致死罪。如果这种观点所主张的"犯罪行为"是指主观要件和客观要件相统一的犯罪行为,那么,这种观点可以说是无可非议的。因为,实施故意杀人行为定故意杀人罪,实施故意伤害行为就定故意伤害罪,没有任何错误。

第三种观点认为,判断是否有杀人的故意,不应以故意的内容为基

[①] 参见王作富主编:《刑法分则实务研究》(中),北京,中国方正出版社,2010,第833页以下。

准，否则，被告人如果不承认有杀人的故意，就无法定罪。基于此，这种观点认为，判断的基准就是看被告人是不是"使用致命的工具，打击致命的部位"。如果使用致命的工具，打击致命的部位，造成死亡结果，就是故意杀人；反之，就是故意伤害致死。

就第一种观点而言，如果案件事实证明罪犯有杀人的目的，当然构成故意杀人罪，但是，基于什么理由否定不是希望而是放任死亡结果发生的间接故意杀人？如果认为故意伤害致死对死亡也可以表现为放任态度，那么，岂不是混淆了其与故意杀人罪的界限？这只能导致重罪轻判，削弱对人的生命权利的保护。另外，将一种危害性质更为严重的犯罪构成作为另一种危害性质较轻的犯罪的加重结果，无论在法律上还是在理论上，均不适当。与此相比，第二种观点的不足在于，当界定故意伤害致死和故意杀人的区别时，关键是如何认定行为人有无杀人的故意。这是需要充分调查和分析案件的各种事实才能作出结论的复杂问题，但部分观点却试图用简单的方法来解决，比如，凡是在当场一击或者一刀杀死的，都不能认为是伤害致死，而应构成故意杀人；并且，由此得出结论，伤害致死，在伤害和死亡之间必须有一定的距离，没有一定的距离，就难于辨别是伤害致死还是故意杀人。而第三种观点的缺陷是，不能简单地用这种公式来进行判断。首先，致命的工具本身的范围就是很难绝对确定的，比如，刀、斧、枪支可以说是致命的工具，但它又可以作为伤害的工具。其次，击中要害部位导致死亡，也可以是基于多种原因。有的是有目标地选择要害部位，有的是在双方搏斗过程中无意中击中要害部位，甚至有的被告人本来想要打非要害部位，但由于被害人躲闪却正好误中要害部位等。[1] 由此可见，击中要害部位，并不等于被告人就有杀人的故意。

笔者认为，故意伤害致死与故意杀人罪的根本区别在于主观故意的内容不同，故意伤害致死的行为人对死亡结果没有认识，在对死亡结果有认识的情况下，就应构成故意杀人罪。确定行为人有杀人的故意还是伤害的故意，可以考虑以下几个因素进行综合判断：（1）伤害部位。针对伤害要害部位的，一般可以确认有杀人的故意；而针对伤害非要害部位的，一般可以视为只有伤害的故意。（2）行为人实施伤害的情况。被害者伤痕多、程度重，行为人下手凶狠，针对事件的发生被害人无过错或无重大过错，则成立故意杀人罪的可能性大于故意伤害致死。（3）凶器的性质以及使用

---

[1] 参见王作富主编：《刑法分则实务研究》（中），北京，中国方正出版社，2010，第834页。

情况。一般地说，凶器越是危险，杀人的可能性也就越大。不过，在具体确定有无杀人故意时，还应考虑该凶器是早有准备还是偶然取得。犯罪工具是基于防卫意图还是故意伤害而使用，这对确定杀人、伤害、过失致死关系重大。(4) 事件的起因、行为动机以及发生经过。考虑发案原因，行为人与被害人是素不相识还是积怨很深，行为人是出于报复、劫财还是其他动机，事件是在瞬间完成还是有一定过程。(5) 有无预谋和准备。凡是预谋杀人的，一般经过周密的准备，要选择最能致人死命的工具，选择最容易杀人的时间和地点。而故意伤害，在一般情况下，不需要做这么周密的准备，也不需要特殊的工具。(6) 行为人的一贯表现。行为人是平时表现得很粗暴、凶残、流氓成性，还是平时比较胆小怕事、懦弱、温顺。(7) 犯罪后的态度和表现。一般来说，故意杀人的，当把人杀死后，行为人往往表现为一种比较满足的表情。而故意伤害的，当知道被害人死亡时，行为人往往表现为惊讶或出乎意料的表情，甚至表示不相信被害人的死亡。

（二）相关案例评析

案例1：1998年4月2日22时30分，唐某等人受郭某邀请到某歌厅娱乐。期间，官某又带来朋友曲某及陌生人王某等人一起娱乐。娱乐后，郭某又安排了一些酒水并结算完账目，欲与唐某等人先行离开时，王某令郭某给其敬酒，遭郭某拒绝，王某遂恼怒持酒杯打郭某的头部，郭某被打倒在沙发上，后来郭某亦操起酒瓶与王某厮打，唐某等人上前阻止。王某持酒瓶追打郭某至房门口时，唐某上前阻拦并持随身携带的水果刀与王某厮打，在厮打过程中刺中王某胸、腹、肩部5刀。后王某被他人送往医院抢救，唐某又前去医院探望，次日得知王某死亡后，畏罪潜逃，后被公安机关抓获归案。

一审法院经审理认为：唐某与王某等人在某歌厅包房内饮酒时，因其友郭某与王某发生口角，并进行厮打，唐某遂介入纠纷，用随身携带的水果刀朝王某腹部连刺数刀，致使王某肝脏破裂急性大失血死亡。案发后，唐某畏罪潜逃外地，同年7月被公安机关抓获。一审法院根据上述认定的事实，判决唐某犯故意杀人罪，判处死刑剥夺政治权利终身。唐某不服一审法院判决，提起上诉。二审法院认为：一审法院认定唐某的犯罪事实是清楚的，但对具体犯罪事实和情节的表述不够全面或有遗漏，应予补正。唐某见他人因琐事与其朋友发生厮打，虽曾阻止，但继而又持械参与厮打，厮打过程中持水果刀致王某死亡。从其主观动机上看，没有杀人的故意；从本案的情节上看，双方是在相互厮打的运动状态下造成的后果，且作案后，唐某又到医院探望，故对上诉人唐某应依法以故意伤害罪惩处。从本案的起因看，被害人先挑起事端殴打他人，属于有过错。上诉人唐某犯罪后果严重，案发后又畏罪潜逃，应予严惩，但根据本案的具体情况，其尚不属判处死刑立即执行的罪犯。上诉人唐某及其辩护人所提不是故意杀人，应定为故意伤害和被害人有过错、量刑重的上诉理由及辩护意见，应予采纳。但其辩护人所提属防卫过当的辩护意见，没有事实和法律依据，不能采纳。原审判决程序合法，定罪不准，量刑不当，应当改判。基于上述理由，二审法院判决唐某犯故意伤害罪，判处死刑缓期2年执行，剥夺政治权利终身。[1]

笔者认为，根据前述之故意伤害罪和故意杀人罪的区分基准，唐某应当构成故意伤害罪而非故意杀人罪。理由是：第一，唐某在阻拦王某非法侵犯行为后，才用随身携带的水果刀在运动状态下向王某的腹部、胸部乱捅数刀，其行为肯定会造成伤害结果，但不一定造成他人死亡的结果。第二，唐某与被害人王某过去并不相识，这一次是偶然在一起娱乐喝酒，没有故意杀害王某的前因和预谋。第三，案发后，唐某到医院去探望王某，说明其主观上并不希望王某死亡。第四，唐某是为了保护约其娱乐的朋友而刺伤了王某，而事端是由王某挑起的。总之，从整个案情来看，唐某只有伤害的故意而不存在杀人的故意。

案例2：1999年12月18日17时许，被告人李某献、李某富父子俩在高东镇竹园五队所承包的菜田里因怕菜被踩坏，与在菜地中行走的郑某贤、李某诚、金某淮、李某波、陈某东五人发生争执，在争执中，被告人李某富回菜田暂住处取出铁铲和长刀，并将长刀交给李某献，指使其"照他们打就是了"。被告人李某富手持铁铲、李某献持长刀朝向不同方向逃跑的被害人陈某东等五人追打，被告人李某献持刀追打陈某东时遭陈用粪勺还击，被告人李某献即用长刀在陈某东左侧颈部砍了一刀，致使陈某东左侧颈动脉断裂后失血死亡。上海市第一中级人民法院于2000年7月14日以故意伤害罪判处被告人李某献无期徒刑，以故意伤害罪判处被告人李某富有期徒刑7年。

在本案的审理过程中，有以下三种观点的对立：

第一种观点认为，被告人李某献、李某富的行为共同构成故意伤害罪。理由是：第一，被告人李某献在明知持刀刺对方会造成伤害结果发生

---

[1] 参见周其华主编：《刑事错案评析》，北京，中国检察出版社，2004，第87页以下。

的情况下，用长刀砍被害人，致使被害人左侧颈动脉断裂后失血而死亡。其行为符合刑法第234条关于故意伤害罪的主客观要件的规定，构成故意伤害罪。第二，被告人李某富为李某献提供作案工具，且以言语唆使李某献持刀伤人，其故意伤害他人身体健康的犯罪故意明确，对李某献持刀伤人的行为及后果持放任态度，被告人李某献、李某富具有共同伤害他人的犯罪故意，又有共同伤害他人的行为，其也应对伤害他人致死的结果负共同责任。

第二种观点认为，被告人李某献的行为构成故意杀人罪，而被告人李家富的行为构成故意伤害罪。理由是：第一，被告人李某献在明知持刀砍人会造成伤害结果、甚至死亡结果的情况下，却放任结果的发生，持刀朝被害人要害部位即颈部砍，深达15厘米，且一刀毙命，手段恶劣，其行为主观上有杀人的故意，客观上有杀人的行为，结果也造成他人的死亡，故其行为触犯了刑法第232条的规定，构成故意杀人罪。第二，被告人李某富为李某献提供作案工具，且以言语唆使李某献持刀伤人，其伤害他人身体健康的故意明确，但李某献却持刀将对方砍死，这是李某富所不能预料，也不希望发生的。结果明显超出了其伤害他人的故意，按照罪责自负的刑罚原则，被告人李某富只能对伤害结果负责，而不能对致死结果负责，故对被告人李某富只能以故意伤害罪定罪量刑。

第三种观点认为，被告人李某献、李某富的行为共同构成故意杀人罪。理由是：第一，被告人李某献在明知持刀砍人会造成伤害结果、甚至死亡结果的情况下，却放任结果的发生，持刀朝被害人要害部位即颈部砍，深达15厘米，且一刀毙命，手段恶劣，其行为主观上有杀人的故意，客观上有杀人的行为，结果也造成他人的死亡，故其行为触犯了刑法第232条规定，涉嫌故意杀人罪。第二，被告人李某富为李某献提供作案工具，且以言语唆使李某献，"照他们打就是了"这句话说明了被告人李某富犯罪的概括故意，其对犯罪后果持放任态度，其与李某献系共同犯罪，李某献持刀杀人的后果应由李某献、李某富两人共同承担。故被告人李某富的行为也触犯了刑法第232条规定，构成故意杀人罪。[①]

笔者倾向于第一种观点，理由是：在有关共同犯罪的理论中，有犯罪共同说和行为共同说的对立。犯罪共同说强调构成要件的定型性，主张共犯就是数人共同实施特定的犯罪，比如，就构成要件被特定的盗窃罪而言，二人以上出于实现盗窃罪构成要件的意思，共同实施该犯罪的构成要

---

① 参见陈兴良主编：《刑事疑案评析》，北京，中国检察出版社，2004，第45页以下。

件行为的情况下，就是共同犯罪。按照这种主张，是否成立共犯，除了应当考虑各犯罪行为人是否具有共同犯罪的意思之外，还应当考虑客观的犯罪事实是否在同一犯罪构成范围之内；各个共犯者的犯罪意思和客观行为如果分属于不同的犯罪构成，那么，无法成立共同犯罪，即各个共犯者所成立的犯罪的罪名必须同一。因此，在这种主张看来，所谓的共同犯罪，就是"数人一罪"。在犯罪共同说的内部，又有完全犯罪共同说和部分犯罪共同说的对立。

完全犯罪共同说认为，数人共同实施一个或者同一的故意犯的情形，才是共同犯罪。具体而言，包括以下内容：首先，强调相同的犯罪事实。如果两个人以上共同实施某种行为，但各人的行为意义不同，则不成立共犯。其次，强调相同的犯罪意思。成立共犯，各个行为人之间必须具有共同的犯罪意思，否则，就不能成立共犯。数人之间，有的出于故意，有的出于过失的情况下当然就不能构成共同犯罪。即便都出于故意，如果各自的故意的内容不同，也不能成立共犯。

部分犯罪共同说继承了完全犯罪共同说的理念，强调共同犯罪就是数人共同实施具有相同犯罪构成的行为，与完全犯罪共同说的区别在于，部分犯罪共同说并不要求数人所实施的犯罪完全相同，而是只要具有部分一致就够，即数人所共同实施的不同犯罪之间，如果具有构成要件上的重合，那么，在此重合的限度之内，就可以成立共同犯罪。① 比如，在A以伤害的故意，B以杀人的故意，共同向C施加暴行，结果将C打死，但无法查清究竟是谁的行为引起了C死亡结果的情况下，按照部分犯罪共同说，尽管A并不具有杀人罪的犯罪故意，因此不能和B一起成立故意杀人罪的共同犯罪，但是，由于在杀人罪的故意中，已经包含较轻的伤害罪的故意，而在杀人的行为当中，同样包含伤害行为在内，因而A和B之间，因为在故意伤害（致死）罪的范围之内具有重合性，所以，二者之间可以成立故意伤害（致死）罪的共同正犯。其中，由于B的行为超出了A、B之间重合的范围，B除了与A一起成立故意伤害罪的共同正犯之外，还要对故意杀人的结果承担责任，即成立故意杀人罪的单独犯。由于B的故意杀人罪的实行行为与A之间成立的故意伤害罪的共同正犯的实行行为，实际上是一个行为，因而二者之间成立想象竞合，可以依照"从一重处罚"的原则，成立故意杀人罪。按照部分犯罪共同说，在前述的例子当中，A最终成立故意伤害罪（共同犯罪），而B只成立故意杀人罪。

---

① 参见张明楷：《刑法的基本立场》，北京，中国法制出版社，2002，第268页以下。

就本案而言，主张被告人李某献的行为构成故意杀人罪、被告人李某富的行为构成故意伤害罪的前述之第二种观点缺乏说服力。因为，被告人"李某献在明知持刀砍人会造成伤害结果、甚至死亡结果的情况下，却放任结果的发生，持刀朝被害人要害部位即颈部砍，深达15厘米，且一刀毙命，手段恶劣，其行为主观上有杀人的故意"之主张，忽略了一个关键问题，即被告人是在追打被害人的过程中，遭到被害人用粪勺反击的情况下砍了被害人。如果在被害人没有反击的情况下，朝被害人颈部砍去，那么，可以断定有杀人的故意，但是，在本案中，认定被告人有杀人的故意有所牵强。何况，被告人伤害被害人是以踩菜这一纠纷为前提的，因此，可以推断被告人并没有杀人的故意。而被告人李某富为李某献提供作案工具，且以言语唆使李某献持刀伤人，其伤害他人身体健康的故意明确，但李某献却持刀将对方砍死，这是李某富所不能预料，也不希望发生的。可见，被告人李某献、李某富的行为共同构成故意杀人罪的前述之第三种观点，更没有成立的余地。

基于此，笔者认为，被告人李某献在明知持刀刺对方会造成伤害结果发生的情况下，用长刀砍被害人，致使被害人左侧颈动脉断裂后失血而死亡。其行为符合关于故意伤害罪的主客观要件的规定，构成故意伤害罪。而被告人李某富为李某献提供作案工具，且以言语唆使李某献持刀伤人，其故意伤害他人身体健康的犯罪故意明确，对李某献持刀伤人的行为及后果持放任态度，被告人李某献、李某富具有共同伤害他人的犯罪故意，又有共同伤害他人的行为，其也应对伤害他人致死的结果负共同责任。

第五章 抢劫罪的基本构造

我国刑法第263条规定："以暴力、胁迫或者其他方法抢劫公私财物的，处三年以上十年以下有期徒刑，并处罚金；有下列情形之一的，处十年以上有期徒刑、无期徒刑或者死刑，并处罚金或者没收财产。（一）入户抢劫的；（二）在公共交通工具上抢劫的；（三）抢劫银行或者其他金融机构的；（四）多次抢劫或者抢劫数额巨大的；（五）抢劫致人重伤、死亡的；（六）冒充军警人员抢劫的；（七）持枪抢劫的；（八）抢劫军用物资或者抢险、救灾、救济物资的。"

抢劫罪，是指以非法占有为目的，使用暴力、胁迫或者其他方法，强行劫取公私财物的行为。抢劫罪除侵犯了他人财产或财产性利益之外，还侵犯了他人的人身权利。这既是抢劫罪区别于其他财产犯罪的重要标志，又使抢劫罪成为侵犯财产罪中最严重的犯罪。抢劫罪是一种多发且性质十分严重的犯罪，其案件表现形式纷繁复杂，几乎涉及犯罪论的所有理论形态，因而给其犯罪本质的判断带来了一定的困难。在中外刑法理论界，有关抢劫罪的主观方面、暴力、胁迫以及当场的认定，抢劫罪和抢夺罪、敲诈勒索罪的区别等问题，存在激烈的争论。

一、抢劫罪的保护法益

抢劫罪侵害的法益具有双重性：一方面，行为人违背被害人的意思取得财物，侵犯了他人的财产占有权；另一方面，同时侵犯被害人的生命、身体和自由，行为样态对人身权利具有高度危险性。这是抢劫罪与其他财产罪相区别的重要标志。

抢劫罪侵害的对象必须是"他人财物"。问题是，它究竟是他人享有所有权的财物，还是他人并无所有权，而仅仅占有的财物？也就是说，值得刑法保护的是所有权人的财产权，还是对其财物的占有、持有状态本身？针对这一问题，在中外刑法理论界，主要有所有权说、占有说和平稳占有说的对立。

所有权说认为，抢劫罪的保护法益是所有权和其他本权（租赁权、质权等）。首先，由于抢劫罪中规定了犯罪对象是公私财物，这些都是他人所有的财物，而不仅仅是他人事实上占有的财物，刑法中的占有必须以一定的财产权存在为基础。其次，设立抢劫罪的目的是保护公私财产，即保护法益是所有权和与其紧密相关的其他权利，而这些权利本身就是民法上的权利，只不过这些权利值得动用刑法加以保护，由此也可以限定刑法处罚的范围。① 我国的通说与此相似，认为抢劫罪的财产客体是"财产所有权"整体。②

占有权说认为，抢劫罪的保护法益是对财物事实上的占有状态本身，因为如果对现实的占有状态不加以保护，就很难期待在复杂社会中会出现秩序和安定的局面。至于占有关系是合法形成，还是基于非法原因形成，都不是关键。根据这种主张，所有人的行为如果不能满足违法阻却事由（自救行为）的条件就具有犯罪性。③

平稳占有说是为了克服本权说和占有权说的缺陷而出现的学说，意在既不扩大也不缩小财产罪的处罚范围。这种学说又可以分为两种情况：一种是以本权说为基础的平稳占有说，另一种是以占有说为基础的平稳占有说。

基于本权说的平稳占有说中又有以下几种不同的主张：第一种观点认为，财产犯的保护法益，首先是所有权，其次是作为占有基础的本权以及作为占有的实质所反映的财产利益。第二种观点认为，刑法所保护的财产，只限于民法上合法的、由民法秩序保护的财产。因此，财产犯的成立与否，取决于被害人的占有是否受民法的保护。第三种观点则认为，财产犯的保护法益，原则上是所有权及其他本权与占有（第一原则）；在本权与占有发生冲突时，只有可以与本权对抗的合法占有，值得以法律保护。明显的违法占有，在本权面前必须让步（第二原则）；例外地存在着单纯

---

① 参见〔日〕团藤重光：《刑法纲要各论》，3版，创文社，1990，第561页。
② 这种观点认为，一般来说，对任何一种权能的侵犯，都是对所有权不同程度的侵犯，而对处分权的侵犯，则是对所有权整体的最严重的侵犯，这也是绝大多数侵犯财产罪的最本质的特征。在此基础上，为了与财产所有权说相一致，在以赃物、赌资、毒品、走私物品、假币、淫秽物品为犯罪对象时，这种主张往往取国家所有权说。（参见高铭暄主编：《新编中国刑法学》（下册），北京，中国人民大学出版社，1998，第756页以下。）
③ 参见〔日〕植松正等：《现代刑法论争Ⅱ》，劲草书房，1997，第137页。占有权说是日本现在的通说，也是韩国的有力说。

的占有就是保护法益的情况（第三原则），对违禁品的占有就属于这种情况。

基于占有说的平稳占有说也有以下几种不同的主张：第一种观点认为，财产犯的保护法益是平稳的占有，即在法律关系需要通过民事诉讼强制恢复的情况下，一方对财物的占有应作为平稳的占有予以刑法上的保护。第二种观点认为，保护所有权及其他本权的前提，是保护对财物的占有本身，所以，占有本身是保护法益。但是，在事实上的占有与本权相对立的情况下，事实上的占有者一方，如果没有可以与本权者对抗的合理理由，其占有则不受保护。第三种观点则认为，当侵害占有的行为达到了值得科处刑罚的程度时，被侵害的占有便是财产犯的保护法益。具体地说，作为构成要件的解释，侵害并非基于权原的占有，也构成抢劫罪，因为在没有任何理由的情况下侵犯他人缺乏法律根据的占有，同样具有财产罪的可罚性。但是，基于权利而夺取他人没有法律根据占有的财物时，则可能成为正当化根据。[①] 可见，平稳占有说基本上弥补了占有说有可能导致抢劫罪处罚范围过于宽泛的缺陷，值得采纳。笔者倾向于这种主张。

在我国的刑法理论界，也有类似的主张。比如，有观点在批判所有权说和国家所有权说的基础上，认为："抢劫罪财产法益应分为两个层次，即个人法益的所有权及本权和超个人法益的所有权秩序。当抢劫行为以合法财产的所有人或持有人的财物为对象，这时刑法所要保护的是个人的所有权及本权，即个人法益。通过直接保护个人的所有权及本权，也间接保护了社会的所有权秩序。当以赃物、赌资、毒品、走私物品、淫秽物品、伪造货币为抢劫对象时，刑法所要保护的已不是个人法益，而是超个人法益的所有权秩序。此时不能认为刑法是保护这种非法占有状态，而是保护整个社会的所有权秩序。"[②]

我国目前处在社会转型期，规范的市场经济秩序还没有完全确立，财产权利关系难以厘清的情形并不少见，趁机获取各种财产上不法利益的犯罪现象有增无减。因此，对于和所有权相分离的财物的占有、持有本身暂时予以保护，对于及时恢复财产秩序、最终有效地保护个人财产具有重要意义。

占有权说主张违法的占有关系也应加以保护，这对于坚持法秩序的统一性有一定的积极意义，因为当他人所持的物品是赃物时，必须采取合法

[①] 参见〔日〕植松正等：《现代刑法论争Ⅱ》，劲草书房，1997，第138页。
[②] 沈志民：《抢劫罪论》，长春，吉林人民出版社，2005，第54页。

程序加以没收或处分，在履行这种程序之前的财产占有事实本身值得保护。也就是说，占有开始的原因本身并不重要，即便占有行为本身对所有权者以外的其他人而言是平稳的，也有可能成立抢劫罪，无论哪一种关于法益保护的观点都承认抢劫赃物构成犯罪的理由也正在于此。占有权说并不是最终要保护违法占有本身，而是强调必须依据合法程序剥夺违法占有者的占有权，防止违法占有财产在经合法程序交还所有人之前处于可以任意剥夺的状态，也可以避免原所有权人滥用"私力救济权"，因此，占有权说对法秩序的统一不会产生危害。①

与盗窃罪一样，抢劫罪也是夺取性犯罪之一。但是，抢劫罪在主观方面和客观方面的基本构成事实都可以涵盖盗窃罪的主观和客观构成要件，因此，抢劫罪所侵犯的财物与盗窃罪一样只限于他人占有的动产，自己的动产被他人占有时可以成为本罪的对象。不动产一般不能成为本罪的对象，但是，使用暴力、胁迫压制不动产所有人、占有人的反抗，转移登记名义，取得不动产处分可能性的，可以认定为抢劫罪。②

另外，使用暴力、胁迫取得财产上利益的行为也可以构成抢劫罪。比如，为免除赌债对债权人实施暴力行为的，骗取毒品以后为免付代价金而使用暴力行为的，都是在不法原因给付的情况下非法占有他人利益的行为。我国刑法虽然没有明确规定利益抢劫，但是，可以通过扩大解释刑法第263条中的财物，将财产性利益包括在财物的解释之中，从而肯定抢劫罪的成立。③

抢劫罪的被害者，一般来说是暴力、胁迫的承受者。不过，由于行为人对他人实施暴力、胁迫是为了排除障碍，以便顺利抢得财物，因而在财

---

① 参见陈兴良、周光权：《刑法学的现代展开》，北京，中国人民大学出版社，2006，第579页。

② 有关不动产能否成为抢劫罪的对象，各国刑法有不同的规定。其一，明文规定抢劫对象限于动产，例如德国刑法典、西班牙刑法典。其二，明文规定抢劫对象是动产，同时规定，侵夺他人不动产的，作为独立犯罪加以处罚，例如意大利刑法典。其三，只规定抢劫对象是财物，对其性质不加限定，例如瑞士、俄罗斯刑法典，我国刑法也是如此。因此，有观点认为，不动产可以成为抢劫罪的对象，理由是：用暴力、胁迫等方法将他人赶出家门，霸占其房产归己所有，如果不以抢劫罪论处，在行为人的手段行为不构成其他犯罪的情况下，对其霸占行为只能按民事纠纷处理，未免轻纵犯罪分子，何况外国也有定罪的立法例可以借鉴。不过，多数观点持否定立场，理由是：抢劫罪必须以暴力、胁迫等强制方法，当场占有公私财物，而不动产不可能当场占为己有。(参见王作富：《认定抢劫罪的若干问题》，载赵秉志总主编：《抢劫罪专题整理》，北京，中国人民公安大学出版社，2007，第106页。)

③ 有关这一问题的详细情况，可参见郑泽善：《刑法争议问题探索》，北京，人民出版社，2009，第293页以下。

物的交付者和暴力、胁迫的承受者并不是同一人的情况下，也不影响抢劫罪的成立。比如，对珠宝店的保安实施暴力行为，然后从营业员的手中抢得金银首饰的，同样成立抢劫罪。

抢劫罪的犯罪对象是财物或财产上的利益。以毒品、假币、淫秽物品等违禁品为对象，实施抢劫行为的，应当以抢劫罪定罪处罚，抢劫的违禁品的数量可以作为量刑情节予以考虑。抢劫赌资、犯罪所得的赃款赃物的，以抢劫罪定罪处罚，但行为人仅以其所输赌资或所赢赌债为抢劫对象，可以不以抢劫罪定罪处罚；构成其他犯罪的，依照刑法的相关规定处罚。①

根据相关司法解释，抢劫信用卡后使用、消费的，其实际使用、消费的金额可以作为抢劫数额；抢劫信用卡后没有实际使用、消费的，不计数额，可以根据情节轻重量刑。所抢信用卡数额巨大，但没有实际使用、消费或者实际使用、消费的数额没有达到巨大标准的，不应适用"抢劫数额巨大"对应的法定刑。为抢劫其他财物，劫取机动车辆作为犯罪工具或逃跑工具使用的，被劫取机动车辆的价值可以计入抢劫数额；为了实施抢劫以外的其他犯罪而劫取机动车辆的，以抢劫罪和所实施的其他犯罪实行数罪并罚。

二、暴力、胁迫之内涵

（一）暴力、胁迫之概念与程度

暴力，是指行为人对被害人的身体实施打击或强制行为，一般情况下表现为危险、凶残的杀伤行为，以便使对方完全丧失反抗能力，但有时也不一定直接针对被害人的身体实施，对物使用有形力也属于暴力行为。也就是说，暴力最终要指向人，不过，也可以不直接针对人，即便是对物施加有形力，只要能够压制被害人的意思、行动自由，就属于抢劫罪中的暴力行为。②

胁迫，是指告知对方将要对其实施加害行为，以便对其进行精神上的强制。胁迫的方式包括语言、动作、手势、眼神，等等，刑法对其并没有

---

① 参见陈兴良、周光权：《刑法学的现代展开》，北京，中国人民大学出版社，2006，第580页。
② 参见〔日〕大塚仁：《刑法概说》（各论），3版，有斐阁，1996，第213页。

明文规定。有关胁迫的内容，我国的通说认为要以立即实施暴力相威胁。但是，由于抢劫罪是严重侵犯财产和人身权利的犯罪，对胁迫加害的种类、性质人为地加以限制，有可能导致对财产所有者、占有者的权利保护不利的局面出现。当然，胁迫者是否真正具有当场加害意思或加害能力，都不影响胁迫的认定；至于被胁迫者，应当是在一定程度上能够理解胁迫内容的、有意识的自然人。① 法人由于没有意识能力，因而在精神上不可能受到压制。

其他方法，是指除暴力和胁迫方法之外的，采用能够使被害人不知反抗或丧失反抗能力的方法，比如，用酒灌醉、用药物麻醉等方法就属于这里指的其他方法。行为人没有实施使被害人陷于意识障碍的方法，只是利用被害人昏醉的状态取得财物的，构成盗窃罪；实施使被害人陷于意识障碍的方法（比如劝酒）之后，产生夺取财物的意思，事后取得财物的，同样只能构成盗窃罪。

至于抢劫罪中的暴力、胁迫，是否有必要达到一定的程度，我国刑法理论中的通说和司法实践均没有明确要求，主要原因在于同样的暴力行为对不同被害人的心理产生不同的影响，因此，难以用具体标准确定暴力、胁迫是否达到足以使被害人不能反抗的程度。不过，也有观点认为，抢劫罪中的暴力、胁迫必须达到足以压制被害者反抗的程度。②

有关这一问题，在大陆法系的刑法理论界，有肯定说和否定说的争论。也即行为人基于抢劫的意思对被害人实施了暴力、胁迫行为，但这种暴力、胁迫行为在一般人看来并不足以压制对方反抗，由于被害人是一名胆小者而交付财物的情形下能否成立抢劫罪？肯定说认为，即便行为人明知对方是胆小者，并对其实施了在一般人看来根本无法压制反抗程度的暴力，同样成立抢劫罪。③ 否定说则认为，判断暴力、胁迫是否达到足以压制反抗的程度，应当根据客观基准进行判断，即应当以一般人为基准进行判断。④

其实，这一争论涉及以下问题：抢劫罪的成立，一般需要通过暴力、胁迫压制对方的反抗，如果可以压制对方的反抗，那么，即便现实中并没有压制对方的反抗，也有可能成立抢劫未遂（不能成立既遂）。所谓客观判断是否具有"足以压制对方反抗"的程度，即便偶然没有能够压制对方

---

① 参见陈兴良、周光权：《刑法学的现代展开》，北京，中国人民大学出版社，2006，第581页。
② 参见刘明祥：《财产罪比较研究》，北京，中国政法大学出版社，2001，第120页等。
③ 参见〔日〕大塚仁：《刑法概说》（各论），3版，有斐阁，1996，第213页等。
④ 参见〔日〕前田雅英：《刑法各论讲义》，2版，东京大学出版会，1995，第217页。

第五章 抢劫罪的基本构造

的反抗,也主张成立抢劫未遂,作为抢劫未遂要件,应当具备暴力、胁迫这一点当然值得肯定。不过,这种观点所主张的,即便已经压制对方的反抗,基于客观判断基准否定抢劫罪的既遂,却有待商榷。笔者认为,这种观点所主张的"客观判断基准"本身值得探讨。在被害者是一名胆小者,即便行为人所实施的暴力、胁迫行为并没有达到能够压制一般人反抗的程度,但胆小的被害者交付财物的情况下,考虑被害者"胆小"本身可以说是一种"客观判断"[①]。而是否知道被害者的胆小情况,则属于行为者的主观故意问题。

通过暴力、胁迫手段压制被害者的反抗,强取财物的,成立抢劫罪。在这里,是否压制反抗不仅有必要,也是十分重要的要件之一。也就是说,抢劫罪是通过暴力、胁迫压制被害者的反抗,强取财物的行为。如前所述,即便行为人的暴力、胁迫行为,从一般人的立场来看并没有达到足以压制反抗的程度,也并不影响抢劫罪的成立。但是,国外的判例认为,即便行为人的暴力、胁迫行为并没有达到压制被害者反抗的程度,但暴力、胁迫行为已经达到"社会观念上能够压制一般人的反抗程度",就可以成立抢劫罪的既遂。学说中也有少数观点倾向于判例的立场。[②] 不过,日本的通说认为,压制对方的反抗是作为夺取型犯罪之抢劫罪的构成要素之本质,即只有暴力、胁迫与财物转移之间存在因果关系并不能成立抢劫罪。因此,在并没有压制对方反抗而取得财物的情况下,只能成立抢劫未遂和恐吓既遂的想象竞合。[③] 遗憾的是,在我国的刑法理论界,对于这些问题几乎没有深入的研究。类似的问题,在我国的刑法理论界,往往以抢劫罪的既遂和未遂的区分问题出现,并存在激烈的争论。主流观点认为,抢劫罪既遂的认定,在抢劫罪基本犯的情况下,应当以行为人是否取得财物为基准。[④]

---

① 〔日〕山口厚:《问题探究刑法各论》,有斐阁,1999,第128页。
② 参见〔日〕前田雅英:《刑法各论讲义》,2版,东京大学出版会,1995,第220页。有关暴力、胁迫的判断基准,韩国的主流观点认为:暴力、胁迫的判断基准不能以被害者的主观为基准,应以当事者的具体情况以及一般人对暴力、胁迫的客观认识为基准进行判断。也就是说,应当考虑被害者的年龄、性别、性格等情况,在此基础上还要考虑实施犯罪行为的时间、场所以及实施暴力、胁迫行为的样态,并以社会一般人为基准,考虑是否达到足以压制反抗的程度进行综合判断。即便具有抢劫的故意,如果暴力、胁迫没有达到足以压制被害者反抗的程度,只是限制了被害者的意思自由,只能成立恐吓罪。(参见〔韩〕金日秀、徐辅鹤:《刑法各论》,6版,博英社,2004,第318页。)
③ 参见〔日〕大塚仁:《刑法概说》(各论),3版,有斐阁,1996,第215页。
④ 参见谢彤:《关于抢劫罪既遂问题的思考》,载赵秉志总主编:《抢劫罪专题整理》,北京,中国人民公安大学出版社,2007,第200页。

另外，通过暴力、胁迫压制对方反抗的"对象"之范围，也是有待探讨的问题之一。有关这一问题，一般认为，暴力、胁迫行为的对象并不限于财物的所有者或占有者，因为有时针对占有者以外的人所实施的暴力、胁迫行为，与直接针对所有者或占有者实施暴力、胁迫行为具有同等意义。问题是，也有这种情况，比如，在行为人对闭店后的珠宝店的保安实施暴力、胁迫行为，压制对方的反抗后劫取珠宝的情况下，保安既不是珠宝的所有者也不是占有者，但该行为可以成立抢劫罪。即针对占有者的占有辅助者，可以通过扩大解释适用抢劫罪的条款。在这里，有待探讨的问题是：通过暴力、胁迫压制对方的对象，是不是包括所有对转移财物构成障碍的人？有关这一问题，有观点认为，暴力、胁迫之对象并不限于财产被害者本人，由于抢劫罪属于夺取型财产转移罪，因而应当限于能够协助保护财物的人选范围之内。① 但是，比如，（1）犯罪嫌疑人趁主人外出不在家，企图实施入户盗窃而准备侵入时，恰巧被路过的行人怀疑，恼羞之余，将行人打成重伤。（2）深夜，犯罪嫌疑人潜入某一家的卧室，正准备窃取财物时，发现床上睡着一婴儿，吵醒婴儿有可能唤醒其他家庭成员，于是在用一种药物使婴儿暂时无法被吵醒的情况下，究竟成立故意伤害罪和盗窃罪还是成立抢劫罪？根据上述观点，在事例（1）的情况下显然不可能成立抢劫罪。在事例（2）的情况下，这种行为与用药麻醉看门狗（不构成抢劫）的情况又有不同。笔者认为，抢劫罪中的暴力、胁迫之对象，并不应限于财物或财产上利益的所有者、占有者，即不限于与被害者是同一人。② 由于抢劫罪中的暴力、胁迫行为是强取财物或财产性利益的一种手段，因而行为人对强取财物或财产性利益构成障碍的第三者实施暴力、胁迫，也应包含在抢劫罪的暴力、胁迫的对象之内。也就是说，抢劫罪中的暴力、胁迫之对象，并不限于财物或财产上利益的所有者、占有者或处于保护地位的人。

（二）暴力、胁迫行为之后的财物之夺取

行为人实施暴力、胁迫行为的目的并非抢劫财物（比如，为了强奸）③，压制对方的反抗后，突然产生劫取财物的意思，趁对方处于无法

---

① 参见〔日〕中森喜彦：《刑法各论》，2版，成文堂，1984，第128页。
② 这是韩国的通说，也是判例所取的立场。
③ 行为人为了强奸对被害人实施暴力、胁迫行为并压制了对方的反抗，后来发现对方是男性，恼羞之余趁机劫取了被害人的财物，判例认为构成抢劫罪。（参见《判例时报》第1083号，第150页。）

反抗状态而劫取财物的，根据怎样一个构成要件认定抢劫罪的成立是一个极有争议的问题。有关这一点，日本的判例认为：产生劫取财物的意思后，并不需要新的暴力、胁迫行为，趁被害人处于无法反抗状态而劫取财物，可以成立抢劫罪。比如，行为人为了强奸而对被害人实施暴力、胁迫行为并压制对方的反抗，当被害人说"可以给你身上带的所有的钱，千万不要强奸"的话后，拿上被害人给的钱后逃走一案，裁判所认为成立抢劫罪，取的是新的暴力、胁迫行为不要说。① 不过，也有判例取的是新的暴力、胁迫行为必要说。在日本的刑法理论界，不要说是少数说。多数学者倾向于必要说，必要说现在几乎处于通说的地位。② 有关这一问题，在我国的刑法理论界，几乎没有系统的研究。

笔者倾向于新的暴力、胁迫行为必要说。理由是：作为抢劫罪要件的暴力、胁迫行为，是强行劫取财物的一系列因果过程的起始点，同时又是作为劫取财物的构成要件要素，因此，抢劫罪的成立必须基于劫取财物的意思而进行。在这里，有待探讨的是成立抢劫罪所需要的新的暴力、胁迫之内容。在这种情况下，行为人压制被害者的反抗后，由于针对已经被压制反抗的被害人所实施的新的暴力、胁迫成为问题的关键，因而暴力、胁迫即便没有达到一般状态下的压制程度，也不影响抢劫罪的成立。另外，也可以将已经发生的压制反抗状态视为新的暴力、胁迫行为。问题是：（1）能否将在现场本身视为胁迫，（2）能否将没有解除压制反抗状态视为不作为的胁迫？③ 在（1）的情况下，在犯罪现场本身，如果将行为人的举动视为胁迫，那么就能够肯定抢劫罪的成立。在（2）之没有解除压制状态这一不作为的情况下，由于"通过暴力、胁迫压制反抗"是构成抢劫罪的不可或缺的要件，因而只有"压制反抗"尚不能满足抢劫罪的构成要件，从而很难认定抢劫罪的成立。④ 由于我国刑法理论界的通说和司法实践均不要求"通过暴力、胁迫压制对方"，因而只要有暴力、胁迫行为，就有可能成立抢劫罪。不过，这种认定是否合理，有待进一步探讨。

笔者认为，新的暴力、胁迫不要说有将这一问题同承继共犯问题混为一谈之嫌。其实，能否成立承继共犯问题与成立作为单独正犯的抢劫罪具有明显的区别。前者是以部分行为全部负责的法理为依据，即根据是否存

---

① 参见《高等裁判所刑事判例集》第15卷6号，第488页。
② 参见〔日〕山口厚：《问题探究刑法各论》，有斐阁，1999，第133页。
③ 参见〔日〕酒井安行：《暴力、胁迫后的财物之夺取》，载〔日〕阿部纯二等编：《刑法基本讲座》，第5卷，法学书院，1993，第106页。
④ 参见〔日〕山口厚：《问题探究刑法各论》，有斐阁，1999，第134页。

在相互利用这一补充关系或较强的心理性因果关系来进行判断；后者则是以是否存在先行的暴力、胁迫行为，与后来的夺取财物的行为能否被评价为一个行为为基准进行判断。另外，将前后两个行为评价为一个行为，两个行为之间在主观上和客观上均需要某种关联性。问题是，由于基于强取财物之外的目的实施的暴力、胁迫行为与强取财物行为之间的意思内容不同，因而很难将两个行为评价为贯穿一个意思的行为而无法肯定其主观关联性。有关这一点，新的暴力、胁迫不要说认为，在抢夺财物行为发生的时间段内，已经存在积极利用先行行为的意思，因此，在法律意义上具有与当初就有的强取财物意思等同的意义，从而可以将其视为一个行为。但是，抢劫罪的构成要件是，暴力、胁迫行为和强取财物的行为必须有一个共同的强取财物的意思，即必须是一个意思贯穿整个行为过程，因此，对于当初并没有强取意思的行为，以后来的积极利用意思为依据肯定抢劫罪的成立，有违反罪刑法定原则中的禁止类推解释之嫌。[①] 另外，于行为人杀害被害人后产生劫取财物意思的情况下，在中外刑法理论界，一般认为构成盗窃罪或侵占罪。由此可见，如果行为人并没有实施新的强取财物的暴力、胁迫行为，将其行为认定为成立抢劫罪似乎过于牵强。

三、抢劫罪与近似罪的区别

（一）抢劫罪与抢夺罪的区别

作为夺取型犯罪，抢夺罪是介于抢劫罪和盗窃罪之间的犯罪形态，因此，抢夺罪与抢劫罪之间有时难以区分。抢夺罪中的"抢"决定了该罪中的不法有形力要达到一定的程度。但是，这种暴力程度必须低于抢劫罪的暴力程度，更重要的是行为人只是对物实施暴力，而且采用暴力手段并不是为了压制对方的反抗。也就是说，"从构成要件上来说，抢夺行为是直接对物使用暴力（对物暴力），并不要求直接对被害人行使足以压制反抗的暴力；行为人实施抢夺行为时，被害人来不及抗拒，而不要求使被害人受暴力、胁迫压制而不能抗拒、不敢抗拒"[②]。抢劫罪是以暴力、胁迫为

[①] 参见〔日〕大塚裕史：《刑法各论的思考方法》（新版），早稻田经营出版，2007，第147页。
[②] 张明楷：《刑法学》，4版，北京，法律出版社，2011，第865页。

手段强取财物的行为，因此，行为人的暴力、胁迫行为必须达到足以压制被害人反抗的程度。判断是否达到足以压制被害人反抗的程度，可以综合考虑以下几种情况：（1）针对被害人的生命、身体构成的危险程度；（2）暴力的执拗性；（3）被害人是否进行过反抗；（4）被害人是否有可能求救。其中，第一种情况至为重要，如果危险性程度极高，那么，考虑其他情形的余地就相对减少。[1] 行为人利用汽车、摩托车等交通工具乘被害人不注意之机从其背后将财物夺走的，不能一律认定为抢夺罪。利用交通工具夺取财物，被害人根本来不及反抗，而只是出于本能或者单纯地因为惊恐而放手交出财物的，行为人属于对物使用了无形力，只能成立抢夺罪；行为人胁迫被害者，如果不放手，其生命、身体就会遭到重大伤害，这是将足以产生恐惧感觉的恶害告知被害人以压制其反抗，实施了抢劫罪中的胁迫行为，可以构成抢劫罪。

例如，深夜，甲发现乙独自行走在没有行人的大街上，不过，附近有不少住家。为了夺取乙挎着的手提包，甲从被害人的身后悄悄接近，突然用手捂住被害人的面部约30秒，趁被害人不知所措之机，抢走了乙的高级手提包。在这种情况下，甲能否构成抢劫罪？在日本的司法实践中，有一则与此案类似的判例。傍晚，行为人发现一名年轻女子骑着一辆自行车，行驶在人烟稀少的乡村小路上。行为人快速开着摩托车追上被害人，在超车的一瞬间强拽被害人与车把一起握着的手提包。裁判所认为，如果反抗，随着自行车的翻倒，将会严重危及被害人的生命或安全，行为人的强拽行为属于高度危险行为，因此，可以认定行为人构成抢劫罪。[2] 笔者认为，与上述判例相比，在本案中，深夜，虽然路上没有行人，由于附近有不少住家，因而被害人完全可以求救。行为人虽然用手捂住被害人的面部30秒左右，但这是为了防止被害人呼救，对被害人的生命安全构成的危险并不大，所以，很难说暴力、胁迫已经达到压制对方反抗的程度。另外，行为人夺取被害人的手提包是趁被害人不知所措之机，而非被害人基于暴力、胁迫的畏惧"自愿"交出手提包。因此，如果肯定抢劫罪的成立似乎有些牵强。

在我国的司法实践中，也有有争议的案例。比如，2004年8月，D外出打工，因工作一时无着而心生邪念。同年9月25日下午，他从一工

---

[1] 参见〔日〕大塚裕史：《刑法各论的思考方法》（新版），早稻田经营出版，2007，第143页。
[2] 参见《高等裁判所刑事判例集》第16卷4号，第377页。

地找来一些生石灰放入塑料袋中。当晚，9时许，D骑车在某城乡结合部路段寻找抢劫目标时，恰好一名妇女F骑车从此路过，D即尾随其后。见路上没有人，D猛然骑车将其超过，并迅速从车筐的塑料袋内抓了一把石灰向妇女脸上撒去。正当该妇女惊慌失措之时，D乘机抢走她放在前车筐内的挎包，慌忙逃跑。被抢妇女立即报了案，当地派出所民警迅速布控，二十多分钟后将D抓获。司法机关认为，D构成抢劫罪。[1] 笔者认为，D的行为不构成抢劫罪。理由是：D尾随被害人身后，抓了一把石灰向妇女脸上撒去，这确实是有相当程度的暴力。但是，随后行为人取得财物，不是从被害人手中强取，而是在被害人惊慌失措之时，乘机抢走被害人放在车筐内的挎包。因此，行为人的行为显然属于公然抢夺他人财物，以抢夺罪定罪相对合理。

在抢夺罪和抢劫罪的区分中，容易发生混淆的是对飞车抢夺行为的定性。行为人飞车抢夺（利用摩托车）时，由于车速较快，行动突然，被害人一般来不及反抗，致使飞车抢夺行为容易得逞，犯罪发生的概率较高。针对飞车抢夺行为如何定性，在我国的司法实践中，有不同观点的争论。一种观点认为，行为人利用快速行驶的机动车辆实施抢夺行为，所采用的方法十分危险，除了侵害被害人的财产之外，还危及被害人的生命安全，因此，应当以抢劫罪定罪处罚。另一种观点则认为，飞车抢夺侵害的对象是被害人的财物而非被害人的人身，行为人并非故意地对被害人的人身实施暴力行为，因此，对飞车抢夺行为不能认定为抢劫罪，而只能以抢夺罪从重处罚。[2]

笔者倾向于后一种观点，理由是：首先，抢劫罪是直接对被害人实施暴力并压制被害人的反抗，强行劫取财物的行为。与此相比，抢夺罪是直接对被害人的财物实施暴力，并没有对被害人本身实施暴力。飞车抢夺的行为人虽然故意对财物使用暴力，但并没有直接对被害人本人实施暴力，行为人利用行驶的机动车辆只是便于其目的的得逞。虽然在司法实践中飞车抢夺行为有可能造成对被害人的伤害，但这仅仅是行为人过失造成的结果，不能由此否定行为人故意行为的侵害对象只是被害人的财物。其次，对飞车抢夺行为一律以抢劫罪定罪处罚，将混淆抢劫罪与抢夺罪的界限。再次，抢夺罪的法定最高刑是无期徒刑，针对飞车抢夺行为以抢夺罪从重

---

[1] 参见陈兴良、周光权：《刑法学的现代展开》，北京，中国人民大学出版社，2006，第605页。

[2] 参见上书，第606页。

处罚，完全可以满足惩罚犯罪的需要。

需要注意的是，在飞车抢夺过程中，具有下列情形之一的，根据最高人民法院 2005 年 6 月 8 日《关于审理抢劫、抢夺刑事案件适用法律若干问题的意见》，应当以抢劫罪定罪处罚：（1）驾驶车辆，逼挤、撞击或强行逼倒他人以排除他人反抗，乘机夺取财物的；（2）驾驶车辆强抢财物时，因被害人不放手而采取强拉硬拽方法劫取财物的；（3）行为人明知其驾驶车辆强行夺取他人财物的手段会造成他人伤亡的后果，仍然强行夺取并放任造成财物持有人轻伤以上后果的。

（二）抢劫罪与敲诈勒索罪的区别

在我国的刑法理论中，通说认为，抢劫罪与敲诈勒索罪的区别有以下几点：第一，敲诈勒索罪的实施只能采取胁迫手段；而抢劫罪除了可以采取胁迫手段外，还可以采取暴力或者其他手段。第二，抢劫罪必须是行为人当着被害人的面发出威胁。敲诈勒索罪则是可以当面，也可以不是当面威胁；可以自己发出威胁，也可以由他人转达威胁。第三，抢劫罪必须是以实施暴力相威胁，而敲诈勒索罪既可以是以实施暴力相威胁，也可以以其他行为作为威胁的内容，比如以揭发被害人的隐私、对被害人进行打击报复为威胁的内容。第四，抢劫罪必须是当场夺取财物或使被害人交付财物，敲诈勒索罪则既可以是使被害人当场交付，也可以是使其日后交付财物。也就是说，抢劫罪和敲诈勒索罪的关键区别在于敲诈勒索罪仅限于威胁，而不包括当场使用暴力。[1]

笔者认为，将暴力排除在敲诈勒索罪的手段行为之外的我国的通说有待商榷。因为行为人为迫使被害人在将来的某个时间段内交付财物，对被害人进行威胁，为了迫使被害人承诺其索要财物的要求或巩固对被害人造成的精神强制，往往可能实施暴力。另外，当场实施暴力，并以今后进一步实施暴力相威胁的，也可能成立敲诈勒索罪。[2] 其实，在敲诈勒索罪中，行为人并非根本没有使用暴力，只不过暴力的程度低于抢劫罪的而已。抢劫罪的暴力程度很高，往往达到足以压制被害人反抗的程度，暴力手段作为排除反抗的手段使用，因此，杀害、伤害行为有可能包含于抢劫

---

[1] 参见高铭暄、马克昌主编：《刑法学》，3 版，北京，北京大学出版社、高等教育出版社，2007，第 586 页以下。

[2] 参见王作富主编：《刑法分则实务研究》（下册），北京，中国方正出版社，1999，第 1199 页。

罪的暴力之中，暴力的承受者除当场交付财物之外，往往没有选择的自由，否则，生命、身体会遭受重大损失。与此相比，敲诈勒索罪中的暴力的特点是向被害人明示或暗示今后会继续反复实施，因而使对方产生恐惧；暴力的程度相对轻微，一般不会达到足以压制对方反抗的程度，只能使被害人产生恐惧感，被害人承受暴力以后仍然可以选择交付或不交付财物，生命、身体当场并没有危险，而只是在日后可能遭到"恶害"。因此，"当场实施暴力的背后隐藏的是胁迫，可以成为恐吓的手段之一，敲诈勒索罪的手段行为包括程度不太高的暴力"①。也就是说，行为人取得财物时实施的暴力、胁迫是否达到了足以压制对方反抗的程度，或者说被害人交付财物时是否有选择的余地，是区分抢劫罪和敲诈勒索罪的关键。

四、相关案例评析

案例1：被告人李某河于2002年12月12日22时许，窜至浦东新区世纪大道浦项商务广场处，趁途经该处的被害人石某某不备之机，猛拽其携带的白色拎包一只。被害人因抓住不放而被其拉倒在地，拖行至三四米后李某河强行劫得该拎包，包内有人民币105元及其他物品。被告人李某河在逃跑中被群众拦截，人赃俱获。被害人石某某外裤被划破，经伤势鉴定：右膝软组织挫伤。检察院认定被告人李某河的行为构成抢劫罪，将此案诉至长宁区人民法院，长宁区人民法院以抢劫罪判处被告人有期徒刑1年。②

本案涉及"强拉硬拽"行为的定性问题。在本案的审理过程中，有以下三种观点的对立：第一种观点认为，被告人李某河的行为系抢夺。理由是：第一，被告人李某河趁被害人石某某不备之机抢夺其拎包，在被害人发现并抓住包不放的情况下，仍与被害人面对面相持，强行拽包，其行为符合抢夺罪乘人不备、公然夺取的特征。第二，徒步"强拉硬拽"不应认定为抢劫所需的暴力。上海市《关于本市办理入户盗窃、"飞车"行抢犯罪案件适用法律若干问题的意见》规定，"驾驶机动车、非机动车，抢夺财物，因被害人不放手，采取强硬拉拽的方法劫取财物的，依照刑法第

---

① 陈兴良、周光权：《刑法学的现代展开》，北京，中国人民大学出版社，2006，第607页。
② 参见陈兴良主编：《刑事疑案评析》，北京，中国检察出版社，2004，第326页。

263条的规定，按抢劫罪处罚"。而本案属徒步抢夺，非飞车抢夺，期间虽有强拉硬拽的行为，但不符合上述规定，故不能以抢劫罪处罚。综上，本案应认定为抢夺，但由于未达到"数额较大"的起点，故不构成犯罪。第二种观点认为，被告人的行为属于转化型抢劫。理由是：被告人一开始实施了抢夺行为，在抢包未果的情况下，被害人一边抓住自己的包，一边大声呼救，其目的既是要保住自己的包，也是请求支援抓捕被告人。被害人拉住包带的行为一方面阻止了包被抢走，另一方面也在一定程度上阻碍了被告人的行动。这时被告人继续拉包并将不放手的被害人拉倒在地拖行三四米的行为，已属于在抢夺过程中为抗拒抓捕而使用暴力，根据刑法第269条的规定，转化为抢劫。但由于转化型抢劫需以前罪构成为前提，而本案中，由于抢夺数额未达到较大的起刑点，不构成抢夺罪，故不能转化为抢劫罪，本案不构成犯罪。第三种观点认为，被告人的行为构成抢劫罪。理由是：被告人以非法占有为目的，在抢包未果的情况下，将被害人拉倒并拖行三四米，致被害人外裤划破、右膝软组织挫伤，其行为已达到暴力程度，应当按照刑法第263条的规定，以抢劫罪追究其刑事责任。[①]

笔者认为，被告人的行为构成抢劫罪。理由是：

第一，被告人的行为不构成抢夺罪。因为抢夺是乘人不备，公然夺取的行为。虽然被告人一开始确实是乘被害人不备，抢夺被害人的拎包，但由于被被害人发现并抓住包不放而并没有得手。被告人真正取得财物是在将被害人拉倒拖行三四米后，也就是在采取了一定的暴力手段使被害人受到一定程度的伤害而不能反抗之后。因此，被告人取得财物的主要手段不是乘人不备的夺取手段，而是此后进行的暴力手段。

第二，行为人已经实施抢夺，对于被害人意识到被抢而保护财物形成"强拉硬拽"状态的强力应当如何理解，要从两个角度进行分析。从行为人的角度来说，这种强力是针对财物还是针对被害人实施的；从被害人角度来讲，这种强力是使被害人来不及抗拒还是使其无法抗拒。如果是前者就构成抢夺罪，如果是后者就构成抢劫罪。因此，对抢包"强拉硬拽"行为的定性要分两种情况：（1）如果行为人利用被害人立足不稳、准备不充分，只是下意识地做了保护财物的举动，行为人再次夺走其财物的，其行为性质仍属抢夺范畴。因为此时行为人的暴力仍是针对财物并且是在被害人来不及反抗的情况下夺取财物的，该行为完全符合抢夺罪的行为特征。（2）如果被害人已经意识到被抢后，紧紧抓住财物并拼命反抗，行为人为

[①] 参见陈兴良主编：《刑事疑案评析》，北京，中国检察出版社，2004，第327页。

了获取财物而强行拖拽、威胁被害人的,应认定为抢劫罪。因为此时行为方式和行为对象都发生了转化,暴力不仅作用于被害人的财物,而且作用于被害人人身,所以行为性质也就随之发生转化,由抢夺转化为抢劫。需要注意的是,在行为人意图排除被害人反抗的情况下,所实施的外力是直接作用于他人人身还是通过财物作用于人身并没有本质上的差别,都应属于抢劫罪中暴力的范畴。①

第三,前述上海市《关于本市办理入户盗窃、"飞车"行抢犯罪案件适用法律若干问题的意见》的规定,将驾驶机动车、非机动车,抢夺财物,因被害人不放手,采取强硬拉拽的方法劫取财物的,依照刑法第263条的规定,按抢劫罪处罚,正是基于这种行为在劫取财物的同时也可能危及人的生命安全,可能造成人身伤害,其侵害的法益已不仅仅局限于财产权,同时也侵害了人的生命健康权,具有较大的社会危害性。当然,"飞车抢夺"中的强拉硬拽与"徒步抢夺"中的强拉硬拽在程度上是有所区别的,前者的危害性比后者的要大,可能造成的损害也更为严重。正是基于这种区别,对于"飞车抢夺"中的强拉硬拽行为,法律直接规定为抢劫,而对"徒步抢夺"中的强拉硬拽则应结合具体案件具体分析,而不能生搬硬套罪刑法定原则。

案例2:1988年5月11日,被告人文某和文甲(已免予起诉)一起骑摩托车到公爱农场十一队吉某家过夜。12日晨,文某看见农场卫生员林某到该农场十一队收购黄金,与文甲商定了夺取林某装钱的手提包后,便一同尾随在林某的身后。当林某到了十一队吉某的伙房收购黄金时,二人也蹿进去,文某大喊"公安局的人来了",随即用手推了林某一下,并顺手抢得林某放在后脚边地上的手提包(内有人民币3 600元)往外逃跑,林某和混在群众里的文甲以及其他群众立即追赶。追到一片橡胶林时,被告人文某从地上抓起一块橡胶板(约20厘米长、12厘米宽、1厘米厚)对林某等威胁说:"你们不要上来,上来就杀死你们。"说完又转身逃窜了。林某等未敢再追而返回。次日,同案人文甲及同村人赵某一同找到了文某,与其分赃。文某分给文甲赃款1 200元,分给赵某400元,自得赃款2 000元,已全部花光。②

一审法院经审理认为,被告人以非法占有为目的,在公共场所劫取他

---

① 参见沈志民:《抢劫罪论》,长春,吉林人民出版社,2005,第254页以下。
② 参见赵秉志主编:《中国刑法案例与学理研究》,第4卷,北京,法律出版社,2004,第521页。

人财物，并对追捕他的被害人和群众进行暴力威胁，以抗拒群众的抓捕，其行为已触犯了刑法第153条的规定，构成了抢劫罪；被告人文某在共同犯罪中起主要作用，系主犯，依法应予从重处罚。根据1979年刑法第153条、第150条第1款、第23条，作出如下判决：文某犯抢劫罪，判处有期徒刑5年。

一审判决后，被告人不服，遂向某中级人民法院提起上诉。二审法院经审理后认为：上诉人文某在实施抢劫的过程中，既没有使用暴力，也没有以暴力相威胁，虽然在逃离现场后手持橡胶板对追赶他的被害人和群众进行了恫吓威胁，但这一威胁尚不足以危及被害人等的身体健康，情节一般，故其行为仍是一种抢夺行为。原审判决引用刑法第153条、第150条对被告人定抢劫罪不当，应予纠正。上诉人提出原审判决定性不当的上诉理由成立，予以采纳。上诉人文某以非法占有为目的，公然夺取他人合法财产，数额巨大，其行为构成抢夺罪；在共同犯罪中，系主犯，应依法惩处。根据刑事诉讼法第136条第1、2项的规定，依照1979年刑法第151条、第23条，改判文某犯抢夺罪，判处有期徒刑5年。①

笔者倾向于一审判决，即行为人的行为构成抢劫罪。理由是：

第一，如前所述，从构成要件上来说，抢夺行为是直接对物使用暴力，并不要求直接对被害人行使足以压制反抗的暴力；行为人实施抢夺行为时，被害人来不及抗拒，而不要求使被害人受暴力、胁迫压制而不能抗拒、不敢抗拒。抢劫罪是以暴力、胁迫为手段强取财物的行为，因此，行

---

① 针对二审的改判，在我国的刑法理论界，有观点在概述转化型抢劫罪的基础上，认为：被告人文某夺取林某手提包的行为已构成抢劫罪，符合转化型抢劫罪的前提条件。此后文某在逃跑时为抗拒抓捕而抓起一块橡胶板对林某等进行威胁，其目的符合转化型抢劫罪的主观特征。关键看文某抗拒抓捕的行为是否符合转化型抢劫罪的客观条件，即其抓起橡胶板进行威胁的行为是否属于"以暴力相威胁"。通常理解，"以暴力相威胁"有三个特征：一是威胁内容的暴力性。所谓"暴力"，即指侵犯公民人身自由权、健康权直至生命权的施加于人身的强力打击和强制行为，其外延包括捆绑、强力禁闭、扭抱、殴打直至伤害。以暴力相威胁的行为多是赤裸裸的语言或动作。二是行为实施的当场性。三是威胁内容付诸实施的当场性。本案中，文某对林某等人说"你们不要上来，上来就杀死你们"，其言辞的内容可以看作是以暴力相威胁，具有当场性。但综合案情分析，其威胁内容付诸实施的当场性是不存在的，因为其橡胶板约20厘米长、12厘米宽、1厘米厚，以之作为凶器用来杀人显属不可能，且追赶人数众多，其根本无法将威胁内容（即杀人）付诸实施。至于事后行凶报复，则应另行考虑。被害人林某等因文某恫吓即行退避，并不能说明文某威胁行为的强度和付诸实施的当场性符合"以暴力相威胁"。所以，文某的威胁行为不符合"以暴力相威胁"的基本特征，因而不符合转化型抢劫罪的客观条件。所以，对文某的犯罪行为只能以抢夺罪论处。（参见赵秉志主编：《中国刑法案例与学理研究》，4卷，北京，法律出版社，2004，第524页。）笔者认为，上述分析缺乏说服力。

为人的暴力、胁迫行为必须达到压制被害人反抗的程度。在本案中，被告人一开始的行为确实属于典型的抢夺行为，即大喊"公安局的人来了"。随即用手推了一下被害人，并顺手抢得被害人放在后脚边地上的手提包往外逃跑。问题是，后续的行为已经超出了抢夺罪的构成要件。

第二，被告人夺取被害人手提包的行为已构成抢夺罪，符合转化型抢劫罪的前提条件。随后被告人在逃跑时为抗拒抓捕而抓起一块橡胶板对被害人等进行威胁，其目的符合转化型抢劫罪的主观特征。关键看文某抗拒抓捕的行为是否符合转化型抢劫罪的客观条件。我国的主流观点认为，转化型抢劫罪的客观要件是"以暴力相威胁"，那么，被告人抓起橡胶板进行威胁的行为是否属于"以暴力相威胁"是本案定性的关键。有关这一点，在我国的刑法理论界，有观点认为，通常理解，"以暴力相威胁"有三个特征：一是威胁内容的暴力性。所谓"暴力"，即指侵犯公民人身自由权、健康权直至生命权的施加于人身的强力打击和强制行为，其外延包括捆绑、强力禁闭、扭抱、殴打直至伤害。以暴力相威胁的行为多是赤裸裸的语言或动作。二是行为实施的当场性。三是威胁内容付诸实施的当场性。[①] 在本案中，被告人对被害人等人说"你们不要上来，上来就杀死你们"，其言辞的内容可以看作是以暴力相威胁。被害人等人正是在被告人的这种暴力威胁的压制下，放弃了夺回手提包的机会，使得被告人在众目睽睽之下逃之夭夭。这完全符合"受暴力、胁迫压制而不能抗拒、不敢抗拒"这一抢劫罪的构成要件。

第三，二审法院认为，被告人"在实施抢劫的过程中，既没有使用暴力，也没有以暴力相威胁，虽然在逃离现场后手持橡胶板对追赶他的被害人和群众进行了恫吓威胁，但这一威胁尚不足以危及被害人等的身体健康，情节一般，故其行为仍是一种抢夺行为"。这一判决理由没有说服力。在二审法院看来，似乎只有用刀枪等威逼被害人生命安全才属于"以暴力相威胁"，而忘却了暴力不仅包括身体上的暴力，还包括精神上的暴力。只要是能够压制对方反抗的暴力，无论是身体上的还是精神上的，均不应影响抢劫罪的成立。

第四，按照二审法院的逻辑，既然本案仍然成立抢夺罪，那么，假设在被告人夺走手提包而被害人等人无法追赶（已经消失不见）的情况下，又如何定罪？如果将假设的这种情况与本案同样定抢夺罪，是否合理？

---

① 参见赵秉志主编：《中国刑法案例与学理研究》，第 4 卷，北京，法律出版社，2004，第 524 页。

案例 3：被告人李某、王某、何某均系男性，某县无业青年。1999年11月25日晚，三被告人得悉某旅店有人卖淫嫖娼，为了非法占有他人财物，遂冒充警察窜到该店，以打击卖淫嫖娼为名，抓住正在嫖娼的外地老板符某和卖淫女刘某，对符某实施殴打，勒令符、刘二人各交罚款8 000元，同时扬言，若不交罚款，就要把他们送到公安局看守所关押和告诉他们的家属，胁迫他们交清罚款。此后，李某等三被告人又以同样的手段，先后三次冒充警察，获得他人钱财3.5万元。①

针对本案的定性问题，主要有三种观点的对立：第一种观点认为，应定招摇撞骗罪。理由是：李某等人冒充执行公务的警察，使卖淫嫖娼者信以为真，害怕被抓和家人知道，才交付罚款。因此，李某等人的行为主要是侵犯了国家机关正常的管理活动，损害了国家机关的威信。第二种观点认为，应定敲诈勒索罪。理由是：被告人冒充警察身份，殴打嫖娼的符某，并对符某及卖淫女刘某以送看守所和告知其家人相要挟，向他们勒索"罚款"。第三种观点认为，三被告人的行为构成抢劫罪。理由是：三被告人冒充警察，多次以抓嫖为名窜到旅店作案，抓住嫖客就实施殴打，随后又威胁、恐吓嫖娼卖淫者，逼迫他们付清"罚款"，从而强行劫得钱财三万多元，他们的行为完全符合抢劫罪的主要特征。

笔者认为，李某等人的行为构成敲诈勒索罪。理由是：第一，李某等人的行为不构成招摇撞骗罪。招摇撞骗罪，是指为了谋取非法利益，假冒国家机关工作人员进行招摇撞骗的行为。招摇撞骗，是指以国家机关工作人员的名义到处炫耀，取得信任，进行欺骗。行为人招摇撞骗的动机在于谋取各种非法利益，包括物质性和非物质性利益，例如，骗取某种职务、荣誉、资格或待遇，骗取女性的感情，等等。冒充国家司法、行政执法工作人员进入走私、赌博、生产销售伪劣商品的违法现场，勒令他人交付财物的一般构成本罪。但是，冒充者恐吓违法人员，使之交付财物的，应综合恐吓的内容加以判断，如果恐吓的内容仅为一旦违法人员拒绝交付财物，就要利用假冒者自己的"职权"将其按照相关法律予以处罚，从而使被恐吓者交付财物或者提供利益的，恐吓行为仍然属于招摇撞骗行为的一部分；如果恐吓的内容是兑现暴力、毁损名誉等，那么，就和冒充的国家机关工作人员身份无关，因此，就不能构成招摇撞骗罪。第二，李某等人的行为也不构成抢劫罪。如前所述，抢劫罪是以暴力、胁迫手段压制对方

---

① 参见张穹主编：《人民检察院检控案例定性指导》，第2卷，北京，中国检察出版社，2002，第177页。

的反抗，使对方交付财物的行为。在本案中，李某等人虽然对符某实施了轻微的暴力行为，但符某和刘某被迫交"罚款"，并非基于暴力，而是担心送看守所或告知家属，因此，不符合抢劫罪的构成要件。第三，针对冒充警察抓嫖、抓赌索取财物的情况，"被害人交付财物并非对行为人身份的误认，有时甚至已经对行为人的真实身份发生怀疑或看出是假冒的，但基于对行为人实施暴力或对暴力威胁的惧怕，而将财物交给行为人或任其搜走，那么构成抢劫罪。如果行为人以带到公安局或告诉其单位家人的方法迫使被害人交付财物的，就应认定敲诈勒索罪。因为被害人交付财物是经过权衡利弊后作出的，说明其精神并没有受到完全强制，还有选择余地"[①]。也就是说，行为人取得财物时实施的暴力、胁迫是否达到了足以压制对方反抗的程度，或者说被害人交付财物时是否有选择的余地，是区分抢劫罪和敲诈勒索罪的关键。本案中，行为人获取财物主要是以送看守所和告知其家人相要挟，虽有一些暴力但并不严重，因此，认定构成敲诈勒索罪相对合理。

[①] 沈志民：《抢劫罪论》，长春，吉林人民出版社，2005，第256页。

第六章 转化型抢劫罪新探

我国刑法第269条规定："犯盗窃、诈骗、抢夺罪，为窝藏赃物、抗拒抓捕或者毁灭证据而当场使用暴力或者以暴力相威胁的，依照本法第二百六十三条的规定定罪处罚。"本条是有关转化型抢劫罪的规定。转化型抢劫罪又称准抢劫罪①、事后抢劫罪。② 转化型抢劫罪，各国刑法及刑法理论均有规定和论述，不过，规定方式和称谓有所不同。纵观各国刑法及理论，有两种情形：一种是部分国家虽然在立法上没有予以明确规定，但从其刑法理论来看，将这种犯罪形态包括在强盗罪（抢劫罪）中。比如，俄罗斯刑法、加拿大刑法并没有将这种犯罪形态规定为犯罪，但刑法理论均认为，盗窃后为抗拒抓捕而对失主当场实施暴力或以暴力相威胁的，应当构成强盗罪（抢劫罪）。③ 另一种是立法上有明确规定，不过，规定方式也有区别。比如，德国刑法只规定盗窃转化为抢劫的情况，并称之为窃后抢劫。日本刑法规定了盗窃和使人昏醉转化为抢劫两种情况，统称为准强盗，其中前者又称事后强盗，后者则称昏醉强盗。韩国刑法第335条规定，盗窃犯为拒绝返还财物、抗拒抓捕、毁灭证据而实施暴力或胁迫构成准强盗罪。④ 我国台湾地区的"刑法"规定了盗窃、抢夺转化为抢劫的情况，并称之为准强盗罪。由盗窃等行为转化为抢劫进而以抢劫罪论处，在中外刑法理论上存在很多争议，尤其是有关转化型抢劫罪的转化条件、行为、既遂和未遂、转化型抢劫罪的共犯等问题，存在激烈的争论。

---

① 参见沈志民：《抢劫罪论》，长春，吉林人民出版社，2005，第118页。
② 参见刘明祥：《事后抢劫问题比较研究》，载赵秉志总主编：《抢劫罪专题整理》，北京，中国人民公安大学出版社，2007，第343页。鉴于我国刑法理论中的习惯性用法，笔者权且将这种犯罪形态称之为"转化型抢劫"。
③ 参见赵秉志：《侵犯财产罪》，北京，中国人民公安大学出版社，2003，第108页。
④ 参见〔韩〕金日秀、徐辅鹤：《刑法各论》，6版，博英社，2004，第327页。

一、转化型抢劫罪的主体

有关转化型抢劫罪的主体范围，各国刑法的规定不同。日本、意大利、韩国等大部分国家只限于盗窃犯，而我国刑法规定，除此之外还包括诈骗、抢夺罪。从各国刑法的规定和我国的立法情况来看，诈骗罪能否转化为抢劫罪或有无必要将其纳入转化型抢劫罪的范畴，有待进一步探讨。[①]

在德、日等大陆法系国家，有关转化型抢劫罪是否属于身份犯，在刑法理论和司法实践中，存在不同的认识。日本的判例和通说历来倾向于肯定说，不过，近年来，否定说逐渐成了有力说。[②] 身份犯说认为，日本刑法第 238 条关于转化型抢劫罪规定中的"盗窃"，是指作为行为主体的盗窃犯，而不是指实行行为（或者一部分）。本罪的实行行为只能是基于特定目的而实施的暴力、胁迫行为。根据这种观点，不具有盗窃犯身份者（比如诈骗犯），为了防止非法取得的财物被夺回或者为了免受逮捕、毁灭罪证，而实施暴力、胁迫行为，不构成本罪。这种观点形成的理论背景是从广义上理解"身份"，即认为"身份并不限于男女性别、本国人与外国人的差别，亲属关系、公务员的资格这种关系，而包括所有事关一定犯罪行为的，犯人的人际关系的特殊地位或状态"[③]。非身份犯说则认为，日本刑法第 238 条中的"盗窃"，是指作为实行行为一部分的窃取行为，并不是指盗窃犯人这种行为主体。由于转化型抢劫罪与一般抢劫罪一样，都是财产犯、贪利犯，因而应当以是否取得财物作为既遂或未遂的基准。转化型抢劫罪取得财物在先，暴力、胁迫在后，因此，只能根据盗窃的既遂还是未遂来确定本罪的既遂或未遂。另外，由于实行着手之后才能发生既遂或未遂问题，因而只有将盗窃作为实行行为的一部分，才可能把盗窃的既遂、未遂作为本罪的既遂、未遂的标志。也就是说，转化型抢劫罪并非身份犯，规定该罪的日本刑法第 238 条，无非是将事后实施暴力、胁迫行

[①] 参见刘明祥：《事后抢劫问题比较研究》，载赵秉志总主编：《抢劫罪专题整理》，北京，中国人民公安大学出版社，2007，第 345 页。其实，从我国的司法实践来看，我国的转化型抢劫罪绝大部分是盗窃转化，偶尔抢夺转化，几乎没有诈骗转化为抢劫罪的情形。

[②] 参见〔日〕大塚裕史：《刑法各论的思考方法》（新版），早稻田经营出版，2007，第 171 页。

[③]《刑集》第 6 卷第 8 号，第 1083 页。

为者，作为必须是盗窃行为者而使用了"盗窃"这一用语而已。①

在上述对立的两种学说中，非身份犯说看到了将盗窃既遂、未遂作为本罪的既遂、未遂的标志，而将暴力、胁迫作为实行行为起点所存在的问题，但是，将本罪的实行之着手提前到盗窃行为，会遇到解释论上的难题。如果盗窃犯人实际上并没有实施暴力、胁迫行为，自然也就不存在转化型抢劫罪问题，而按非身份犯说，只要有为达到本罪的三种目的而实施暴力、胁迫行为的意思，开始实施盗窃行为就可以认定已经着手本罪，这显然不合情理。虽然也有倾向于非身份犯说的观点认为，应当把本罪的着手时点定在为达到本罪的三种目的而实施暴力、胁迫行为时，但是，这又明显与非身份犯说的主张不相容。② 事实上，实行行为与身份不可混为一谈，本罪的主体是实施盗窃行为的人（身份犯），这是毋庸置疑的，至于本罪的实行行为是以盗窃着手时点作为起点，还是以暴力、胁迫行为时为起点，则应另当别论。③

如果说转化型抢劫罪是身份犯，那么，它是纯正身份犯还是不纯正身份犯？对此，在日本的刑法理论界，也有两种观点的对立：纯正身份犯说认为，转化型抢劫罪与受贿罪要求行为主体是公务员一样，只有具有盗窃犯这种身份者才可以实施，因而属于纯正身份犯。与此相反，不纯正身份犯说则认为，不具有盗窃犯人身份者实施暴力、胁迫行为也构成犯罪，只不过是成立暴行罪、胁迫罪而已，盗窃犯人如果有刑法规定的三种特定目的，实施同样的行为时，则要按处罚重的转化型抢劫罪来处罚，因此，转化型抢劫罪是一种不纯正身份犯。在不纯正身份犯的情形下，以业务侵占罪为例，即便非身份者实施，也可能成立罪质相同的罪（一般侵占罪）；在转化型抢劫的情形下，不具有盗窃犯的身份者实施暴力、胁迫行为，只能构成暴行罪、胁迫罪，其罪质与转化型抢劫罪不同，而暴行罪、胁迫罪又不能说是转化型抢劫罪的普通类型，其法定刑也不是转化型抢劫罪的"通常之刑"。因此，转化型抢劫罪不是典型的不纯正身份犯。但是，由于不具有身份者可以实施转化型抢劫罪中的暴力、胁迫行为，而对纯正身份犯来说，不具有身份者是不可能实施的，因而转化型抢劫罪又不可能是纯

---

① 参见〔日〕大塚裕史：《刑法各论的思考方法》（新版），早稻田经营出版，2007，第172页。
② 参见〔日〕冈野光雄：《事后强盗罪》，载〔日〕阿部纯二等编：《刑法基本讲座》，第5卷，法学书院，1993，第123页。
③ 参见刘明祥：《事后抢劫问题比较研究》，载赵秉志总主编：《抢劫罪专题整理》，北京，中国人民公安大学出版社，2007，第346页。

正身份犯。如果考虑到转化型抢劫罪包含有暴力、胁迫行为，它在侵犯财产的同时，也侵犯他人的人身，在侵犯人身这一点上，与暴行罪、胁迫罪有共同性，因此，也可以说它是一种不纯正身份犯。① 由于我国刑法对转化型抢劫罪的规定与其他国家的有所不同，因而在我国的刑法理论界，迄今为止没有出现有关这方面的争论。

二、转化型抢劫罪的行为

转化型抢劫罪的成立，需要盗窃行为与暴力、胁迫行为之间的紧密关联。两者之间的关联一般是由实施两种行为的场所、时间、距离的远近所决定的。德国刑法规定暴力、胁迫必须是在"盗窃时被当场发现"，意大利刑法则规定，必须在"窃取物品后立即使用暴力或威胁"。问题是，在司法实践中，具体认定"盗窃时""盗窃物品后""立即""当场"往往存在争议。日本、韩国等国的刑法对此没有明文规定，因此，只能通过判例和学说来解决。日本的判例和通说认为，转化型抢劫罪中的暴力、胁迫行为必须在"盗窃现场或可以视为盗窃现场延长的场所"，即"盗窃的机会仍在继续中"实施。所谓盗窃的机会，是指盗窃现场以及与该现场紧密相连的追还赃物或追赶犯人的状态仍在继续。也就是说，在时间和场所上与盗窃行为紧密相连，不过，即便在时间或场所上有一定的距离，如果仍然处于追赶犯人的过程中，也属于盗窃现场的延长而可以将其视为在盗窃的机会中（机会延长理论）。② 之所以在转化型抢劫罪的认定中要求暴力、胁迫行为和盗窃行为之间具有紧密关联性，是因为该罪与一般抢劫罪属于同一性质的犯罪，必须将行为人实施的暴力、胁迫行为评价为夺取财物的手段，而要做到这一点，就应要求暴力、胁迫是在盗窃行为之后，或者在放弃盗窃犯意后很短时间内实施，以便在社会观念上（而不是在刑法意义上）认为盗窃行为还没有结束。也只有在这种状态中实施暴力、胁迫行为，才能评价为与一般抢劫罪具有相同性质的转化型抢劫罪。即如果在相隔很

---

① 参见〔日〕冈野光雄：《事后强盗罪》，载〔日〕阿部纯二等编：《刑法基本讲座》，第5卷，法学书院，1993，第123页。
② 参见〔日〕大塚裕史：《刑法各论的思考方法》（新版），早稻田经营出版，2007，第168页。有关这一点，韩国刑法理论中的主流观点认为，转化型抢劫罪中的暴力、胁迫必须实施在盗窃机会中。盗窃机会是指时间、场所的紧密性。（参见金日秀、徐辅鹤：《刑法各论》，6版，博英社，2004，第329页。）

长的时间段和场所实施暴力、胁迫行为，就不应将其视为转化型抢劫。

判断是否处于盗窃机会中，应综合考虑暴力、胁迫与盗窃行为之间在时间、场所上的连接性以及事实上的关联性等诸多因素。有关这一点，日本的判例认为，行为人实施盗窃行为，30分钟后在相隔一千米的地方，对被害人实施暴力行为，以免所盗财物被失主夺回，成立转化型抢劫罪；行为人从醉酒后熟睡的被害人身上窃取财物，为毁灭罪证而产生杀人之念，但由于来了行人而未能得逞，过了11小时后找机会杀死了被害人，裁判所认为成立转化型抢劫罪。但是，行为人实施盗窃行为后逃跑，在离犯罪现场200米远的地方，偶然遇到警察的质问而对其使用了暴力，裁判所却认为不构成转化型抢劫罪，理由是：此时的暴力行为与盗窃行为没有关联性。[①] 韩国的判例则认为，"行为人在盗窃过程中或盗窃行为终了之后不久，为了免予逮捕而实施暴力，这种行为属于盗窃行为处在继续进行状态，因此，成立准强盗罪"。"准强盗，是指盗窃犯人在实施盗窃行为的过程中，为了免予或抗拒财物被夺回而实施的暴力、胁迫行为。暴力、胁迫行为，包括已经着手实施盗窃行为或盗窃行为终了以及放弃犯意后不久，即社会观念上可以视为犯罪行为没有实施完毕阶段，均可以成立准强盗"[②]。

众所周知，我国刑法对盗窃、诈骗、抢夺罪的规定与德、日等大陆法系国家的规定不同，我国刑法要求盗窃"数额较大或者多次盗窃"，诈骗、抢夺"数额较大"。那么，针对作为转化型抢劫罪成立的前提条件之"犯盗窃、诈骗、抢夺罪"，是否也应严格解释，将其理解为是指盗窃、诈骗、抢夺财物数额较大构成犯罪的情形，便成为有待探讨的一个问题。有关这一点，在我国的刑法理论界，有以下几种观点的对立：第一种观点认为，先行的盗窃、诈骗、抢夺行为，必须在达到数额较大即构成犯罪的情况下才能转化，否则不能转化。[③] 第二种观点认为，先行的盗窃、诈骗、抢夺行为既不要求数额较大，也不要求构成犯罪，即不论财物数额大小均可转化。[④] 第三种观点认为，不应以"数额较大"作为转化的限定条件，有时虽然财物的数额不是较大，但是，暴力行为严重，甚至造成严重后果的，应认为具备了转化的条件。[⑤]

---

① 参见〔日〕大塚裕史：《刑法各论的思考方法》（新版），早稻田经营出版，2007，第168页以下。
② 〔韩〕金日秀、徐辅鹤：《刑法各论》，6版，博英社，2004，第330页。
③ 参见张国轩：《抢劫罪的定罪量刑》，北京，人民法院出版社，2001，第243页。
④ 参见赵秉志：《侵犯财产罪》，北京，中国人民公安大学出版社，2003，第111页。
⑤ 参见王作富主编：《刑法分则实务研究》（下），北京，中国方正出版社，2003，第1222页。

在上述三种观点中，第一种观点从罪刑法定主义原则出发，认为刑法明确表述为"犯盗窃、诈骗、抢夺罪"，而不是"盗窃、诈骗、抢夺行为"，将"数额较大"作为成立盗窃、诈骗、抢夺罪的法定标准，其转化的前提条件理应达到"数额较大"程度，这是罪刑法定主义原则的必然要求。但是，这种解释又有不合理之处，因为普通抢劫罪的成立并没有数额限制，而转化型抢劫罪与普通抢劫罪只是在暴力、胁迫与取得财物的先后顺序上有差别，并无实质性不同，所以，在成立犯罪的条件上也不应该有差别。可见，这种观点并不可取。① 而上述第三种观点，主张先行的盗窃等行为不必达到数额较大的观点基本上是正确的，但是，这种观点同时又主张，先行的盗窃等的数额又不能过小，如果数额过小，就依后行的暴力行为定伤害或杀人罪，这种主张却值得商榷，因为这样会造成标准不统一，也不利于司法实践。与此相比，第二种观点和司法解释的态度是正确的，能够体现立法本意并符合司法实践需要。对转化的前提条件不应有"数额较大"的限制，即不论数额大小均具备转化的前提条件。正如有观点所指出的那样，尽管刑法表述是"犯盗窃、诈骗、抢夺罪"，但并不意味着行为事实上已经构成盗窃、诈骗、抢夺罪的既遂，而是意味着行为人有犯盗窃罪、诈骗罪、抢夺罪的故意与行为，这样理解，才能谈得上盗

---

① 另外，这种观点还存在以下缺陷：第一，在盗窃、诈骗、抢夺财物数额不大，为窝藏赃物、拒捕抓捕或毁灭罪证而当场实施伤害或杀害行为的情况下，如果认为不能转化为抢劫罪，而只能定故意伤害罪或故意杀人罪，将不能反映行为既侵犯人身权利又侵犯财产权利的犯罪性质，同时也会造成量刑上的重大偏差。比如，盗窃、诈骗、抢夺财物数额不大，但为窝藏赃物、抗拒抓捕或者毁灭罪证而当场使用暴力致被害人重伤，若转化为抢劫罪，量刑幅度在10年以上有期徒刑、无期徒刑直至死刑，而故意伤害罪造成重伤的量刑幅度是3年以上10年以下有期徒刑；如果致使被害人轻伤的，若转化为抢劫罪，量刑幅度在3年以上10年以下有期徒刑，而故意伤害罪轻伤的量刑幅度是3年以下有期徒刑、拘役或者管制。可见，无论是在定性上，还是在量刑上，均会产生较大偏差。第二，"数额较大"并非是构成盗窃等罪的绝对标准，根据最高人民法院《关于审理盗窃案件具体应用法律若干问题的解释》（该解释已于2013年4月被废止）第6条规定：盗窃公私财物接近"数额较大"的起点，具有以破坏性手段盗窃造成公私财产损失的；盗窃残疾人、孤寡老人或者丧失劳动能力人的财物的；造成严重后果或者具有其他恶劣情节等情形之一的，可以追究刑事责任。盗窃公私财物虽然已达到"数额较大"的起点，但情节轻微，并具有下列情形之一的，可不作犯罪处理：已满16周岁不满18周岁的未成年人作案的；全部退赃、退赔的；主动报案的；被胁迫参加盗窃活动，没有分赃或者获赃较少的；其他情节轻微、危害不大的。当行为人具有上述情节时，为窝藏赃物、拒捕抓捕或毁灭罪证而当场实施暴力，应否转化为抢劫罪？司法人员将难以操作。第三，如果强调数额较大才能转化，在盗窃、诈骗、抢夺未遂时，为拒捕而实施暴力或暴力威胁的情况就难以适用第269条，而这类案件从性质和危害程度上看无疑是应当认定为转化型抢劫罪的。（参见沈志民：《抢劫罪论》，长春，吉林人民出版社，2005，第125页以下。）

窃、诈骗、抢夺向抢劫罪转化，否则不能认为是一种转化。① 因此，只要行为人具有盗窃、诈骗、抢夺的故意并实施了盗窃、诈骗、抢夺行为，不论非法占有财物的数额大小，均具备了转化的前提条件。

另外，在我国的刑法规定中，除了盗窃、诈骗、抢夺罪之外，还专门规定了一些以盗窃、诈骗、抢夺方法实施的其他犯罪：比如，盗窃、抢夺枪支、弹药、爆炸物罪，盗窃、抢夺国家机关公文、证件、印章罪，盗窃尸体罪，盗窃、抢夺国有档案罪，盗伐林木罪，盗窃、抢夺武器装备、军用物资罪，以及特殊诈骗罪中的金融诈骗罪、合同诈骗罪、集资诈骗罪、信用卡诈骗罪，等等。当行为人采用盗窃、诈骗、抢夺的方法，以这些特殊财物为犯罪对象时，如果在实施过程中，为窝藏赃物、抗拒抓捕或者毁灭罪证而当场实施暴力或者以暴力相威胁，能否转化为抢劫罪也是一个有待探讨的问题。

对此，在我国的刑法理论界，有肯定说和否定说的对立。肯定说认为，盗窃信用卡、广播电视设施、公用电信设施、电力设备，为实施其他犯罪盗窃机动车辆的，在符合法定条件的情况下可以转化为抢劫罪。另外，集资诈骗罪、贷款诈骗罪、票据诈骗罪、金融票证诈骗罪、信用卡诈骗罪等，这些特殊诈骗罪和普通诈骗罪一样，在具备刑法第269条规定的法定条件的情况下，都可以转化为抢劫罪。② 否定说则认为，转化型抢劫罪中所指的"盗窃、诈骗、抢夺罪"分别是指现行刑法分则第五章所规定的盗窃罪、诈骗罪和抢夺罪，而不是指一切以盗窃、诈骗、抢夺方法实施的犯罪。例如盗窃、抢夺枪支、弹药、爆炸物、危险物质罪，金融诈骗罪，合同诈骗罪，盗窃、抢夺国家机关公文、证件、印章罪，抢夺、窃取国有档案罪，盗伐林木罪等，为窝藏赃物、抗拒抓捕或者毁灭罪证而当场实施暴力或者以暴力相威胁，不能适用现行刑法第269条的规定以抢劫罪论处。③

笔者认为，从严格的罪刑法定主义原则出发来理解，转化型抢劫罪应当仅限于刑法分则第五章规定的盗窃罪、诈骗罪和抢夺罪，而不应包括特殊类型的盗窃、诈骗、抢夺的犯罪。因为刑法已经将这些特殊类型的犯罪从盗窃、诈骗、抢夺罪中分离出去单独规定了罪名，表明与刑法第五章规定的盗窃罪、诈骗罪、抢夺罪是完全不同的犯罪。如果认为不属于盗窃、

---

① 参见张明楷：《刑法学》，2版，北京，法律出版社，2003，第755页。
② 参见龚培华、肖中华：《刑法疑难争议问题与司法对策》，北京，中国检察出版社，2002，第514页以下。
③ 参见赵秉志：《侵犯财产罪》，北京，中国人民公安大学出版社，2003，第110页。

诈骗、抢夺罪名的犯罪可以转化为抢劫罪，有违反罪刑法定主义原则之嫌。不过，如果将这些行为完全排除在转化型抢劫罪之外，又有明显不合理性。比如，行为人在实施盗窃军用物资时被发现，为窝藏赃物、抗拒抓捕或者毁灭罪证而当场实施暴力或者以暴力相威胁，只能定盗窃军用物资罪。其实，盗窃军用物资行为的危害性比盗窃其他民用物品的危害性要大，后者可以转化为抢劫罪，前者却不能转化，似乎不合情理。再有，针对一些特殊的诈骗罪，比如金融诈骗罪、合同诈骗罪等，新刑法将这些从普通诈骗罪中分离出来，单列罪名意在特别保护，如果这些行为不能转化为抢劫罪，明显有悖于立法初衷。这是我国立法上的疏忽或漏洞，最好通过立法或司法解释来解决。也就是说，转化型抢劫罪的先行行为，原则上应限于普通的盗窃、诈骗和抢夺行为。

有关转化型抢劫罪成立条件中的"当场"的界定，在我国的刑法理论界同样存在争议，主要有以下几种观点的对立：第一种观点认为，"当场"就是实施盗窃、诈骗、抢夺犯罪的现场。① 第二种观点认为，"当场"是指与窝藏赃物、抗拒抓捕、毁灭罪证有关的地方。从时间上看，可以是盗窃等行为实施时或刚实施完不久，也可以是数天后；从地点上看，可以是盗窃等的犯罪地，也可以是离开盗窃等犯罪地的途中，还可以是行为人的住所等地。② 第三种观点认为，"当场"一指实施盗窃等犯罪的现场；二指以犯罪现场为中心与犯罪分子活动有关的一定空间范围，此外，只要犯罪分子尚未摆脱监视者力所能及的范围，都属于"当场"。如盗窃存折、支票、提货单，当场的范围应从盗窃的时间、场所扩大到兑换货币或提取货物的时间或场所。③ 第四种观点认为，"当场"是指实施盗窃、诈骗、抢夺罪的现场，或者刚刚逃离现场即被人发现和追捕的过程中，可以视为现场的延伸。④ 这是我国的通说。笔者倾向于这种观点。理由是：前三种观点要么是对"当场"的范围限制得过于狭窄，要么是把"当场"的范围界定得过于宽泛，忽视了"当场"在时间、场所上应有的紧密性和界定过程中必须贯彻的灵活性。通说恰好避免了这些缺陷，并与大陆法系的相关学说比较相近，因而具有相对可取性。

作为转化型抢劫罪手段的暴力、胁迫是否必须达到一定程度，是中外

---

① 参见赵秉志：《侵犯财产罪疑难问题司法对策》，长春，吉林人民出版社，2000，第98页。
② 参见陈兴良等：《案例刑法教程》，北京，中国政法大学出版社，1994，第281页。
③ 参见赵廷光主编：《中国刑法原理》，武汉，武汉大学出版社，1992，第430页。
④ 参见高铭暄主编：《新中国刑法学》（下册），北京，中国人民大学出版社，1998，第768页。

刑法理论中有争议的问题。关于普通抢劫罪中的暴力、胁迫，是否有必要达到一定的程度，在大陆法系的刑法理论界，有肯定说和否定说的争论。主流观点认为，通过暴力、胁迫手段压制被害者的反抗，强取财物成立抢劫罪。在这里，是否压制反抗不仅有必要，也是十分重要的要件之一。在并没有压制对方反抗取得财物的情况下，只能成立抢劫未遂和恐吓既遂的想象竞合。我国刑法理论中的通说和司法实践均没有明确要求，主要原因在于同样的暴力行为对不同被害人的心理会产生不同的影响，因此，难以用具体标准确定暴力、胁迫是否达到足以使被害人不能反抗的程度。有关转化型抢劫罪中的暴力、胁迫程度，大陆法系刑法理论中的主流观点认为，本罪与普通抢劫罪有相同程度的危险性和反社会性，尽管暴力、胁迫与夺取财物的时间先后顺序有所不同，但罪质相同，因此，暴力、胁迫的程度也应相同。不过，也有观点认为，本罪大多是在已经取得财物时实施暴力、胁迫行为，往往采用比普通抢劫罪轻的暴力、胁迫手段，就能达到目的，因此，本罪的暴力、胁迫程度可以轻于普通抢劫罪的。[1] 在我国的刑法理论界，主流观点认为，转化型抢劫罪中的"使用暴力或者以暴力相威胁"，是指犯罪分子对抓捕他的人实施足以危及身体健康或者生命安全的行为，或者以将要实施这种行为相威胁。暴力、威胁的程度，应当以抓捕人不敢或者不能抓捕为条件。如果没有伤害的意图，只是为了摆脱抓捕而推推撞撞，可以不认为是使用暴力。[2]

三、转化型抢劫罪的既遂与未遂

有关转化型抢劫罪既遂、未遂的判断基准问题，在日本的刑法理论界，有以下三种观点的对立[3]：

第一种观点是暴力、胁迫基准说。这种观点认为，应当以暴力、胁迫行为本身作为认定转化型抢劫罪既遂、未遂的基准，只要盗窃犯人基于刑法规定的三种目的而实施暴力、胁迫行为，即便盗窃是未遂，转化型抢劫罪也是既遂；只有着手实施暴力、胁迫而未遂者（未能压制对方的反抗），

---

[1] 参见〔日〕大塚仁等：《刑法解释大全》，第9卷，青林书院，1988，第360页。
[2] 参见马克昌等：《刑法学全书》，上海，上海科学技术文献出版社，1993，第345页。
[3] 参见〔日〕大塚裕史：《刑法各论的思考方法》（新版），早稻田经营出版，2007，第169页以下。

才能视为转化型抢劫罪的未遂。也就是说,盗窃犯人是否夺取财物,即不管盗窃是既遂还是未遂,只要实施暴力、胁迫行为压制对方反抗就是转化型抢劫罪的既遂。

第二种观点是盗窃基准说。这种观点认为,应当以盗窃的既遂或未遂为基准,认定转化型抢劫罪的既遂或未遂,即盗窃的既遂就是转化型抢劫罪的既遂,盗窃未遂则是转化型抢劫罪的未遂。这是日本的通说,也是判例所取的立场。

第三种观点是最终财物取得基准说。这种观点认为,应当以最终是否取得财物作为转化型抢劫罪既遂、未遂的基准。即便是盗窃既遂,如果采用暴力、胁迫手段没有达到目的,财物还是被他人夺回,那么,仍然属于转化型抢劫罪的未遂;如果盗窃未遂,为免受逮捕、毁灭罪证而实施暴力、胁迫行为,尽管达到了这样的目的,由于并没有取得财物,也只能成立转化型抢劫罪的未遂。

有关这一问题,在韩国的刑法理论界,有以下几种观点的对立①:

第一种观点是窃取行为基准说。这种观点认为,转化型抢劫罪的既遂、未遂的区分基准应当以窃取财物的既遂、未遂为基准进行区分。也就是说,即便有暴力、胁迫行为,如果盗窃是未遂,那么,转化型抢劫罪也是未遂。理由是,转化型抢劫罪属于结合犯,因此,应当与普通抢劫罪一样,以是否取得财物为基准区分既遂和未遂。如果以实施暴力、胁迫行为为基准区分既遂和未遂,盗窃的未遂犯实施暴力、胁迫行为就成立转化型抢劫罪的既遂而依照抢劫罪的既遂进行处罚;相反,即便抢劫犯实施了暴力、胁迫行为,如果未能取得财物,仍然应以抢劫罪的未遂进行处罚,这显然不尽合理。

第二种观点是暴力、胁迫行为基准说。这种观点认为,两者的区分应当以暴力、胁迫的既遂、未遂②为基准进行区分。这也是判例所取的立场。③ 也就是说,即便盗窃是既遂,如果暴力、胁迫行为没有达到既遂,转化型抢劫罪只能成立未遂。理由是,转化型抢劫罪与普通抢劫罪的犯罪

---

① 参见〔韩〕金日秀、徐辅鹤:《刑法各论》,6版,博英社,2004,第331页以下。
② 这里的既遂、未遂,是指通过暴力、胁迫行为压制了对方的反抗是既遂,未能压制对方的反抗则是未遂。
③ 韩国的判例认为,在盗窃未遂犯为了免予逮捕而实施暴力、胁迫的情况下,不应将其视为转化型抢劫罪的未遂。被告人在盗窃未遂的情况下,被被害人发现而逃跑,当被告人被被害人抓住,被告人向被害人施加暴力,导致被害人需要治疗三周的伤害,被告人构成抢劫伤害罪。(参见〔韩〕金日秀、徐辅鹤:《刑法各论》,6版,博英社,2004,第332页。)

构成不同，本罪的构成要件行为是暴力、胁迫行为，因此，其既遂、未遂的区分基准，应当求之于暴力、胁迫行为的既遂、未遂。如果取窃取行为基准说，即便在盗窃未遂阶段实施暴力、胁迫行为，只能成立转化型抢劫罪的未遂，这显然不妥当。

第三种观点是综合基准说。这种观点认为，转化型抢劫罪是窃取行为和暴力、胁迫行为的结合犯，因此，应当综合窃取行为的既遂、未遂和暴力、胁迫行为的既遂、未遂来进行区分其既遂、未遂。这里的暴力、胁迫的未遂，是指通过暴力、胁迫行为未能压制对方反抗的情形。根据这种观点，盗窃的既遂犯通过暴力、胁迫行为压制对方反抗，转化型抢劫罪才能成立既遂。

第四种观点是最终财物取得基准说。这种观点认为，应当以最终是否取得财物作为转化型抢劫罪既遂、未遂的基准。

有关转化型抢劫罪的既遂未遂问题，我国的主流观点认为，转化型抢劫罪既然要按刑法第263条所规定的一般抢劫罪定罪处罚，那么，其既遂、未遂的基准也应与一般抢劫罪相同。因此，我国的刑法论著大多没有将其作为特殊问题进行研究。不过，也有观点倾向于最终财物取得基准说，理由是，以实施暴力、胁迫行为之后，最终是否得到财物作为既遂、未遂的区分基准，这一方面不违反既遂、未遂只能发生在实行行为之后的理论，另一方面注重了转化型抢劫罪的保护法益，同时也能与认定普通抢劫罪既遂、未遂的基准相协调。①

笔者认为，前述日本学说之第一种观点以侵犯人身的暴力、胁迫行为本身作为转化型抢劫罪既遂、未遂的区分基准，显然忽视了转化型抢劫罪的本质是以取得财物为内容的贪利犯，它同以生命、身体作为保护重点的抢劫致死伤罪有本质上的区别，如果不把财物的取得与否作为既遂、未遂的区分基准，反而注重侵犯人身的一面，似乎有本末倒置之嫌。另外，根据这种主张，只要基于刑法规定的三种目的实施了暴力、胁迫行为就成立转化型抢劫罪的既遂，那么，本罪就没有存在未遂的余地，但根据日本刑法第243条的规定，本罪存在未遂。前述之第二种主张以盗窃的既遂、未遂作为转化型抢劫罪既遂、未遂的基准，但按通说的解释，转化型抢劫罪是身份犯，暴力、胁迫行为是实行行为，既遂、未遂只能发生在实行行为着手之后，以实行行为之前的盗窃行为的既遂、未遂，作为本罪既遂、未

---

① 参见刘明祥：《事后抢劫问题比较研究》，载赵秉志总主编：《抢劫罪专题整理》，北京，中国人民公安大学出版社，2007，第354页。

遂的区分基准，在理论上难以自圆其说。另外，盗窃既遂之后，如果当场被所有者发现，尽管行为人为防止财物被夺回而实施暴力行为，但财物还是被夺走，在这种情况下，如果按转化型抢劫罪的既遂处罚，似乎不妥当。因为在普通抢劫罪的情况下，采用暴力手段而未得到财物，或当场被物主夺走财物，一般只成立抢劫未遂。转化型抢劫罪的危害性和危险性不及于普通抢劫罪的，将普通抢劫以未遂处罚的情形，在转化型抢劫罪中以既遂处罚，似乎不尽合理。① 基于此，笔者倾向于第三种观点。当然，这种观点也并非十全十美。这种观点在将转化型抢劫罪理解为身份犯的基础上，之所以将本罪的既遂、未遂，与身份内容之"盗窃"的既遂、未遂联系起来考虑，是因为，这样可以避免混淆身份与实行行为之批判。然而，根据这种观点，盗窃既遂的犯人为了防止所盗财物被夺走而实施暴力、胁迫行为，如果财物仍被夺走，就成立转化型抢劫罪的未遂；如果基于暴力、胁迫行为，即便是很短时间，如果占有财物，就成立转化型抢劫罪的既遂，这显然有失公允。这是这种主张的相对不合理之处。②

四、转化型抢劫罪与共犯

非盗窃犯的行为人参与转化型抢劫罪时，非盗窃犯的行为人应当负怎样的刑事责任，这一问题在日韩等国的刑法理论和司法实践中，是一个极有争议的理论问题。比如，X窃取了A的钱包，A发现自己的钱包被盗后，向X索要被盗的钱包，于是X向熟人Y求助，Y和X为了防止所盗的钱包被夺走，对A拳打脚踢，导致A受伤。Y应当负怎样的刑事责任？在这一事例中，X成立抢劫致伤罪（基于转化型抢劫罪的抢劫致伤）没有异议，问题是Y的刑事责任，有关这一问题，根据取身份犯说和非身份犯说，结论迥异。

根据非身份犯说，Y是在实行行为（盗窃行为＋暴力行为）的途中参与犯罪的，因此，可以通过承继共犯理论来解决。如果肯定Y对X盗窃行为的承继，就成立转化型抢劫致伤罪；如果否定承继，则成立普通伤害

---

① 参见刘明祥：《事后抢劫问题比较研究》，载赵秉志总主编：《抢劫罪专题整理》，北京，中国人民公安大学出版社，2007，第354页。
② 参见〔日〕大塚裕史：《刑法各论的思考方法》（新版），早稻田经营出版，2007，第170页。

罪。另外，也有观点认为，在这种情况下，应成立伤害罪和转化型抢劫帮助的想象竞合犯。①

与此相反，根据身份犯说，这一问题只能通过共犯与身份理论来解决。根据共犯与身份理论，取盗窃犯人是纯正身份犯还是不纯正身份犯，结论又大不相同。日本的主流观点认为，非盗窃犯人参与暴力、胁迫行为一般只成立暴行罪和胁迫罪，如果盗窃犯人基于三种目的实施暴力、胁迫行为就成立转化型抢劫罪，因此，身份影响量刑而应认定为不纯正身份犯。② 根据这种观点，前述事例中的 Y 应当构成伤害罪。

针对非身份犯说的前述主张，批判的观点认为，转化型抢劫罪的基本罪质是财产犯，暴力、胁迫不过是加重处罚的一种类型。在此基础上，这种观点认为，转化型抢劫罪，只有在具备盗窃犯人这样一种身份的前提下才能成立，因此，理应属于纯正身份犯。根据这种观点，前述事例中的 Y 应当负转化型抢劫致伤罪的刑事责任。针对身份犯说的上述批判，有观点认为，纯正身份犯是指具有一定义务的人才能实施的犯罪类型，即便是盗窃犯人，并不具有一定要实施暴力、胁迫的义务，因此，不能将其理解为纯正身份犯。也有观点认为，在这种情况下，并非基于盗窃犯人这样一个身份而构成该罪，因此，并不属于纯正身份犯。③

基于承继共犯的学说也好，立论于共犯与身份犯的观点也罢，在这一问题中，重要的还是结论的妥当性。要想把前述之事例中的 Y 作为伤害罪进行处罚，那么，可以取承继共犯的学说而否定其先行行为之盗窃行为，或者取不纯正身份犯说。与此相反，要想把 Y 作为转化型抢劫致伤罪处罚，那么，可以取作为承继共犯的盗窃行为的承继性这种观点，或者取身份犯说。比如，取身份犯说而肯定成立抢劫致伤罪的观点的立论基础是，首先，在途中参与转化型抢劫罪的前述之事例 Y 的情况下，应当强调抢劫罪的量刑是 5 年以上有期徒刑这一关键要素之暴力行为，而不应将这种情形简单评价为伤害罪。其次，从彻底贯彻共犯的因果性立场出发，理应否定承继共犯中的先行行为的承继这一点。可见，有关非盗窃犯人参与转化型抢劫罪的处罚根据的学说之对立，在其本质上是怎样理解转化型

---

① 参见〔日〕大塚裕史：《刑法各论的思考方法》（新版），早稻田经营出版，2007，第174页。
② 参见〔日〕冈野光雄：《事后强盗罪》，载〔日〕阿部纯二等编：《刑法基本讲座》，第5卷，法学书院，1993，第121页。
③ 参见〔日〕大塚裕史：《刑法各论的思考方法》（新版），早稻田经营出版，2007，第175页。

抢劫罪实行行为的构造上，不过，这一问题在另一方面还关系到共犯的处罚范围问题，因此，是一个值得探讨的理论问题之一。

有关这一问题，韩国判例的基本立场是，在共谋盗窃的情况下，盗窃犯中的一人为了免予逮捕而对被害人实施暴力行为而导致其重伤，如果其他共犯能够预见到这种伤害结果，那么，就应共同负抢劫伤害罪的刑事责任。[1]

案例1：被告人甲、乙、丙、丁共谋，乘坐一辆面包车抢劫行人的财物。有一天，四名被告人锁定一名抢劫对象后停下面包车，甲在车里等候，乙负责望风，丙和丁下车走近被告人的身旁实施抢劫，丙用力抢夺告人的手提包后，丁用力将被告人推倒在路面上，导致被告人受伤，使得被告人无法反抗。在这种情况下，即便被告人之间没有通过暴力压制被告人反抗的意思联络，在共同实施抢劫过程中，为了免予逮捕而对被害人实施暴力行为并导致其受伤的结果，由于被告人的暴力行为使被害人无法夺回其财物，因而四名被告人应当负抢劫伤害罪的刑事责任。

案例2：被告人甲乙共谋实施盗窃，本以为实施盗窃对象的场所是无人的店铺，甲进入店铺寻找盗窃对象，乙则在门外望风，甲在寻找盗窃对象时似乎觉得店铺里面有人，于是慌忙逃跑。在逃跑过程中，甲被地面上的杂物所绊倒，极有可能被逮捕，于是对追捕的被害人实施暴力行为使之受伤，在上述情况下，被告人乙应当预见甲有可能对被害人实施暴力行为，因此，被告人甲乙的行为已经超出特殊盗窃罪而成立抢劫伤害罪。

有关这一问题，韩国刑法理论中的主流观点认为，转化型抢劫罪虽然属于身份犯，但并不属于盗窃罪的加重构成要件或盗窃罪的结果加重犯，而属于独特的犯罪类型。本罪的共同正犯应当具备盗窃行为和暴力、胁迫行为的正犯性。只具有对暴力、胁迫的预见可能性，由于不能将这种情况视为共同正犯要件之共同实施犯罪的意思，因而并不具备成立共同正犯的余地。即便盗窃的共同正犯具有免予逮捕而实施暴力的意思，由于共同正犯的正犯性标志在于机能性犯罪的支配，因而只依据共犯的实施暴力行为的预见可能性，不能肯定成立转化型抢劫罪的共同正犯。[2]

有关转化型抢劫罪的共犯问题，在我国的刑法理论界，迄今为止并没有系统的研究。不过，近年来部分学者开始关注这一问题。比如，有观点认为，"事前与他人共谋实施盗窃罪，但未参与实施后续的暴力、威胁行为的，只构成盗窃罪共犯，而不构成准抢劫罪的共犯。事前没有与盗窃等

---

[1] 参见〔韩〕金日秀、徐辅鹤：《刑法各论》，6版，博英社，2004，第333页。
[2] 参见上书，334页。

财产犯罪人共谋,但在财产犯罪人使用暴力或者以暴力相威胁时,参与到财产犯罪人的犯罪中,构成准抢劫罪的共同正犯(承继的共同正犯)。"[1]

也有观点认为,"对于事后抢劫罪的共犯,应按照总论关于共同犯罪的原理认定和处理。"具体而言[2]:

(1) 甲与乙共谋盗窃,甲入室行窃,乙在门外望风,但甲在盗窃时为抗拒抓捕而当场对被害人实施暴力,乙对此并不知情。甲、乙虽然成立共同犯罪,但各自触犯的罪名不同,对甲应认定为事后抢劫,对乙仅以盗窃罪论处,乙应当对甲抢劫财物的数额承担盗窃罪的责任。

(2) 甲与乙共谋盗窃,甲入室行窃,乙在门外望风,甲、乙刚要逃离现场时被发现,乙被抓住后当场对被害人实施暴力,甲对此并不知情。甲、乙成立共同犯罪,乙虽然只是帮助盗窃,但仍然属于"犯盗窃罪"(并非只有正犯才能成立事后抢劫),对乙应认定为事后抢劫,对甲仅以盗窃罪论处。

(3) 甲单独入室盗窃被发现后逃离现场(盗窃已既遂)。在甲逃离过程中,知道真相的乙为了使甲逃避抓捕,与甲共同当场对他人实施暴力。乙虽然没有犯盗窃罪,但其参与了甲的事后抢劫的一部分行为,即实施了部分事后抢劫行为,成立事后抢劫。

(4) 甲单独入室盗窃被发现后,向被害人的腹部猛踢一脚,被害人极力抓捕甲,经过现场的乙接受甲的援助请求并知道真相后,也向被害人的腹部猛踢一脚,被害人因脾脏破裂流血过多而死亡,但不能查明谁的行为导致其脾脏破裂。乙与甲构成事后抢劫的共犯,但死亡结果只能由甲承担。一方面,不管死亡结果由谁造成,甲都要承担责任。另一方面,乙对自己参与前甲的行为造成的结果不承担责任。而脾脏破裂的结果可能是甲在乙参与之前造成的,根据存疑时有利于被告的原则,乙不能对死亡结果负责。

(5) 甲单独入室盗窃被发现后逃离现场(盗窃已既遂)。在甲逃离过程中,知道真相的乙为了使甲逃避抓捕,而对抓捕者实施暴力。但甲对此并不知情。犯盗窃罪的甲不可能成立事后抢劫;而乙并没有犯盗窃罪,也不可能成立事后抢劫。乙的行为构成窝藏罪,如果行为导致他人伤亡的,则是杀人伤害罪与窝藏罪的想象竞合。

有关转化型抢劫罪与共犯问题,笔者倾向于身份犯说中的不纯正身份犯说,理由是:既然转化型抢劫罪的行为主体是盗窃、诈骗、抢夺,那

---

[1] 周光权:《刑法各论》,北京,中国人民大学出版社,2008,第106页。
[2] 参见张明楷:《刑法学》,4版,北京,法律出版社,2011,第857页以下。

么,理应取身份犯说,问题是,身份犯说也有它自身的缺陷。尤其是在犯罪未遂的关系问题上,这种主张的缺陷比较明显,即理论上不得不把暴力、胁迫行为视为实行行为。因此,正如前面所述的那样,一方面将"盗窃"理解为身份,另一方面又将转化型抢劫罪的未遂、既遂求之于盗窃罪的未遂和既遂,难免受到混淆身份与实行行为的批判。不过,既然将转化型抢劫罪评价为相当于抢劫罪或以抢劫罪论处,而暴力、胁迫行为本身又不会存在未遂,那么,转化型抢劫罪的未遂、既遂就只能以财物的取得为基准进行认定。也就是说,转化型抢劫罪原本不属于抢劫罪,而将这种犯罪形态评价为相当于抢劫罪,因此,在理论上不得不缺乏整合性。

在中外学说中,部分观点试图根据非身份犯说解决这一问题。但是,非身份犯说有以下致命缺陷:这种观点将"盗窃"和"暴力、胁迫"的结合视为转化型抢劫罪的实行行为,但是,缘何将转化型抢劫罪的既遂、未遂求之于其先行行为之盗窃行为中,这种观点并没有给出令人信服的答案。因为在两个行为结合在一起的犯罪形态中,理应将未遂求之于其先行行为,而将既遂求之于后行行为。如果在结合犯的情形下,根据先行行为能够认定犯罪的既遂,那么,后行行为就失去了存在的意义。另外,如果将窃取行为理解为实行行为的一部分,那么,即便没有实施暴力、胁迫行为,只要着手窃取行为,就应成立转化型抢劫罪的未遂。问题是,这一阶段还谈不上转化型抢劫罪问题。[①]

如前所述,将转化型抢劫罪和共犯理解为身份犯,它究竟属于纯正身份犯还是不纯正身份犯也是有待探讨的问题。纯正身份犯,是指行为人具有一定身份才能构成犯罪的情形。由于转化型抢劫罪的主体是盗窃、诈骗或抢夺,因而将其理解为纯正身份犯有其合理性。但是,非盗窃犯人实施暴力、胁迫行为,一般只成立暴行罪或胁迫罪,而盗窃犯人实施暴力、胁迫行为时,则构成转化型抢劫罪,因此,也可以将其理解为不纯正身份犯。因为在转化型抢劫罪的情形下,如果不存在盗窃、诈骗、抢夺这一身份,只能构成其他犯罪。另外,转化型抢劫罪需要暴力、胁迫行为,这种犯罪形态既有财产犯罪的一面,又有侵犯人身自由的一面。因此,转化型抢劫罪与其他犯罪有某种程度上的共同性。也就是说,转化型抢劫罪虽然不属于典型的不纯正身份犯,但是,基于上述理由,将其解释为不纯正身份犯相对合理。

[①] 参见〔日〕冈野光雄:《事后强盗罪》,载〔日〕阿部纯二等编:《刑法基本讲座》,第5卷,法学书院,1993,第122页以下。

第七章　近亲属间盗窃免予处罚之法理

　　我国刑法第264条规定的是盗窃罪，根据这一规定，通说认为，"盗窃罪，是指以非法占有为目的，秘密窃取公私财物，数额较大，或者多次盗窃公私财物的行为。本罪的客体，是公私财产的所有权。"① 与此相比，在大陆法系的部分国家，有关盗窃罪的规定比较详细。比如，日本刑法除了单纯盗窃罪之外，第244条还规定："配偶、直系血亲或者同居的亲属之间犯第235条之罪、第235条之二之罪或者这些罪的未遂罪的，免除处罚。前项规定的亲属以外的亲属之间，犯前项规定之罪的，告诉的才能提起公诉。"② 韩国刑法第328条的规定与日本刑法的规定相似。③ 德国刑法第247条规定："盗窃或者侵占家属、监护人的财物，或被害人与行为人同居于一室的，告诉乃论。"④ 法国刑法典第311—12条规定："进行盗窃属于下列情形的，不得引起刑事追究：1. 盗窃尊、卑直系亲属之财物；2. 盗窃配偶之财物，但夫妻已分居或者允许分居之情况除外。"⑤

　　其实，自唐而至明清，我国历代刑法都对"亲属相盗"作专门规定，本着"同居共财"、"亲属不分财"的封建伦理，认为亲属间财产侵害之罪责轻于常人间的财产侵犯，因而通常应当减免刑事责任。⑥ 遗憾的是，这一传统被摈弃于当代刑事立法之外。鉴于同财共居的亲属之间，既有共有财产，又有个人财产，有的亲属虽然分居，但亲属关系不同于一般社会关

---

① 高铭暄、马克昌主编：《刑法学》，3版，北京，北京大学出版社、高等教育出版社，2007，第566页。通说的这种主张，可以说基本上正确，但不够完整。因为有关"秘密窃取""非法占有为目的""所有权"问题，无论是在刑法理论界，还是在司法实务中均有争议。
② 《日本刑法典》，张明楷译，北京，法律出版社，1998，第78页。
③ 参见〔韩〕金日秀、徐辅鹤：《刑法各论》，6版，博英社，2004，第263页。
④ 《德意志联邦共和国刑法典》，徐久生译，北京，中国政法大学出版社，1991，第46页。
⑤ 《法国刑法典》，罗结珍译，高铭暄校，北京，中国人民公安大学出版社，1991，第105页。
⑥ 参见范忠信：《"亲亲相尊"与亲属相犯：中外刑法的暗合》，载《法学研究》，1997(3)，第78页。

系，家庭成员内部的盗窃不同于社会上的盗窃，2013年4月2日最高人民法院、最高人民检察院《关于办理盗窃刑事案件适用法律若干问题的解释》第8条规定："偷拿家庭成员或者近亲属的财物，获得谅解的，一般可不认为是犯罪；追究刑事责任的，应当酌情从宽。"

由于我国刑法没有专门规定近亲属间的盗窃，司法解释也过于笼统，因而我国刑法理论界对这一问题的关注相对较少。在大陆法系的刑法理论界，有关近亲属间盗窃免予处罚问题，存在着激烈的争论。争论的焦点，主要集中在近亲属间盗窃免予处罚的理论依据、近亲属范围的界定以及近亲属错误问题等。

一、近亲属间盗窃免予处罚之理论根据

（一）中外学说概观

有关近亲属间盗窃免予处罚的理论根据，在大陆法系的刑法理论界，主要有政策说、违法阻却说、责任阻却说、违法减少说和责任减少说的对立。

1. 政策说

政策说又称个人刑罚阻却事由说、人为的刑罚阻却事由说。[1] 这种观点认为，近亲属间盗窃免予处罚的理论根据是基于"法不介入家庭"这一思想。也就是说，针对近亲属间发生的财产性纠纷，与其动用国家刑罚权，不如在家庭内部通过协商解决。可见，这种观点认为，近亲属间的盗窃之所以免予处罚，是基于刑事政策，而不是将免予处罚的根据求之于不成立犯罪。即便是近亲属间的行为，同样符合盗窃罪的构成要件、违法性和有责性，免予处罚的根据无非是基于一定的人与人之间的关系这一与个人有关的事由。这是日本的通说，也是判例所取的立场。

2. 违法阻却说

这种观点是在批判政策说的基础上形成的。这种观点认为，政策说主张近亲属间的盗窃成立犯罪，只是基于刑事政策而免予处罚而已。问题是，由于该条的第一款并非是告诉才处理的规定，因而有可能没有告诉也可以被起诉而受处罚的情况发生。那么，近亲属间盗窃与远亲间的盗窃相比，极有可能导致不利于近亲属的结局。因为远亲间的盗窃是告诉才处理

---

[1] 参见〔日〕大谷实：《刑法讲义各论》（新版），成文堂，2003，第223页等。

的规定,如果没有被害人的告诉就不会受到处罚。即便没有告诉而被起诉,根据刑事诉讼法的相关规定,判决结果只能是弃却公诉。由此可见,根据政策说,近亲属间的盗窃远远不利于远亲间的盗窃,这显然缺乏均衡性。在此基础上,违法阻却说还认为,近亲属间存在一种消费共同体关系,因此,近亲属间的盗窃本身根本就没有作为犯罪处罚的违法性或可罚的违法性。①

3. 责任阻却说

这种主张的立论基础是期待可能性理论,这种观点认为:近亲属间比较容易发生财产纠纷,因为在近亲属关系之下,针对行为动机的反对动机相对薄弱。也就是说,难以期待不要实施犯罪行为这种要求。由于很难追究责任,就不得不将其视为一种非犯罪行为。之所以对直系血亲、配偶、处于同居关系的近亲属间的盗窃行为免予处罚,是因为,理论上没有责任而不成立犯罪之故。②

4. 违法减少说

这种观点一方面承认近亲属间盗窃免予处罚问题属于犯罪成立问题,同时又认为,虽然成立犯罪,因为违法性减少而免予处罚。在此基础上,这种观点认为,近亲属间的财物属于共有或共同利用,因此,盗窃行为本身虽然具有违法性,由于社会危害性相对较小而应免予处罚。③

5. 责任减少说

这种观点与违法减少说一样,一方面承认近亲属间盗窃免予处罚问题属于犯罪成立问题,但又认为,虽然成立犯罪,因为责任减少而免予处罚。在此基础上,这种观点与前述之责任阻却说一样,基于期待可能性理论认为,虽然很难期待"不要偷盗亲属的财物",但是,不能因此而阻却责任而只能减少责任。④

行为人盗窃自己家里或其近亲属的财物,是否应按盗窃罪处罚,虽然在我国的刑法理论界关注较少,不过也有两种观点的对立:第一种观点认为,我国刑法并没有对自家或近亲属的财物盗窃作特别的规定,所以无论盗窃何人的财产,只要符合盗窃罪的构成要件,均应成立盗窃罪。⑤ 这是

---

① 参见〔日〕中山研一:《概说刑法Ⅱ》,4版,成文堂,2005,第234页。
② 参见〔日〕松原芳博:《亲属关系与财产犯》,载〔日〕阿部纯二等编:《刑法基本讲座》,第5卷,法学书院,1993,第322页。
③ 参见〔日〕平野龙一:《刑法各论的诸问题10》,载《刑法研讨会》第213号,第53页。
④ 参见〔日〕曾根威彦:《刑法各论》,3版,弘文堂,2005,第131页。
⑤ 参见董玉庭:《盗窃罪研究》,北京,中国检察出版社,2002,第95页。

少数说。第二种观点认为，行为人盗窃自家或近亲属的财物毕竟不同于社会上的普通盗窃，其社会危害性也较普通盗窃的要小，除非情节特别严重，一般不应作犯罪处理。这是主流观点。这种观点的立论根据是：如果单从盗窃罪的犯罪构成来考虑，盗窃自家或近亲属的财物与普通盗窃并没有本质上的区别，理应成立盗窃罪。根据刑法理论，一种行为之所以被认定为犯罪，最根本的原因是其社会危害性，而刑法在规制这些行为时，只能采取类型化的方式，这样就可能使一类犯罪行为中某些特殊行为的社会危害性相对小些，无须严格按犯罪来对待，应采取一些特殊的方式解决。盗窃罪也应如此。由于家庭成员共同生活在一起组成社会的基本单位，家庭成员之间的关系不可和社会上一般人与人之间的关系同日而语。而近亲属间由于血缘或法律上的影响，相互之间的关系也较为特殊，甚至有时家庭成员和近亲属间可能基于法律的规定产生互相扶助的义务，并且很多家庭成员之间、近亲属之间由于某些原因，使他们对一些家庭财产形成共同所有的关系。因此，盗窃自家或近亲属的财物不能与普通盗窃罪相提并论，因为其社会危害性明显小于普通盗窃的社会危害性。虽然我国刑法典并没有对此采取单独立法的方式，但在历次司法解释中均对此采取区别对待的态度。例如1998年最高人民法院的相关司法解释第1条第4项就规定，偷拿自己家的财物或者近亲属的财物，一般不可按犯罪处理；对确有追究刑事责任的，处罚时也应与在社会上作案的有所区别。[①] 这种主张的立论根据与前述之违法阻却或减少说相似。

（二）政策说之相对合理性

在前述之中外学说中，违法阻却说和责任阻却说对政策说的批判主要集中在，如果取政策说，近亲属间的盗窃行为和远亲间的盗窃行为之间将会产生不均衡。但是，这种批判并没有说服力。因为这两种观点对政策说的批判，是以远亲间的盗窃行为没有告诉为假设之前提而展开的，问题是，如果没有告诉，远亲间的盗窃行为就可以以普通盗窃罪进行处罚，因此，这种假设情形下的不利于近亲属间盗窃之根据就显得苍白，因为另一方是绝对不会受到处罚的。另外，即便是近亲属间的盗窃，在万一受到刑事追究的情况下，也可以通过弃却公诉而予以救济，因此，完全有可能避免不均衡的发生。[②]

---

① 参见董玉庭：《盗窃罪研究》，北京，中国检察出版社，2002，第95页。
② 参见〔日〕立石二六编著：《刑法各论30讲》，成文堂，2006，第142页。

另外，基于免予处罚是以成立犯罪为前提的理解，也无法赞同违法阻却说和责任阻却说。当然，正如违法阻却说所主张的那样，近亲属间可以说存在某种消费共同体关系。但是，以存在消费共同体关系为理由，近亲属间的盗窃行为就缺乏违法性本身，不仅是一个缺乏实质性理由的说明，也是一种逻辑上的飞跃。另外，认为所有近亲属之间均存在消费共同体关系本身，也不符合现实生活状况。责任阻却说同样也有类似的缺陷，即针对近亲属间的盗窃行为，无法期待制止"不许偷"这种理解本身也不太符合人间常理。这两点可以说是这种观点的致命缺陷。

就违法减少说和责任减少说而言，这种主张并不否定近亲属间的盗窃成立犯罪，这一点值得评价。但是，这种观点所主张的只要是近亲属间的财物，理应属于共有或合有状态这种理解却令人费解，因为未经同意擅自取走近亲属的财物，同样可以形成反对动机。这一点，只要考虑一下擅自取走分居中的配偶的财物或取走并没有处于同居状态的直系亲属的财物便可以得到理解。可见，如果取违法减少说或责任减少说，不得不将违法减少和责任减少的拟制限定在一定范围之内。[①] 由此可见，这种观点同样不可取。

需要注意的是，不应借此而否定近亲属间盗窃行为的大多数确实存在阻却违法、责任或减少的事由这一点。也就是说，只要我们注意一下近亲属间盗窃的亲属关系便可以知道，确实存在某种意义上已经形成的消费共同体这样一层亲属关系。如果近亲属间的盗窃发生在这种亲属关系之中，就不能要求行为者仍然遵守与社会上一般盗窃罪等同的禁止规范，而可以要求其遵守与社会上的禁止规范相比，相对缓和的禁止规范，因此，针对实施盗窃行为的行为者来说，可以说只存在轻微的违法性或社会危害性。另外，针对近亲属间的盗窃行为，确实存在被害者很难期待行为者不去实施盗窃这种情况。问题是，不应否定同时还存在与此相反（可以期待）的情形，但是刑法仍然对其免予处罚。可见，在这种情况下，虽然不能否定存在阻却违法、责任或减少的情形，但是，刑法之所以规定该条款，是基于不管是否存在阻却违法、责任或减少的情形，解决近亲属间的盗窃问题，应当在近亲属间内部解决的这样一种意图。在现实生活中，如果盗窃行为发生在近亲属之间，基于近亲属这样一层身份关系，在当事者之间予以解决可以说是上策。如前所述，刑法规定之所以规定该条款，也

[①] 参见〔日〕日高义博：《亲属间相盗存在的问题点》，载《专修法学论集》，第75号，第1页。

是基于近亲属间存在的这种关系和考虑到相对容易解决的近亲属关系。[1] 从刑事政策的角度来说，解决近亲属间的盗窃，与适用刑罚相比，在近亲属间内部予以解决不仅相对容易，也可以节省更多的司法资源。从实质性解决近亲属间的盗窃问题的视角来说，最好还是把这种情况交给近亲属通过内部来解决。

　　有观点认为，政策说的立论基础之"法不介入家庭"这一思想本身有积极和消极双重机能。积极机能的着眼点在于维持和强化家庭这一社会细胞的自律机能，而消极机能的着眼点是通过避免国家刑罚权的介入，以此来维持家庭内部的和谐。但是，由于积极机能与封建家族制度具有密切的关联性，在当今世界强调这一点本身缺乏说服力。维持家庭内部和谐的消极机能，理应通过告诉才处理这种程序限制刑罚权的介入，与免予处罚的关联性却不大。总之，政策说所主张的"法不介入家庭"这一立论基础，无法说明缘何只限于财产罪这一点。[2]

　　需要说明的是，作为近亲属间的事情既有可以在近亲属内部解决而不予刑事处罚的犯罪，也有必要予以惩处的犯罪，这两种情形的存在本身并不矛盾，关键在于两者之间有一个合理的界限。发生在家庭内部的涉嫌刑事犯罪行为中，社会危害性相对较小，不仅便于在家庭内部予以解决，也有利于恢复被害结果和修复家庭内部关系，首选可举近亲属间的盗窃。如果不否认这一点，剩下的无非是将这种特殊情况特殊处理的合理范围扩大到怎样一个范围的问题，国外的立法情况也好，我国的司法解释也罢，均认为应当限制在有关财产犯罪之内。其实，除了财产犯罪之外，有些犯罪则不属于在家庭内部予以解决或在家庭内部无法解决，甚或不利于关系的恢复问题。由此可见，"法不介入家庭"这一思想本身，可以说适用在财产犯罪范围内相对妥当，国外的刑法规定或我国的司法解释可以说是基于这种立场的必然结论。

　　需要注意的是，国外的刑事立法中，亲属间的盗窃只限于近亲属，如果行为人并不属于近亲属，只有在被害人告诉的前提下才能予以处罚。遗憾的是，迄今为止我国没有这方面的司法解释，因此，如果盗窃发生在远亲关系之中，极有可能作为一般盗窃罪予以处罚。由于远亲间发生的盗窃行为，不存在财产共有和不具有消费共同体性质，因而在这种情况下很难

---

[1] 参见〔日〕立石二六编著：《刑法各论30讲》，成文堂，2006，第144页。
[2] 参见〔日〕松原芳博：《亲属间相盗之例》，载〔日〕西田典之等编：《刑法的争论点》，3版，有斐阁，2000，第166页。

肯定违法或责任的阻却、减少。因此，根据违法阻却、减少或责任阻却、减少说，在理论上说明其法律性质显然困难。那么，能否根据政策说解释这一问题呢？远亲虽然在血缘和姻缘上与近亲属不同，但是，毕竟与他人还有区别，因此，基于远亲关系而尽可能在亲属间解决还是有一定的可能性，刑法也尽最大可能避免介入这种关系间的问题。然而，远亲间的盗窃与近亲属间的盗窃毕竟不同，有时很难在亲属间内部解决。因此，有时就有必要通过法律予以解决。正是基于这种思想，如果远亲间的盗窃确实无法在亲属内部解决，就得不得不动用刑法予以解决。[1] 由此可见，只有政策说才能相对合理地说明近亲属间盗窃免予处罚或告诉才处理的法理。

二、近亲属范围之界定

有关刑法中近亲属的范围，大陆法系大部分国家的刑法理论均认为应当根据民法的相关规定。配偶关系不包括同居关系，这是通说。不过，也有观点认为，同居关系也应包括在配偶关系之内，这是少数说。针对这种少数说，批判的观点认为，如果把同居关系包括在配偶关系之中，将会引发怎样程度的同居关系可以包括在免予处罚的范围等新的问题。[2] 另外，基于相当于婚姻关系的判断而有必要减免处罚时，会发生部分被害者有可能因为并不存在婚姻关系而提出异议的情况。为了防止这种事态的发生，当处于同居关系的男女之间发生纠纷时，最好不适用免予处罚的规定而让当事者自己解决。也就是说，将同居关系排除在配偶概念之外。

有关这一问题，由于我国刑法没有专门规定，几乎没有深入的研究。不过，也有观点认为，近亲属概念既是一个法律概念，同时也是社会上常用的词汇。有关盗窃中所讲的近亲属应有其明确的范围，以便司法操作。1985年3月，最高人民检察院在对《关于"要把偷窃自己家里或近亲属的，同在社会作案的加以区别"如何理解和处理的请示报告》的批复中解释说，按照刑事诉讼法的规定，"近亲属"是指夫、妻、父、母、子、女、同胞兄弟姐妹。这个批复现在仍然有参考价值，因为1996年修订后的刑事诉讼法对近亲属的规定没有改变。行为人在盗窃近亲属财物时，可能与该近亲属共同生活，也可能分居生活，但是1998年司法解释第1条第4

---

[1] 参见〔日〕立石二六编著：《刑法各论30讲》，成文堂，2006，第145页。
[2] 参见上书，第146页。

项没有对这两种情况加以区分，这就说明偷窃近亲属的财物，既包括共同生活的近亲属的财物，也包括已分居生活的近亲属的财物，这两种情况也应适用同一处断原则。① 另外，我国有一则对同居关系间的盗窃行为，不适用相关司法解释而按普通盗窃罪处罚的案例，这说明，在我国的司法实践中，同居关系并没有包含在近亲属的范围之内。②

我国的现行司法解释规定只有近亲属之间的盗窃行为才适用区别对待的规定，这种规定未免过窄。根据我国刑事诉讼法的规定，近亲属只包括夫、妻、父、母、子、女、同胞兄弟姐妹，而我国传统伦理则导致各种亲属关系相对复杂，而且不同亲属之间的关系相对都比较密切。因此，仅对近亲属之间的盗窃行为作出区别对待的处理，而不对其他亲属之间的盗窃行为区别对待，也存在不妥之处。比如，对行为人而言，如果其所盗窃的是其舅舅的财产、外祖父的财产，是否就不能区别对待？如果区别对待，法律根据又是什么？笔者认为，在法律上扩展亲属的范围，不再将这种区

---

① 参见董玉庭：《盗窃罪研究》，北京，中国检察出版社，2002，第96页。
② 案情是这样的：被告人林某（男，19岁）与被害人吴某（女，27岁，有夫之妇）在某市海峰市场同做服装生意时相识，于1994年在某市三茅宫103号非法姘居。1995年2月17日林某向朋友王某借得某市瑞金北村33幢109室一小套住房，并于次日和吴某一起搬到该房居住，同时将1.05万元人民币也一起带到该室存放（其中有5 000元是林某的）。1995年2月19日晚，吴、林商量放钱时，吴又从自己的包内拿出1 500元交给林清点，林将其中200元（票面为10元）取出交给吴某，从自己身上掏出2张100元的票面补进去，这样100元票面100张，50元票面40张，合计1.2万元由林某亲自用塑料袋包好存放在一纸箱内。1995年2月20日、21日，林、吴二人到穿牛巷24号其干妈家居住。2月20日上午，吴、林在离开该房时，林交给吴一把门钥匙，自己留一把配制的该房钥匙。当日下午4时许，林独自一人返回该房将1.2万元窃走，并伪造现场，用菜刀将窗户玻璃砸碎，将纸箱摔到门边，把席梦思床掀开，然后关门离开现场。赃款得手后，林将其中1万元以定活两便方式用化名存入中国农业银行某储蓄所。案发后，公安机关追回赃款1.2万元发还给受害人吴某。检察机关认为，被告人林某以非法占有为目的，秘密窃取他人财物，数额巨大，其行为已触犯了1979年刑法第152条之规定，构成盗窃罪，被告人归案后认罪态度较好，赃款亦已追回发还受害人，请求依法判处。一审辩护人认为：被告人林某与受害人吴某是姘居关系，二人同住一室，经济上不分彼此，林是为了阻止吴某转做皮鞋生意而把钱拿走，且林某无前科劣迹，要求比照盗窃近亲属财物考虑，不作犯罪处理。一审法院经公开审理认为：（1）被告人林某与受害人吴某是非法姘居关系，不能比照盗窃近亲属财物而不作犯罪处理。（2）其所盗赃款虽为双方财产的混合体，但属于林某的仅有5 200元。（3）被告人林某采用秘密窃取的方法并伪造现场，企图造成他人盗窃的假象，其目的不排除将吴的大部分款额一并据为己有，且数额巨大，其行为符合1979年刑法第152条，构成盗窃罪。但考虑其同被害人之间的特殊关系，可减轻处罚。一审法院根据上述认定的事实、证据和判案理由，依照1979年刑法第152条、第59条、第67条、第68条之规定，作出如下判决：林某犯盗窃罪，判处有期徒刑3年，缓刑3年。（参见赵秉志主编：《中国刑法案例与学理研究》，第4卷，北京，法律出版社，2004，第417页。）

别对待的规定局限于近亲属之间，实属必要。当然，在法律上考虑所有亲属之间均适用区别对待原则，并不是在它们之间就不分亲属关系的远近亲疏而一视同仁。对此，日本、韩国的刑法典为我们提供了可供借鉴的立法经验，即在处罚标准上，对法律认定的部分近亲属的处罚较之于其他亲属的处罚更为宽缓。

认定近亲属关系时，行为人究竟与谁具有近亲属关系才能免予处罚是一个较有争议的问题，即占有者和所有者不是同一人的情况下（比如儿子擅自拿走父亲从友人处借来的高级相机），能否适用该规定的问题。有关这一问题，在大陆法系的刑法理论界，有以下三种观点的对立[1]：第一种观点认为，行为人与财物的所有者之间存在近亲属关系。第二种观点认为，行为人与财物的占有者之间存在近亲属关系。第三种观点则认为，行为人与财物的所有者以及占有者之间存在近亲属关系，这是通说。需要注意的是，也有观点认为，这一问题与盗窃罪的保护法益问题具有密切的关联性[2]，认为盗窃罪的保护法益是财物的所有权，那么，只能取第一种观点；取占有说，那么，理应取第二种观点；如果取既保护所有权，有时也保护占有权，那么，只能取第三种观点。有关盗窃罪的保护法益，笔者倾向于保护占有说。即便取所有权说，由于针对基于权原的占有应当加以保

---

[1] 参见〔日〕立石二六编著：《刑法各论30讲》，成文堂，2006，第167页。
[2] 有关盗窃罪，我国的通说认为，所谓盗窃罪是指以非法占有为目的，秘密窃取数额较大的公私财物的行为。对此，刑法理论界一般认为，盗窃罪中的"窃取"意味着财物从所有人、保管人控制之下转移到盗窃者手中。其犯罪对象是国有、集体所有制或公民私人所有的财物，犯罪行为通过作用于犯罪对象，侵犯的法益是公民财产的所有权。而在大陆法系的刑法理论界，有关盗窃罪保护的法益，有着极其广泛深入的研究，存在着"本权说""占有说"以及"平稳占有说"的争论。本权说认为，盗窃罪是通过排除他人对财物的支配，建立新的由自己或第三者支配关系来侵害他人所有权的犯罪。财物由他人支配，即他人占有是盗窃罪成立的要件，但占有本身并不是法益。比如，在他人只是为自己保管财物的情况下，即使窃取了该财物，由于被害者是自己而不是他人，因而不能成立盗窃罪。占有说则认为，鉴于民法不仅保护本权，同时也保护从本权独立出来的占有权，因此，刑法上的占有也可以理解为具有独立意义的一种法益。民法和刑法上的占有应当作为独立出来的法益加以保护，本权的推定只应在这一基础上进行，否则，很难期待安定的社会秩序。如果以欠缺本权为由允许侵害他人的占有，等于是在放纵无秩序的私人之间的争斗。也就是说，盗窃罪规定的机能不仅仅在于保护所有权，其重点应当在保护财物之占有状态下的财产秩序。因此，盗窃的犯罪对象并不限于他人的所有物，其重点更应该是他人占有的财物，即他人占有财物之状态本身。平稳占有说是为了克服本权说和占有说的缺陷而出现的学说，意在既不扩大也不缩小盗窃罪的处罚范围。这种学说又可以分为两种情况，一种是以本权说为基础的平稳占有说，另一种是以占有说为基础的平稳占有说。笔者认为，"所有权说"的缺陷是过于缩小盗窃罪的处罚范围，"占有说"基本上是正确的，但是，该说的不足点是过于扩大盗窃罪的处罚范围，因此，"保护占有说"相对合理。

护，财物的所有者或占有者作为法益的主体，均有可能成为被害者，因此，近亲属关系应当是所有者和占有者双方。从近亲属间盗窃的历史沿革以及意义来看，近亲属关系的界定似乎与盗窃罪的保护法益也没有太大的关联性。另外，即便从"法不介入家庭"思想角度探讨该问题，如果财物的所有者或占有者的一方不属于近亲属关系，由于事态的解决已经无法在家庭内部予以解决而失去了排斥刑法介入的理由，因而有可能无法适用近亲属间盗窃免予处罚的法律或司法解释。如果考虑到所有者和占有者都处于被害者的地位这一点，限于双方都属于近亲属，就应作为家庭内部的问题而应在家庭内部解决所发生的问题。如果所有者或占有者的一方没有近亲属关系，由于存在并不是近亲属的被害者，因而就无法在家庭内部解决。笔者倾向于前述之第三种观点的理由正在于此。

三、近亲属关系错误

基于所有关系、占有关系或血缘关系的事实错误，实际上与所有者并不存在近亲属关系，但误以为存在近亲属关系（积极错误）；与所有者存在近亲属关系，却误以为不存在（消极错误），这就是近亲属关系错误问题。怎样处理近亲属关系错误问题，在大陆法系的刑法理论界，主要有以下几种观点的对立[①]：

倾向于政策说的观点认为，重要的是客观存在的近亲属关系，因此，在积极错误的情况下，由于客观上并不存在近亲属关系而不应适用减免处罚的规定。与此相反，在消极错误的情况下，由于客观上存在近亲属关系，因而应当适用减免处罚的规定。不过，也有部分倾向于政策说的观点则认为，误以为存在近亲属关系，而这种误信在客观上看确实属于无法避免，出于妥当处理已经发生的事态，可以适用减免处罚的相关规定。[②]

[①] 参见〔日〕松原芳博：《亲属间相盗之例》，载〔日〕西田典之等编：《刑法的争论点》，3版，有斐阁，2000，第167页。

[②] 针对这种主张，批判的观点认为：无论是从"法不介入家庭"这一思想，还是从阻却处罚事由这一法律性质来看，没有丝毫理由考虑这种误信。之所以有必要考虑错误，是因为，近亲属关系针对所实施的犯罪行为，在规范性评价上有关联性这一点。（参见〔日〕松原芳博：《亲属间相盗之例》，载〔日〕西田典之等编：《刑法的争论点》，3版，有斐阁，2000，第167页。）

违法阻却、减少说认为，近亲属关系错误属于违法阻却、减少事项错误，因此，在积极错误的情况下，根据一般错误理论，阻却普通盗窃罪的故意，作为近亲属间的盗窃理应减免处罚。但是，在消极错误的情况下，由于涉及是否存在防卫意思那样的主观正当化要素，因而这里的违法阻却或减少并不属于以法益冲突为前提的正当化事由，而属于应当排除的可罚的违法类型情况，因此，不管是否存在主观正当化要素，基于客观上的违法减少事由而应适用减免处罚的规定。

责任阻却、减少说则认为，近亲属关系错误属于期待可能性范畴的事实错误，因此，在积极错误的情况下，根据一般错误理论，限于该错误不可避免的情形，由于缺乏期待可能性而阻却责任。但是，由于在近亲属间盗窃的情况下，整体上并不属于期待可能性问题，而属于成为行为发生的诱因的心理状态问题，因而误信近亲属关系存在而实施盗窃行为的行为者的心理状态与实际上存在近亲属关系并没有什么区别。如果将期待可能性判断适用于形成误信近亲属关系的过程之中，不仅是对通过刑法类型化的意图的一种漠视，也有可能导致不当地扩大责任非难的对象。因此，在积极错误的情况下，不必考虑回避可能性问题而直接适用减免处罚的规定。而在消极错误的情况下，既然缺乏近亲属关系认识，实际上不存在减少责任非难的理由，但是，基于客观上存在近亲属关系，根据罪刑法定主义原则，可以适用减免处罚的规定。

四、相关指导性案例

郝卫东盗窃案[①]

（一）基本案情

被告人郝卫东，男，18岁，住陕西省府谷县府谷镇阳塔村。因本案于2008年5月29日被逮捕。陕西省府谷县人民检察院以被告人郝卫东犯盗窃罪，向陕西省府谷县人民法院提起公诉。起诉书指控：2008年4月28日上午11时许，被告人郝卫东到其叔辈爷爷被害人郝喜厚位于府谷镇阳塔村的家院内，见郝喜厚家中无人，想到债主逼债缠身，便产生了盗窃

---

① 参见陈兴良、张军、胡云腾主编：《人民法院刑事指导案例裁判要旨通纂》（下卷），北京，北京大学出版社，2013，第759页。

还债之念。郝卫东随后在院内找了一根钢筋棍，将窗户玻璃打碎进入室内，又在室内找了把菜刀，将郝喜厚家写字台的抽屉撬坏，盗走写字台抽屉内放的现金53 000元。郝卫东以非法占有为目的，秘密窃取他人财物，其行为构成盗窃罪，提请依法予以惩处。

被告人郝卫东及其辩护人对公诉机关指控的事实和罪名无异议。郝卫东的辩护人认为应当对郝卫东的盗窃行为判处缓刑，其辩护理由为：首先，郝卫东是被害人郝喜厚的亲侄孙，而且两人在2007年签订过遗赠协议书，可视为近亲属，根据最高人民法院《关于审理盗窃案件具体应用法律若干问题的解释》第1条第4项之规定，可以对盗窃近亲属财物的郝卫东减轻处罚；其次，郝卫东案发时刚刚成年，无前科，归案后有悔罪表现，而且当庭认罪；此外，赃款全部追回，未给失主造成经济损失，并取得被害人谅解，被害人表示不希望追究郝卫东的刑事责任。综上，建议对郝卫东判处缓刑。①

本案一审的争议焦点是：本案盗窃数额巨大，按照刑法规定应判处10年以上有期徒刑，但本案发生在亲友之间，被告人郝卫东刚满18周岁，且被害人强烈要求免除对被告人的处罚，考虑到这些特殊情况，应如何对被告人量刑？

陕西省府谷县人民法院认为：被告人郝卫东以非法占有为目的，秘密窃取他人财物，数额特别巨大，其行为构成盗窃罪。本案盗窃数额巨大，按照刑法规定应在10年以上量刑。但是，在对郝卫东量刑时有以下几点酌定从轻情节可以考虑：(1)被告人确系被害人郝喜厚的亲侄孙，从小与被害人生活在一起，双方关系密切，感情较好。双方虽非《中华人民共和国刑事诉讼法》第82条所规定的"近亲属"，但属于五代内旁系血亲，属亲属关系。其盗窃自己亲属财物之行为有别于其他盗窃行为，在量刑时也应该区别对待。(2)被告人所盗窃的赃款在案发当天仅隔数小时后即被追回，未给被害人造成任何经济损失。(3)被害人强烈要求法庭对被告人免除处罚。案发后，郝喜厚先后到公检法部门反映，要求免除对被告人

---

① 陕西省府谷县人民法院一审查明：被告人郝卫东系被害人郝喜厚的亲侄孙。2008年4月28日上午11时许，被告人郝卫东到其叔辈爷爷被害人郝喜厚位于府谷镇阳塔村的家院内，见郝喜厚家中无人，想到债主逼债缠身，便产生了盗窃还债之念。郝卫东随后在院内找了一根钢筋棍，将窗户玻璃打碎进入室内，又在室内找了把菜刀，将郝喜厚家写字台的抽屉撬坏，盗走写字台抽屉内放的现金53 000元，然后将其中49 000元存入银行，剩余4 000元还债。当日下午，郝卫东被公安人员抓获。破案后，存入银行的赃款49 000元全部追回退还失主，剩余4 000元由郝卫东的父亲郝建国代为赔偿失主。

的处罚，称如果因其报案导致被告人受到刑罚处罚，两家的关系难以处理好，且村里人也认为他得理不饶人。（4）郝卫东归案后认罪态度较好，且系初犯。辩护人的相关辩护意见予以采纳。据此，陕西省府谷县人民法院依照刑法第264条、第63条第2款、第64条的规定，于2008年9月25日判决如下：被告人郝卫东犯盗窃罪，判处有期徒刑5年，并处罚金20 000元。

一审宣判后，被告人郝卫东没有上诉，公诉机关也没有抗诉。因系在法定刑以下判刑的案件，经逐级层报陕西省榆林市中级人民法院、陕西省高级人民法院复核同意后报请最高人民法院批准。最高人民法院复核，确认了一审查明的事实。最高人民法院认为：本案虽系盗窃数额特别巨大，但是发生在有共同生活背景的紧密亲属关系之间，被害人郝喜厚表示谅解且不希望追究郝卫东的刑事责任，所盗窃财物于案发后随即追回，并未造成被害人损失，被告人犯罪时刚成年，犯罪主观恶性不深，犯罪实际造成的危害范围和程度有限。根据案件的特殊情况，应当认定为刑法第37条规定的"情节轻微，不需要判处刑罚"的情形。原判对郝卫东在法定刑以下判处的刑罚量刑仍属过重。

据此，最高人民法院依照刑法第63条第2款和最高人民法院《关于执行〈中华人民共和国刑事诉讼法〉若干问题的解释》第270条的规定，于2009年11月20日裁定如下：（1）不核准陕西省府谷县人民法院（2008）府刑初字第103号对被告人郝卫东以盗窃罪，在法定刑以下判处有期徒刑5年，并处罚金人民币20 000元的刑事判决。（2）撤销陕西省府谷县人民法院（2008）府刑初字第103号对被告人郝卫东以盗窃罪，在法定刑以下判处有期徒刑5年，并处罚金人民币20 000元的刑事判决。（3）发回陕西省府谷县人民法院重新审理。

陕西省府谷县人民法院经重新审理认为：被告人郝卫东以非法占有为目的，秘密窃取他人财物，且数额特别巨大，其行为已构成盗窃罪，公诉机关指控罪名成立，依法应予惩处。依据最高人民法院《关于审理盗窃案件具体应用法律若干问题的解释》第1条第4项之规定，偷拿自己家的财物或者其近亲属的财物，一般不可按犯罪处理；对确有追究刑事责任必要的，处罚时也应与一般盗窃案件有所区别。本案中，被告人与被害人郝喜厚虽不是法定的近亲属，但被告人系被害人的亲侄孙，属五代以内旁系血亲，且被告人从小就和被害人一起生活，二人亲情深厚，在被告人犯罪后，被害人还多次向法庭要求对被告人从宽处罚。被告人归案后认罪态度较好，悔罪表现明显，且所盗款项大部分被及时追回，不足部分也由其亲属退赔给了失主。综合考虑本案被告人的犯罪情节、危害后果及其悔罪表现，被告人的犯罪行为应属刑法第37条规定的"犯罪情节轻微，不需要判处刑罚"的情形，故可对被告人免予刑事处罚。据此，陕西省府谷县人民法院依据刑法264条、第37条、第64条之规定，于2010年1月14日判决如下：被告人郝卫东犯盗窃罪，免予刑事处罚。宣判后，被告人郝卫东未提出上诉，公诉机关未提出抗诉，判决已发生法律效力。

（二）裁判要旨

No. 5-264-56 在盗窃自己亲属财物的案件中，考虑到被害人与被告人的亲属关系，被害人强烈要求对被告人从宽处罚，且未造成经济损失等因素，可以免予刑事处罚。

刑法第37条规定，对于犯罪情节轻微不需要判处刑罚的，可以免予刑事处罚。在审理盗窃案件中，盗窃数额是判断情节及社会危害性的重要依据，但不是唯一依据，还应综合考虑案件其他情节及被告人的主观恶性和人身危险性等因素。如果盗窃犯罪的案情特殊，综合判断犯罪情节，确属轻微的，即使犯罪数额巨大，也可以免予刑事处罚。判断某一盗窃行为是否属于犯罪情节轻微，需要综合考虑犯罪手段、犯罪对象、退赃情况及社会反应，客观评价刑罚处罚的必要性。

最高人民法院《关于审理盗窃案件具体应用法律若干问题的解释》第1条第4项规定，偷拿自己家的财物或者其近亲属的财物，一般不可按犯罪处理；对确有追究刑事责任必要的，处罚时也应与一般盗窃案件有所区别。本案中，被告人与被害人郝喜厚虽不是法定的近亲属，但被告人系被害人的亲侄孙，属五代以内旁系血亲，且被告人从小就和被害人一起生活，二人亲情深厚，在被告人犯罪后，被害人强烈要求法庭对被告人从宽处罚。被告人归案后认罪态度较好，悔罪表现明显，且所盗款项大部分被及时追回，不足部分也由其亲属退赔给了失主。综合考虑本案被告人的犯罪情节、危害后果及其悔罪表现，被告人的犯罪行为应属刑法第37条规定的犯罪情节轻微不需要判处刑罚的情形，故可对被告人免予刑事处罚。[①]

在我国的刑法理论界，主流观点认为，所谓盗窃罪是指以非法占有为

---

① 参见陈兴良、张军、胡云腾主编：《人民法院刑事指导案例裁判要旨通纂》（下卷），北京，北京大学出版社，2013，第761页。

目的①，秘密窃取数额较大的公私财物的行为。也就是说，盗窃罪中的"窃取"意味着财物从所有人、保管人的控制之下转移到盗窃者手中。其犯罪对象是国有、集体所有制或公民私人所有的财物，犯罪行为通过作用于犯罪对象，侵犯的法益是公民财产的所有权。② 依通说来看，财产犯罪的保护法益是指财产的所有权以及其他本权，因为本权是指法律上的正当权利，即行为人占有财物时基于法律上的正当理由，本权首先是指所有权，除此之外，还有其他本权，比如租赁权、抵押权等，行为只有侵害了他人的这种本权，才构成财产犯罪。他人占有也不是指单纯的占有本身，而是指基于原权的占有即存在占有的合法原因，是享有占有权利的人的占有，所以，盗窃他人合法所有的财物成立盗窃罪。

笔者认为，前述案例中的行为人的行为，符合盗窃罪的构成要件。但是，正如在中外学说概观、评析中所探讨的那样，这个案例中的行为人的

---

① 非法占有目的是盗窃罪等取得罪主观方面的要件，这在我国刑法理论界一直没有异议。但是，在大陆法系的刑法理论界，历来存在必要说与不要说两种学说的对立。一般认为，这种对立与学说上有关财产罪的保护法益问题的认识分歧有密切关系。由于本权说认为盗窃等取得罪的本质是侵犯所有权以及其他本权，因而要求行为人在主观方面有作为所有权者而行动的意思，即要有非法占有的目的。而占有说认为，财产罪的保护法益是占有本身，作为盗窃等取得罪的主观要件是对侵害占有的事实有认识（即有故意），并不要求行为人主观上有非法占有的目的。然而，随着有关盗窃罪保护法益的平稳占有说的出现，上述本权说取必要说、占有说取不要说的传统格局发生了根本性变化。平稳占有说认为，非法占有目的和被害者的法益保护问题可以分别考虑，非法占有目的作为行为者主观方面的可罚性要素，应当从经济性角度重新加以考虑。在大陆法系的判例中，裁判所虽然对抢夺罪的保护法益渐渐倾向于保护占有权，但是，在主观方面仍然没有改变非法占有必要说的立场。面对这种现实，取本权说的观点大多倾向于非法占有必要说，不过，也有部分观点认为，即使取本权说，也可以取非法占有不要说。

② 我国的通说可以归类为"所有权说"，问题是，所有权说对司法实践中所遇到的许多具体问题很难给予合理的解释。比如，占有人合法占有他人的财物而第三者盗窃该财物的行为，所有人盗窃属于自己而为他人合法占有的财物的行为，盗窃他人通过违法或犯罪手段而获得财物的行为，盗窃他人非法持有的违禁物品的行为等。随着社会经济的发展，交易的多样化，占有本身的经济价值日益显现出来，如果将刑法中盗窃罪的保护范围界定为所有权，强调被害人对物的占有的合法性，将占有单纯地理解为一种正当的权利，必然会对于诸多行为作出罪处理，在一定程度上放纵犯罪，不利于公私财产利益的充分保护和交易秩序的稳定。因此，所有权说日益受到部分观点的质疑。有观点认为，随着社会经济的飞速发展，所有权关系也表现出日益复杂化的特点，所有权中的具体权能和所有权本身是可以分离的，现实生活中这种现象也并不鲜见。所有权与其权能之间这种可以分离的关系决定了盗窃罪的保护法益不再是简单而纯粹的所有权。这种观点借鉴大陆法系国家关于财产罪的保护法益理论——"本权说"与"占有说"之争，提出了侵犯财产罪新的犯罪客体——所有权及其他本权或者需要通过法定程序恢复应然状态的占有。这里的本权是指基于一定法律原因而享有占有的权利，也即基于合法缘由占有的权利或称占有权。而需要通过法定程序恢复应然状态的占有是指占有事实本身，也即没有合法根据的占有。

行为，根据相关近亲属间盗窃的司法解释，应当减免处罚。基于"法不介入家庭"的思想，近亲属间发生的财产性纠纷，与其动用国家刑罚权解决，不如在家庭内部通过协商解决。即这种纠纷最好交给家庭内部解决，而不必动用国家刑罚权。近亲属间的盗窃之所以减免处罚，是基于刑事政策而减免，而不是将免予处罚的根据求之于不成立犯罪。

只要我们注意一下近亲属间盗窃的亲属关系便可以知道，在近亲属间盗窃的情况下，确实存在某种意义上已经形成的消费共同体这样一层关系。如果亲属间的盗窃发生在这样一层近亲属关系之中，就不能要求行为人仍然遵守与社会上一般盗窃罪等同的禁止规范，而可以要求其遵守与社会上的禁止规范相比相对缓和的禁止规范，因此，针对实施盗窃行为的行为者来说，可以说只存在轻微的违法性或社会危害性。另外，就近亲属间的盗窃行为来说，确实存在被害者很难期待行为者不去实施盗窃的情形。问题是，不应否定同时还存在与此相反（可以期待）的情形，但是，刑法仍然对其免予处罚。可见，在这种情况下，虽然不能否定存在阻却违法、责任或减少的情形，但是，刑法之所以规定该条款，是基于不管是否存在阻却或减少违法、责任的情形，解决近亲属间的盗窃问题，应当在近亲属间内部解决的这样一种意图。在现实生活中，如果盗窃行为发生在近亲属之间，基于近亲属这样一层身份关系，在当事者之间予以解决可以说是上策。如前所述，部分国家刑法规定之所以规定该条款，也是基于近亲属间存在的这种关系和考虑到相对容易解决的近亲属关系。从刑事政策的视角来说，解决近亲属间的盗窃，与适用刑罚相比较，在近亲属间内部予以解决不仅相对容易，也可以节省更多的司法资源。

作为近亲属间的事情，既有可以在近亲属间内部解决而不予刑事处罚的犯罪，也有需要予以惩处的其他犯罪，但两者之间并不存在矛盾，关键在于两者之间应当有一个合理的界限。发生在家庭内部的涉嫌刑事犯罪的行为，社会危害性相对较小，不仅便于在家庭内部予以解决，也有利于恢复被害结果和修复家庭内部关系，其典型便是近亲属间的盗窃问题。如果不否认这一点，下一个问题就是将这种特殊情况特殊处理的合理范围扩大到怎样一个范围？国外的立法情况也好，我国的司法解释也罢，均认为应当限制在有关财产犯罪的范围之内。其实，除了财产犯罪之外，有些犯罪则不属于在家庭内部予以解决或在家庭内部无法解决，或者不利于关系的恢复。由此可见，"法不介入家庭"这一思想本身，可以说适用在财产犯罪范围内相对妥当，国外的刑法规定或我国的司法解释可以说是基于这种立场的结论。

第七章 近亲属间盗窃免予处罚之法理

需要注意的是，国外部分国家的刑事立法中①，亲属间的盗窃只限于近亲属，如果行为人并不属于近亲属，只有在被害人告诉的前提下才能予以处罚。遗憾的是，迄今为止我国没有这方面的司法解释，因此，如果盗

---

① 在英美法——普通法中，夫妻间不成立盗窃罪。依据是：第一，基于夫妻是一体性观念，这种观念源于圣经，因此，婚后的夫妇被视为一体是英美法中的一种宗教观。第二，基于上述观念而派生出来的理论，即婚后夫妻财产是基于丈夫对妻子的监护作用而成为一体。但是，依据一之夫妻的一体性，这一宗教观本身能否被人接受不无疑问，即便肯定其背后夫妻之间的和睦这一前提，也未必能够引申出不成立盗窃罪的结论。起诉也许会破坏夫妻间的和睦，但是，一方的起诉意思意味着夫妻间的和睦已经遭到破坏。另外，针对夫妻间的暴行、伤害行为，被害者一方可以提起诉讼，唯独盗窃行为以和睦为由而被否定，令人难以理解。就依据二之所有的一体性而言，由于近代法肯定妻子也有财产权而失去了理论依据。至少在民事上，妻子可以对丈夫要求返还财产，即允许提起民事诉讼，因此，刑事诉讼也应作为一种补充而允许妻子提起诉讼。可见，普通法的教义得以衰退也许不是偶然。将夫妻间的盗窃视为普通盗窃正成为美国法中的一种新的趋势。需要注意的是，模范刑法典虽然否定普通法的思维方式，但是，并没有将夫妻间的盗窃视为与普通盗窃完全没有区别。模范刑法典223，第1条第4款规定：针对配偶者实施的盗窃行为，不能以针对配偶者实施的盗窃为由进行抗辩；然而，同时又规定：针对家庭用品、个人用品等通常由配偶双方管理的财产，如果不法使用这类财产的话，限于双方分居后实施这类行为，可以构成盗窃罪。依据可以归纳为以下三点：第一，现实生活中的很多家庭用具的所有关系，基于非正式的赠予而不尽明确，同时很难判明是否同意或能否忍受，因此，即便进行裁判，很可能蕴含着难以进行判决的危险性。第二，行为人的行为并没有明显逸出社会规范。比如，从配偶者的钱包中取出一定数额的钱，这很难说与一般盗窃一样，在社会意义上威胁着财产，可以说，这种情形是随着结婚而经常具有的一种危险性。第三，刑庭并不适合处理家庭内部发生的纠纷。起诉者并不真正想把被告人送进监狱，因此绝大部分情形都不会起诉。由此可见，上述之第一点蕴含着所有关系不明确的缺陷，而第二、第三点则不管所有关系怎样，习惯上就不适合予以起诉。模范刑法典规定，在分居后的情形下，没有必要考虑以上三点而构成普通盗窃罪。然而，即便在同居的情形下，并没有将这几点均视为问题点，只是限于第一点之所有关系不明确的情形下，考虑第二和第三点，这或许就是模范刑法典的一个特色。不过，第二点确实可以说逸出了社会规范，但是，即便是配偶者之间，未经同意的盗窃行为同样逸出了社会规范，因此，很难说是随着结婚而不可避免的一种危险性。第三点之刑庭并不适合处理家庭纠纷，如果检察官和法官基于良心而慎重处理案件的话，家庭内部的纠纷不应发展成盗窃罪。因此，第二点和第三点本身不应成为配偶者间否定盗窃罪成立的理论依据。模范刑法典是在第一点之所有关系不明确的情形下，认为应当考虑第二点和第三点。模范刑法典并没有将法律不应介入家庭纠纷、婚姻暗含着可以使用对方财产视为某种原则，而是在此基础上，试图否定盗窃罪的成立。由此可见，美国法中有关夫妻间的盗窃罪，通常以一般盗窃罪予以处罚的倾向比较浓厚，即便在否定盗窃罪成立的例外情形中，并非基于法律不介入家庭这一原则，而是基于犯罪对象的所有关系。正像模范刑法典所规定的那样，成为问题的是，当所有权关系不明确时，究竟是事先就不予以追诉还是在追诉的基础上，法院根据具体情况具体判断呢？从节省司法资源的视角而言，当然是前者占优势，不过，当被害者一方主张所有的情形下，后者则明显占优势。在英国法中，1968年开始实施的有关盗窃罪的第30条第2款，否定了配偶者间犯盗窃罪时，有关追诉对象的限定条件。（参见〔日〕林美月子：《亲属间的财产犯罪》，载《内田文昭先生古稀祝贺论文集》，青林书院，2002，第347页。）

窃发生在远亲关系之中，极有可能作为一般盗窃罪予以处罚。由于远亲间发生的盗窃，并不存在财产共有和不具有消费共同体的性质，因而在这种情况下很难肯定违法或责任的阻却、减少。因此，根据违法阻却、减少或责任阻却、减少说，在理论上说明其法律性质显然困难。那么，能否根据政策说解释这一问题呢？远亲虽然在血缘和姻缘上与近亲属不同，但是，毕竟与他人还有区别，因此，基于远亲关系而尽可能在亲属间解决还是有一定的可能性，刑法也尽最大可能避免介入这种关系间的问题。然而，远亲间的盗窃与近亲属间的盗窃毕竟不同，有时很难在亲属间的内部解决。所以，有时就有必要通过法律予以解决。正是基于这种思想，如果远亲间的盗窃确实无法在亲属内部解决，就得不得不动用刑法予以解决。

第八章 刑法中的"毁坏"之界定

一、问题的提出

2002年4月29日至5月10日,被告人朱建勇利用事先获悉的账号和密码,侵入被害人陆某群、赵某花夫妇在证券营业部开设的股票交易账户,然后篡改了密码,并使用陆、赵夫妇的资金和股票,采取高进低出的方法进行股票交易。5月16日,朱建勇再次作案时被当场发现。按照股票成交平均价计算,用首次作案时该账户内的股票与资金余额,减去案发时留有的股票与资金余额,朱建勇共给陆、赵夫妇的账户造成资金损失19.7万余元。朱建勇被发现后,立即如实供述了全部事实,并赔偿了陆、赵夫妇的经济损失。①

法院认为,法律规定故意毁坏财物罪,旨在通过保护公私财物,进而保护该财物权利主体的权益。刑法意义上的财物,既包括有体物,也包括无体物,只要它具有一定经济价值,能成为权利主体依法享有的权益,就可以成为故意毁坏财物罪的犯罪对象。电力、煤气等无形财产,已经被刑法分则和相关的司法解释明确规定为盗窃罪的犯罪对象。股票所代表的财产权利,也可以成为故意毁坏财物罪的犯罪对象。

在本案中,被告人的行为能否构成故意毁坏财物罪,主要涉及两个问题:一是被告人的行为是否符合故意毁坏财物罪的构成要件,即毁坏的界定;二是股票所代表的财产权利能否被认定为故意毁坏财物的犯罪对象。有关刑法中财物的界定问题,由于已经有专门的论述②,本书只探讨有关

---

① 参见刘树德:《刑事指导案例汇览》,北京,中国法制出版社,2010,第475页。
② 参见有关财物的界定,可参见郑泽善:《刑法争议问题探索》,北京,人民出版社,2009,第293页以下。

"毁坏"的界定问题。

在我国的刑法理论界，主流观点认为，故意毁坏财物罪，是指故意非法地毁灭或者损坏公私财物，数额较大或者情节严重的行为。本罪在主观上没有非法占有的意思，只是单纯侵害他人财物的犯罪。客观上表现为实施毁坏公私财物，数额较大或者有其他严重情节的行为。毁坏包括毁灭与损坏两种行为。毁灭，是指使财物的价值或者使用价值全部丧失，如烧毁、砸毁等。损坏，是指使财物受到破坏，从而部分地丧失价值或者使用价值。构成本罪，在客观方面还要求具有数额较大或者其他严重情节。有其他严重情节，通常认为主要是毁坏重要财物无法弥补损失的，损坏手段特别恶劣的；破坏现场、湮灭罪证、嫁祸于人的，以及其他严重的行为。本罪主观上只能是故意。行为人的犯罪目的不是非法占有该财物，而是为了将该财物毁坏，使其丧失价值或者使用价值。故意毁坏财物罪的犯罪动机是多种多样的，比如泄愤报复、嫉妒他人、打赌、出于空虚无聊而寻求刺激，等等。[①] 动机如何，对构成该罪并无影响。

在我国的刑法条文中，虽然设有故意毁坏财物罪，但由于此类案件在司法实践中并不多见，因而对毁坏的含义只是作一般性的字面解释，并没有真正在法理上展开讨论。[②]

二、中外学说概观

有关毁坏的概念和意义，在德日刑法理论界，存在激烈的争论。主要有以下几种观点的对立：

1. 效用侵害说。这种观点认为，毁损是指损害财物效用的所有行为。这是从广义上理解和把握毁损概念的主张，是日本的通说，也是判例所取的立场。[③] 根据这种观点，不仅直接造成财物全部或部分损坏，导致其丧失效用的情形构成对财物的毁损，而且财物的外形并没有毁坏，只是其效用受到损害，也应视为毁损。比如，将财物隐藏在所有者难以发现的场所，将他人的金银首饰丢弃到湖海之中，在他人的字画上涂墨水等污物，

[①] 参见李翔主编：《刑事疑案探究》，上海，上海人民出版社，2008，第182页以下。
[②] 参见陈兴良：《判例刑法学》（下卷），北京，中国人民大学出版社，2009，第398页。
[③] 参见〔日〕城下裕二：《损坏概念》，载〔日〕西田典之等编：《刑法的争论点》，3版，有斐阁，2000，第208页。

将他人鱼塘的闸门打开让鱼流失，把别人的鸟笼打开让笼中的鸟飞走，在他人的餐具中投入粪便等等，均属于毁损财物的行为。效用侵害说又可以分为一般效用侵害说和原本效用侵害说。一般效用侵害说认为，只要侵害财物的一般效用，就构成毁损；原本效用侵害说则认为，只有造成财物的全部或部分损害，并使之处于不能按其本来的用法使用的状态，才应视为毁损。① 笔者倾向于这种观点。

2. 有形侵害说。这种观点认为，毁损是指对财物施加有形的作用力，从而使财物的无形价值、效用受损，或者损害物体完整性的情形。在明显没有施加有形力的情况下，不可能成立故意毁坏财物罪。根据这种观点，在他人餐具中投入粪便使之无法使用的，由于对餐具施加了有形力，因而构成毁坏财物罪。如果仅仅只是将财物隐藏起来，由于没有对之施加有形力，即便损害了其效用、价值，也不能视为对财物的毁损。不过，主张这种观点的学者中，也有学者并不同意上述主张，认为隐匿财物的行为本身就是对财物施加了有形力，因此，理应将其视为对财物的毁损。这是日本的少数说。② 有形侵害说是德国的通说。不过，德日两国的有形侵害说并不完全相同。比如，日本的有形侵害说对把金戒指投入湖海中，是否属于施加了有形力的毁损行为的问题没有涉及，而德国的有形侵害说认为，丢弃行为不是施加有形力的行为，因而不构成毁坏财物罪。另外，德国的有形侵害说认为，使他人的鸟、鱼逃走，将别人的金戒指丢弃到湖海中，之所以不构成毁坏财物罪，不仅仅只是对财物没有施加有形力，更重要的是并非是使之不能按财物的原本用法使用。这与日本的有形侵害说十分强调对财物本身的侵害有所不同。③

3. 物质性毁损说。这种观点认为，毁损是指对财物的整体或部分造成物质性破坏或毁坏，从而使这种财物完全不能或部分不能按其原本的用法使用。根据这种观点，毁损的实质不在于是否对财物施加了有形力，也不在于是否损害财物的效用，而在于其所采用的手段是否导致财物遭受物质性破坏或损害，并且使之不能或者很难恢复原状，因而不能按其原本的用法使用。反过来，如果只是造成财物轻微的损坏，很容易恢复原状，并没有达到不能按其原本用法使用的程度，则不能说是对财物的毁损。由此

---

① 参见〔日〕田中久智：《毁弃·隐匿罪》，载〔日〕阿部纯二等编：《刑法基本讲座》。第5卷，法学书院，1993，第341页。
② 参见上书，第342页。
③ 参见刘明祥：《财产罪比较研究》，北京，中国政法大学出版社，2001，第419页。

而论，使他人鱼塘里的鱼流失，将鸟笼中的鸟放飞，将金银首饰丢弃到湖海之中，将物品隐藏起来，在餐具中投放粪便，由于没有杀伤鱼鸟，没有对首饰、物品、餐具等造成物质性破坏，因而不能构成毁坏财物罪。但隐匿财物的行为并非一概不能处罚，如果行为人有非法占有的意思，那就可以以盗窃罪处罚。① 这是日本的有力说。

有关这一问题，韩国刑法理论中的主流观点认为，"毁坏是指通过有形力的行使或机械性操作，从物理意义上毁损财物、文书或电磁记录等特殊媒体所记录的内容，全部或部分消除特殊媒体所记录的内容或变更其内容，使之减少原本效用的一切行为。在毁坏概念中，最本质而传统的观点是物理意义上的毁损。但是，由于改正刑法将该罪的行为客体扩大到特殊媒体记录，因而消除或变更录入电脑中的电子资料的行为，也应将其视为一种毁坏行为。"② 这种观点与前述之效用侵害说比较相近。

有关毁坏的界定，韩国的判例认为，毁坏并不限于对重要部分的毁损。由于物理意义上已经予以毁坏，通过简单修理能够恢复原本功能，也应将其视为毁坏。即便并没有完全毁坏物体本身，只要影响发挥原本功能，同样属于毁坏。因此，放掉汽车轮胎中的气的行为，也应属于毁坏。

韩国刑法理论中的毁坏概念，最早出现的是物体侵害说，后来又出现了机能妨害说，现在的有力说是保存状态变更说。根据这种主张，毁坏并不限于物体本身的消失，只要影响物体原本的用途或违背所有者利益而变更物体的保存状态，也应视为毁坏。比如，分解机械使其无法按时启动、污染井水、放掉轮胎中的气、在他人的广告上贴上自己的广告、用涂料等涂掉广告的内容等，均构成毁坏。另外，妨害财物原本用途并不限于永久性，一时性妨害也不影响毁坏的认定。③

如前所述，有关毁坏的概念及意义，我国刑法理论界并没有深入的研究。通说认为："故意毁坏财物罪，是指故意非法地毁灭或者损坏公私财物，数额较大或者情节严重的行为。犯罪客体是公私财物的所有权。犯罪对象可以是任何有形的公私财物，包括动产和不动产。但是，破坏特定财物，刑法另有规定的，应依规定处理。犯罪客观方面表现为毁灭或者损坏

---

① 参见〔日〕城下裕二：《损坏概念》，载西田典之等编：《刑法的争论点》，3 版，有斐阁，2000，第 209 页。
② 〔韩〕朴相基：《刑法各论》，4 版，博英社，2002，第 431 页等。
③ 参见〔韩〕金日秀、徐辅鹤：《刑法各论》，6 版，博英社，2004，第 395 页。

公私财物，数额较大或者情节严重的行为。损毁财物的方法有多种，包括砸毁、撕毁、压毁等。但是，用放火、爆炸等危险方法破坏，危害公共安全的，应以放火罪、爆炸罪等论处。"[1]

然而，近年来随着引进德日刑法理论中的相关学说，有关故意毁坏财物罪的讨论逐渐展开。主要观点有：

毁坏"不限于从物理上变更或者消灭财物的形体，而是包括丧失或者减少财物的效用的一切行为。所谓财物效用的丧失与减少，不仅包括因为物理上、客观上的损害而导致财物的效用丧失或减少，而且包括因为心理上、感情上的缘故而导致财物的效用丧失或者减少（如将餐具装入粪便）；不仅包括财物本身的丧失，而且包括被害人对财物占有的丧失等情况"[2]。这是倾向于一般效用侵害说的观点。

只有使他人财物永久地失去其效用的行为，才能视为毁损行为。具体来说，如果行为造成了财物实质上的破坏（包括拆卸、部分毁坏或整体毁灭），使之永久性地完全失去效用或部分失去效用，这自然可以构成故意毁坏财物罪。虽然没有对财物本身造成破坏，但却使之永久地脱离他人的占有，或者尽管所有者仍占有该物，但已不可能发挥其原有效用的，也可以构成故意毁坏财物罪。[3] 这是倾向于原本效用侵害说的主张。

毁坏财物行为应当揭示行为的破坏性，只有破坏性的行为才能构成毁坏，那些不具有破坏性的行为则不能认定为毁坏。效用侵害说只着眼于效用丧失或者降低的结果，对行为方式本身没有加以限制，因此其对毁坏的理解具有结果论的效应，过于宽泛。有形侵害说指出了有形作用力对于界定毁坏的作用，开始注重行为，但无形作用力难以准确认定，存在操作上的困难。物质性毁损说强调采用导致财物遭受物质性损毁的手段，因此是正确的。但该说将后果局限在物理性毁损，不包括功能性毁损，也存在缺陷。只有行为的破坏性，才能把那些虽然使他人财产遭受损失但并未采用破坏性手段的行为从毁坏中予以排除。例如隐匿行为，其手段不具有破坏性，即使能够使他人永远丧失对财物的占有，也不能认定为对财物的破坏。其他没有直接对财物采取破坏性手段而使他人财产受到损失的行为，

---

[1] 高铭暄、马克昌主编：《刑法学》，3版，北京，北京大学出版社、高等教育出版社，2007，第588页。
[2] 张明楷：《刑法学》，2版，北京，法律出版社，2003，第790页。
[3] 参见刘明祥：《财产罪比较研究》，北京，中国政法大学出版社，2001，第425页。

也不能构成故意毁坏财物罪。例如放走小鸟，将戒指丢到大海等。在这些情况下，这些财物本身没有遭受物理上的或者功能上的毁损，即使他人丧失对这些财物的占有，也不是故意毁坏财物罪。毁坏的后果不仅在于使他人丧失对财物的占有，更为重要的是使财物丧失价值。把一张价值连城的名画烧毁，当然是毁坏财物；在这张名画上泼墨，使之污损，也是一种毁坏财物。① 这是基本倾向于物质性毁损说的主张。

毁坏，原本的意义是指物理上的毁损，但是故意毁坏财物罪中的毁坏又不限于此，有必要对其作广义上的理解，不仅是指毁弃、损坏，还包括其他使财物丧失其效用的行为。换言之，由于盗窃罪要求行为人有非法占有的意思，在不具有非法占有意思的情况下，侵犯他人财产的行为就可以考虑成立毁坏财物罪：使被害人难以遵从财物本来的用途加以使用之状态的行为，例如在价值连城的字画上添加笔画的污损行为，导致财物的使用价值灭失或者减损的，是毁坏行为；将他人新建住宅的门窗砸坏的行为，摘取交通路口监视器重要配件的行为，是毁坏行为；在一定意义上的杀伤行为，也是毁坏行为，例如杀害他人饲养的动物的行为，构成毁坏财物行为。在特殊情况下，不具有非法占有的意图，但是又剥夺所有人的财物占有权的抛弃、隐匿、在原财物中掺入其他成分的行为，也可以视为财产毁坏行为，例如将尿液投入食器中，是公认的毁坏行为。不具有非法占有目的，将他人豢养的动物开栏放走的，也是故意毁坏财物的行为。② 这是倾向于效用侵害说的主张。

三、效用侵害说的相对合理性

如前所述，在中外刑法理论界，有关毁坏的概念和含义，主要有三种观点的对立。其中，有形侵害说一直处于少数说的地位，因此，有关这一问题，实际上是效用侵害说和物质性毁损说之间的对立。

物质性毁损说对效用侵害说的批判主要集中在以下几点③：

第一，效用侵害说是为了反驳打开他人养鱼池的闸门放走鱼群、打开

---

① 参见陈兴良：《判例刑法学》（下卷），北京，中国人民大学出版社，2009，第399页。
② 参见周光权：《刑法各论》，北京，中国人民大学出版社，2008，第156页以下。
③ 参见〔日〕田中久智：《毁弃·隐匿罪》，载〔日〕阿部纯二等编：《刑法基本讲座》，第5卷，法学书院，1993，第344页以下。

他人的鸟笼放飞小鸟、将他人的戒指扔进湖海、隐匿他人财物、在他人的餐具中投放粪便等情形下，主张不构成故意毁坏财物罪的物质性毁损说而主张的观点。但是，正如物质性毁损说所主张的那样，上述行为并没有杀伤小鸟和鱼，也没有使戒指和餐具受到毁损和破坏，因此，不应将这种情形认定为构成毁坏财物罪。效用侵害说过分强调作为毁弃、损坏的要件的无法使用该物或效用得到侵害的一面，但是，通过放走鱼群、放飞小鸟、丢弃戒指等行为，并没有使财物（鱼、鸟、戒指）本身失去原本用途，也没有使这些财物本身失去了效用。因此，通过上述行为受到侵害的并非是这些财物本身，而是对这些财物所有者权利的一种侵害。也就是说，上述侵害行为，侵害的不过是对财物所有者占有的侵害，事实上导致所有者对这些财物的无法使用。由此可见，将这些行为认定为构成故意毁坏财物罪，似乎有些牵强。当然，正如效用侵害说所主张的那样，通过侵害财物所有者的占有，确实给所有者带来了财产上的损失，但是，这些问题完全可以通过民事赔偿来解决。

第二，效用侵害说认为，在他人的餐具中投入粪便等行为，导致他人无法使用该餐具，因此，应当构成故意毁坏财物罪。但是，即便在他人的餐具里投入粪便等污物，并没有导致餐具的破裂或毁坏，消毒后并非不可能使用。何况，如果让不知情的第三者使用，因为不知情而不会影响使用价值。即便餐具的所有者等知情人因感情上的原因而无法使用，但并非所有人都无法使用。

第三，效用侵害说主张处罚向餐具投放粪便、放飞鸟笼中的鸟和放走养鱼池中的鱼的行为，并不是基于损害、毁弃这些财物，而是基于所有者无法使用或无法处分，因此具有与毁损这些财物等同的可罚性。但是，这种解释本身涉嫌类推解释而违反罪刑法定主义原则。

笔者认为，毁坏这一词语作为日常用语，确实意味着物理意义上的破坏。需要注意的是，缘何物理意义上的破坏作为侵害财产犯罪的关键要素而被适用于司法实践中这一点。也就是说，侵犯财产罪的处罚根据并不在于物理意义上的破坏本身，而在于基于破坏而所有者失去了对该财物的使用价值。毁坏并不限于物理意义上的破坏，而在于失去或减少作为财产的效用。故意毁坏财物罪的认定，应当从其效用的失去或减少这一视角出发，作为财产犯罪的一环进行理解。效用侵害说正是基于这种法理而主张的。根据效用侵害说，财物即便没有在物理意义上得以损害，也应包含在毁坏概念之中，并不违反罪刑法定原则，重视财物效用的灭失或减少的效用侵害说，可以说是合理的一种扩大解释。①

如果将毁坏概念限定在物理意义上的毁损或破坏，基于行为人的行为导致心理上无法使用，即便存在财产性价值的侵害也无法处罚。比如，在他人的餐具中投放污物的行为，由于餐具并没有在物理意义上得以毁损或破坏，因而无从处罚。但是，正如大审院的判旨所指出的那样，毁坏"并不限于物理意义上改变器物的形状或使其消失，还包括事实上或在情感上无法再次使用时"②，也应将其视为毁坏。向他人的餐具实施的投放粪便行为本身，并不属于物理意义上的毁坏。但是，如果亲眼见过或听过有人在餐具中投放了粪便，在一般人心理上其无法将该物作为餐具继续使用，这意味着该物作为餐具已经失去了机能。也就是说，物理意义上该餐具仍然保持完整的形态，但作为餐具已经失去了机能。由于投放粪便的行为侵害了餐具的效用，因而将这种情形解释为毁坏并无不当。

笔者认为，在他人餐具中投放粪便的行为本身，虽然并不属于物理意

---

① 刑法与其他法律一样，力求简明，以适应复杂的社会现象，其条文不得不以一般的、概括的、抽象的形式加以规定。因此，规定的内容不免缺乏明确性和具体性。另外，由于成文法规定的法律条文是以文章的形式表现出来，所表现的文字、语言的意义难免晦涩不明，运用起来时常发生疑义。加上科学的进步一日千里，社会生活随之发生重大变化，具体事实千姿万态，用有限的法律条文解决纷繁事件难免有不足之感。然而，法律一经制定公布实施，不经立法程序便不能轻易更改，尤其是事关国民的生命、财产、自由的刑法，更不能轻易修改以确保其安定性。用抽象的、一般的法律条文解决千态万样的具体事实，必须使刑法条文的内容与意义趋于明确，于是刑法的解释便应运而生。刑法解释在于使所发生的具体事实能够获得适当的、妥善的解决，以期达到刑法制订的目的。因此，可以说解释刑法犹如营养对于生物一样，至少可以延长其生命，使其适用成为可能。也就是说刑法只有通过解释才能生长、发展，并可以得到醇化。（参见陈朴生、洪福增：《刑法总则》，台北，五南图书出版公司，1986，第3页。）作为罪刑法定主义的派生原则，禁止类推解释是众所周知的。但刑法解释不应局限于文理解释，以论理解释、目的论解释等解释方法，在合理的范围内允许扩大解释甚或在有利于被告的前提下容许类推解释是通说。然而，类推解释与合理的扩大解释之界限，至今在大陆法系没有一个统一的标准，也未能在理论上达成共识。笔者认为，合理的扩大解释应当限于：综合考虑同词语本身具有的意义（即核心部分）的距离与处罚的必要性。在此基础上，为了实现实质性、正当性的客观化，有必要探讨犯罪论的体系化、法益保护的分析、社会必要性等内容。具体而言，合理的扩大解释范围可以分为，（1）无论是谁都可以从这一概念联想到内——核心部分，（2）在某一概念中加进某一内容令一般人难以联想到的周边部分和（3）介于这两部分之间的中间部分。在这里，对于（2）之周边部分可以否定构成要件符合性；对于（1）之核心部分，原则上在承认构成要件符合性的基础上，作为例外应考虑限定处罚的事项（包括限定性的合宪解释）；对于（3）之中间部分，应从正面论及保护法益后判断处罚的必要性。从与罪刑法定主义的关联来看，尤显重要的便是（2）之周边部分的判断。（参见郑泽善：《刑法总论争议问题比较研究1》，北京，人民出版社，2008，第1页以下。）根据这种基准，上述解释应当包含在合理的扩大解释之范围内。

② 《刑录》第15辑，第452页。

义上破坏，但是，餐具被投放粪便后从一般人的情感上已经不能作为餐具继续使用。既然餐具不能作为餐具继续使用，导致使用价值的灭失，就具有与毁损餐具而无法使用一样的丧失价值的可罚性，因此，理应属于毁坏财物行为。另外，将他人养鱼池中的鱼放走或打开他人的鸟笼放飞小鸟的行为，由于使养鱼者或鸟的主人无法对其进行处分，因而这种行为和杀伤养鱼池中的鱼或杀害小鸟一样，具有与财物价值的下降或丧失的等价性，所以，完全可以将这种行为解释为毁坏行为。① 换言之，财物效用的灭失与物质性破坏具有等同的反价值性，因此，将效用灭失包含在毁坏概念之中并无不当。

根据效用侵害说，问题的提出中的被告人朱某理应构成故意毁坏财物罪。正如有观点所指出的那样，使财物的价值降低或者丧失是故意毁坏财物罪的本质特征。所谓毁坏，就是指毁灭或损坏。这种行为的本质就是使其侵害的对象全部或部分丧失其价值或使用价值。毁坏的方式通常是以一种直观的物理方式表现出来的，比如打碎杯子或者将杯子上的手柄打断等等。但是，随着社会的进步，新生事物与新现象日益增多，毁坏财物的方式也呈现出多样性。具体表现是某些有形物即使不使其物理上发生变更，也同样可以降低其价值或使用价值，某些无形物在客观上往往都是通过非物理的手段使其价值降低或灭失。在这种情况下，如果我们仍坚持传统思维，将物理上的毁损方式视为故意毁坏财物罪的唯一行为方式，就不能适应实践中保护公私财产的客观需要，就背离了立法者设立故意毁坏财物罪的立法原意。认定毁坏财物的行为，不应将眼光局限于行为手段是否具有物理性质，而应着眼于毁坏行为的本质特征，即该行为是否使刑法所保护的公私财物的价值或使用价值得以降低或者丧失，只要能使财物的价值或使用价值得以降低或丧失，都可以视为毁坏行为。② 本案中，被告人朱某利用高进低出买卖股票的方法使被害人的股票市值降低，实际上使作为财产性利益代表的股票丧失部分价值，这完全就是毁坏他人财物的行为。

四、相关指导性案例

（一）基本案情③

被告人孙静，女，1979年10月20日生，中专文化，原系江苏省无

---

① 参见〔日〕植松正等著：《现代刑法论争Ⅱ》，2版，劲草书房，1997，第219页。
② 参见卢方主编：《经济、财产犯罪案例精选》，上海，上海人民出版社，2008，第415页。
③ 参见陈兴良、张军、胡云腾主编：《人民法院刑事指导案例裁判要旨通纂》（下卷），北京，北京大学出版社，2013，第853页以下。

锡海浪乳品有限公司南京分公司业务员。因涉嫌犯职务侵占罪，于2003年2月25日被逮捕。

江苏省雨花台区人民法院经公开审理查明：被告人孙静于2001年9月应聘到海浪乳品有限公司南京分公司担任业务员。出于为该公司经理孙建华创造经营业绩的动机，于2002年10月8日起向该公司虚构了南京市三江学院需要供奶的事实，并于2002年12月1日利用伪造的"南京市三江学院"行政章和"石国东、陈宝全、蔡斌"三人名章，与该公司签订了"供货合同"，从2002年10月8日起至2003年1月4日止，被告人孙静将该公司钙铁锌奶321 500份（每份200毫升）送至其家中，并要求其母亲每天将牛奶全部销毁。经鉴定上述牛奶按0.95元/份计算，共价值人民币305 425元。2002年12月24日，被告人孙静以三江学院名义交给海浪乳品公司南京分公司奶款7 380元，其余奶款以假便条、假还款协议等借口和理由至案发一直未付给该公司。

南京市雨花台区人民法院认为，职务侵占罪是指公司、企业或者其他单位的人员，利用职务上的便利，将本单位财物非法占为己有，数额较大的行为。由此法律规定可以看出，职务侵占罪主观上必须具有非法占有的故意，客观上必须具有非法占有的行为。所谓"非法占有"不应是仅对财物本身物理意义上的占有，而应理解为占有人遵从财物的经济用途，具有将自己作为财物所有人进行处分的意图，通常表现为取得相应的利益。本案中被告人孙静主观上并没有非法占有公司牛奶或将牛奶变卖后占有货款的故意，其犯罪目的主观上是为了讨好公司经理孙建华，出于为孙建华创造业绩；同时被告人孙静在客观上亦没有非法占有公司牛奶的行为，当牛奶送至被告人孙静家中后，被告人即让其母亲随意处置，其本身并没有实际占有。综观本案，被告人孙静作为业务员，明知鲜牛奶的保质期只有1天，却对牛奶持一种放任其毁坏变质的态度，其主观上并没有遵从牛奶的经济用途加以适当处分的意图，其行为完全符合故意毁坏财物罪的主观构成要件；同时客观上孙静实施了将牛奶倒掉、喂猪等毁坏行为，符合故意毁坏财物罪的客观要件。故南京市雨花台区人民检察院指控被告人孙静犯职务侵占罪事实清楚，但定性不当，不予采纳。对辩护人提出的被告人孙静的行为构成故意毁坏财物罪的辩护意见予以采纳。孙静把牛奶倒掉的客观行为也充分证明了孙静主观上不具有非法占有的目的，因此，其主观上也不符合职务侵占罪必须具备的非法占有目的的主观要件。孙静的行为不构成职务侵占罪。故意毁坏财物罪的毁坏行为有两种，一种是使公私财物完全丧失价值和效用。另一种是使公私财物部分丧失价值和效用。本案中虽然大部分牛奶喂猪了，从表面上看并未完全丧失牛奶的价值，但相对于海浪乳品有限公司南京分公司而言，牛奶已完全丧失了所有权和相应的价值，故本案故意毁坏财物罪的价值应以海浪乳品有限公司南京分公司实际损失的牛奶的价值计算。被告人孙静辩解被毁坏的牛奶价值应以每份0.65元计算。经查，无锡海浪乳品有限公司证明及价格鉴定结论书均证实钙铁锌牛奶每份价值人民币0.95元，而被告人孙静未能提供相应证据，故对这一辩解意见不予支持。对公诉机关指控被告人孙静从2002年10月8日起至2003年1月6日共计侵占海浪乳品有限公司南京分公司牛奶340 260份，被告人孙静辩解2003年1月5日和6日并未再收到该公司送至家中的牛奶了，因公诉机关对此未能提供足够的证据加以证实，故对被告人的这一辩解予以采信，即被告人孙静自2002年10月8日至2003年1月4日共收到该公司送至其家中的钙铁锌牛奶321 500份，按每份0.95元计算价值305 425元。此外，被告人孙静于2002年12月24日曾以三江学院的名义付给公司7 380元奶款，对此公诉人当庭也表示认可，但认为被告人是以其他片区的奶款来冲抵的，不应该从总价值中扣除。对此被告人当庭辩解这7 380元中有部分其他片区的奶款，也有部分是自己的工资。不论这7 380元是被告人用其他片区的奶款冲抵的还是自己的工资，对于本案来说被告人已经实际给付了7 380元，故应从总价值305 425元中扣除已付的7 380元。为维护社会秩序，保护公司财物不受侵犯，惩罚犯罪，依照《中华人民共和国刑法》第275条之规定，判决如下：被告人孙静犯故意毁坏财物罪，判处有期徒刑4年。一审宣判后，被告人孙静未提出上诉，检察机关也未提出抗诉，判决发生法律效力。

（二）裁判要旨

NO.5-275-1 为创造经营业绩而虚构产品供货需求，将单位产品占有后予以销毁的，不构成职务侵占罪，应以故意毁坏财物罪论处。

在本案中，孙静并未占有牛奶和遵从作为食品或商品的牛奶的本来用途加以利用或处分，既未供自己或他人饮用，也未变卖牛奶占有货款，而是让其母亲将牛奶倒掉和让邻居拉去喂猪，这与通常意义上的以实现财物的价值和使用价值为目的的非法占有具有本质区别。公诉机关认定孙静的行为是非法占有性质的职务侵占行为于法欠妥，孙静的行为不符合职务侵占罪非法占有的主、客观要件。孙静虽然将牛奶从公司骗出，其动机是为了讨好领导，为领导创造经营业绩，让他人将牛奶销毁是一种毁弃行为，符合毁坏公私财物罪的特征，人民法院依法以毁坏公私财物罪定罪处罚是正确的。①

（三）争论焦点及评析

在本案的审理过程中，有两种观点的对立：

第一种观点认为，成立职务侵占罪，理由是：被告人利用职务上的便利，为创造虚假业绩，骗取该公司钙铁锌奶 321 500 份，价值人民币 305 425 元，其行为构成职务侵占罪。

第二种观点认为，被告人主观上没有非法侵占的故意，客观上没有非法占有的行为，因此不构成职务侵占罪，应构成故意毁坏财物罪。

笔者认为，职务侵占罪，是指公司、企业或者其他单位的人员，利用职务上的便利，将本单位的财物非法占为己有，数额较大的行为。本罪客观方面表现为利用职务上的便利，将数额较大的单位财物非法占为己有的行为。首先，行为人必须利用了职务上的便利，即利用自己主管、管理、经营、经手单位财物的便利条件。其次，必须将单位财物非法占为己有。这种行为除了将代为保管的单位财物非法占为己有的侵占外，还包括利用职务之便的窃取、骗取等行为。本罪在主观上必须出于故意，明知自己的行为会发生侵害单位财产的危害结果，并且希望或者放任这种结果的发生，还具有不法所有单位财物的目的。

故意毁坏财物罪，是指故意毁坏公私财物，数额较大或者有其他严重情节的行为。本罪在客观方面表现为毁坏公私财物。犯罪对象为公私财物，既可以是动产，也可以是不动产。行为表现为毁坏。如前所述，有关毁坏的含义，中外刑法理论中有不同观点的对立，笔者倾向于效用侵害说。理由是：毁坏这一词语作为日常用语，确实意味着物理意义上的破坏。需要注意的是，缘何物理意义上的破坏作为侵害财产犯罪的关键而被适用于司法实践中这一点。换言之，侵犯财产罪的处罚根据并不在于物理意义上的破坏本身，而在于基于破坏而所有者失去了对该财物的使用价值。毁坏并不限于物理意义上的破坏，而在于失去或减少作为财产的效用。故意毁坏财物罪的认定，应当从其效用的失去或减少这一视角出发，作为财产犯罪的一环进行理解。效用侵害说正是基于这种法理而主张的。根据效用侵害说，财物即便没有在物理意义上得以损害，也应包含在毁坏概念之中。

---

① 参见陈兴良、张军、胡云腾主编：《人民法院刑事指导案例裁判要旨通纂》（下卷），北京，北京大学出版社，2013，第854页。

本案中，被告人孙静主观上并没有非法占有公司牛奶或将牛奶变卖后占有货款的故意，其犯罪目的是讨好公司经理孙建华，出于为孙建华创造业绩。同时被告人孙静在客观上也没有非法占有公司牛奶的行为，当牛奶送至自己的家中后，被告人即让其母亲随意处置，其本身并没有实际占有。由此可见，被告人孙静作为业务员，明知鲜牛奶的保质期只有一天，却对牛奶持一种放任其毁坏变质的态度，其主观上并没有遵从牛奶的经济用途加以适当处分的意图，其行为完全符合故意毁坏财物罪的主观要件；同时客观上被告人通过母亲实施了将牛奶倒掉、喂猪等毁坏行为，符合故意毁坏财物罪的客观要件。

需要注意的是，在本案中，对于被告人的行为属于毁坏并不存在太大的争议。在认定是否属于毁坏时，存在一个是否按照财物的本来用途使用的问题。如果不是按照财物的本来用途使用，就属于对财物的毁坏。正如本案的裁判理由所指出的那样，被告人孙静并没有占有牛奶和遵从作为食品或商品的牛奶的本来用途加以利用或处分，既没有供自己或他人饮用，也没有变卖牛奶占有货款，而是让其母亲将牛奶倒掉和让邻居拉去喂猪，这与通常意义上的以实现财物的价值和使用价值为目的的非法占有具有本质上的区别。问题是，被告人是在利用职务上的便利将本单位的牛奶予以占有之后再加以倒掉的。在这种情况下，是按照其先行的利用职务上的便利而占有牛奶的行为认定为职务侵占罪，还是将此后的倒掉行为认定为故意毁坏财物罪？

职务侵占罪和盗窃罪等财产犯罪一样，都属于取得型犯罪，我国的通说均表述为以非法占有为目的[①]，而这一目的在刑法中并没有明文规定，

---

① 有关这一问题，有这样一则案例：2002年1月6日20时许，某机关服务中心机械加工部临时工李某在一单元楼下，将王某的杜卡迪SS900型摩托车（该车价值35 000元）的车锁锯开，推回自己工作的机械加工部，用铁锤将该车的基侧大板、转向灯、前仪表盘等砸坏，损坏物品价值11 800元，后将摩托车放置在院内的楼群中。被查获后，赃物被起获发还事主。李某对上述事实没有提出异议，但表示其是为了报复而毁坏事主的摩托车，主观上没有非法占有的故意。在本案的审理过程中，主要有两种观点的对立：第一种观点认为，本罪构成盗窃罪。理由是：第一，认为盗窃罪中的非法占有目的，是指非法实际控制他人财物的目的。对于基于毁坏目的而非法占有他人财物的行为，应认定成立非法占有目的。因为行为人窃取财物的行为就是一种占有或者控制财物的行为，其占有或者控制他人财物的意图是十分明显的。至于是短期占有还是长期占有或者控制，占有或者控制之后如何处分财物，那是另一个问题。凡是基于毁坏的目的，直接毁坏他人财物的，应该定为毁坏财物罪；如果基于毁坏目的窃取他人财物的，不论事后财物是被破坏，还是被隐匿、利用，均构成盗窃罪。李某的行为就属于后一种情形。第二，基于毁坏的目的盗窃他人财物后予以毁坏，属于手段行为与目的行为的牵连犯。手段行为是窃取他人财物，构成盗窃罪；目的行为是毁坏财物，构成故意毁坏财物罪。由于盗窃罪

因而无疑属于非法定的目的犯。问题是，一般的目的犯，目的是一种超过的主观要素，并不要求具备目的的实现行为。那么，在取得型财产犯罪中，

（接上页）的处刑重于故意毁坏财物罪，根据牵连犯从一重处的原则，对行为人的行为认定为盗窃罪。第三，本案中，李某秘密地将事主摩托车车锁锯开，推回自己工作的机械加工部的行为，不仅使该摩托车脱离了事主的控制，而且使自己也控制了摩托车，其行为符合盗窃罪的构成要件，并且系盗窃既遂。至于其后他又将摩托车毁坏，属于不可罚的事后行为。第二种观点认为，在本案中，李某为了报复摩托车主人，通过秘密窃取的方式将摩托车推回自己工作的机械加工部，虽然有排除权利人对自己财物进行支配的行为，但是，并没有遵从摩托车的用途进行利用，而是用铁锤将摩托车的基侧大板、转向灯、前仪表盘等砸坏，使摩托车丧失或减少了其本应有的使用价值，因此，仅仅非法转移财物占有的行为并不能说明李某在主观上具有了非法占有的目的，其行为也就不能构成盗窃罪。将摩托车弃于楼群中的行为也证明了其主观上仅是出于泄愤报复而毁坏他人财物，并无占有目的，更不能将其看成是盗窃既遂后对赃物的处分行为。如果采取第一种意见中的"意图控制说"，认为只要行为人占有或控制了财物，就可以认定行为人具有了非法占有的目的，这样的话，故意毁坏财物罪仅限于没有转移占有的场合（在占有者的占有之下毁坏财物的场合），这不仅过于缩小了故意毁坏财物罪的成立范围，而且无法解释盗窃罪重于故意毁坏财物罪的根据。另外，李某主观上具有损坏他人财物的故意，客观上实施了损坏财物的行为，而且数额巨大，已经构成了故意毁坏财物罪。

笔者倾向于第一种观点，但理由却不尽相同。非法占有目的是盗窃罪等取得型犯罪主观方面的要件，这在我国刑法理论界一直没有异议。但是，在大陆法系的刑法理论界，历来存在必要说与不要说两种学说的对立。一般认为，这种对立与学说上有关财产罪的保护法益问题的认识分歧有密切关系。由于本权说认为盗窃等取得型犯罪的本质是侵犯所有权以及其他本权，因而要求行为人在主观方面有作为所有权者而行动的意思，即要有非法占有的目的。而占有说认为，财产罪的保护法益是占有本身，作为盗窃等取得罪的主观要件是对侵害占有的事实有认识，并不要求行为人主观上有非法占有的目的。非法占有目的不要说肯定一时使用的可罚性，理由是只要存在占有的转移就应肯定盗窃罪的成立。但是，不要说也并非以盗窃罪无限制地处罚一时使用的情况，可以根据可罚的违法性理论和被害者推定的承诺等法理，综合客观行为和对结果的评价可以限定盗窃罪的成立范围。笔者认为，主观违法要素的存在与否，不应成为有罪和无罪的认定基准，根据并非基于客观事实的单纯的主观要素来判断犯罪的成立与否，是违反刑法的基本原则的。也就是说，在刑法没有把非法占有为目的规定为盗窃罪的成立要件的情况下，采用必要说是违反罪刑法定主义原则的。因为罪刑法定主义原则的基本要求是，犯罪成立的条件只能由法律明文规定，不能由司法人员和学者任意解释。在适用或解释法律时，无论是放弃犯罪成立的某种条件，还是给犯罪增加某种成立条件，都是与罪刑法定主义原则的要求不相符合的。依据不要说，以毁弃、隐匿的目的夺取他人财物的行为均构成盗窃罪。针对这一点，必要说认为，首先，如果不要求非法占有目的，仅从客观行为上区分盗窃罪与毁坏财物罪，那么，只有在客观上没有夺取财物的占有而直接毁坏财物时，才成立毁坏财物罪；夺取了财物后予以隐匿、毁弃的，都成立盗窃罪。这显然不合理。而且，在这一点上，"非法占有目的不要说"，不能说明盗窃罪、诈骗罪与毁坏财物罪的法定刑的差异。至于行为人以毁坏的意思取得了他人财物后却没有毁坏财物的，当然成立毁坏财物罪未遂；同样，行为人起初以毁坏财物的意思夺取了他人财物，其后遵从财物的经济用途进行利用、处分的，理当成立脱离侵占物罪。其次，如果不要求非法占有目的，仅从

目的还是否属于超过的主观要素？因为在实施取得型财产犯罪以后，行为人通常都对财物予以占有，即便是处分也是以占有为前提的。在这种情况下，很容易将取得财产以后财产所处的状态理解为占有行为。但是，占有状态与占有行为是有区别的，取得以后财产所处的是一种财产的占有状态，这种财产的占有状态是从属于其取得行为的。比如窃取，其行为是秘密取得，而占有是取得以后财产处于非法占有的状态，不能认为这种财产占有状态就是一种行为，除非是在持有型犯罪中这种占有状态才能被认为是一种特殊的犯罪实行行为。那么，何谓占有行为？占有行为是指在财产

行为本身区分盗窃罪与不可罚的盗用行为，是相当困难的。因为盗窃罪是状态犯，盗用行为的可罚性要根据夺取占有时的情况进行判断，即使是对事后的客观利用程度是否具有可罚的违法性判断，也必须考虑行为人夺取占有时的利用意思。所以，有必要将非法占有目的作为主观要件。笔者认为，首先，就盗窃罪与毁坏财物罪的法定刑的差异而言，两者的法定刑之所以有差异，并非只缘于主观要件的不同，而是还因为盗窃罪通过占有的转移，威胁了其背后存在的整个财产秩序基础，对盗窃罪的处罚重于单纯对财物的毁弃、隐匿罪的处罚之主要原因正在这一点上。换言之，在出于毁坏的目的窃取他人财物的情况下，只要不伴有新的法益侵害，就仍然成立盗窃罪。因为，毁坏目的与非法占有目的都包含有侵害他人对财物占有的意思。至于后来毁坏财物，不过是盗窃罪的不可罚的事后行为。如果不定盗窃罪，那就会出现放纵犯罪的结果。因为当行为人取得财物而没有毁坏时，那就是毁坏财物的未遂，按大陆法系国家刑法的规定，毁坏财物未遂不可罚，结果只能当无罪处理。假如取得财物之后又产生了利用、处分的意思，并进一步实施了利用、处分行为，按日本判例的解释，有利用、处分的意思，就可以认为有非法占有目的。但这种目的在实施窃取行为时并未产生，因此不能定盗窃罪。占有财物之后产生非法占有目的，本来也可以构成侵占罪，但侵占罪成立的前提是要有委托关系，而在这种情况下并不存在委托行为人占有财物的委托关系，侵占罪当然也没有成立的余地。另外，由于和盗窃罪的成立一样，在主观上需要非法占有目的的脱离侵占物罪的法定刑轻于故意毁坏财物罪的，因而法定性的差异并不能成为必要说的立论基础。其次，在盗窃罪的认定中，取非法占有不要说并不会导致限制故意毁坏财物罪的成立范围的结果。由于在这种情况下，有可能在被害者的支配范围内有隐匿的情形，但是在转移占有毁弃、隐匿的情况下定盗窃罪更为合理。与此相反，如果取非法占有目的必要说，在以毁弃的目的取出他人的财物的情况下，如果没有实施毁弃行为，那么，既不会成立盗窃罪也不会成立财物毁坏罪，这显然不利于对被害者法益的保护。另外，在上述情况下，如果行为人一反行为当初的犯罪意思，按财物的经济用途利用、处分了该财物，也不可能成立盗窃罪或侵占罪。以上两点，可以说是取非法占有必要说的最大缺陷。无论是取本权说还是取占有说，盗窃罪实质上保护的是财物的利用可能性。这种财物的利用可能性随着占有的转移，从被害者手中转移到行为者手中。盗窃罪是一种取得型犯罪，因此，行为者如果取得了财物的利用可能性，就应当肯定盗窃罪的成立。也就是说，盗窃罪成立的主观要件只要有夺取他人财物的意思——故意，就应肯定该罪的成立。其实，非法占有目的并非真正刑法学意义上的犯罪目的，而是盗窃犯罪动机的一种，以犯罪动机作为区分罪与非罪、此罪与彼罪的标准，不仅违反了刑法学的一般原理，也会给司法操作带来困难，不利于公正执法。基于此，笔者认为，李某应当构成盗窃罪而非故意毁坏财物罪。

被占有之后依照财物的本来用途加以使用的行为。① 比如，盗窃汽车，行为人主观上的非法占有目的，是指窃取汽车以后意图归自己使用或变卖，这种使用当然是以占有状态为前提的，但使用行为与占有状态又是可以分离的。在这种情况下，我们仍然要把非法占有的目的作为一种主观的超过要素加以考虑，而不是从客观要素的意义上讨论占有行为。

那么，非法占有目的对取得型财产犯罪的认定具有何种意义？非法占有目的针对取得型财产犯罪来说是一种主观违法要素，针对行为的定性具有重要意义。正是通过非法占有目的，可以将取得型财产犯罪与毁坏型财产犯罪加以区别，尤其是对于在占有财物之后实施的故意毁坏财物行为来说具有重要意义。故意毁坏财物在大多数情况下，并不一定以占有财物为前提，而是可以对处在他人占有状态的财物进行毁坏。但在某种情况下，行为人先将他人的财物予以占有，然后再进行毁坏，本案就属于这种情况。由此可见，不能把通过窃取、骗取、夺取、侵占而获得的对他人财物的非法占有状态，视为非法占有目的所对应的非法占有行为。非法占有目的所对应的占有行为，是上述窃取、骗取、夺取、侵占以外的占有行为，它并非是本罪的实行行为。针对取得型财产犯罪而言，这种占有行为并非法定构成要件，不是刑法评价的对象。但非法占有目的却是主观违法要素，为构成取得型财产犯罪所不可或缺。因此，取得型财产犯罪的非法占有目的具有共同特征。

---

① 参见陈兴良：《判例刑法学》（下卷），北京，中国人民大学出版社，2009，第 409 页以下。

第九章　事后不可罚行为与共罚的事后行为

一、问题的提出

针对故意杀人罪来说，杀人预备罪一般被称为"不可罚的事前行为"。杀人预备罪本身虽然符合相关构成要件而具有可罚性，由于只具有另一个具备可罚性之主行为的手段或预备意义，因而没有必要适用刑罚法规中的相关条款而对其予以处罚。与此相对应，所谓事后不可罚行为，是指在状态犯的情况下，作为利用该犯罪的结果而实施的行为，如果与主行为分开而单独评价的话，符合其他犯罪构成要件而具有可罚性，因已被该状态犯的构成要件所评价，所以没有必要以其他罪名予以处罚。作为典型例子可举盗窃犯毁损所盗财物，在这种情况下，故意毁坏财物罪作为事后不可罚行为，行为人只构成盗窃罪。

事后不可罚行为本身符合相关犯罪构成要件，且属于违法、有责行为。如果某一行为不符合犯罪构成，一般不应将其称为事后不可罚行为。例如，盗窃犯人使用、消费所盗财物的情况下，部分观点认为，盗窃犯人使用、消费所盗财物并不构成侵占罪而属于事后不可罚行为。但是，上述情况下的盗窃犯人对所盗财物的持有，并非基于与被害者的信任关系，因此，原本就不能成立以信任关系为前提的侵占罪。也就是说，将这种情况理解为事后不可罚行为本身有欠妥当。[①]

由此可见，事后不可罚行为这一理解本身不尽妥当。所谓事后不可罚行为，虽然作为犯罪现象可以认识，但因为该行为已经被事前行为所吸收，所以，没有必要作为独立的犯罪对其予以评价。也就是说，事后不可罚行为属于一种包括的一罪。在此意义上，部分观点将事后不可罚行为称

[①] 参见〔日〕藤木英雄等编：《刑法的争论点》（新版），有斐阁，1988，第153页。

为"共罚的事后行为（Mitbestrafte Nachtat）"① 有其合理性。

根据上述主张，盗窃罪和窝藏赃物罪的关系便成为一个有待探讨的问题。就盗窃犯来说，即便搬运自己盗窃的财物也不构成窝藏赃物罪，这是部分国家的通说，也是判例所取的立场。理由是：在窝藏赃物的情况下，该行为属于事后不可罚行为。与此相反，也有观点认为，窝藏赃物罪在构成要件上是以本犯（盗窃犯人）以外的人作为犯罪主体的身份犯，因此，即便盗窃犯人窝藏所盗之物，该行为并不属于事后不可罚行为。②

之所以不处罚事后行为，是因为，事后行为已经包含在先行状态犯的评价之中。因此，行为是否属于某一构成要件所预想的违法状态之范围，是区分事后不可罚行为和可罚行为的基准③，这是日本的通说。根据通说，日本的判例认为，区分事后不可罚行为与可罚行为的基准是，是否属于"侵害新的法益的行为"。例如，行为人利用盗窃或骗取的邮政储蓄存折，冒充存款人欺骗邮政储蓄所的工作人员，骗取存折内的款项时，该行为与盗窃后的窝藏、毁坏行为不同，属于侵害新的法益的行为，因此，构成诈骗罪。④

有关这一问题，在我国的司法实践中，对盗窃后窝藏或者毁坏财物的行为不予处罚，解释论上将这种情况称为"事后不可罚行为"⑤。但是，窝藏赃物行为原本就不符合我国刑法第312条规定的"掩饰、隐瞒犯罪所得、犯罪所得收益罪"的构成要件，缘何要以"事后不可罚行为"来说明不处罚的理由；毁坏财物的行为完全符合刑法第275条"故意毁坏财物罪"的构成要件，为何又不予处罚，理论上缺乏充分的论证。另外，犯罪后毁灭、伪造证据的行为是否属于事后不可罚行为？伪造货币后出售、运输、使用的行为是否属于事后不可罚行为？本罪行为因各种原因而不处罚时，事后行为是否可罚？行为人实施本罪行为后，他人实施事后行为时是否可罚？等等。有关这些问题，在我国的刑法理论界，不仅论及很少⑥，更缺乏系统的研究。鉴于这种理论现状，本书拟在概观、评析相关中外理论的前提下，就这一问题进行系统的梳理和探讨。

---

① 〔日〕平野龙一：《刑法总论Ⅱ》，有斐阁，1975，第411页；张丽卿：《刑法总则理论与运用》，台湾神州图书出版有限公司，2003，第409页等。
② 参见〔日〕藤木英雄等编：《刑法的争论点》（新版），有斐阁，1988，第153页。
③ 参见〔日〕团藤重光：《刑法纲要总论》，创文社，1990，第446页以下。
④ 参见《刑集》第4卷第2号，第255页。
⑤ 周光权：《刑法各论讲义》，北京，清华大学出版社，2003，第430页。
⑥ 迄今为止，在我国的刑法理论界，除极少数刑法著作简单论及该问题外，几乎没有系统的研究。

二、事后不可罚行为之法律性质

行为人实施符合构成要件 A 的 a 行为后，同时又实施了符合构成要件 B 的 b 行为，在这种情形下，由于构成要件 A 和 B 所保护的法益和行为对象相同，因而在评价行为 b（处罚必要性）时，就涉及应否处罚的问题。这便是大陆法系刑法理论中的事后不可罚行为问题。例如，行为人实施盗窃行为后，在故意毁坏所盗之物的情形下，从犯罪构成要件上看，似乎符合盗窃罪和故意毁坏财物罪的构成要件。但是，中外刑法理论和司法实践均认为，行为人只构成盗窃罪，故意毁坏财物行为属于事后不可罚行为。理由是，构成要件 A 已经包含了构成要件 B（属于数个构成要件在表面上的竞合，其中一个构成要件的适用排斥其他构成要件的适用），因此，属于法条竞合（吸收关系）问题。也就是说，在盗窃这一状态犯的情形下，犯罪既遂后违法状态的持续已经包含在立法所预料的范围之内，因此，即便事后行为符合其他犯罪构成要件，也没有必要另行处罚。这种观点认为，事后不可罚行为属于法条竞合问题，所以，没有必要适用相关处罚事后行为的法条而"不可罚"。即事后不可罚行为不属于独立的犯罪行为，不过，这种行为属于符合构成要件的违法行为，因此，有可能构成共犯。[1] 这是日本的通说，也是判例所取的立场。

有关这一问题，韩国的主流观点认为，事后不可罚行为是指在构成要件解释中，犯罪整体已经体现在主行为的构成要件中，因此，即便事后行为符合另一犯罪构成，也不单独处罚的情形。也就是说，事后行为已经被主行为所吸收。所以，这一问题与法条竞合具有密切的关联性。事后不可罚行为主要发生在财产犯罪中，例如，在盗窃、侵占、诈骗等取得型犯罪已经既遂的情形下，后来发生的针对财产的持续性侵害行为，即便符合其他犯罪构成要件，并不以另一罪名予以处罚。因为在这种情况下，主行为的处罚已经包含了事后行为（禁止双重处罚）。例如，骑盗来的自行车（刑法第 329 条），在无法继续利用的情形下扔掉（刑法第 366 条）。[2]

如前所述，在我国的刑法理论界，很少有人关注这一问题。不过，也

---

[1] 参见〔日〕山口厚等：《理论刑法学之最前线Ⅱ》，岩波书店，2006，第 230 页。
[2] 参见〔韩〕朴相基：《刑法总论》，博英社，2005，第 498 页。

有观点认为，实施某些犯罪，但在犯罪既遂之后，又实施依一般社会经验通常会伴随的危害行为的，后行为被视为不可罚的事后行为。具体包括：（1）实施财产犯罪后针对赃物的行为。取得型侵犯财产罪属于状态犯，即犯罪行为实施完毕后，危害结果一经发生，犯罪就达到既遂状态，但犯罪行为所导致的不法状态继续存在。如盗窃、抢劫行为人在取得财物之后犯罪即告既遂，但犯罪分子占有财物的状态并没有结束，财产一直处于犯罪分子的不法控制状态之下。所以，在盗窃既遂后，对赃物又故意进行毁坏的，因为立法上对盗窃罪这种状态犯预设了即使犯罪既遂违法状态还存在的情形，所以在该状态之下实施的行为，即使符合故意毁坏财物罪的构成要件，也在盗窃罪中给予总体性的评价，毁坏财物行为作为量刑情节加以考虑，不成立盗窃罪和故意毁坏财物罪的数罪。但是，在事后行为造成新的法益侵害，符合独立的构成要件时，需要成立数罪。例如，盗窃他人财物，又用该财物提供担保，骗取第三人财物的，应当以盗窃罪和诈骗罪数罪并罚。（2）实施人身犯罪之后毁灭证据的行为。在实施故意杀人、故意伤害致人死亡、强奸致人死亡、过失致人死亡等犯罪行为的场合，犯罪人侮辱尸体、毁灭证据的，对于该事后行为，作为不可罚的行为处理。[①] 这种主张与日本的通说、韩国的主流观点相近。

  针对中外刑法理论界的上述理解，部分观点认为：（1）如果无法证明存在符合构成要件 A 的 a 行为，当然也就无法处罚 a 行为；但是，如果无法证明不存在该行为时，即便能够证明存在符合构成要件 B 的 b 行为，也不能处罚该行为；其结果，a 和 b 行为均无法处罚，这种结论是否合理？（2）如果符合构成要件 A 的 a 行为存在违法阻却事由或责任阻却事由，无法处罚符合构成要件 B 的 b 行为（基于 a 行为的存在），是否合理？（例如，行为人实施 a 行为时处于无刑事责任能力状态，实施 b 行为时却处于有刑事责任能力状态，但仍然无法处罚 b 行为。）（3）如果符合构成要件 A 的 a 行为已经过了时效，无法处罚符合构成要件 B 的 b 行为（基于 a 行为的存在），是否合理？（例如，事前行为之盗窃行为已经过了时效，针对被盗物品被害者仍有所有权，无法处罚故意毁坏所盗财物行为。）（4）就事后行为 b 而言，一般认为，可以以共犯的形式参与的符合构成要件、违法行为，但是，究竟在何种意义上否定犯罪的成立？（不可罚，基于 b 缺乏刑事责任能力，如果是这样，理由又是什么？）b 行为不成立犯

---

  ① 参见周光权：《刑法总论》，北京，中国人民大学出版社，2007，第 353 页以下。

罪与可以以共犯的形式参与是否矛盾？① 前三个疑问点与事后行为作为不可罚行为不予处罚的根据具有密切的关联性，第四个疑问则不得不依赖于理论建构。

正是由于中外刑法理论中的通说或主流观点存在上述缺陷，因而也有观点认为：事后不可罚行为本身并非不构成犯罪，而是在事前行为 a 所符合的重罪 A 的量刑中，已经包含了（吸收关系）事后行为 b 所符合的轻罪 B，因此，只以事前行为所符合的重罪来处罚。也就是说，如果事后行为 b 停留在事前行为 a 符合的 A 罪所预想到的违法范围之内，那么，可以作为量刑的一个情节来考虑。这种观点进而认为，事后行为 b，被事前行为 a 符合的罪的量刑所吸收，与事前行为 a 共同受处罚，因此，并非事后不可罚行为，而应称之为"共罚的事后行为"。根据这种观点，事前行为 a 和事后行为 b 均成立犯罪，所以，可以单独处罚其中的一个行为，如果处罚两个行为，可以以重罪之事前行为 a 吸收轻罪之事后行为 b 的形式予以处罚。② 因此，如果行为人参与了事后行为 b，就可以以事后行为 b 所成立的共犯予以处罚。

有关事前行为 a 和事后行为 b 之间的法律评价问题，有必要探讨以下两个问题：首先，有必要考虑事后行为 b 是否符合构成要件问题。如果事后行为 b 本身不符合构成要件，b 行为的犯罪问题则无从谈起，即不成立犯罪而不可罚。但是，基于事前行为 a 的存在，事后行为 b 符合相关犯罪的构成要件的话，有必要明确成立犯罪的理由和根据。中外刑法理论中的通说、主流观点将这种情形称为事后不可罚行为，也许不尽恰当。其次，在事后行为 b 符合相关犯罪构成的情形下，事前行为 a 和事后行为 b 之间的法律评价自然成为问题。事后行为 b 究竟是包含（吸收）在事前行为 a 所成立的罪刑之中（这种主张与法条竞合不同，是以包括的一罪为依据，将这种情形视为共罚的事后行为的），还是基于事前行为 a 所成立的罪，事后行为 b 免予处罚？（这是立论于法条竞合的立场，将这种情形视为事后不可罚行为。）③

---

① 参见〔日〕山口厚等：《理论刑法学之最前线Ⅱ》，岩波书店，2006，第 230 页。
② 参见〔日〕平野龙一：《刑法总论Ⅱ》，有斐阁，1975，第 411 页以下。这种观点进而认为，例如，日本刑法中有关强盗罪（相当于我国刑法中的抢劫罪）的规定，就强盗行为所包含的暴行而言，并不适用有关暴行罪的规定，这是因为根据处罚条款之间的关系，在这种情况下，由于并不属于只可以适用一个处罚条款的法条竞合关系，而是通过其中一个罪的处罚，另外一个罪已经包含在前一个罪的处罚之中，因而属于包括的一罪中的吸收关系。
③ 参见〔日〕山口厚等：《理论刑法学之最前线Ⅱ》，岩波书店，2006，第 232 页。

三、事后不可罚行为之理论依据及认定

(一) 事后不可罚行为的理论依据

事后行为属于本罪之外的行为,且其从形式上符合有关犯罪的构成要件,但是为何不可罚,这一点有必要在理论上给予合理的解释。如前所述,有关这一问题,在中外刑法理论中,通说和主流观点倾向于竞合解决理论。在竞合理论内部,部分观点认为不可罚的事后行为是法律单数(即学说上所称法律竞合、法条竞合或法规竞合),所以应当用法律单数的原理处理。① 另有观点虽否认法律单数的观点,但也认为应准用法律单数的原理加以处理,即将事后行为作为法律单数中的吸收关系对待:由于立法者在制定主要行为的构成要件的刑罚范围时,理应将该典型的伴随行为纳入考量,因而在刑事司法上,只要适用较重的主要构成要件,即已经足以宣示该行为的全部评价,较轻的伴随构成要件即被排斥而不适用,其不法内涵与罪责内涵,已被主要构成要件所吸收。② 也有观点认为,这一问题可以通过构成要件理论予以解决。这种观点认为,行为人对于他就诈骗、盗窃、抢劫、敲诈勒索等不法行为所取得的财产不可能再次据为己有,因此,侵占罪的制定并不是对于不法取得财产行为的后续的处分行为加以处罚,所以前述不法取得财产行为后的支配行为不是侵占罪中所说的侵占行为,换句话说,该后续的处分行为自始根本不构成侵占罪,当然也就没有所谓竞合的问题。③ 在我国的刑法理论界,有观点将这种情形称为共罚的事后行为。这种观点认为,共罚的事后行为,也称为不可罚的事后行为(即不能独立定罪的事后行为——仅针对实施了前行为的人而言,故仅参与事后行为的人,依然可能成立犯罪),是指在状态犯的场合,利用该犯罪行为的结果的行为,如果孤立地看,符合其他犯罪的犯罪构成,具有可

---

① 参见林山田:《刑法通论》(下册),北京,北京大学出版社,2012,第207页以下。这种观点进而认为,就实质层面而言,法律单数只涉及数个不法构成要件之间的选择适用问题,并不是数个不法构成要件竞合在一起而并为适用,故不宜将这种现象称为法律竞合、法条竞合或法规竞合,因为法律并非竞合在一起,而是构成一个单数,故以法律单数或法律单一称之为宜。在今日德国刑法学说上,大多称之为法律单数(Gesetzeseinheit),而不再称为法律竞合(Gesetzeskonkurenz)。

② 参见贾学胜:《事后不可罚行为研究》,载《现代法学》,2011 (5),第80页。

③ 参见黄荣坚:《基础刑法学》(下),台北,元照出版有限公司,2004,第430页。

罚性，但由于被综合评价在该状态犯中，故没有必要认定为其他犯罪。共罚的事后行为，之所以并不另成立其他犯罪，主要是因为事后行为没有侵犯新的法益（缺乏违法性），也可能是因为事后行为缺乏期待可能性（缺乏有责性）。①

笔者认为，在上述几种观点中，第一，构成要件解决理论缺乏说服力。理由是："德日刑法理论的构成要件该当性判断阶段不包含对法益的判断，所以不可罚的事后行为具有构成要件该当性，亦具有违法性和可责性，只是因为后行为未侵犯新的法益，且损失在数量上没有超出已经产生的程度，因而行为人确保、使用和利用前行为所得违法利益的行为的可罚性被前行为的可罚性吸收。"② 也就是说，"事后不可罚行为是指在构成要件解释中，犯罪整体已经体现在主行为的构成要件里，因此，即便事后行为符合另一个犯罪构成，也不单独处罚的情形"③。即"在盗窃既遂之后，对赃物又故意进行毁坏的，由于立法上对盗窃罪这种状态犯预设了即使犯罪既遂违法状态还存在的情形，所以在该状态之下实施的行为，即使符合故意毁坏财物罪的构成要件，也在盗窃罪中给予总体性的评价，毁坏财物行为作为量刑情节加以考虑，不成立盗窃罪和故意毁坏财物罪的数罪。但是，在事后行为造成新的法益侵害，符合独立的构成要件时，需要成立数罪"④。由此可见，构成要件解决理论所主张的，事后不可罚行为原本不构成犯罪不尽妥当。

第二，所谓立法者对后行为已经一并考虑，意思并不清楚，也缺乏实证根据。事实上，诈骗、盗窃、抢劫行为人除了可能把所不法获得的东西用掉或消费之外，当然也很可能是把所获得的东西出卖或毁损，但是，立法者为诈骗、盗窃、抢劫罪设置法定刑时，在法益保护核心意义上所考虑的意义应该不是诈骗、盗窃、抢劫后用掉、卖掉或损坏的问题，而是被害人被诈骗、盗窃、抢劫的财物是完全损失而无法恢复。至于行为人实施诈骗、盗窃、抢劫后如何对待财物，并不是立法者关注的重点，主张立法者已经一并考虑缺乏实证上的根据。因此，针对这一类后行为不加处罚的问题，就不能认为以后行为是立法者立法时一并考虑来解释不可罚的事后行为。⑤

---

① 参见张明楷：《刑法学》，4版，北京，法律出版社，2011，第432页。
② 王太宁：《盗窃后处置行为的刑事责任——异于不可罚的事后行为的本土化思考》，载《中外法学》，2011（5），第962页。
③ 周光权：《刑法总论》，北京，中国人民大学出版社，2007，第354页。
④ 〔韩〕朴相基：《刑法总论》，博英社，2005，第498页。
⑤ 参见贾学胜：《事后不可罚行为研究》，载《现代法学》，2011（5），第80页。

第三，针对行为人通过诈骗、盗窃、抢劫取得财物后的窝藏、转移、销售行为不能以赃物犯罪（刑法第312条）处理，似乎可以用期待可能性理论来说明。但是，这种行为原本就不符合赃物犯罪的构成要件，因此，没有必要用期待可能性理论。期待可能性是这种事后行为不可罚的立法论意义上的根据，但在司法层面，这种事后行为不可罚是已经包含在先行行为的处罚之中，并非因为缺乏期待可能性，期待可能性概念相对模糊，其要件和界限并不明确，在某些具体案件的判断上，根据期待可能性理论并不能得出正确的结论。比如，购买假币后的使用行为，无论是依行为人标准说还是平均人标准说，都应认为缺乏期待可能性而不可罚。当然，如果依据法规范标准说，则行为人的事后行为并不缺乏期待可能性。但期待可能性理论原本就是为了针对行为人的人性弱点而给予法律意义上的救济，如果根据法规范标准说，期待可能性理论本身没有存在的余地。根据相关司法解释，这种使用行为事实上是可罚的。例如，2000年9月8日最高人民法院《关于审理伪造货币等案件具体应用法律若干问题的解释》第2条规定：行为人购买假币后使用，构成犯罪的，以购买假币罪定罪，从重处罚。由此可见，事实上，立法者已将许多犯罪后的缺乏期待可能性的事后行为排除在犯罪之外，犯罪后毁灭、伪造证据的行为不符合刑法第307条第2款帮助当事人毁灭、伪造证据罪的构成要件，贪污等犯罪后实施洗钱的行为不符合刑法第191条洗钱罪的构成要件等。可见，在这种情况下，期待可能性理论是作为立法论上构成要件设置的解释理论，而非司法上事后不可罚行为的理论依据。[①]

笔者认为，事后不可罚行为并非不构成犯罪，而是在事前行为所构成的犯罪（重罪）的量刑中，已经包含了事后行为所构成的犯罪（轻罪），因此，以事前行为所构成的一罪来处罚。也就是说，事后行为如果停留在事前行为构成的犯罪能够包含的范围之内，那么，可以作为量刑情节来考虑。事后行为如果被事前行为构成的犯罪所吸收，那么，可以和事前行为共同处罚，因此，在这种情形下，并不属于事后不可罚行为，而应将其称为"共罚的事后行为"。另外，之所以不能将盗窃后的故意毁坏财物行为以两个罪名处罚，是因为，这两个行为属于一罪关系（学说上的法条竞合或包括的一罪），如果分别以盗窃罪和故意毁坏财物罪予以处罚，将违反禁止双重处罚的

[①] 参见贾学胜：《事后不可罚行为研究》，载《现代法学》，2011（5），第80页。

原则。① 也就是说，有关盗窃罪的规定在量刑判断阶段，针对盗窃后的毁坏财物事实已经予以完全的评价，即作为量刑情节的一部分作为处罚对象，如果适用故意毁坏财物罪的规定再次作为处罚对象，显然属于双重处罚。因此，毁坏财物这一事实"已经受过处罚"，"不可罚"的事后行为这一称谓本身并不恰切，应当将其称为"共罚的"事后行为之理由正在于此。针对一个强盗行为，除了适用强盗罪的规定之外，如果还适用暴行罪和胁迫罪的规定（数罪）而予以处罚，将会违反禁止双重处罚原则。在这种情形下，暴行和胁迫这一事实，依据强盗罪的规定一并受到处罚。由此可见，这是一个属于"同一犯罪"范围内的问题，实质上是一个处罚条款是否能够完全评价符合另一个处罚条款（包括考虑量刑问题）的行为问题。也就是说，在这一点上，与评价两罪的罪数问题并没有关联，即法条竞合也好，包括一罪也罢，虽然不能否定"成立"两罪，但绝不能允许双重处罚。②

---

① 禁止重复评价之观念，可以追溯至古罗马时期。罗马法关于"对同一案件不可提起两次诉讼""任何人不应受两次磨难"这一项原则经过几千年的发展和完善，已经成为一项基本法律原则，分别在实体法和程序法中体现出来。现在许多国家甚至通过法律规范明文规定，例如，德国基本法第130条规定："任何人不得因同一行为，受到普通刑法多次刑罚"。美国《宪法修正案》第5条规定："任何人不得因同一罪行而两次遭受生命或健康的危险。"日本《宪法》第39条规定："任何人不得因同一次犯罪而两次被判刑。"法国刑事诉讼法第692条、意大利刑事诉讼法第649条也有相关的规定。由于我国在立法层面从未出现过"禁止重复评价"的字眼，因而理论界和实务界对这一原则适用的对象、阶段、范围等内涵缺乏统一认识。虽然禁止重复评价原则被刑法理论和司法实务界所公认，但是我国刑法典未明确规定禁止重复评价原则，因此，在司法实践中对该原则有意或无意违背的现象时有发生。对此，有必要将该原则立法化。将禁止重复评价原则立法化，主要有以下几个方面的意义：第一，从刑法原则来看，禁止重复评价原则与罪刑法定原则和罪责刑相适应原则是一致的，罪刑法定原则要求罪刑规范的明确化，要求构成要件要素之间、构成要件要素与量刑要素之间、各量刑要素之间应当界限分明。禁止重复评价原则则要求对从重、加重的量刑要素禁止重复评价。因此，罪刑法定原则和罪责刑相适应原则是禁止重复评价法律层面的根据，将禁止重复评价原则立法化能进一步完善刑罚体系。第二，从刑法的机能来看，刑法的机能是维护社会秩序和保护公民人权，这已经是现代社会所公认的，同时也为我国宪法"国家尊重和保障人权"的规定所肯定。而在刑事司法活动中，被告人与司法机关的地位处于一种极不平衡的状态下，司法机关拥有绝对优势，而犯罪嫌疑人或被告人一直处于被动的危险状态之中，其权利极易遭到侵犯。禁止重复评价原则的设立，能够限制国家追诉权的任意使用，能有力限制司法的擅断，平衡犯罪人和国家之间的不对等关系，从而保障被告人的利益。第三，从刑法的效果来看，国家的刑罚资源是一种稀缺性的社会资源，这种稀缺性就要求合理地配置国家的刑罚资源，以发挥其最大的效益。因此，在进行刑法责难和刑罚评价时必须彰显司法的效率，凸显刑法的经济性，使司法资源得到最大的发挥，而重复评价正是与之相悖的，因此，从这个意义上说，禁止重复评价也是司法资源合理配置的题中应有之义。（参见张明楷：《刑法格言的展开》，北京，法律出版社，2003，第292页以下等。）

② 参见〔日〕山口厚等：《理论刑法学之最前线Ⅱ》，岩波书店，2006，第253页。

（二）事后不可罚行为的认定

1. 盗窃后的毁损

作为事后不可罚行为或共罚的事后行为之典型，在中外刑法理论界，往往举行为人实施盗窃行为后毁损财物的行为。在这种情形下，一种观点认为，故意毁坏财物罪作为盗窃罪的事后不可罚行为没有必要处罚。还有一种观点认为，这种情形属于共罚的事后行为，已经包含在盗窃罪的处罚之中。

针对所盗财物而言，被害者被盗之物的所有权并没有因为被盗而丧失，即通过被盗财物受到毁损，再次发生了对所有权的侵害，因此，后行之毁损行为符合故意毁坏财物罪的构成要件。但是，先行行为和后行行为针对的是同一法益和犯罪对象，毁损财物行为已经包含在盗窃行为的评价之中，可以说两者属于原因和结果关系，对后行行为之毁损没有必要单独予以评价，可以作为盗窃罪的一个量刑情节，包括在盗窃罪的处罚之中。也就是说，盗窃后的毁损行为，属于盗窃罪共罚的事后行为。[①]

当然，这样解释共罚的事后行为，即便先行行为之盗窃罪过了时效，后行行为之故意毁坏所盗财物时，是否还能成立故意毁坏财物罪便成为问题。也就是说，如果肯定故意毁坏财物罪的成立，那么，怎样解释与时效制度的关系问题。既然在毁损财物阶段存在值得保护的被害者的权利，而这种权利遭到侵害，毁损财物的行为理应成为处罚的对象。[②]

[①] 如前所述，在我国的刑法理论界，针对这一问题的研究并不深入。不过，也有观点认为，我们没有必要盲目借鉴德日刑法理论中的不可罚的事后行为或共罚的事后行为理论。这种观点认为，结合我国刑法分则的立法规定，盗窃后的事后处置行为可以类型化为不构成犯罪的处置行为，非法持有特殊物品的行为，非法毁损普通物品的行为，特殊的使用普通物品的行为，非法使用、出卖、毁损、变造特殊物品的行为五种。该五种行为的成罪标准和罪数判断应该坚持具体的犯罪构成标准，根据具体案件情状的不同，其结论与德日刑法理论中的"是否构成对新法益的侵害"的结论不尽相同。这种观点进而认为，该结论的不足之处在于仅对盗窃罪的事后处置行为进行了分析，而没有提出一般性的关于事后行为的处理原则。并且，以盗窃罪为例的分析能否推广到其他犯罪类型也有待商榷。而该结论的意义在于，通过对盗窃罪的事后处置行为进行分析，揭示了事后行为的归责原则既是一个总则问题，也是一个分则问题。由于分则立法的不同设置，使事后行为的处理方式的特性大于共性，很难简单地借鉴他国理论来解释我国的问题。（参见王太宁：《盗窃后处置行为的刑事责任——异于不可罚的事后行为的本土化思考》，载《中外法学》，2011（5），第970页。）

[②] 参见〔日〕山口厚等：《理论刑法学之最前线Ⅱ》，岩波书店，2006，第245页。有关这一问题，在我国的刑法理论界，至今没有系统的研究。不过，也有观点认为，他人对事后行为的参与或者实施具体包括以下三种情况：行为人实施本罪行为后教唆、帮助他人实施事后行为；行为人实施本罪行为后接受他人教唆、帮助实施事后行为；行为人实施

2. 侵占后的毁损

如前所述，针对盗窃后的毁损财物行为，盗窃罪吸收轻罪之故意毁坏财物罪，将后行行为作为事后不可罚行为或共罚的事后行为，这一点在中外刑法理论界基本达成了共识。但是，针对侵占遗失物后的毁坏行为，则有不同的理解。由于我国的刑法理论将侵占罪限定在"遗忘物"而非"遗失物"，因而至今未见到有关这方面的议论和探讨。在这种情况下，在取得型犯罪成立后毁损这一点上，与盗窃后的毁损并没有什么区别，但是，侵占遗失物的法定刑往往很轻，因此，将重罪之故意毁坏财物罪吸收到轻罪之侵占遗失物罪中，则需要理论上的探讨。在日本的刑法理论界，有关这一问题，部分观点认为，不应将故意毁坏财物罪吸收到侵占遗失物罪中，作为包括的一罪来处罚。理由是：侵占他人财物后的毁损行为并不属于"一般的利用、处分"，既然符合故意毁坏财物罪的构成要件，可以作为包括的一罪，以重罪之故意毁坏财物罪予以处罚。如果将这种情况作为数罪处罚的话，因为被害者的法益实质上只有一个，所以，有欠妥当。③也有观点认为，在这种情况下，将轻罪之侵占遗失物罪吸收到重罪之故意毁坏财物罪并不妥当。例如，行为人将他人遗忘在公园椅子上的水果拿走后吃掉或扔掉，如果将这种情况作为故意毁坏财物罪予以处罚，显然不妥当。因为如果以故意毁坏财物罪处罚的话，刑法规定侵占遗失物罪就失去了意义。所以，在考虑这一类问题时，就有必要考虑针对遗失物的毁损行为和取得行为之间的差异。也就是说，（1）在如果将遗失物当场毁损的情况下，可以成立故意毁坏财物罪。（2）在基于取得的意思拿走的情况下，可以成立侵占遗失物罪。在（1）和（2）的情况下，所有者的所有权受到侵害这一点完全相同，但是，有取得意思的（2）的情形与只有毁损意思

本罪行为后与他人共同实行了事后行为。如果认为法律竞合的理论根据是"竞合解决理论"，则事后行为也具有可罚性，只是依据法条竞合（法律单数）的原理，后行为的可罚性被吸收于前行为一并处理，即事后行为是共罚的后行为，在这种情况下，他人就事后行为成立共犯或者共同正犯，只是因为本罪行为人的教唆、帮助行为和事后行为的实行行为被吸收于本罪而不可罚，所以仅处罚他人所实施的事后行为。在此基础上，这种观点认为，事后行为的理论根据是"法益侵害说基础上的构成要件解决理论"，即事后行为因不具有法益侵害性本来就不符合构成要件而不具有可罚性，所以这种不具有可罚性的行为难以与他人的参与或者实施行为成立共犯关系。对于本罪行为人实施的事后行为的教唆、帮助或者实行行为，仍应作为事后不可罚行为对待，但对于他人实施的事后行为的教唆、帮助或者实行行为，应按其所构成的相关犯罪处罚。（参见贾学胜：《事后不可罚行为研究》，载《现代法学》，2011（5），第83页。）

③ 参见〔日〕林干人：《刑法各论》，东京大学出版会，1999，第296页。

的（1）相比，刑法意义上取得行为（2）处罚重于毁损行为（1），这一点在盗窃罪的处罚重于故意毁坏财物罪的处罚中已有体现。问题是，作为法定刑，故意毁坏财物罪重于侵占遗失物罪。在这里，似乎出现了一种矛盾，但是，在这种情况下，可以根据（2）的处罚应当重于（1）的刑法的立场，通过毁损遗失物不能重于侵占遗失物的解释予以解决。也就是说，可以将针对遗失物的故意毁坏财物罪的量刑，限定在侵占遗失物罪法定刑的上限（最高刑）来解决。通过这一有关故意毁坏财物罪的解释，可以回避事后行为之毁损行为的刑罚过重的事态的发生。因此，事后行为之毁损，可以包括在事前行为所成立的侵占遗失物罪的量刑之中（包括的一罪）。另外，通过这种解释，也可以避免重罪被吸收到轻罪之中事态的发生。[①] 笔者认为，在我国的刑法理论界和司法实践中，虽然尚无有关这类问题的探讨，但是，这种巧妙的论证方法值得我们借鉴和学习。

3. 盗窃后的利用

在盗窃犯人利用所盗财物的情况下，由于并不存在新的法益侵害，因而并不伴随毁损的单纯的利用行为，不符合其他犯罪构成而不成立犯罪。但是，行为人在毁损所盗财物的情况下，虽然符合故意毁坏财物罪的构成要件，但可以以共罚的事后行为予以处理。行为人消费所盗财物，也可以以共罚的事后行为处理。

与此相比，在盗窃犯人运输、保管所盗财物的情况下，是否成立犯罪则有待探讨。之所以运输、保管所盗财物成为处罚的对象，是因为，这一行为不仅侵害了被害者对该财物的追究权，还具有助长盗窃财物等参与罪[②]的前提犯罪（盗窃犯）之性质。因此，基于这些行为只能由盗窃犯之外的他人来实施的立场，部分观点认为，由盗窃犯本人实施的运输、保管行为，并不符合盗窃财物等参与罪的构成要件。[③] 理由是，这些行为虽然可以肯定侵害追究权，但无法肯定对盗窃罪的助长性。问题是，部分观点的上述理解，针对帮助盗窃犯人运输、保管所盗财物的第三者，肯定成立盗窃财物等参与罪的共犯，不能给予令人信服的说明。肯定盗窃犯人是否符合盗窃财物等参与罪的构成要件时，需要留意的是：（1）盗窃犯人是否侵害了被害者的追究权。（2）是否助长了盗窃犯。就情形（1）而言，基

---

① 参见〔日〕山口厚等：《理论刑法学之最前线Ⅱ》，岩波书店，2006，第246页。
② 日本刑法第256条规定："无偿收受盗窃的物品或者其他财产犯罪行为所得之物的，处三年以下有期徒刑。搬运、保管或者有偿收受前项规定之物，或者就该物的有偿处分进行斡旋的，处十年以下有期徒刑及五十万日元以下罚金。"
③ 参见〔日〕林幹人：《刑法各论》，东京大学出版会，1999，第84页等。

于所盗财物落入盗窃犯人之外的他人手中,如果将其理解为发生了侵害追究权,那么,可以否定法益侵害性,但是,也可以将其理解为,侵害追究权是基于所盗财物的场所的变化而产生的。另外,在(2)的情况下,针对盗窃犯的助长性,并不将其视为针对盗窃犯的助长,而是这种行为类型具有助长盗窃犯的性质,那么,由于对所盗财物的运输、保管行为本身具备了对盗窃犯的助长性,因而即便是在由盗窃犯人本人实施的情况下,也可以肯定符合盗窃财物等参与罪的构成要件。根据这种理解,盗窃后针对所盗财物的运输、保管行为,可以作为盗窃罪的共罚的事后行为理解,而参与上述行为的第三者,可以以盗窃财物等参与罪的共犯来处罚。[1]

有关这一问题,在我国的刑法理论界,有观点认为,不成立事后不可罚行为包括两种情形:其一是,抢劫、盗窃、诈骗、抢夺、敲诈勒索后的窝藏、转移、售卖行为。抢劫、盗窃、诈骗、抢夺、敲诈勒索后的窝藏、转移、售卖行为,原本就不符合赃物犯罪的构成要件,无论从形式上还是从实质上都不存在构成犯罪的问题,因此,不应作为事后不可罚行为讨论。类似的还有,针对毒品犯罪等所得及其产生的收益实施洗钱行为;假冒注册商标后销售假冒注册商标的商品的行为;侵犯著作权后销售侵权复制品的行为。其二是,伪造货币后的相关行为和购买货币后的相关行为,具体包括:伪造货币后出售、运输、使用的行为;购买假币后使用假币的行为;购买假币后出售的行为。

出售、运输、使用伪造的货币的行为,尽管与本罪的伪造货币行为侵犯的是同一法益,即货币的公共信用,但是,出售、运输、使用伪造的货币行为无疑是对货币公共信用的再一次侵犯,针对再一次侵犯法益的行为,如果不进行刑法意义上的评价,不符合一行为一罚和罪刑相适应原则的要求。购买假币后使用假币的行为也是如此。2001年1月21日,最高人民法院《全国法院审理金融犯罪案件工作座谈会纪要》指出:"对同一宗假币实施了刑法没有规定为选择性罪名的数个犯罪行为,择一重罪重处罚。如伪造货币或者购买假币后使用的,以伪造货币罪或购买假币罪定罪,从重处罚。"这一规定正是基于事后行为针对法益的再次侵犯已经超出原法益侵犯程度,因此,才规定应从重处罚。[2]

笔者认为,盗窃他人财物后的单纯利用行为,由于并没有侵犯新的法益,因而不构成新的犯罪。同理,盗窃后的单纯运输、保管行为,由于同样没有

---

[1] 参见〔日〕山口厚等:《理论刑法学之最前线Ⅱ》,岩波书店,2006,第248页。
[2] 参见贾学胜:《事后不可罚行为研究》,载《现代法学》,2011(5),第82页。

侵害新的法益，因而不能成为处罚的对象。可以将这种情形视为共罚的事后行为。针对他人参与的后行行为，可以根据符合相关构成要件而予以处罚。

4. 侵占物的再次侵占

有关侵占物的再次侵占问题，无论是在我国的刑法理论界还是在司法实践中，均没有议论和探讨，这也许与我国的侵占罪规定的特殊性具有某种关联性。有关这一问题，在日本的刑法理论界，以最高裁判所的一则新判例为契机，引起了广泛的争论。案情概要是这样的：被告人将业务上占有的他人的不动产（土地1和2），擅自设置抵押权并予以登记之后（针对土地1设置抵押权①和②，而对土地2设置了抵押权③），在擅自出售这些土地的基础上，并办理了所有权转移登记手续。针对这一事件，被害方以后行行为之出售土地行为构成业务上侵占罪而提起了诉讼。被告方的辩护律师认为，本案一审中针对先行行为之设置抵押权阶段已经成立侵占罪，因此，后行行为之出售土地行为属于不可罚的事后行为而不构成侵占罪。①

该判例涉及是否成立"侵占物的再次侵占"问题。在本案的审理过程中，第一审②、第二审③以及第三审④均主张应当处罚后行行为，但是，

---

① 参见《刑集》第57卷，第467页。
② 第一审的判决结果是：在本案中，后行行为之出售行为并不属于不可罚的事后行为，因此，应当成立业务上侵占罪。理由是，所谓不可罚的事后行为，就像盗窃犯人窃取后毁损财物那样，如果单独看后行行为，似乎成立故意毁坏财物罪，但是，由于毁损行为的评价已经包括在窃取行为之中，因而不构成故意毁坏财物罪。与此相比，本案中的先行行为是在土地上设置了抵押权，这时，先行行为只成立侵害土地所具有的经济价值的相关犯罪；而本案中的后行行为是将土地所有权（包括经济价值和土地所具有的所有价值）转让给第三者的行为，由于后行行为并没有包含在针对先行行为的违法评价中，因而不属于不可罚的事后行为。
③ 第二审的判决结果是：出售土地1和土地2的行为，在与设置抵押权①②③的关系上，并不属于不可罚的事后行为，因此，应当成立业务上侵占罪。
④ 第三审之最高裁判所则支持了第二审判决，成立业务上侵占罪。针对最高裁判所的这一判决，有观点认为：本案最高裁判所大法庭的判决，存在以下几个问题点：第一，本案显然变更了1956年的判决，问题是，这种判例变更能否在理论上予以正当化。第二，本判决所示的是"可以不顾基于先行设置抵押权行为而成立侵占罪，以及该侵占罪与后行的随着所有权转移而成立的侵占罪之间的罪数评价"问题。针对这一点，最高裁判所调查官的解说是："有关不可罚的事后行为的一般性质，以及先行行为和后行行为一并被起诉时的罪数评价问题，暂时保留其结论。"问题是，对这一罪数问题，理论上究竟应当怎样理解便成为一个大问题。第三，本判决认为"没有必要深究诉因而判断是否可以审理"。当然，在当事者主义的诉讼模式下，应当将这种思维视为一种原则。但是，刑事诉讼法第335条第2款规定："如果有法律上不成立犯罪的主张或有充分的加重、减免刑期之理由的事实，那么，必须对这些主张进行判断。"因此，如果被告方主张虽然诉因中没有明文记载，但存在无罪、免予起诉、减轻或免除刑罚等有利于被告人的诉因时，是否还应肯定检察官所主张的"诉因的约束力"呢？（参见〔日〕西田典之：《共罚的事后行为与不可罚的事后行为——以有关侵占物的侵占之最高裁判所大法庭判决为契机》，载〔日〕井上正仁、酒卷匡编：《三井诚先生古稀祝贺论文集》，有斐阁，2012，第349页以下。）

处罚的理由却不尽一致，即针对传统判例将这种情况视为不可罚的事后行为，提出了不同的处罚理由。

针对这一判决结果，在日本的刑法理论界，有观点认为：处罚"侵占物的再次侵占"，后行行为首先要符合侵占罪的构成要件。需要注意的是，侵占罪的成立即便存在财物的他人性和占有该财物，如果针对财物的占有不存在委托关系，那么，就不能肯定后行行为符合侵占罪的构成要件。如果后行行为符合侵占罪的构成要件，似乎可以以侵占罪单独处罚后行行为，问题是，怎样处理先行行为成立的侵占罪和后行行为成立的侵占罪，即罪数关系的认定和处罚便成为问题。

在这种情形下，主张后行行为属于共罚的事后行为的观点认为，在处罚先行行为（根据所符合的构成要件）的情形下，后行行为可以作为先行行为所成立的犯罪的量刑情节予以处理。但是，既然肯定后行行为本身单独侵害了法益，那么，就不能因为已经以先行行为所构成的犯罪予以处罚为由，主张后行行为作为共罚的事后行为被吸收到先行行为的处罚之中。如果想肯定这一点，就有必要确认先行行为和后行行为之间的一体性。在本案中，针对土地1所设置的抵押权②并出售的情况，两个行为是在一系列过程中进行的，可以将两个侵占罪作为包括的一罪予以处罚，在无法肯定的情形下，对于两个侵占罪可以数罪并罚。比如，针对同一财物的毁损行为，如果是通过连续的数个行为进行毁损，那么，应当成立故意毁坏财物罪之包括的一罪。如果不存在这种情形，在可以评价为单纯一罪的情形下，先行行为发生后过了数个月，在行为人基于另外一个犯罪动机毁损财物的情形下，就不应将这种情形评价为包括的一罪，而应数罪并罚。

这是因为，针对后行行为如果肯定符合侵占罪的构成要件的话，在某种意义上可以说是当然结论，但是，与主张后行行为属于不可罚的事后行为的传统判例的立场相比，显然属于不同的理解和结论。另外，基于这种立场，侵占行为只能作为以享受利益为目的的不法利用之侵害行为，这不得不针对取得型犯罪的传统理解予以修正。也就是说，盗窃罪和侵占罪都属于取得型犯罪，根据是否存在侵害占有来区分两罪，与将"财物整体归为己有"的盗窃罪相比，不得不肯定侵占罪则不需要将"财物整体归为己有"。根据这种理解，先行行为和后行行为均符合针对同一物的侵占罪的构成要件，但是，这种解释在逻辑上存在缺陷。针对"侵占物的再次侵占"事例，原则上应当以侵占罪数罪并罚，但是，这种主张在实质上确实有些过分。① 于是，在肯定先行行为和后行为双方均符合侵占罪的构成要件（法益侵害性）的基础上，由于侵占罪并不属于针对财物利益的取得型犯罪，在对财物本身取得这一层意义上属于"全部侵占"，因而基于"一个财物只能取得一次"这一基本理解，怎样调和便成为有待探讨的问题。传统判例所采纳的不可罚的事后行为的观点，通过否定后行为符合侵占罪的构成要件，来保全"全部侵占"性（一次取得）。但是，正如前面所述，这种理解本身存在诸多弊端。如果不否认这一点，那么，解决这一问题的唯一办法是实际上怎样调和的问题，就是说，在罪数论范畴内，针对先行行为和后行为所成立的侵占罪，即便缺乏行为的一体性，只能作为包括的一罪而非数罪来解决，并将这种情形解释为，是基于"全部侵占"性（一次取得）这一侵占罪的特殊性的特殊的包括的一罪。如果进一步强调这一点，先行行为和后行为均可以以侵占罪予以处罚，但是，由于"一个财物只能取得一次"，这能够成立一个侵占罪，在两个侵占罪中处罚一个时，也可以基于另一个侵占罪可以不处罚的观点予以处理（即可以以法条竞合为依据）。根据这种观点，对两个侵占行为均可以处罚时，将罪刑较重的行为作为侵占罪处罚。例如，在本案中，在受委托的土地上设置抵押权予以侵占后，又通过出售该土地再次侵占时，可以将后行为之出售行为作为侵占罪予以处罚。针对这种主张，如果将事前行为作为侵占罪处罚的对象，是否可以将事后行为作为量刑情节予以考虑便成为问题（如果可以这样考虑，那么，与包括的一罪之结论相同），如果否定这种处罚的可能性，那么，事后行为岂不成了不可罚的事后行为？根据这种观点，针对事前行为的处罚，法律意义上是以"全部侵占"予以处罚，但是，在实际损失的考虑上似乎存在缺陷。也就是说，如果肯定事后行为的法益侵害（符合构成要件），那么，将实质上的损失也一并考虑的包括的一罪之理论构成更有说服力。②

四、结语

事后不可罚行为并非不构成犯罪，而是在事前行为所构成的犯罪的量刑中，已经包含了事后行为所构成的犯罪，因此，以事前行为所构成的一

---

① 参见〔日〕曾根威彦：《不可罚的事后行为之法律性质》，载《研修》第 668 号，第 12 页。
② 参见〔日〕山口厚等：《理论刑法学之最前线 II》，岩波书店，2006，第 243 页以下。

罪来处罚。就是说，事后行为如果停留在事前行为构成的犯罪能够包含的范围之内，那么，可以作为量刑情节来考虑。事后行为如果被事前行为构成的犯罪所吸收，那么，可以和事前行为共同处罚，因此，在这种情形下，并不属于事后不可罚行为，而应将其称为"共罚的事后行为"。另外，之所以不能将盗窃后的故意毁坏财物行为以两个罪名处罚，是因为，这两个行为属于一罪关系，如果分别以盗窃罪和故意毁坏财物罪予以处罚，将违反禁止双重处罚的原则。

禁止双重处罚原则，可以追溯至古罗马时期。罗马法关于"对同一案件不可提起两次诉讼""任何人不应受两次磨难"这一项原则经过几千年的发展和完善，已成为一项基本法律原则，分别在实体法和程序法中体现出来。现在许多国家甚至通过法律规范明文规定，例如，德国基本法第130条规定："任何人不得因同一行为，受到普通刑法多次刑罚。"日本《宪法》第39条规定："任何人不得因同一次犯罪而两次被判刑。"法国刑事诉讼法第692条、意大利刑事诉讼法第649条也有相关的规定。由于我国在立法层面从未出现过"禁止双重评价"的字眼，因而理论界和实务界对这一原则适用的对象、阶段、范围等内涵缺乏统一认识。

有关盗窃罪的规定在量刑判断阶段，针对盗窃后的毁坏财物事实已经予以完全的评价，即作为量刑情节的一部分作为处罚对象，如果适用故意毁坏财物罪的规定再次作为处罚对象，显然属于双重处罚。因此，毁坏财物这一事实"已经受过处罚"，"不可罚"的事后行为这一称谓本身并不恰切，应当将其称为"共罚的"事后行为。

第十章 网络虚拟财产的刑法保护

一、问题的提出

　　2006年8月9日至2007年1月9日，被告人陈龙清在家中租用电信宽带账号，购置8台电脑，先后组织雇用多人，以向他人租用木马信箱的方式，非法获取广州网易互动娱乐有限公司《梦幻西游》网络游戏的玩家账号和密码，通过网易通行证密码修改软件修改了部分玩家的账号、密码，并通过非法登录《梦幻西游》网络游戏的玩家账号，窃取账号中的游戏装备、游戏币等物品。后陈龙清通过淘宝网账号"全区梦币任你挑""全区梦币任你用"及腾讯QQ聊天等方式联系买家，将梦幻游戏币转卖为人民币，通过支付宝及网上银行进行支付交易。陈龙清共非法获取了26.5万余个玩家的账号及密码，非法登录盗号1.7万余个玩家的账号，非法获利共计31万余元。

　　浙江省云和县人民检察院以被告人陈龙清犯盗窃罪，向浙江省云和县人民法院提起公诉。被告人陈龙清对公诉机关的指控事实不持异议。其辩护人的主要辩护意见是，涉案的网络游戏装备、游戏币等物品不具有财产属性，不能成为盗窃罪的对象；被告人的行为不属于刑法调整范围。浙江省云和县人民法院经审理认为，依照法律规定，盗窃罪的犯罪对象是"公私财物"，我国的相关法律均未明确地将网络游戏装备、游戏币等物品纳入刑法保护的财产之列。故公诉机关指控被告人陈龙清犯盗窃罪，指控罪名所涉犯罪对象与法律规定不符，不予支持；辩护人所提网络游戏装备、游戏币等物品不具有财产属性的意见有一定道理，法院对其合理部分予以采纳。被告人以牟利为目的，非法获取《梦幻西游》网络游戏玩家账号、密码，修改了大量玩家的账号、密码和游戏数据，导致大量游戏玩家储存在游戏系统中的游戏数据被修改和删除，损害了游戏玩家利益，严重破坏了《梦幻西游》网络游戏系统的安全运行，给游戏运营商网易公司的经营造成严重影响，后果严重，其行为已构成破坏计算机信息系统罪，依法应予惩处。据此，依照《中华人民共和国刑法》第286条第2款、第64条之规定，于2007年9月4日判决：被告人陈龙清犯破坏计算机信息系统罪，判处有期徒刑4年；同时判决追缴被告人的违法所得。①

在本案的审理过程中，针对如何认定被告人盗卖他人网络游戏装备、货币等物品的行为性质，有以下几种观点的对立：第一种观点认为，成立盗窃罪。第二种观点认为，成立破坏计算机信息系统罪。第三种观点认为，不构成犯罪。另外，针对类似的案件，目前在我国的司法实践中，处理极为混乱；除了上述三种观点之外，部分法院以非法侵入计算机系统罪、侵犯通信自由罪、抢劫罪处罚；部分法院则以侵权行为法、治安管理处罚法处理；甚至还有的司法机关不予受理。之所以如此不统一，是因为除没有相关法律、司法解释之外，对虚拟财产理解不同所致。

二、网络虚拟财产的概念及我国法律规制之现状

（一）网络虚拟财产之概念

自20世纪70年代后期起，互联网开始在全球普及，随着网络应用的发展，互联网站中逐渐出现了类似于现实生活中"公告板"功能的"电子公告板"，英文简称BBS。在"电子公告板"中，人们可以针对现实问题随意发表自己的观点而不必受严格的言论限制，"BBS"用户可以利用这一项服务，在注册ID后以发表"帖子"的方式提出自己的问题或寻求帮助等。可以说，"电子公告板"中的"ID"代表了用户在互联网中特定空间内的身份。中国早期的门户网站"网易"等都有较大规模的"BBS论坛"，当时的网站为鼓励上网者多发帖子便设立了积分制度，根据上网者通过"发帖"而获得的积分，设置了不同的等级，上网者想在网站论坛中拥有相应地位，需要的积分就越多，同时享有的权利也越大。随着积分手段的日渐成熟，原来简单的积分逐渐以"虚拟货币"的形式在网络中使用，通过使用这些"虚拟货币"可以浏览或者"购买"论坛中较有价值的信息，但这时的虚拟货币仅存在于具体论坛中，并未与现实世界发生任何

---

① 载《人民法院报》，2007-09-06，"案件时讯"版。

关联。① 如果说早期的"电子公告板"中的"虚拟货币"还不具有现代"虚拟财产"的各种财产属性的话，随着网络技术的发展，逐步形成了现代模式网络游戏。网络游戏又称为"在线游戏"，是指以互联网为传输媒介，以游戏运营商服务器和用户计算机为处理终端，以游戏客户端软件为信息交互窗口的，旨在实现娱乐、交流和取得虚拟成就的具有相当可持续性的个体性多人在线游戏。现在的网络游戏模式始于 20 世纪 80 年代初，美国一些专业的游戏开发商和发行商涉足网络游戏领域后推出了第一批具有普及意义的网络游戏，这批网络游戏在系统的兼容性、技术水平等方面都有了进步，同时网络游戏的商业化进入发展期，许多游戏玩家愿意花费一定费用来玩网络游戏，就是从这个阶段开始，盗窃网络游戏账号的现象开始出现。2000 年 7 月，第一个真正意义上的中文网络图形 MUD 游戏②——《万王之王》正式推出，这一游戏凭借优秀的游戏质量，配合特殊的历史条件，成为中国第一代网络游戏中的领军之作，并且为中国网络游戏运营机制的建立奠定了基础，而其潜在市场也成为吸引众多公司冲击网络游戏市场的直接原因。可以说，网络游戏的普及带动了网络游戏产业的发展，从而产生了最初阶段的互联网空间中的"虚拟财产"概念。

因特网的产生为虚拟财产的存在提供了"生存"环境，网络游戏的发明则为虚拟财产的形成提供了原始土壤，随着虚拟财产存在空间和存在方式的不断扩展，参与网络游戏所必需的"虚拟物品"成了虚拟财产的物质基础，特别是近年来随着网络游戏产业的不断升级，出于游戏的需要，在网络游戏中，服务关系的成立必须有虚拟物品的介入，这些物品只能以数字符号的形式存储于网络中，不同于传统的产品。也就是说，所谓"虚拟物品"，是指所有在视觉上以物的形态存在于网络环境之中，但在现实生活中却没有与之一一对应的真实物的数字化电磁存在形式，从法律意义上看，与"虚拟物品"对应的"虚拟财产"价值，就是网络游戏虚拟世界中可能受到法律保护的客体。而虚拟物品的表现形式也会因网络游戏的类型不同，相对应的表现形式也就不同。在竞技类网络游戏当中，虚拟物品主要是以"财富值"和各种形式的"虚拟货币"，如"游戏币"等形式存在；在角色扮演类网络游戏中，因游戏的设计不同，虚拟物品的种类和表现形式相当复杂，其中主要有各种武器、特殊装备等几大类，在每一大类当中又有不同的小分类，在每一小分类当中又有许多种具体的虚拟物品。游戏

---

① 参见刘惠荣：《虚拟财产法律保护体系的构建》，北京，法律出版社，2008，第 6 页。
② MUD，英文全称为 Multiple User Domain，一般译成"多用户虚拟空间游戏"。

产业升级后，为了使开发商利益最大化，在设计游戏时，一般都以拥有一定的虚拟物品为先决条件。可以说，目前互联网上比较盛行的游戏，几乎大多以玩家是否拥有一定级别的"虚拟物品"作为参与网络游戏的必备条件。但是，虚拟物品并不像免费电子邮箱那样随时可以获取，虚拟物品逐渐被"财产化"，虚拟财产应运而生。

虚拟财产的概念可以分为广义和狭义。广义的概念，将虚拟财产界定为一切存在于特定网络虚拟空间内的，具备现实交易价值的或不具备交易价值，由持有人随时调用的专属性数据资料。从目前的技术发展情况来看，虚拟财产的范围正在逐渐扩大，越来越多的网络应用功能包含了虚拟财产的存在意义，例如，玩游戏时必须注册的 ID 号码、虚拟货币、虚拟装备等。虚拟世界中的部分网络应用功能，一般需要网民付出真实货币才能实现对应的功能。部分观点认为，所谓虚拟财产，是指虚拟的网络本身以及存在于网络上的具有财产性的电磁记录，是一种能够用现有的标准度量其价值的数字化的新型财产。也有观点认为，网络虚拟财产，是指存在于与现实具有隔离性的虚拟网络空间中，网络用户通过计算机的操作行为，以各种方式获得积累、存储在特定服务器上的，能以金钱价值进行评价的数字化、非物质化财产。[1]

从虚拟财产产生的背景来看，一般情况下，大众所认同的虚拟财产概念是指网络游戏中的虚拟财产，即以互联网空间中的网络游戏为基础，在网络游戏运行环境中，由玩家控制的游戏 ID 账号所对应的，且通过各种方式所拥有的"货币""武器""宝物"等保存在游戏运营商服务器上的，由该游戏玩家随时调用、创建或加入游戏中的数据资料和参数。[2] 这便是狭义的虚拟财产概念。换言之，虚拟财产就是在网络游戏中存在的数字化的、非物化的财产形式。2010 年 6 月 3 日，文化部颁布的《网络游戏管理暂行办法》中虽然没有定义虚拟财产的概念，但明确了"网络游戏虚拟货币"的概念，《办法》指出："网络游戏虚拟货币是指由网络游戏经营单位发行，网络游戏用户使用法定货币按一定比例直接或者间接购买，存在于游戏程序之外，以电磁记录方式存储于服务器内，并以特定数字单位表现的虚拟兑换工具。"这是我国法律法规首次界定网络虚拟财产的概念，具有

---

[1] 参见杨立新、王中合：《论网络虚拟财产的物权属性及其基本规则》，载《国家检察官学院学报》，2004（12），第 67 页。

[2] 参见于志刚：《网络空间中虚拟财产的刑法保护》，北京，中国人民公安大学出版社，2009，第 23 页。

一定的指导意义,将为刑法保护虚拟财产的具体操作奠定法律基础。

(二) 我国法律规制之现状

2009年2月28日,全国人大常委会颁布了刑法修正案(七),对刑法第285条进行了修改,在原有条文的基础上,增加了两款,即"违反国家规定,侵入前款规定以外的计算机信息系统或者采用其他技术手段,获取该计算机信息系统中存储、处理或者传输的数据,或者对该计算机信息系统实施非法控制,情节严重的,处三年以下有期徒刑或者拘役,并处或者单处罚金;情节特别严重的,处三年以上七年以下有期徒刑,并处罚金","提供专门用于侵入、非法控制计算机信息系统的程序、工具,或者明知他人实施侵入、非法控制计算机信息系统的违法犯罪行为而为其提供程序、工具,情节严重的,依照前款的规定处罚。"

随着国内侵犯网络游戏中虚拟财产的案件日益增多,我国在虚拟财产的保护问题上也进行了大胆的尝试和突破,但是,由于没有相应的法律规范和司法解释,各地司法部门处理侵犯虚拟财产的方式极为混乱。例如,同是虚拟财产被盗案件,北京朝阳区人民法院在"李宏晨虚拟财产被盗案件"中,只判决网络运营商民事侵权,对盗窃者则没有以犯罪论处;浙江金华婺城区人民法院在对一起盗卖网络游戏玩家账号、虚拟装备,涉案金额达上百万元的案件,判决为"破坏计算机信息系统罪";深圳南山区人民法院对内外勾结盗卖QQ号码的案件,判决为"侵犯通信自由罪";成都市中级人民法院对一起利用网络木马病毒盗取游戏玩家"金币"转卖获巨款案件,判决为"盗窃罪"。

我国司法机关对侵犯虚拟财产行为的主要处理方式包括:

第一,不受理。比如,针对重庆市发生的周某虚拟财产被盗一案,重庆市公安局认为,由于网络是虚拟世界,即使周某在现实的交易中花了不少钱,但虚拟世界里的"枪""剑"是不能作价的,因而不能认定是网络犯罪,所以无法立案。①

第二,根据治安管理处罚法的相关规定进行处理。例如,吴某利用在网吧工作之便,获取他人游戏账号、密码后,盗卖该账号内的装备,获利几百元。湖南省株洲市某派出所在办理该案时认为,吴某的既得利益没有超过1 000元,应根据治安管理处罚法的相关规定处罚。经多方讨论后认

---

① 参见于志刚:《网络空间中虚拟财产的刑法保护》,北京,中国人民公安大学出版社,2009,第26页。

为其行为属于"盗窃",吴某被治安拘留10天。①

第三,根据刑法有关计算机犯罪的规定进行处罚。例如,南京市公安局网络警察支队侦破了一起利用嵌入式木马盗窃网络游戏用户"游戏币"、"武器"等虚拟财产销售牟利的案件。被告人王某在上网玩游戏时发现,专门用来盗窃"QQ靓号"以及"游戏账号、密码"的木马软件在网上卖得非常火爆,于是他以每月2 000元为报酬雇用龙某为其编写盗号木马程序。龙某对"征途"等热门的网络游戏,编写了四十多个盗号木马。这些木马程序都属于"嵌入式木马",该木马程序一旦嵌入一些防备不高的网站后,只要玩家登录被入侵网站,那么玩家的游戏账号、密码就会被窃取,账号上的"游戏装备"等虚拟财产就流入到王某等人的手中。同时,王某又与周某合谋,对盗号木马进行了包装,统一称为"大小姐木马",并为该木马程序申请了QQ专用号作为网上总代理,另外,还申请了在网上销售该木马程序专用的网银账号、支付宝账号等。之后,周某按照该系列木马程序所针对的不同种类游戏,又层层分包给他人,周某每月可获利1万到8万元不等。而买到此系列木马程序的人有的在网上大肆销售该木马程序,有的则利用该木马程序窃取玩家的游戏用户名及密码。通过"总代理"及变卖游戏账号中的虚拟财产,王某、周某共非法获利160万元及1 010.32万元。2008年9月,此案被移送至检察院审查起诉。2009年3月,检察院以犯非法侵入计算机系统罪对王某等人提起公诉。2009年6月,法院审理后,认定王某等人均犯非法侵入计算机系统罪,判处主犯王某有期徒刑1年2个月,并处罚金50万元;判处龙某有期徒刑1年,并处罚金10万元。②

第四,以盗窃罪进行处罚。例如,金华市公安局网络报警处置中心接到多起报案,受害人称其使用的凤凰游戏山庄的账号被盗,账号里的游戏币"银子"不翼而飞,且数额巨大。经过警方侦查,该案的作案手段是,犯罪嫌疑人自称美女与受害人聊天,进而通过发照片发送带木马程序的压缩文件,从而控制对方的电脑,盗取对方的游戏账号、密码,提取"银子"。经统计,该网络盗窃团伙至案发总计窃取"银子"三十多亿两,价值二十多万元。经审讯,曹某等人对多次网络盗窃的犯罪事实供认不讳,曹某被捕。金华警方认为,由于虚拟装备、虚拟银子的财产属性难以认定,对此类案件,如果以刑法第286条的规定,以"破坏计算机信息系统"立案查处,对证据的固定、作案过程的复原等的要求较高,办案程序

---

① 参见王晓静:《传奇"极品装备"被窃法规如何处理》,载《时代商报》,2003-07-15。
② 参见宁剑:《网络黑客"大小姐"背后的产业链揭秘》,载《法制与新闻》,2009-09-23。

十分复杂。金华警方提请金华市价格认证中心对涉案网上虚拟"银子"进行价格认定，认定价格近十五万元，这为其以"盗窃"进行立案查处提供了可能。警方认为这样不仅节约了办案成本，还提高了侦查效率，且符合刑法立法精神。①

第五，以抢劫罪进行处罚。例如，王某等4名青年经常一起到沈阳市某网吧打大型网络游戏，由于没有充足的游戏"装备"，这4人的角色级别一直得不到晋升，他们发现在同一个网吧里有一个网名为"沈阳小伙"的玩家是个游戏高手，游戏"装备"十分丰厚，角色级别也很高，在索要未果之后，便产生了抢劫其"游戏装备"的念头。经预谋，该4人对正在上网的"沈阳小伙"以殴打、恐吓等手段迫使其转出价值人民币100元的"Q币"100个，以及其名下的各种"游戏币"、"游戏武器装备"等虚拟物品，事后，4人将这些网络虚拟物品予以平分并抢走人民币200元。案件发生后，"沈阳小伙"向警方报了案，而此时王某等4人意识到惹了祸，遂向警方投案自首，愿意与"沈阳小伙"达成调解协议，但因为他们的行为涉嫌抢劫罪，检察机关依法提起公诉。法院认为，游戏币和游戏装备属于网络虚拟财产，虽然在我国现行法律中，只对公民的合法收入、储蓄、房屋和其他合法财产予以认可，并没有对虚拟财产的合法性以及是否属于"其他合法财产"作出明确规定，但游戏用户在网络游戏中想要获取一定角色级别以及其他虚拟财产，是需要付出大量时间和金钱的，该院认为虚拟财产完全具备财产的一般属性，应当纳入刑事法律保护范围。法院认定王某等4人构成抢劫罪，王某一审被判有期徒刑3年，其他3名被告均被判缓刑，并分别处罚金人民币5000元。②

三、国外对网络虚拟财产的刑法保护

美国是公认的互联网最发达的国家之一，由于其信用机制和各类支付平台的规定及服务非常完善，网民对虚拟货币的需求并不高，政府的监管也不是很严格。③总的来说，美国将虚拟财产作为用户的一种合法财产进

---

① 参见宁容：《网络虚拟财产刑法保护研究》，南开大学2010年硕士论文，第48页。
② 参见范春生：《辽宁4名青年抢劫网络虚拟财产被判刑》，见新华网，网址：http://news.qq.com/a/20090524/000385.htm。
③ 参见孔嘉：《网络虚拟货币属性及相关法律问题》，载蔡海宁主编：《信息网络与高新技术法律前沿》，北京，法律出版社，2009，第14～17页。

行保护，虽然作为判例法国家，目前还没有对虚拟财产的专门判例，但在虚拟财产保护措施及侵犯虚拟财产方面已有刑事判决的先例。2007年6月27日，美国国会联合经济委员会高级经济学顾问丹·米勒向国会出具了一项关于虚拟交易税收问题的报告书。报告指出，随着大型在线游戏中虚拟交易以及虚拟货币流通的迅猛发展，虚拟交易税收问题应被列入政府的议事日程。这意味着，虚拟财产属于合法财产的属性已经得到普遍认可。[①] 例如，在美国第一个直接针对虚拟财产实际价值和权利归属的案例中，原告马克·布拉格因虚拟财产被冻结而起诉林登游戏公司。原告是美国宾夕法尼亚州的一名律师，他是林登公司开发的名为"第二生活"网络游戏的玩家，2005年，原告马克·布拉格登记注册并交费参与了林登公司"第二生活"网络虚拟游戏，受到该公司广告的影响，他投资此游戏中虚拟的房地产，为此还按规定上交了房地产税给被告，并建立了专用的地产交易平台，以便进行交易。2006年4月30日，马克·布拉格花费300美元买了一块叫"Taessot"的虚拟土地，但被告林登公司所属的管理部门通过邮件告知马克·布拉格，他所购买的"Taessot"的虚拟土地是属于通过不正当方式进行买卖，因此将这块"虚拟土地"收走并冻结了原告的账户，同时还没收了原告账户中的所有财产。2006年10月3日，马克·布拉格在宾夕法尼亚州民事法院将林登公司告上法庭，该法院首先认定自身具有对该案件的管辖权，并对游戏开发商提供的服务协议中不合理的仲裁条款进行了否定。该案的代表性在于它审查了游戏公司的服务协议，这在美国是在法律上对维护游戏玩家的合法权利所作出的一次新的尝试，本案集中反映了游戏中产生的虚拟财产如何认定、游戏开发商与游戏用户之间的权利冲突，以及双方的权利如何分配的问题，此案的判决结果将对美国虚拟财产的保护具有划时代的意义。

《日本刑法典》中与虚拟财产犯罪规制有关的规定主要有：第161条之二"不正当制作和提供电磁记录罪"，该条款规定："以使他人的事务处理出现错误为目的，不正当制作供该处理事务使用的有关权利义务或者证明事实的电磁记录的，处5年以下有期徒刑或者50万日元以下罚金"；第246条之二"使用电子计算机诈骗罪"规定："对于损害了他人业务上使用的电子计算机或供其使用的电磁记录，或者向供他人业务上使用的计算机中输入虚伪的信息或者不正当的指令，或者以其他方法使电子计算机不

[①] 参见赵丽君：《美国虚拟财产法律保护得到普遍认可》，载《世界报》，2008-04-09，3版。

能按照使用目的运行妨害他人业务的行为，处 5 年以下有期徒刑或者 100 万日元以下罚金。"日本国会还于 2000 年通过了《对付黑客等基础设施整备行动计划》，并于当年 2 月 13 日开始实施《计算机不正当入侵法》，该法规定："对黑客非法侵入计算机的行为，可处以 1 年以下惩役或 50 万日元以下罚款。"①

在全球网络游戏业最为发达的韩国，对待虚拟财产法律保护的立场经历了由"禁"到"放"的转变过程。在网络游戏盛行的早期阶段，韩国在对待虚拟财产问题上曾普遍认为，既然虚拟财产存在着那么多的难以解决的问题，倒不如干脆以立法的方式禁止虚拟财产在现实社会中进行交易，即以禁止虚拟交易的手段来杜绝虚拟财产所引发的一系列问题。于是韩国在网络游戏盛行的早期，便通过立法手段完全禁止了虚拟交易，明确指出不承认虚拟财产的合法性。但在禁止虚拟财产进行交易的法律出台后，并未起到解决问题的效果，现实社会中针对虚拟财产的交易仍然大量进行，且形成了一条完整的灰色产业链，出现了大量的关于虚拟财产方面的法律纠纷，众多的游戏玩家因为法律上不承认虚拟财产而导致利益受到侵害而无法获得法律保护。这种情况的出现，使得韩国有关机构不得不重新审视虚拟交易，最终于 2006 年 12 月 14 日由国会审批通过了《游戏产业振兴法》，在法律上承认了虚拟物品的合法性，虚拟交易继而受到了法律的保护，但韩国在该项法律中是严禁虚拟货币交易的中介服务的，从运营商处购买虚拟物品不在禁止之列。目前，韩国在立法和司法方面均承认网络虚拟财产的价值，并明确指出了网络游戏中的虚拟角色和虚拟物品均独立于服务商而且具有财产价值。服务商只是为游戏玩家的这些"私有财产"提供一个存放的场所而无权对其进行修改和删除，在法律上这种"网财"的性质与存放在银行账号中的钱财并无本质上的区别。②

我国台湾地区对网络游戏的立法研究起步较早，在 2003 年前就在"刑法"中明确了"虚拟财产"的保护问题，按照当时"刑法"的规定，如果网络游戏玩家因游戏需要盗用他人网络游戏"器械"，受害者若进行报警处理，检察官就必须依据"刑法""窃盗罪"等相关规定调查该案件的详细情况并提起公诉。上述规定虽然对虚拟财产进行了有效保护，但同时出现了"刑罚过重"的问题，因为如果按照该项规定处理虚拟财产案

---

① 转引自皮勇：《网络安全法原论》，北京，中国人民公安大学出版社，2008，第 165 页。
② 参见郭丽娜、敬从军：《盗窃网络虚拟财产的刑法规制之比较》，载《绵阳师范学院学报》，第 29 卷第 6 期，2010 年 6 月，第 45 页。

件，会令许多青少年面临刑事诉讼甚至是留下前科记录。① 同时台湾地区也有一部分学者认为，如果将虚拟宝物偷盗行为以"窃盗罪"论，也同样存在着诸多的疑义，例如"电磁记录"是一种可以大量复制的电子产品，它并没有通常意义上的"外观可见性"，因而在本质上"电磁记录"与一般民众所认知的"动产"是有差异的，而且盗取"宝物"的行为人以"输入他人游戏账号和密码或以移转他人虚拟宝物牟利"的行为与传统"刑法"上的窃盗概念有很大的区别，因此，部分学者认为有必要思考以窃盗罪对该种行为加以论处是否妥当。在此基础上，台湾"行政院经建会"于2003年6月召开了"因特网经营与法制座谈会"，会议决定将网络法令与现实规定脱钩，将软件游戏中的窃盗行为改为"告诉乃论"，以避免年轻玩家在网络世界中误闯法网后，便立即面对较重的来自现实世界的公诉惩罚。"告诉乃论"一经出台，给游戏玩家与窃盗者之间创造了和解的机会。从修订后的立法现状来看，我国台湾地区在"刑法"及"司法院"的函释中均明确规定了对虚拟财产给予刑法保护。例如，台湾地区"刑法"第29章有关窃盗罪中的第323条规定：电能、热能及其他能量或电磁记录，关于本章之罪，以动产论。其后，台湾地区"法务部"作出（90）法检决字第039030号函释，该函释规定："线上游戏之账号角色及宝物资料，均系以电磁记录之方式储存于游戏服务器，游戏账号所有人对于角色及宝物之电磁记录拥有支配权，可任意处分或移转角色及宝物，又上述角色及宝物虽为虚拟，然于现实世界是均有一定之财产价值，玩家可通过网络拍卖或交换，与现实世界之财物并无不同，故线上游戏之角色及宝物似无不得作为刑法之盗窃罪或诈欺罪保护客体之理由。认为网络游戏中的虚拟财物和账户都属存在于服务器的电磁记录。这就承认了玩家在网络游戏中获得的虚拟财物具有的财产价值。"② 根据上述规定，我国台湾地区在许多虚拟财产纠纷中都适用了修订后的"刑法"，例如，"吴某盗窃虚拟财产案"，21岁的吴某在《天堂》游戏中，盗用被害人束某的账号假扮其游戏角色并窃取对方价值3万元台币的虚拟宝物、装备及虚拟货币，后被警方查获。受理此案的台北地方法院依盗窃罪、诈欺取财罪判处吴某罚金新台币7500元，并宣告缓刑2年。③

---

① 参见于志刚：《网络空间中虚拟财产的刑法保护》，北京，中国人民公安大学出版社，2009，第193页。
② 转引自于志刚：《虚拟空间中的刑法理论》，北京，中国方正出版社，2003，第118页。
③ 参见郭丽娜、敬从军：《盗窃网络虚拟财产的刑法规制之比较》，载《绵阳师范学院学报》，第29卷第6期，2010年6月，第119页。

四、网络虚拟财产的刑法保护

（一）虚拟财产刑法保护的必要性

截至 2010 年 6 月，我国网民规模达 4.2 亿。至 2010 年上半年为止，有 30.9% 的网民账号或密码被盗过，有 59.2% 的网民在使用互联网过程中遇到过病毒或木马攻击，遇到类似不安全事件的网民规模达到 2.5 亿人，网络安全的问题仍然制约着中国网民深层次的网络应用发展。① 从司法实践看，目前公安机关已经普遍办理过侵犯虚拟财产的案件，但能够成功进入诉讼程序的只是极少数，在大部分情况下，当网络游戏用户到公安机关以"虚拟财产被盗"为由申请立案时，一般会被告知：因无法律依据，虚拟财产被盗不能够立为刑事案件。

网络游戏的发明为互联网应用功能开辟了一个新的战场，也为人类打开了另一个世界，近年来风靡的《魔兽世界》等网络游戏，正日益影响着越来越多人的生活，而通常意义上的"虚拟财产"主要存在于网络游戏中，特别是近年来虚拟财产在现实中，因第三方交易市场的存在而逐渐形成了大量的网下交易规模，从而使虚拟财产具有了实际价值，特别是一些"稀缺"的虚拟财产更是价格不菲。在亚太最大的网络零售商圈"淘宝网"② 中，搜索部分虚拟装备网上的实际货币交易价格为："地下城与勇士装备"货品 8 985 个、"游戏账号"货品 12 506 个、"网络游戏点卡"货品 1 955 个、"其他游戏装备"2 455 个，按照货品价格从高到低顺序排列，"地下城与勇士装备"货品最高价格为 8 878 元、"游戏账号"货品最高价格为 13 500 元、"网络游戏点卡"货品最高价格为 7 000 元、"其他游戏装备"最高价格为 7 700 元，有资料表明，网络游戏用户中有 71% 的玩家表示愿意花 20～100 元购买虚拟游戏装备，有 16% 的玩家愿意花超过 100 元甚至超过 500 元购买虚拟财产。③ 这样庞大的消费者市场，如果没

---

① 参见中国互联网信息中心 2010 年 7 月发布第 26 次《中国互联网络发展状况统计报告》，见 http://www.cnnic.net.cn/index.htm.
② "淘宝网"由阿里巴巴集团在 2003 年 5 月 10 日投资创立。现业务跨越 C2C（个人对个人）、B2C（商家对个人）两大部分。
③ 参见中国互联网信息中心于 2010 年 5 月 27 日在官方网站发布《2010 年中国网页游戏调查报告》，见 http://www.cnnic.net.cn/html/Dir/2010/05/27/5843.h.

有法律对其进行规制，势必产生混乱的局面，从而影响到几亿人的切身利益。

　　虚拟财产的交易，途径一是由网络游戏运营商直接经营，玩家可以从运营商处直接购买，另外，为了增加游戏的趣味性，很多网络游戏在游戏开始阶段运营商都有"赠送虚拟财产"的行为；途径二是玩家通过消灭游戏中的既定对象，例如"怪兽"或完成游戏任务而获得相应的虚拟财产；途径三是玩家通过网上交易平台及现实中的交易市场自行购买。很多情况下，玩家一旦对任意一款游戏达到痴迷状态，则会不惜大量金钱去购买他想要得到的虚拟装备，从而满足自己在网络游戏中的角色需要，这也是网络游戏比较受争议的负面影响，但这种行为的正确性争议，并不影响法律对虚拟财产的保护问题，因为玩家是花费了大量的精力和时间去获取虚拟财产的，它的正当性决定了虚拟财产的取得是同通过工作获取成果的性质一致的，不应该因为取得的形式不同而作出不同的处理。虚拟财产的交易已经是一个现实存在，如果法律否定它的合法性，后果则是引发一个特殊的虚拟财产的"灰色"交易链条，这在韩国是有前车之鉴的。因此，尤其涉及大额的虚拟装备交易，必须动用刑法加以保护。

　　众所周知，财产是具有客观性、有用性、稀少性和可控性的物品，可以说，如果虚拟财产符合财产的上述四个属性，那么我们就应该认为虚拟财产属于财产的一种类型。

　　虚拟财产中的"虚拟"二字并不是指这种财产在价值上是虚幻的，更不是指这种财产的法律性质是虚幻的，用"虚拟"一词更多的是为了与传统意义上的"财产"形态进行区分，表明虚拟财产因互联网的网络空间而存在，虚拟财产与传统形态财产在存在形式上有着很大差别。一方面，虚拟财产中所谓"虚拟"的东西是真的，是真实存在的，它甚至具有可视性的存在形式和功能，是人们能够通过某种方式感受到的，而不是凭空想象出来的；另一方面，虚拟财产中的虚拟物又是假的，是特定意义下的一个数字化的存在，与通常意义上的虚拟想象等被虚拟的对象本身有着本质上的不同。"这确实发生了对传统框架的真与假的概念的超载，发生了对传统思维方式和哲学观念的超载。"[1] 虚拟财产具有它的真实性，这种真实性的表现是以互联网空间中虚拟物品的存在为客观物质基础的。所谓虚拟物品，是指通过网络游戏客户端技术，展现在游戏玩家面前的动态的数据组合。我们在玩游戏时所产生的电磁记录都存储于物理层中，就是说，虚

---

[1] 陈志良：《虚拟：人类中介系统的革命》，载《中国人民大学学报》，2000（4），第87页。

拟财产原本是不存在的,直到玩家取得特定的虚拟物品,由此相对应的虚拟财产关系才产生,直到某个玩家取得它之后,虚拟物品有了专属性,虚拟财产也就有了它的客观存在。①

虚拟财产作为玩家进行网络游戏的必备物品,其有用性是通过玩家在网络游戏中的角色体现来实现的,而网络游戏中的角色对玩家影响力有多大,虚拟财产对玩家的有用性也就有多大,这种通过网络游戏实现的有用性,可以说是虚拟财产最基本的有用性。首先,虚拟财产对玩家来说是一种精神上的需求。"网络游戏不设障碍地为玩家提供了一个过滤现实身份的净化网,玩家们有足够的自由度创造编码来进行崭新的自我赋值和需要满足。"② 其次,网络游戏中的虚拟财产虽然可以由玩家在游戏的过程中升值而获得,但在获得虚拟财产的过程中,玩家在其中投入了大量的时间、精力、金钱和劳动,依靠不断的升级、攻关来提高自己的等级,获得武器装备。对于玩家来说,虚拟财产的价值的重要性绝不逊色于现实生活中财产的价值的重要性。

虚拟财产的客观物质基础是虚拟物品,但虚拟物品并不都具有财产意义,在互联网中虚拟物品只有通过稀缺性验证之后才具有了财产的现实意义。自 2003 年国家科委将"网络游戏通用引擎研究及示范产品开发"列入国家"863 计划"以来,我国自主研发的大型网络游戏不断增多,游戏业不断发展和壮大,现已形成了较为成熟的产业链条,截至 2009 年,我国网络游戏市场规模达 258 亿元人民币,同比增长 39.5%,网络游戏已成为新的网络文化业态,是广大人民群众在互联网上消费娱乐的重要文化产品。既然网络游戏在我国文化产业中已占有重要地位,那么为了获取最大利益,开发商在研发过程中想方设法地加入只能拥有虚拟物品才能进入游戏的程序,这样,虚拟物品就成为游戏开发商持有的一种稀缺性资源,可以说,近年来盛行的网络游戏,很多都以玩家是否拥有更多、威力更强的虚拟物品来决定网络角色的"生死",而不是像早期的游戏更讲究游戏技术。正是由于网络游戏市场对虚拟财产的稀缺性争夺激烈,因而在网络游戏市场推广中越来越多地开发商对网络游戏进行虚假宣传及刻意设置欺诈陷阱,诱使玩家投入过多的资金和精力,针对这些问题,我国虽然还未

---

① 参见于志刚:《网络空间中虚拟财产的刑法保护》,北京,中国人民公安大学出版社,2009,第 93 页。

② 范彦彬、廖宏建等:《论网络游戏中的虚拟自我实现》,载《淮阴师范学院学报》,2006(1),第 67 页。

适用刑法对其进行调整,但自 2010 年 8 月 1 日正式实施的《网络游戏管理暂行办法》对这些行为进行了约束。该《办法》明确规定,开发商在设定游戏程序时不得设置未经网络游戏用户同意的强制对战,不得以随机抽取等偶然方式,诱导网络游戏用户采取投入法定货币或者网络游戏虚拟货币方式获取网络游戏产品和服务,不得授权无网络游戏运营资质的单位运营网络游戏。《办法》是我国第一部专门针对网络游戏进行管理和规范的部门规章,对中国网络游戏健康有序的发展,具有重大且深远的影响。

虚拟财产的可控性是通过账号实现的,网络游戏账号又称玩家的 ID,是指游戏者按照游戏程序设定的要求,自主输入用户名及密码即可登录网络游戏的一组数据。ID 号码是游戏用户能否进入游戏的钥匙,是玩家在网络游戏中身份的标志,也是网络游戏用户"经营"该游戏的载体。玩家的游戏账号一经注册后,便客观地存在于该网络游戏的服务器内,游戏用户可以通过该账号的使用实现支配、控制虚拟财产的目的。游戏用户申请账号后,不但为虚拟物品、虚拟财产提供了一个存放的"仓库",而且为虚拟物品、虚拟财产归属于他提供了直接证据。由于游戏账号的属性是唯一的,且游戏用户设置了只有他自己才知道的密码,因而在没有他人利用非正常手段获取账号及密码的情况下,该玩家的游戏账号只能由他自己才能控制,也只有该游戏玩家才能取得、占有、使用和处理账号上的虚拟物品及虚拟财产。正是由于虚拟财产的可控性,因而在数以万计的游戏用户队伍中,逐渐分化出了部分所谓的"职业玩家",这些玩家参与网游的目的已不是简单的娱乐,而是根据游戏虚拟财产在现实价值之间转换的价格的高低专门"修炼"某个角色,获取虚拟财产后从中获得固定的收入。这种职业玩家通过第三方交易平台,申请固定的网上店铺,公开拍卖各种游戏点卡、游戏装备、角色账号、虚拟货币等虚拟财产,从而实现赢利的目的。

(二) 网络虚拟财产的刑法保护

就本章开头的案例而言,究竟应当如何认定被告人盗卖他人网络游戏装备、货币等物品的行为性质,主要有以下三种观点的对立[1]:

第一种观点认为,网络中的游戏账号、武器装备、金币等虚拟财产存在于电脑网络,占有一定的空间,是客观存在的物体。从物理属性来看,虚拟财产能为人控制和占有,具有一定的经济价值(具有稀缺性),并能

---

[1] 参见于同志:《刑法热点裁判与规则适用》,北京,人民法院出版社,2008,第 338 页以下。

满足人们的某种需要。从经济属性来看,虚拟财产的产生是科技公司投入大量人力、物力、财力,通过编制程序等方式得来的,花费了大量的社会必要劳动时间。它是用户花费了一定时间、金钱而取得的,具有使用价值和价值。网络虚拟财产虽然具有虚拟性、期限性等区别于传统意义上的财产的一些特征,但这并不影响网络游戏虚拟财产同样应受国家法律保护,成为盗窃罪的犯罪对象。根据刑法第287条的规定,利用计算机盗窃公私财物,数额较大或多次盗窃的,按刑法第264条的规定,应认定为盗窃罪。

第二种观点认为,根据刑法规定,盗窃罪的犯罪对象是"公私财物"。我国刑法第91条、第92条以及最高人民法院《关于审理盗窃案件具体应用法律若干问题的解释》,对公私财产的含义以及种类有明确的规定,因此,对刑法意义上的财物的认定只能建立在现有法律规定的基础上。从现有法律规定来看,财物通常具有经济价值,并且其经济价值能够以客观的价值尺度进行衡量。我国现行的法律法规和司法解释对"财物"的内涵和外延均有明确的界定,但尚未明文将网络游戏装备、游戏币等物品纳入刑法保护财产之列。因此,被告人的行为不构成盗窃罪。被告人利用网络程序漏洞非法获取网络游戏玩家账号和密码,将其账号中的装备、货币等物品转卖获利,导致大量游戏玩家储存在游戏系统中的游戏数据被修改和删除,属于"对计算机信息系统中存储、处理或者传输的数据和应用程序进行删除、修改、增加的操作",既严重地损害了游戏玩家的利益,也破坏了游戏网络系统的安全运行,并给网络游戏运营商的经营造成严重影响,后果严重,故依法构成破坏计算机信息系统罪。①

---

① 这种观点进一步认为,将侵犯虚拟财产的行为认定为盗窃罪,并不妥当。理由是:一方面,我国刑法中盗窃罪的对象不包含虚拟财产这种无形物。盗窃罪中的财物是否包括无体物,各国处理方式不一样。尽管我国刑法第265条规定:"以牟利为目的,盗接他人通信线路、复制他人电信码号或者明知是盗接、复制的电信设备、设施而使用的,依照本法第264条的规定定罪处罚",但不能以此推断出我国刑法中财物包括所有无体物。事实上,我国现行刑法第265条的规定是一种特别规定,除此规定之外的无体物,自然不能按照刑法中盗窃罪来定罪处罚,否则就是一种类推解释,违反罪刑法定原则。所以,即使将虚拟财产的本质界定为一种无体物,但在刑法没有明文规定的情况下,它不能被认定为盗窃罪的犯罪对象。另一方面,财产性利益不是我国刑法中盗窃罪的对象。一般认为,盗窃罪的性质决定了财产性利益不能成为该罪的侵害对象,例如,日本、韩国、德国等国,盗窃财产性利益均不成立盗窃罪(也不能成立其他犯罪)。如果将虚拟财产作为一种财产性权利,当然也不能成为盗窃罪的犯罪对象。就我国刑法而言,侵犯虚拟财产的行为自然不构成盗窃罪。(参见陈云良、周新:《虚拟财产刑法保护路径之选择》,载《法学评论》,2009(2),第146页。)

第三种观点认为，网络中的游戏账号、武器装备、金币等虚拟财产存在形式是数据包，或者说是"电磁记录"，并不是实际存在的物，技术上完全可以复制，实际是否复制可取决于网络游戏公司的规则以及公司怎样执行自己的规则；虚拟财产的功能、存废、灭失规律等也取决于该游戏规则。虚拟财产本身是游戏公司设计出来用于游戏者娱乐和公司谋利的工具，不具有客观性，可以以人的意志决定其存废及其演变规律。姑且不论其设计成本是多少，但是复制的成本几乎可以忽略不计。如果对这样的虚拟财产予以司法保护，那么网络公司要是无限制地复制，相应的后果难以预料。所以，对盗窃网络游戏虚拟财产的行为可予以行政处罚，但不宜运用刑法处理，即被告人的行为不构成犯罪。[①]

盗窃网络虚拟财产能否成立盗窃罪，关键在于怎样把握财物概念，正是由于我国刑法理论对财物概念缺乏深入的研究，针对盗窃网络虚拟财产问题才会出现不同的主张。如果正确理解财物概念，这一问题将会迎刃而解。笔者倾向于成立盗窃罪，理由是：

关于财物的范围是否仅限于有体物的问题，在中外刑法理论中素有争议，各国司法实践中的做法也不一样。例如，针对窃电行为，德国过去的法院从有体性说的立场出发，认为电不具有财物性，对窃电行为应该另外立法，而不能按盗窃罪处罚；但法国的司法实践则把财物的范围扩大到包括电力。[②] 在日本，由于民法第85条有"所谓物是指有体物"的规定，刑法第245条有"电可以视为财物"的规定，因而有关刑法上是否也应该与民法一样将财物限定为有体物，无论是在司法实践还是在刑法理论中争议极大。主要有有体性说与管理可能性说的对立。

主张有体性说的观点认为，刑法上的财物仅限于有体物。但有体物并不以固体为限，还包括液体和气体，比如盗用煤气、蒸汽和冷气，就有可能构成盗窃罪。然而，电等能源不是财物，即使不当使用，也不能评价为盗取财物。这是因为日本刑法第245条规定"电可以视为财物"，这意味着电本来并不属于财物，只是作为一种例外，被视为财物而已。这种观点

---

① 这种观点的主要根据是：第一，虚拟财产没有财产的属性，不应受到保护；第二，虚拟财产没有价值，不应受到保护；第三，虚拟财产与真实财产的交易违背价值规律和价值交换的原则；第四，虚拟货币与真实货币的兑换严重扰乱金融秩序；第五，虚拟财产与真实财产的交易严重违法；第六，虚拟财产是游戏商赚取高额利润的圈套；第七，保护虚拟财产会给社会带来不可估量的严重后果。（参见侯国云：《论网络虚拟财产刑事保护的不当性——让虚拟财产永远待在虚拟世界》，载《中国人民公安大学学报》（社会科学版），2008（3），第34页以下。）

② 参见刘明祥：《论侵犯财产罪的对象》，载《法律科学》，1999（6），第102页。

虽然不是通说，近年来却逐渐成为一种有力说。主张管理可能性说的观点则认为，财物是指人有管理可能性的物质。不仅仅是有体物，有管理可能性的无体物也属于财物。管理可能性说又分为两种：一种是"事务管理可能性说"，认为不只是有物理管理可能性的物质是财物，债权之类的权利等仅有事务管理可能性的东西也属于财物。另一种是"物理管理可能性说"，主张财物应当限于有物理管理可能性的范围之内，仅有事务管理可能性，而没有物理管理可能性的物质不属于财物。[①] 我国台湾地区的学者倾向于有体性说[②]，而大陆学者大多不赞成有体性说，主张刑法上的财物应包括有体物和无体物。[③] 我国刑法也采用了后一种主张。即刑法第265条明文规定，以牟利为目的，盗接他人通信线路、复制他人电信码号或者明知是盗接、复制的电信设备、设施而使用的，依照盗窃罪的规定定罪处罚。

有体性说与管理可能性说各有利弊。有体性说对财物范围的界定相对明确，便于在司法实践中掌握和认定，并且符合罪刑法定原则的要求。其缺陷是，对财物的范围限定过窄，不利于保护公民的某些特殊财产权利。管理可能性说正是为了克服这一缺陷，主张将财物范围扩大到包括具有管理可能性的无体物。由于这种主张的不足点是财物的范围难以界定，因而难免有违罪刑法定原则之嫌。

有关财物是否以有价值为必要的问题，多数学者认为，财物必须要有价值，无任何价值的物质，不能成为财产罪的保护对象。至于财物是否要求有经济价值即金钱的交换价值，部分学者持否定态度，主张只要有值得保护的使用价值即可。但也有观点持肯定态度，认为在现代社会，所有权关系具有社会的、经济的机能，作为所有权对象的物只有具有交换价值，才能成为财产罪侵害对象的财物。[④] 另外，有关财物的价值是从客观方面还是从主观方面判断的问题，部分学者认为应当从客观方面判断，客观上无任何价值的物质，即使所有者、占有者主观上认为有价值，也不能成为财产罪的侵害对象。也有观点认为，客观上虽无金钱价值或经济上的交换价值，但如果所有者、占有者主观上认为有价值（比如有感情上的使用价值），也应当认为是财物，可以成为财产罪的犯罪对象。还有观点认为，财物的价值有积极价值和消极价值之分。积极价值是指所有者、占有者对

---

① 参见〔日〕山口厚：《刑法中的财物之意义》，载〔日〕阿部纯二等编：《刑法基本讲座》，第5卷，法学书院，1993，第26页。
② 参见林山田：《刑法特论》，台北，三民书局，1978，第205页。
③ 参见张明楷：《刑法学》，2版，北京，法律出版社，2003，第748页。
④ 参见〔日〕香川达夫：《刑法讲义》（各论），成文堂，1996，第487页。

财物有积极的利用价值；消极价值是指所有者、占有者对某种物品虽然已无积极的利用价值，但如果落入他人手中，则有可能被恶意利用，从而使所有者、占有者遭受财产损失。因此，仅有消极价值的物品也可能成为财产罪的侵害对象。①

在我国的刑法理论界，针对财产罪侵害对象的财物必须有价值并无异议，但是，至于这种物是否必须有经济价值以及是从客观上还是从主观上判断其有无价值，学者们的认识却有分歧。一种观点认为，"作为侵犯财产罪对象的财物，并不要求具有客观的经济价值，即使它客观上没有经济价值，也不失为侵犯财产罪的对象。例如，某些纪念品、礼品，本身不一定具有客观的经济价值，但所有人、占有人认为它是有价值的，社会观念也认为这种物是值得刑法保护的物，因而属于财物"②。另一种观点则认为，只有具有一定经济价值的财物，才能成为财产罪的侵害对象。判断某种物是否具有经济价值，其标准应当是客观的，不能以主观的标准来评判。经济价值是指能够用客观的价值尺度衡量的经济效用。某件物品是否具有经济价值，主要通过市场关系来体现。③

如前所述，有关财物的意义，中外刑法理论界主要有两种学说的对立，即有体性说和管理可能性说。有体性说主张财物应限于固体、液体和气体这样的有体物。而管理可能性说则主张财物不仅限于有体物，还应包括电和能源等具有管理可能性的所有物质。比如，冷空气在有体性说中也包含在财物的范围之内，而冷空气中的"冷"，如果不依管理可能性则很难将"冷"视为财物。

主张有体性说的根据是：（1）刑罚法规的解释应当格外慎重；（2）对刑罚法规的词语的解释不应过于专门性和非日常性，只有这样才能维持法律的安全性，进而不违背罪刑法定原则；（3）司法实践中并不存在一定要采用管理可能性说的必要性；（4）如果将具有管理可能性的所有物质视为财物，不仅财物的概念不明确，财物范围也将无限制，如果按此说，记录在纸张和移动硬盘中的具有管理可能性的信息也应包含在财物的范围之内；（5）管理可能性说主张的"牛马"的牵引力并不包含在财物的范围之内，然而，既然主张管理可能性，缘何将上述之牵引力排除在财物的范围

---

① 参见〔日〕山口厚：《刑法中的财物之意义》，载〔日〕阿部纯二等编：《刑法基本讲座》，第5卷，法学书院，1993，第27页。
② 张明楷：《刑法学》，2版，北京，法律出版社，2003，第748页以下。
③ 参见赵秉志主编：《侵犯财产罪研究》，北京，中国法制出版社，1998，第159页。

之外，理由不够充分；(6) 日本刑法第 245 条将电"视为"财物，无非是将原本不是财物的电，"拟制"为财物而已。而主张管理可能性说的根据是：(1) 财物的"物"这一词语有多种含义；(2) 刑法中的"物"，没有必要与物理或民法意义上的物的概念相等同；(3) 刑法不仅没有给"物"下过定义，也没有任何限定；(4) 盗窃罪的基本要素是"窃取"，如果能够成为这一罪名之客体对象，那么，将其视为"物"，并不违反盗窃罪的观念；(5) 那么，能够成为盗窃罪目的物之"物"，就没有必要只限于有体物，如果具有可动性和管理（＝占有＝事实性支配）可能性均应视为财物①；(6) 有体物之所以被视为"物"，并非"有体"本身，而是由于对这种物质有可能进行管理，因而如果具有管理可能性，应当将其视为"物"；(7) 管理可能性说是一种扩大解释，但绝不是类推解释；(8) 刑法有必要对能源这种无体物进行保护；(9) 没有任何实质性理由对电和其他能源，比如热能、水利、原子能等加以区别。②

笔者倾向于管理可能性说，理由是：首先，如果依据有体性说，财物的范围相对明确，这当然是这种学说的可取之处。然而，随着科学技术的进步，在我们的日常生活中，非有体物之能源等作为不可缺少的物质用途极广，针对这种非有体物的侵害，作为一种财产性侵害，理应将其作为刑法的保护对象。也就是说，并没有任何实质性理由将刑法中视为财物的电和电以外的能源明确加以区分。另外，除了太阳光和电波这种即使无限使用也不会减少的物质之外，无体物之管理可能的物质具有如果使用就会减少的特性，这一点显然与有体物并没有什么区别。其次，从有体性说的立场出发，部分观点认为，电以外的能源属于一种"财产性利益"，因此，也属于刑法保护的对象。但是，各国刑法多将财物和财产性利益分别规定在不同的条文之中，是因为考虑到财产性利益是一种权利或抽象性利益，那么，虽然是一种无体性物质，将物理学意义上具备物质性的能源视为"财产性利益"显然过于牵强。也就是说，即使将电以外的能源等视为财产性利益，由于财产性利益并不属于刑法中盗窃罪的对象，因而在司法实践中很难将盗窃能源等行为作为盗窃罪处罚，这显然不符合刑法的立法意图。③

---

① 在这里，可动性与其说是"物"的要件，不如理解为"盗窃罪目的物"之要件，这正如现在日本的通说所主张的，一般可以将不动产视为"财物"，但它并不能成为"窃取"、"抢夺"的对象。
② 参见〔日〕齐藤信治：《刑法各论》，有斐阁，2001，第 90 页。
③ 参见〔日〕石堂功卓：《财物之概念——有体物说与管理可能性说》，载〔日〕藤木英雄等编：《刑法的争论点》（新版），有斐阁，1987，第 242 页。

另外，私法领域中的所有权之客体，一般被认为是具备了物质性的占有空间的"物"，其根据是各国民法的相关规定，这一点作为刑法理论当然也不应忽视。但是，随着社会的发展，如今，在民法领域也有很多从管理可能性的视角解释财物的现象，何况刑法上的概念是从刑法的视角出发予以规定并进行解释的，因此，没有必要拘泥于民法意义上的财物概念。

有体性说往往以电之外的以下几个问题来诘问管理可能性说：（1）擅自将啤酒放进他人的冰箱，冰镇后取出的行为能否构成盗窃罪；（2）自己带着复印用纸，复印他人设计图的行为能否被视为窃取信息或情报；（3）是否应当处罚窃取利益的行为。针对上述诘问，管理可能性说中的事务管理可能性说认为，擅自利用他人的交通工具的行为应当视为盗窃能源。[①] 笔者认为，事务管理可能性说对财物范围的界定过于宽泛，因此，财物的范围应限定在物理管理可能性的范围之内。依据物理管理可能性说，在上述问题中，（1）可以成立盗窃罪，而（2）和（3）则不能成立盗窃罪。也就是说，窃取信息或情报、窃取利益以及债权等不应包含在财物的范围之内。换言之，盗窃等财物的转移罪具有将占有或持有者的财产转移到行为者的支配范围，导致占有、持有者的财产损失，而由行为者取得的构造。由此可见，通过转移致使占有、持有者的财产受到损失，才能构成盗窃罪。因此，财物的范围应限定在通过行为者的转移，能够致使占有者、持有者失去占有的财产。[②]

有体性说对管理可能性说提出的上述诘问，可以归结为涉嫌违反罪刑法定原则中的新的派生原则之刑罚法规的明确性原则。另外，有体性说认为，即使立足于物理管理可能性说，将盗窃、诈骗等以转移罪为成立要件而限定财物的范围，但无法适用于器物损坏罪中。也就是说，按这种逻

[①] 关于财物的概念，在我国的刑法理论界部分观点认为：刑法上的财物应包括有体物与无体物，在某些情况下，还包括财产性利益。首先，随着社会的发展，许多无体物的经济价值越来越明显，无体物虽然无体，但可以对之进行管理，也可以成为所有权的对象，故应成为侵犯财产罪的对象。其次，我国刑法在财物这一对象之外，没有特别规定财产性利益是部分侵犯财产罪的对象，但财产性利益也应受到法律的保护，故在某些情况下能够成为侵犯财产罪的对象。例如，欺骗债权人，使之免除自己债务的，就应以诈骗罪论处。最后，在许多情况下，侵犯财产罪不仅侵犯了作为具体财物的所有权，而且侵犯了财物所孳生或具有的经济利益，这也说明刑法上的财物不限于有体物，而应包括有体物、无体物及财产性利益。商标权、专利权、著作权、商业秘密等实际上是无形财产，但由于侵犯这些权利的犯罪主要是一种不正当竞争犯罪，故刑法没有将其规定为侵犯财产罪的对象。（参见张明楷：《刑法学》，2版，北京，法律出版社，2003，第748页。）

[②] 参见〔日〕山口厚：《刑法中的财物之意义》，载〔日〕阿部纯二等编：《刑法基本讲座》，第5卷，法学书院，1993，第30页。

辑，就不得不否定信息或情报（即使非法取得，原所有者处仍然留有信息，即信息或情报的非转移性）、劳动力（劳动将会导致疲劳，然而劳动本身是否能够转移是个疑问）、电影以及传输服务本身（即使偷看电影，并不会减少电影的娱乐性）的财物性。由此可见，有体物说对管理可能性说的批判的焦点并不在于"财物"这一行为对象本身，而是对包括行为性质在内的试图设定"财物"概念之逻辑性上。[1] 单纯依靠行为定型来试图界定客体范围，作为刑法解释的方法并不妥当，说的就是这一层意思。笔者认为，物理管理可能性说是以"财物"和"利益"加以区分为前提，包含行为的样态而界定财物的范围的，因此，这种主张并非单纯依据行为样态来界定行为客体的范围。

既然财物是侵犯财产罪的对象，理应要求财物具有财产性价值。从实际上看，作为侵犯财产罪之对象的财物，一般都是具有客观经济价值即金钱交换价值的财物。但是，从理论上说，作为侵犯财产罪对象的财物，并不要求具有客观的经济价值，只要所有人、占有人主观上认为该物具有价值，即使这些物品在客观上没有经济价值，也不失为侵犯财产罪的对象。比如，某些纪念品、礼品，本身不一定具有客观的经济价值，但所有人、占有人认为这些物品具有价值，社会观念也认为这种物品值得刑法保护，因而属于财物。[2] 只有客观上和主观上都没有价值的物品，才不属于刑法上的财物。

占有人主观上认为有使用价值又可以分为积极性价值和消极性价值。积极性价值是指持有该财物本身具有积极性价值或效用，而消极性价值是指该财物一旦落入他人的手中有可能被恶意利用之价值或效用。在刑法理论上有争议的是消极性价值，原因是，部分观点主张消极性价值应当排除在财产性价值的范围之外。当然，对只有消极性价值的物品，比如在新药开发过程中记录下来的实验失败的数据等，对持有者来说不仅有消极的使

---

[1] 参见〔日〕船山泰范：《财物之意义》，载〔日〕西田典之等编：《刑法的争论点》，3版，有斐阁，2000，第155页。
[2] 在我国的刑法理论界，有观点认为：作为财产罪侵害对象的财物必须是有价值之物，无任何价值的东西，刑法当然不必给予保护；并且财物的价值只限于金钱价值或交换价值，只能从客观上来作判断。如果某种物品不具有金钱价值或金钱价值很低，但却有其他方面的重要价值，如打印在一张纸上的重要国家机密，刑法固然要给予保护，但却不应该当财物来保护。盗窃、抢夺这张纸，即使构成了犯罪，也不应认定为构成盗窃罪、抢夺罪之类的财产罪。因为行为对象所体现的社会关系或法益，并非是财产所有权。如果某种物品不具有金钱价值，但所有者、占有者认为有特殊价值，如情人写给自己的信，即使收集者认为极为珍贵，也由于它体现的不是财产所有权关系，同样不能成为财产罪侵害的对象。（参见刘明祥：《论侵犯财产罪的对象》，载《法律科学》，1999（6），第106页。）

用价值也有积极性价值。即使销毁这些数据，很难说能够构成器物毁损罪，因此，可以排除在器物毁弃罪对象之财物的范围之外。但是，如果盗窃银行准备销毁而回收的纸币，这时就不应否定盗窃罪的成立。这是因为银行为了防止销毁前落入他人手中而加以保管的利益作为主观性价值，其本身很难说不合理，那么，既然保护主观性价值，就没有将这些物品排除在财物之外的任何理由。① 由此可见，消极性价值也应包含在财产性价值之中。

财产性价值成为问题的有以下两种情况：(1) 比如，小偷以偷窃金钱的目的实施了偷窃行为，而偷到的却是不知是否有价值的物品时（当然，在这种情况下是成立盗窃罪的既遂还是未遂也是一个问题）；(2) 行为者偷到了自己想偷的物品。在第一种情况下，主观性价值和消极性价值有可能被否定。而在第二种情况下，由于行为者偷到了自己想偷的物品，因而对行为者来说，具有价值或效用。然而，侵犯财产罪是以法益侵害的发生为成立条件的，因此，行为者认为有价值或效用并不能满足这种犯罪成立的要件，而占有者、所有者认为有价值才能成立这种犯罪。② 在这种情况下，消极性价值发挥着界定某种物品的财物性之机能。

另外，作为财产罪侵害对象的财物，其价值是否必须达到一定程度，各国刑法的规定并不一样。在我国，刑法明文规定被侵害财物的价值数额，只有达到较大程度才能构成犯罪，但多数国家并没有这方面的明文规定。那么，在法律没有明文规定的国家，认定财产罪的成立与否时，是否完全不考虑财物的价值，即针对价值微小的财物予以侵害的行为是否也以侵犯财产罪来处罚？回答是否定的。例如，日本刑法没有把盗窃财物价值大小规定为盗窃罪的成立要件，但裁判所的判例和学说均认为，作为刑法上的盗窃罪保护客体的财物，以有值得处罚程度的价值为必要。只有在轻微价值存在的情况下，即便是有体物也不能构成盗窃罪。理由是，不具有可罚的违法性。③

五、结语

针对网络虚拟财产进行刑法保护，不仅是正当的，而且有必要，这一

---

①② 参见〔日〕山口厚：《刑法中的财物之意义》，载〔日〕阿部纯二等编：《刑法基本讲座》，第5卷，法学书院，1993，第32页。
③ 参见〔日〕船山泰范：《财物之意义》，载〔日〕西田典之等编：《刑法的争论点》，3版，有斐阁，2000，第154页以下。

点，在我国的刑法学界已经基本达成共识。但是，针对侵犯网络虚拟财产犯罪的行为，究竟应以什么罪名进行处罚，还有相当程度的争议。如前所述，部分观点认为："虚拟财产具有财产属性，符合刑法意义上财产罪调整对象的特征要求，能够纳入我国刑法规定的财产罪的对象范围之内，作为财产罪的规制对象。因此对于以盗窃、诈骗等现行刑法有明确规定的方式侵犯他人虚拟财产的，可以依照现行刑法的规定以相应的犯罪追究刑事责任。"① 不过，也有观点认为，对虚拟财产的保护不应通过盗窃罪来解决，而应通过新颁布的《刑法修正案（七）》来解决。②

如前所述，针对窃取他人网络虚拟财产的行为，笔者倾向于成立盗窃罪。由于网络游戏中呈现在游戏玩家面前的具有动态性的所谓"虚拟货币"等虚拟财产，在本质上是存储于网络服务器中的电子数据，是由《刑法修正案（七）》增加的刑法第 285 条第 2 款"非法获取计算机信息系统数据罪"规定的计算机信息系统数据中的形式之一，但是，电子数据只是虚拟财产自然物理属性的体现，虚拟财产不但能和现实世界的财产进行交换，而且市场上也形成了一个成熟的、固有的交易机制，因而这些虚拟财产已经超越了电子数据本身而具有了财产的属性，不再是只存在于虚拟空间的电子数据，而成为了刑法所规定的财产犯罪的调整对象。以秘密窃取的方式对虚拟财产这种类型的电子数据的侵犯，主要针对的是虚拟财产所有者的财产权益，因此，针对以盗窃等现行刑法明确规定的方式侵犯他人虚拟财产的，依照现行刑法的规定，以相应的侵犯财产罪的罪名追究刑事责任，能够更好地保护被害人的财产权益，弥补被害人所受到的财产损失。③ 而非法获取虚拟财产以外的其他计算机信息系统数据的行为，主要针对的是网络的安全秩序。当然，由于目前我国刑法学界对虚拟财产的内涵和外延的界定存在争议，因而有必要对此进行进一步深入的研究。在条件成熟时，像国外那样，通过立法或司法解释，对虚拟财产的范围予以明确的规定。

---

① 赵秉志、阴建峰：《侵犯虚拟财产的刑法规制研究》，载《法律科学》，2008（4），第 87 页。
② 参见潘成威、程婷婷：《浅析虚拟财产能否成为盗窃罪之犯罪对象》，载《法商论丛》，2009（6），第 126 页。
③ 参见王志祥、袁宏山：《论虚拟财产刑事保护的正当性——与侯国云教授商榷》，载《北方法学》第 4 卷，第 156 页。

第十一章 诈骗罪中的处分行为

诈骗罪，是指以非法占有为目的，用虚构事实、隐瞒真相的方法，骗取数额较大的公私财物的行为。诈骗罪的基本构造是：行为人实施欺诈行为→对方产生错误认识→对方基于错误认识处分（或交付）财产→行为人取得财产→被害人遭受财产损失。其基本特征是：

行为人实施欺诈行为，欺诈行为是指虚构事实、隐瞒真相，使他人陷入错误的行为。虚构事实，是指捏造客观上并不存在的或根本不可能发生的事实。虚构的事实可以是全部，也可以是部分；可以是过去的或现在的事实，也可以是将来的事实。隐瞒真相，是指行为人明知对方已经陷入错误，有义务告知对方某种真实事实，而故意不告知，使对方在被欺骗的情况下"自愿"地交付财物的行为。

对方产生错误认识中的"对方"，一般是指财物的被害人，但是，有时也不限于被害人，包括财产的占有人、所有人以及其他在法律或者事实上具有处分财产的权限或处于可以处分财产地位的人。也就是说，"从本罪的构成要件上看，被诈骗的人或者遭受财产损失的被害人，可以是不同的人。这是因为诈骗罪的本质是基于他人的意思瑕疵而非法取得财物，因此，只要具有基于处分权的人的意思取得财物的事实即为已足，是否基于财物所有人或占有人的意思取得财物，在所不问"[①]。

处分行为是诈骗罪中没有记载的构成要件要素，是区分盗窃罪和诈骗罪的关键。处分行为，是指被害人基于认识错误而"自愿"地交付财物，或者处分财产性利益的行为。也就是说，处分行为表现为直接交付财产、承诺取得财产、承诺转移财产性利益、承诺免除行为人的债务。有关处分行为是不是诈骗罪的构成要件要素、处分意思是否必要、处分意思的内容等问题，在大陆法系的刑法理论界素有争议。我国刑法对诈骗罪没有采用叙明罪状的立法形式，因而对诈骗罪中的处分（或交付）行为没有作明文

---

① 周光权：《刑法各论》，北京，中国人民大学出版社，2008，第130页。

规定。不过，通说认为，"诈骗行为的最突出的特点，就是行为人设法使被害人在认识上产生错觉，以致'自觉地'将自己所有或持有的财物交付给行为人或者放弃自己的所有权，或者免除行为人交还财物的义务。"[①]但是，有关处分意思是否必要、处分意思的内容等问题，并没有深入的研究。

一、诈骗罪中处分行为之意义

有关处分行为是不是诈骗罪的构成要件要素，在大陆法系的刑法理论界，有不要说和必要说的对立。不要说认为，处分行为本身，并不是诈骗罪独立的成立要件，只不过可以作为确认"利益转移"的一种因果性契机。[②] 这是少数说。必要说则认为，处分行为是诈骗罪成立的必不可少的要件。这是通说，也是判例所取的立场。必要说的根据是：首先，诈骗罪与敲诈勒索罪一样，以行为人基于他人有瑕疵的意思而取得财物或财产性利益为构成要件要素。在诈骗罪中，处分行为是在"欺骗行为"以及基于欺骗行为引起"认识错误"，与行为人"取得财产"之间起连接作用的要素。如果欠缺被骗者的处分行为，即便行为人取得财产，也不能视为"骗取"了财产。[③] 其次，在以被害方的处分行为为构成要件要素这一点上，诈骗罪与违背被害人意思而取得财物的盗窃罪相区别。在以财物为犯罪对象的情况下，由于诈骗罪要求处分行为，因而盗窃罪与诈骗罪处于相互排斥的关系，并不会发生竞合。[④] 正因为如此，处分行为的存在与否，成为

---

① 高铭暄、马克昌主编：《刑法学》，3 版，北京，北京大学出版社、高等教育出版社，2007，第 572 页。
② 参见〔日〕内田文昭：《刑法各论》，青林书院，1984，第 309 页。
③ 参见〔日〕福田平：《刑法解释学的基本问题》，有斐阁，1975，第 204 页。
④ 针对这种主张，批判的观点认为，根据相互排斥的观点，在犯罪对象是财物，究竟构成诈骗罪还是盗窃罪的情况下，如果认定为构成盗窃罪，那么，自然就会得出不可能构成诈骗罪的结论，得出成立盗窃罪的根据是没有处分行为。需要注意的是，与盗窃罪不同，诈骗罪的犯罪对象并不限于财物，还包括财产性利益。在事关财产性利益的情况下，处分行为这一要件往往成为区分有罪或无罪的基准。但是，并不应根据犯罪对象是财物还是财产性利益而将处分行为要件的内容分别加以理解，因为根据相互排斥的观点，在犯罪对象是财产性利益的情况下，诈骗罪的成立与否，以犯罪对象是财物为基准而是否成立盗窃罪的判断所左右。这种观点的致命缺陷正在这一点上，犯罪的成立范围应当根据该犯罪的本质、目的而决定，而不应为是否成立另外一个罪名所左右。（参见〔日〕林干人：《诈骗罪中的处分行为》，载〔日〕芝原邦尔等编：《刑法理论的现代展开》（各论），日本评论社，1996，第 213 页。）

区分诈骗罪和盗窃罪的关键。也就是说，由于处分行为这一要素具有区分行为人是基于被害人的意思取得财产，还是违背被害人的意思取得财产的机能，因而形成以下关系：针对作为诈骗罪要素的处分行为进行狭窄的理解，盗窃罪的成立范围（如果将财产性利益作为犯罪对象，不应处罚的范围）就会变得宽泛；反之，如果宽泛地肯定处分行为，就会扩大诈骗罪的成立范围而缩小盗窃罪的成立范围（如果将财产性利益作为犯罪对象，不应处罚的范围）。[1]

在我国的刑法理论界，有关诈骗罪中处分行为的研究还不够深入。不过，主流观点认为，诈骗犯罪最突出的特点，就是行为人设法使被害人在认识上产生错觉，以致"自愿地"将自己所有或持有的财物交付给行为人。因此，被骗者交付行为是诈骗罪成立必不可少的要件。另外，在盗窃与诈骗并用的犯罪案件中，区分盗窃罪与诈骗罪的关键，就是看被害人是否因受骗而自愿地将财物交付给行为人。只要不是被害人因受蒙蔽而自愿交付财物给行为人，就不构成诈骗罪，而只能构成盗窃罪。[2]

有关诈骗罪中的处分行为的意义，不要说认为，诈骗罪的成立需要有被骗人的错误认识与财产转移之间的因果关系，如果没有处分行为，就不存在因果关系。因此，处分行为本身并非诈骗罪独立的成立要件，只不过可以作为确认"利益转移"的一种因果性契机。但是，严格地说，即便没有处分行为，也可以肯定认识错误与财产转移之间的因果关系。比如，X 对 A 说，你家孩子在马路上出了车祸，趁 A 慌张地出去确认之际，X 偷走了财物。在这种情况下，由于 X 通过欺诈行为支走 A，并趁 A 慌忙出去确认之际窃取了财物，因而 A 的认识错误与 X 的窃取行为之间存在因果关系。然而，由于被欺骗的 A 并没有实施财产处分行为，因而并不能成立诈骗罪。由此可见，即便认识错误与财产转移之间存在因果关系，处分行为同样可以成为限定诈骗罪成立的一个要件。

如前所述，诈骗罪的成立，需要行为人实施欺诈行为→对方产生错误认识→对方基于错误认识而处分财产这样一个因果流程。于是，部分观点认为，"即便有行为人的欺诈行为，如果对方已经看破行为人在实施诈骗

---

[1] 参见〔日〕井田良：《处分行为（交付行为）的意义》，载〔日〕西田典之等编：《刑法的争论点》，3 版，有斐阁，2000，第 174 页。

[2] 参见高铭暄主编：《新编中国刑法学》，北京，中国人民大学出版社，1998，第 783 页以下；张明楷：《诈骗罪与金融诈骗罪研究》，北京，清华大学出版社，2006，第 126 页以下；刘明祥：《论诈骗罪中的交付财产行为》，载张志勇等编著：《诈骗罪专题整理》，北京，中国人民公安大学出版社，2007，第 195 页以下等。

行为，但是，如果对方基于怜悯之情将财物交付给行为人，只能成立诈骗罪的未遂。因此，处于被骗者立场的人基于认识错误实施处分行为与否，或者说行为人基于欺诈行为是否得到财产上的利益与否，不过是诈骗罪达到'既遂'的一个条件而已。"①

由于诈骗罪中的处分行为是诈骗罪所固有的构成因果关系的一个要素，因而没有处分行为可以否定因果关系的存在，进而可以否定诈骗罪的成立，但是，并不能依此否定诈骗罪未遂的成立。② 即便没有处分行为，如果有实行行为，那么，并不影响未遂罪的成立。诈骗罪中的实行行为与处分行为具有密切的关联性，诈骗罪中的实行行为，一般称之为欺诈行为，这种欺诈行为是指"诱使一般人陷入处分财物或财产性利益错误的行为"。需要注意的是，这里的欺诈行为，毕竟是指诱使他人实施处分财物或财产性利益的行为。有关欺诈行为的概念，一般认为是"诱使他人陷入错误认识的行为"，但是，正确的表述应该是：欺诈行为是指"诱使对方陷入错误认识，使被骗人基于错误认识而实施处分财产或财产性利益的具体危险行为"。比如，在前述例子中，X 的"你家孩子在马路上出了车祸"这一谎称，并不具有使对方处分财产的具体危险性。这是因为，听到"你家孩子在马路上出了车祸"这一谎称，一般都会慌忙地去确认事情的真相，不会有人在这种情况下将财物交付给实施欺骗的行为人。可见，X 的行为并不属于诱使对方陷入处分财产错误的行为，可以否定诈骗罪实行行为的存在，就连诈骗罪的未遂都不能构成。③ 由于 X 的行为属于违背对方意思窃取财物的行为，因而应当构成盗窃罪。

---

① 〔日〕佐久间修：《财产犯中得利罪之意义》，载《名古屋大学法政论集》第 123 号，第 274 页。
② 有关诈骗罪是否存在未遂形态，在我国的刑法理论界，有否定说和肯定说的对立。否定说认为，诈骗罪并不存在未遂形态，理由是：诈骗罪以一定违法数额作为犯罪构成的必备要件，不具备这一要件，说明不构成犯罪，同样也不可能存在犯罪的未遂形态；不以一定违法数额作为犯罪构成必备要件的诈骗犯罪属于行为犯或即成犯，只要行为人实施了这种行为，不论是否骗到了钱财，都构成该罪的既遂，或者认为骗到了钱财的构成诈骗罪，没有骗到钱财的便不以犯罪论处。肯定说则认为，诈骗罪作为一种故意犯罪，同样存在犯罪的未遂形态，因此，在诈骗罪中存在未遂形态，这是主流观点。另外，司法解释也说明诈骗罪存在未遂形态。1996 年 12 月 18 日最高人民法院《关于审理诈骗案件具体应用法律的若干问题的解释》第 1 条第 5 款规定："已经着手实行诈骗行为，只是由于行为人意志以外的原因而未获取财物的，是诈骗未遂。诈骗未遂，情节严重的，也应当定罪并依法处罚。"（张志勇：《诈骗罪研究》，北京，中国检察出版社，2008，第 213 页。）笔者倾向于肯定说。
③ 参见〔日〕大塚裕史：《刑法各论的思考方法》（新版），早稻田经营出版，2007，第 203 页以下。

第十一章 诈骗罪中的处分行为

由此可见，如果不存在被欺骗者的处分行为，根据行为者的欺诈行为是否具备作为诈骗罪实行行为的属性，如果没有具备作为诈骗罪实行行为的属性，那么，就连诈骗罪的未遂都不能构成。相反，即便不存在被骗者的处分行为，如果行为者的欺诈行为已经具备作为诈骗罪实行行为的属性，那么，可以成立诈骗罪的未遂。因此，诈骗罪中的处分行为，直接意义上属于犯罪既遂的要件，通过实行行为的属性问题，即间接意义上则属于未遂犯的要件。

在诈骗罪的认定中，有无财产的处分行为，在以财产性利益为对象的诈骗罪的相关规定中，具有重要的意义。这是因为，在一般诈骗罪的情况下，很容易判断是否存在财物的转移，即便没有处分行为，也可以成立盗窃罪，所以，有无处分行为往往成为区分诈骗罪和盗窃罪的一个基准。也就是说，处分行为的有无，发挥着犯罪个别化的机能。但是，当诈骗罪的犯罪对象是财产性利益①的情况下，由于有无无形的利益转移本身并不明确，加上没有处分行为只能构成利益盗窃而不可罚，因而处分行为的有无，发挥着界定是否存在可罚性的作用。比如，甲在餐馆用餐，用餐后才发现没有带钱包，甲假装去卫生间，趁机溜走。在这一事例中，如果甲在订餐时有付账的意思，那么，不应将订餐行为视为欺诈行为。因此，用餐后才发现自己并没有带钱包的行为，在刑法意义上并不会发生任何问题。用餐后理应付账的甲，假装去卫生间而溜走的行为，只是一种不法得利的行为。那么，甲能否构成诈骗财产性利益罪便成为问题。由于餐馆方并不存在财产性处分行为，而是甲单纯溜走，因而并不存在使餐馆方进行财产性处分行为的具体危险性而不能构成诈骗财产性利益罪，甲的行为作为一种利益盗窃而不可罚。因为盗窃罪处罚的是窃取他人的财物，财物与财产性利益有明显的区别，如果把债权这种权利解释为财物，有违反罪刑法定

---

① 所谓财产性利益，一般是指普通财物以外的财产上的利益，包括积极的财产的增加和消极的财产的减少。比如，使他人负担某种债务（使自己或第三者取得某种债权），使他人免除自己所负担的债务（不限于民法意义上的债务），使债务得以延期履行等。有关诈骗罪犯罪对象的立法，外国刑法有以下几种体例：第一，将财物和财产性利益分别规定。比如，日本刑法第246条规定的诈骗罪的对象仅限于"财物"，但该条第2项规定："以前项方法，取得财产上的不法利益，或者使他人取得的，与前项同。"第二，将财产和财产性利益规定在同一条款中。比如，韩国刑法第347条第1款，规定诈骗罪的对象为"财物"或者"财产上之利益"。第三，"财产""不正当利益"等概念是指财物和财产性利益。比如，德国刑法第242条和第249条规定的盗窃罪与抢劫罪的对象限于"动产"，而第263条所规定的诈骗罪的对象是"财产"，其中的"财产"便包含了动产、不动产等财物以及财产性利益。（参见张明楷：《诈骗罪与金融诈骗罪研究》，北京，清华大学出版社，2006，第18页以下。）

原则之嫌。也就是说，甲的行为并不构成刑法意义上的犯罪，应负民法意义上的不履行债务的责任。① 由此可见，诈骗罪中的处分行为有两种机能，一是区分盗窃罪和诈骗罪；二是区分诈骗罪与不可罚的利益盗窃。

有关财产性利益问题，在我国的刑法理论界，至今还没有系统的研究。虽然有否定说和肯定说的对立，但两种观点都没有进行详尽的论证。比如，否定说认为，诈骗罪"侵犯的对象，限于各种具体的公私财物"②。肯定说则认为，"凡是有价值或有效用的财物，甚至财产性利益都可作为诈骗罪的对象。"③ 也就是说，我国的主流观点认为诈骗罪的对象仅是公私财物，并没有将财产性利益涵盖在内。这大大缩小了诈骗罪的处罚范围，也严重影响了诈骗的罪与非罪、此罪和彼罪的认定。因此，从我国现行刑法有关诈骗罪的规定以及主流观点来看，诈骗罪中的处分行为有无，其主要机能在于区分盗窃罪和诈骗罪。

二、有关处分意思必要与否的争论

如果否定处分行为是诈骗罪的构成要件要素，那么，有无处分意思与诈骗罪的成立并不发生关联。因此，只有在肯定处分行为是诈骗罪不可缺少的要件的前提下，才有必要进一步探讨处分意思对处分行为的存在与否是否产生影响。有关这一问题，在中外刑法理论界，有处分意思必要说与处分意思不要说的对立。

1. 处分意思必要说。这种观点认为，处分行为的成立，不仅要在客观方面有处分财产的事实，主观方面还必须要有处分财产的意思。作为处分行为主观要素的处分意思，是指对转移财物的占有或财产性利益及其所引起的结果的认识。如果只有表面上的处分形式而没有真正的基于意思的处分，就不构成诈骗罪。比如，用欺诈手段取得并不具有处分意思的幼儿或者精神障碍者的财物的行为构成盗窃罪；又比如，欺骗醉酒者并让其在纪念册上签名，但实际上是让其在免除债务的文书上签字，由于对方对其行为的意义缺乏理解，没有处分意思，不是处分行为，因而不能构

---

① 参见〔日〕大塚裕史：《刑法各论的思考方法》（新版），早稻田经营出版，2007，第204页。
② 杨春洗、杨敦先主编：《中国刑法学》，2版，北京，北京大学出版社，1998，第504页。
③ 马克昌主编：《刑法学》，北京，高等教育出版社，2003，第536页。

成诈骗罪。处分意思必要说是日本和韩国刑法理论中的通说，也是判例所取的立场。① 有关这一问题，在我国的刑法理论界，虽然没有详尽的研究，也有部分观点倾向于处分意思必要说。②

2. 处分意思不要说。这种观点认为，诈骗罪的成立，只要客观上有处分行为即可，没有必要有处分意思。即诈骗罪是以基于错误的"交付"即处分行为为必要。处分行为、交付行为不以意思表示为必要，有事实行为即可……而且也包含没有意识到交付的内容的情况。因为在诈骗对象为财物的情况下，处分行为的内容是转移财物的占有，所以，只要有事实上的处分行为就已经足够，既不要求意思表示，也不要求是有意思的。在诈骗债权等财产性利益的情况下，不一定要求债权者 X 基于债务者 A 的欺骗，而"作出免除债务的意思表示"或"作出使之取得债权的意思表示"。这一点与就财物诈骗而言不需要有转移所有权的意思表示相均衡。在债权的情况下，债务者不履行债务就可能使债务者得到财产性利益；以不支付而告终的状态，即使在没有对象为财物时的那种积极的侵害行为的情况下，也可能由债权者不请求而离去的不作为，有时是无意识的不作为而导致。在诈骗债权的情况下，不作为的或者无意识的"交付行为"，事实上，在一定的范围内具有可能存在的根据。③ 这是德国的通说，日本的有力说，韩国的少数说。

3. 折中说。折中说又称缓和说。主张处分行为通常要有处分的意思，但在特殊的情况下可能发生无意识的处分现象，可以通过缓和处分意思内容的途径，将其解释为有处分行为而肯定诈骗罪的成立。比如，部分观点认为，一般地说，如果被欺骗者能够认识到由于欺骗行为使自己实施的不作为，事实上会使财产性利益转移到行为人或第三者的手中，但是，由于行为人的这种欺骗行为，导致被欺骗者陷于错误认识而没有实施某种作为。在这种情况下，可以认为是一种无意识的不作为，以被欺骗者的一般意识为基础作为法律上的评价，理解为是一种处分财产的行为。比如，没有交费的住店旅客想溜走，假装出门散步的样子走出店门，店主误以为他很快回来，没有阻止其离开旅店，结果让其溜走。这就可以被视为一种无意识地暂缓请求支付住店费用的财产处分行为。④

---

① 参见〔日〕前田雅英：《刑法各论讲义》，东京大学出版会，2003，第231页；〔韩〕金日秀、徐辅鹤：《刑法各论》，6版，博英社，2004，第427页。
② 参见周光权：《刑法各论》，北京，中国人民大学出版社，2008，第131页等。
③ 参见〔日〕平野龙一：《犯罪论的诸问题（下）各论》，有斐阁，1982，第337页以下。
④ 参见〔日〕大塚仁：《刑法概说》（各论），有斐阁，1992，第254页以下。

在有关处分意思的三种学说中，笔者倾向于处分意思必要说。理由是：

第一，在界定处分意思的要件时，应当将诈骗财物和诈骗财产性利益视为同种性质的问题。在此基础上，应当以否定盗窃罪和诈骗罪发生竞合为前提界定处分行为。这是因为，诈骗财物和诈骗财产性利益的区别在于诈骗的对象是财物还是财产性利益，而其他成立要件完全相同。如果诈骗罪以被骗者的有意识的处分行为为既遂条件，那么，被骗者无意识地处分债权时，就不成立诈骗既遂。只有当处分行为的意识不是成立诈骗既遂所必需的条件时，才能认定行为人取得对方无意识地交付的债权的行为也成立诈骗既遂。① 也就是说，诈骗财物和诈骗财产性利益只是对象不同，仅仅因为对象不同而对处分意识作不同的要求并不妥当。可见，折中说并不可取。另外，盗窃罪和诈骗罪只能根据"处分行为的有无"来进行区别，如果肯定两者可以发生竞合，就无法区别盗窃罪和诈骗罪，因此，处分行为应当成为否定盗窃罪和诈骗罪的前提。

第二，处分行为是针对财物或财产性利益的现实占有进行转移的行为。因此，处分行为必须是转移直接占有的行为（直接性要件），如果不是"占有的转移"，而是处于一种"占有的弛缓"状态时，就不应肯定处分行为的存在。有关这一点，处分意思不要说认为，诈骗罪的本质在于基于被欺骗者"行为"的财产转移，因此，诈骗罪的成立，在被欺骗者的认识错误和财物或财产性利益的转移之间存在被欺骗者的处分行为，财物或财产性利益的转移作为处分行为的直接结果而发生（直接性要件）。盗窃罪和诈骗罪正是基于这一直接性要件而区分的。也就是说，基于行为人的欺诈行为，被欺骗人实施的处分行为导致直接占有的转移为诈骗，如果占有处于一种弛缓状态，基于行为人的夺取而发生占有的转移，则成立盗窃罪。在德国、日本、韩国等国的刑法理论中，就财物而言，无论是取处分意思必要说还是取处分意思不要说，有无处分行为，只涉及成立盗窃罪或者诈骗罪的罪名问题。但是，就财产性利益问题而言，由于这一问题事关可罚的诈骗罪或者不可罚的利益盗窃罪，因而具有重要的意义。从这一视角而言，处分意思不要说通过扩大处分行为的范围，试图处罚基于欺诈行为的利益转移，有其积极意义。问题是，处分意思不要说的这种理论根据，能否恰切地区分盗窃罪和诈骗罪不能不说是一大疑问。"盗窃罪存在间接正犯的情形，盗窃罪间接正犯的被利用者都是不知情者。如果认为处分行为仅限于客观的处分行为，而不要求有处分意识，就难以划定诈骗罪与盗窃

---

① 参见〔日〕平野龙一：《犯罪论的诸问题（下）各论》，有斐阁，1982，第337页。

罪的间接正犯的界限。从被害方来说,诈骗与盗窃的界限在于,前者基于被害人(广义)有瑕疵的意识而转移占有,后者是违反被害人的意志而转移占有。但在被害人没有处分意识的情况下,很难认为行为人是基于被害人有瑕疵的意识而转移占有。"① 也就是说,在被害人没有处分意思的情况下,应当认定行为人违反被害人的意思而转移占有因而成立盗窃罪。

第三,作为处分行为的内容,当然包括作为和不作为。问题是,如果考虑到"容认"这种不作为(被害人容忍转移占有的财物),处分意思不要说并不可取。因为,理应构成盗窃罪的行为,比如,在通过欺诈使财物占有者的注意力分散,趁机取得财物的情况下,由于可以将这种情况解释为"无意识容认"的处分行为,因而可以成立诈骗罪。另外,从否定盗窃罪和诈骗罪发生竞合的立场而言,调包行为等并没有实施欺诈,只是从疏忽大意的被害人处夺取财物的行为,由于存在处分行为而不构成盗窃罪,同样由于并不存在欺诈行为而不得不否定诈骗罪的成立。由此可见,诈骗罪的成立应当有处分意思。处分意思不要说,可以扩大有关财产性利益的诈骗罪的处罚范围,但同时不得不缩小盗窃罪的成立范围。另外,处分意思不要说有可能无限制地扩大有关财产性利益诈骗罪的成立范围。比如,在旅馆住宿后,行为人借口送人而溜走的情况下,完全有可能成立诈骗罪。②

第四,由于刑法对犯罪类型的规定是基于刑法的特定目的与罪刑法定、罪刑相适应等要求,在犯罪学上或者在一般人心目中称为诈骗的行为,在刑法上不一定属于诈骗,而完全可能属于盗窃。例如,A 在自动取款机插卡口放置自制的小型金属挂钩,导致被害人插入银行卡后,卡即被挂钩挂住,从而造成银行卡"被吞"的故障现象。同时,由一名同伙 B 冒充前来取款的客户,"热心"地提示受害人按照其早已张贴在 ATM 机上的"故障提示"所提供的电话咨询如何处理,而"故障提示"上的电话号码实为该银行附近的 IC 卡电话号码,A 事先等候在此处。被害人拨通电话后,A 即冒充银行工作人员,以替被害人办理挂失手续为由,轻易骗取被害人银行卡的密码。A、B 随后取出 ATM 机内的被害人的银行卡,迅速将卡内存款取走。在类似案件中,被害人根本没有处分财产的意思,但都会认为自己受骗了,或者认为对方是诈骗。但事实上,这种一般意义上的"骗",在刑法上并没有被归入诈骗类型,仍然属于盗窃。③ 由此可

---

① 张明楷:《诈骗罪与金融诈骗罪研究》,北京,清华大学出版社,2006,第 161 页。
② 参见〔日〕山口厚:《问题探究刑法各论》,有斐阁,1999,第 150 页。
③ 参见张明楷:《诈骗罪与金融诈骗罪研究》,北京,清华大学出版社,2006,第 162 页。

见,诈骗罪的成立不应缺少处分意思。

三、处分意思之内容

如前所述,诈骗罪的成立需要有处分意思,问题是,作为处分行为的主观要件,被欺骗者应当认识到何种程度,即处分意思的内容究竟应当包括哪些内容,便成为有待探讨的问题。是要求财产处分者对所处分的财产的性质、种类、数量、价值有完全的认识,还是只要认识到财产的外形的转移即可,抑或只要具有某种中间形态的认识内容即可?

首先,在被害人对财产转移完全没有认识的情况下,不能成立诈骗罪。比如,产品推销员谎称需要在访问确认栏上签字,实际上是让被害人在合同书上签字的情况下,被害人并没有针对财产转移的意思决定,因此,也就不存在处分意思而否定诈骗罪的成立。

作为处分意思的内容,一般需要有被欺骗者对财产转移的认识,即需要有能够发生财产处分结果的意思。但是,这种意思并不限于一定要使被害人产生转移所有权的意思。① 比如,没有返还意思的甲欺骗乙说,"借自行车用一下,一会儿就回来",乙相信甲的谎言借给他自行车,没有返还意思的甲骑车逃跑的情况下,乙并没有转移自行车所有权的意思,但是有转移财物占有的意思,因此,可以说乙具有处分意思,而甲应当成立诈骗罪。

往往成为争论焦点的问题是,作为处分意思是否一定要具备基于具体法律效果的财产处分行为?② 有关这一问题,部分观点认为,"即便被欺骗者对自己的不作为所具有的内容没有明确的认识,如果被欺骗者认识到基于自己的不作为,自己的财产性利益很有可能转移到行为人或第三者的手中,在此基础上,如果被欺骗者没有陷入错误认识就有可能实施必要的作为而不受欺骗,那么,可以将这种情形在法律意义上评价为被欺骗者实施了财产性处分行为。"③ 比如,住宿后的 X 发现自己并没有带足够的钱,

---

① 参见〔日〕大塚裕史:《刑法各论的思考方法》(新版),早稻田经营出版,2007,第 214 页。
② 有关这一问题,在中外刑法理论界有严格说和缓和说的对立。严格说认为,处分者除了有把财产或财产性利益的占有转移给对方的认识之外,还必须对处分财物的内容,包括交付的对象、数量、价格等有全面的认识。缓和说则认为,在被欺骗者只是对处分财物的价值有误认时,应该认定有交付意思,肯定处分行为成立。(参见周光权:《刑法各论》,北京,中国人民大学出版社,2008,第 131 页。)
③ 〔日〕大塚仁:《刑法概说》(各论),有斐阁,1992,第 262 页。

于是向旅店管理人员 A 说"出去散散步"而逃离旅馆。根据上述观点，可以将 A 的行为评价为是一种财产处分行为，因此，X 成立诈骗罪。与此相近的观点也认为，比如，B 欠 A 200 万日元，但是，基于 B 的欺诈行为，A 一直以为 B 只欠自己 100 万日元，在 B 还上 100 万日元的情况下，余下的 100 万日元的债务，并不能基于 A 没有要求返还这一无意识的不作为而免予返还，由于存在 B 对 A 的有关债权价值的欺诈，可以将这种情形评价为财产性利益的处分行为。在此意义上，如果存在被欺骗者的"结算意识"，就可以将其视为存在处分行为。这种观点进而认为，"在违章乘车①的情况下，在终点站成立诈骗罪，只能根据这种法理。"② 这些主张一般被称为处分意思必要说中的缓和说。

需要注意的是，由于针对处分意思的理解不同，在某些情况下，处分意思必要说与处分意思不要说得出的结论相同。比如，鲜鱼市场的 X，将鲜鱼分成若干箱，并按箱出售。A 在 X 不知情的情况下，从甲箱中拿了几条价格较高的鱼放进了乙箱，进而声称购买乙箱。X 以为是原有的价格相对便宜的鱼，于是按照原有鱼的便宜价格将乙箱交付给 A。在这种情况下，X 对价格较高的鱼没有转移给 A 占有的意思，但是，X 具有将乙箱转移给 A 的意思，因此，可以说对其中的鱼具有交付行为。所以，在这种情况下可以成立诈骗罪。但是，如果将鱼箱旁边的 X 的钱包装进鱼箱，情况就不同了。很显然，主张处分意思不要说的观点认为，在上述情况下，X 虽然没有处分意思，但 A 的行为也成立诈骗罪。③ 但是，主张处分意思必要说中缓和说的观点也认为，在上述情况下，X 具有处分意思，因为 X 认识到自己将乙箱的鱼转移给 A，所以 A 成立诈骗罪。④

由此可见，在某种情况下，处分意思必要说与处分意思不要说在具体结论上并不存在明显的区别。因为处分意思不要说一般将"处分意思"理解为财产处分者对所处分的财产的价值、数量、种类、性质有完整的认识，进而认为没有必要要求这种完整的认识。另外，处分意思不要说的观点，为了肯定受骗者"基于处分意思而转移占有"，也要求受骗者有某种转移的意思；而处分意思必要说的观点通常对处分意思进行缓和的解释。⑤ 由

---

① 具体指乘长途车时，只买始发站或终点站附近站的车票。
② 转引自〔日〕大塚裕史：《刑法各论的思考方法》（新版），早稻田经营出版，2007，第 215 页。
③ 参见〔日〕平野龙一：《犯罪论的诸问题（下）各论》，有斐阁，1982，第 336 页。
④ 参见〔日〕山口厚：《问题探究刑法各论》，有斐阁，1999，第 152 页。
⑤ 参见张明楷：《诈骗罪与金融诈骗罪研究》，北京，清华大学出版社，2006，第 164 页。

此可见，两者并不存在本质性区别。

有关处分意思的内容，笔者倾向于缓和说。即只要被骗者认识到自己的行为是把某种财产转移给对方占有，而根据自己的"自由"意思作出这种决定，就应该认为具备了处分意思的内容。至于所处分的财产的性质、数量、质量以及价值等，则不一定要求有全面的、正确的认识。例如，行为人在买鱼时，看到店员装有大量现金的钱包放在柜台上，便乘其不备将钱包装进装鱼的袋子中，店员称了重量收了钱后，将装有鱼和钱包的袋子交给行为人。在这一事例中，问题的实质是对行为人非法占有店员钱包的行为如何评价，表面上看是店员将装鱼和钱包的袋子交给行为人的，但店员并不知道袋子里面有自己的钱包，没有把钱包这种特定的财物转移给行为人占有的意思，因此，不能认为有处分钱包的行为，也就不能成立诈骗罪。[1] 实际上，行为人把店员的钱包放进装鱼的袋子中时，就已经构成了盗窃罪。

需要注意的是，在受骗者基于转移意思而转移财物或财产性利益的情况下，即便其对转移的财物、财产性利益的价值、内容、数量存在错误认识，也应认定为"基于意思而转移占有"，由于存在处分行为，进而肯定诈骗罪的成立。在对某种财物的整体具有转移意思的情况下，即便受骗者对其中的具体的财物、财产性利益的转移没有认识，也应认定为具有处分意思。比如，行为人明知他人的旧杂志中夹有1万日元，但在他人没有意识到的情况下欺骗他人，取得该杂志以及其中的1万日元时，也应肯定诈骗罪的成立。另外，欺骗他人，声称已经履行了债务，导致事实上免除了债务履行的，债权人也具有处分意思，债务人成立诈骗罪。[2] 也就是说，缓和说中的缓和并非无限制，而应有相应的限度。

四、处分行为的具体判断

（一）三角诈骗

诈骗罪是行为人实施欺诈行为，使对方陷入错误认识并基于错误认识

---

[1] 参见刘明祥：《论诈骗罪中的交付财产行为》，载张志勇等编著：《诈骗罪专题整理》，北京，中国人民公安大学出版社，2007，第201页。
[2] 参见〔日〕山口厚：《刑法各论》，有斐阁，2003，第256页。

实施处分行为，行为人取得财物或财产性利益的行为。因此，诈骗罪的成立需要有实施诈骗行为者之外的，被欺骗者、处分行为者以及被害者，在一般情况下，实施欺骗的行为人之外是同一人。在这种情况下，由于行为人和被害人（被欺骗人、处分行为人）之间发生诈骗行为，因而又称对面诈骗。但是，在某种情况下，被欺骗者和被害人并不是同一人，这种情形一般称之为三角诈骗。

在三角诈骗的情况下，针对被欺骗者和处分行为人的关系以及被欺骗者应当具备的要件，往往存在争议。在日本的司法实践中，针对三角诈骗，有判例认为，"就被欺骗者而言，应当具备能够处分被害者财产的权限或地位"[1]，才能成立诈骗罪。在刑法理论中，部分观点认为，诈骗罪中的被欺骗者和处分行为者并不限于同一人。比如，"交付财物的人，通常是受骗者本人，但只要处于受骗者的财产处分行为约束的地位、状态，也可以是与受骗者不同的人。例如，在诉讼诈骗的情况下，受骗者是裁判所，但财物的交付者是基于裁判所的命令，现实地提供财物的败诉人等"[2]。显然，这种观点是将"财产处分行为"与"处分行为"作为两个不同的概念来把握的，这是少数说。而主流观点认为，被欺骗者和处分行为者必须是同一人，即必须是被欺骗者处分财物，处分行为的要件应当在被欺骗者层面加以理解。之所以需要被欺骗者和处分行为者的同一性，是因为，诈骗罪的成立要件是财物或财产性利益是基于被害人的错误认识而直接转移之故。少数说认为，在诉讼诈骗的情况下，被欺骗者是裁判所，而处分行为者是被害人。但是，被强迫执行交付的败诉者之被害人并非处分行为者，而真正的处分行为者是裁判所。笔者倾向于被欺骗者与处分行为

---

[1]《刑集》第24卷第3号，第55页。

[2]〔日〕大塚仁：《刑法概说》（各论），有斐阁，1992，第253页。针对这种观点，在我国的刑法理论界，有观点认为：诈骗罪中的受骗者的财产处分行为与交付行为完全是在相同意义上使用的概念，在财产处分行为之外另外使用意义不同的交付行为概念，既无必要，也不合适。因为诈骗罪的基本构造是通过欺骗行为使对方产生认识错误，对方基于认识错误处分或者交付财物，行为人或第三者取得财物。即使三角诈骗也必须符合这种构造。所以，在处分行为之外使用意义不同的交付行为概念并不妥当。实质上，这种观点所说的"交付"，只不过是作为财产处分行为的结果，从属于财产处分行为的事实上的行为，充其量对于决定既遂、未遂具有意义。例如，采用欺骗手段，导致接受预定的面包店的店主让店员配送面包时，受骗者、财产处分行为者是店主，事实上"交付"面包的店员只不过是店主的"交付"辅助者。通过这种行为导致事实上转移占有时，只不过具有使诈骗罪既遂的机能。如果一定要说交付者是店员的话，那么，由于店员是通过店主的错误而自己也陷入错误，受骗者也是店员，被害人是店主，这便符合三角诈骗的构造。（参见张明楷：《诈骗罪与金融诈骗罪研究》，北京，清华大学出版社，2006，第130页。）

者必须是同一人的观点。

问题是,被欺骗者成为处分行为者的要件包括哪些内容。比如,在一个小型会议散会前,被害人B去卫生间时,将手提包放在自己的座位上。散会时B仍然在卫生间,清洁工C立即进入会场打扫卫生。这时,A发现B的手提包还在会场,便站在会场外对C说:"那是我的手提包,麻烦你递给我一下。"C信以为真,将手提包递给A,A立即逃离现场。在这一事例中,清洁工C并没有占有B的手提包,也不具有处分该手提包的权限或地位。也就是说,C是A盗窃手提包的工具,而不是诈骗罪中的财产处分者。因此,A的行为不成立诈骗罪,只能成立盗窃罪。

有关被欺骗者所具有的"权能或地位",主要有事实接近说、阵营说、授权说的对立。事实接近说又称事实性接近可能性说,是指只要作为受骗者的第三人,与财产之间具有客观的接近关系,对财产具有事实性介入的可能性,那么,他就可以成为财产处分者,因而成立诈骗罪。阵营说,是指以受骗者是与行为人的关系密切还是与被害人的关系密切为区分标准,即以受骗者是属于行为人的阵营还是属于被害人的阵营为标准进行区分。如果受骗者属于被害人阵营,则行为人的行为成立诈骗罪;反之,成立盗窃罪。授权说,是指受骗者在被害人概括性授权范围内处分财产时,肯定其行为属于处分行为,因而行为人的行为构成诈骗罪;反之,受骗者处分财产的范围超出了被害人的概括性授权时,则不属于处分行为,因而行为人的行为成立盗窃罪。[①]

在以上三种主要观点中,事实接近说的缺陷比较明显,因为在某些情况下,与被害人毫无关系的人也有可能进行事实性的接近。至于阵营说,主张这种学说的观点提出两个判断标准:第一,受骗者与财产之间是否具有客观的接近关系;第二,处分行为是否为了占有者而实施。问题是,在部分情况下,行为人究竟属于哪一个阵营很难判断,因此,这种判断基准与诈骗罪的本质要素缺乏必然联系。[②] 其实,阵营说是为了将欺骗占有辅助者转移财物的行为,以诈骗罪处罚而提出来的观点。但是,刑法中的处分行为并不需要一定是民法意义上的法律行为,因此,所谓法律意义上的权限,并不需要处分财产的主体应有的权限,而是在事实上具有转移财物的占有权限就已经足够。比如,受雇于超市中的雇员可以说是占有辅助

[①] 参见〔日〕山口厚:《诈骗罪中的处分行为》,载《平野龙一先生古稀祝贺论文集》(上卷),有斐阁,1990,第441页。
[②] 参见张明楷:《诈骗罪与金融诈骗罪研究》,北京,清华大学出版社,2006,第134页。

者，这里的雇员并非法律行为的主体。即便是占有辅助者，由于具有将商品按规定的价格卖给顾客的权限，因而如果欺骗雇员以低廉的价格购买商品，理应构成诈骗罪。也就是说，占有辅助者虽然没有外部权限，但具有内部权限。在认定三角诈骗罪时，关键在于是否基于被害者的意思行为，因此，如果具有内部权限就可以肯定诈骗罪的成立。在行为人欺骗保姆说，你家的主人让我来取某种物品而骗取财物的情况下，可以说保姆是基于主人的意思而转移了财物，因此，行为人构成诈骗罪。为了将这种情况解释为诈骗罪而主张阵营说实在没有必要，另外，被害者并没有给予内部权限的行为，即便与被害者的关系多么密切，由于并不是基于被害者意思的行为，因而并不能构成诈骗罪。① 在这种情况下，阵营说一般认为构成诈骗罪，这是阵营说的致命缺陷。

笔者认为，在三角诈骗中，受骗者不是被害人。受骗者之所以客观上能够处分被害人的财产，是因为根据社会上的一般观念，受骗人事实上得到了被害人的概括性授权。也就是说，在当时的情况下，如果排除诈骗的因素，社会一般观念会认为，受骗者可以为被害人处分财产。判断受骗者事实上是否具有处分被害人财产的权限或地位，并非仅仅取决于其是否属于被害人阵营或是否接近被害人的立场，还需要考虑其他因素。比如，受骗者是否是被害人财物的辅助占有者，受骗者转移财产的行为是否得到社会一般观念的认可，受骗者是否经常为被害人转移财产等。德国有这样一则判例：乙租用丁所经营的车库，将自己的私家车停放在该车库内，丙为车库的管理员。依照惯例，乙将备用钥匙交给丙持有。甲与乙关系密切，甲曾多次征得乙的同意，从丙处得到车钥匙将车开出。某一天，甲欺骗丙说得到了车主乙的认可，向丙索取车钥匙。甲得到了丙所持有的乙的车钥匙之后，使用该钥匙将停在车库的乙的私家车开走，据为己有。德国法院认为，甲的行为成立诈骗罪。法院之所以认定为诈骗罪，并不仅仅因为丙属于乙的阵营，还考虑到了丙是乙的私家车的辅助占有者，乙与丙以往的关系导致该车的出入事实上几乎完全委托给丙。②

（二）欺骗他人放弃财物与诈骗罪

行为人实施欺诈行为，使他人放弃财物，行为人拾得该财物的，是否构成诈骗罪是一个极有争议的问题。比如，有这样一则案例：被告人刘某

---

① 参见〔日〕山口厚等：《理论刑法学的最前线Ⅱ》，岩波书店，2006，第128页以下。
② 参见张明楷：《诈骗罪与金融诈骗罪研究》，北京，清华大学出版社，2006，第136页。

曾因多次诈骗他人钱财而被处劳动教养 2 年。释放后仍恶习未改，2002年 9 月，被告人以"台湾人"的冒牌身份搭识了打扮入时的被害人李某，两人相约在一个茶室见面。喝茶之际，他向李某大肆吹嘘自己如何富有，并表示十分愿意和她成为朋友，李某欣然同意。被告人说："我会看相，你有霉气，按台湾的风俗，做朋友前必须把它驱走。"李某急切地问他有什么办法。被告人劝被害人将身上值钱的物品扔掉。李某果然将自己的价值人民币 2 580 元的手机和价值人民币 1 450 元的白金项链扔到了一旁花坛。此时，被告人突然谎称要解手，在李某背过身去时趁机取走了手机和项链。数日后被骗的李某在路上遇到被告人，终将其扭送至公安机关。①

在本案的审理过程中，有以下三种观点的对立：

第一种意见认为，被告人以虚构事实、隐瞒真相的方法，冒充台湾人，以谎称为李某看相消除"霉气"为由，骗取被害人李某的财物，其行为已经构成诈骗罪。第二种意见认为，被告人以非法占有为目的，冒充台湾人的身份，以替被害人李某看相"去霉"为由，使被害人李某把手机和项链扔到一旁花坛，又谎称自己要解手，在被害人李某背过身之际，趁机取走了李某的手机和项链，数额较大，其行为已构成盗窃罪。第三种意见则认为，被告人为非法占有手机和项链，既采用了欺骗行为又采用了盗窃行为，两种行为分别构成诈骗罪和盗窃罪。其中诈骗是手段，盗窃是目的，两者相互牵连，按照牵连犯从一罪重处罚的原则，应以其中法定刑较高的盗窃罪定罪处罚。②

针对欺骗被害人放弃财物，行为人拾得该财物的行为，日本刑法理论界也有三种不同的观点。③

第一种观点是盗窃罪说。认为行为人欺骗他人，使之放弃财物而后拾得，这种行为具有侵害占有的性质，不通过对方交付而对财物取得事实上的支配，还应该被视为盗窃。又由于诈骗必须要有被骗者交付财产的行为。所谓"交付"，是直接把财物的占有转移给欺诈者，但放弃财物并不具有使财物转移给欺诈者的直接性，所以，不能被认定为诈骗罪。第二种观点是侵占脱离占有物说。认为被放弃的财物已经变成失去占有之物，拾得这种东西不存在夺取占有的问题，自然不可能构成盗窃罪、诈骗罪这类

---

① 参见陈兴良主编：《刑事疑案评析》，北京，中国检察出版社，2004，第 365 页。法院以盗窃罪对被告人进行了处罚，本案的评析意见也倾向于构成盗窃罪。
② 参见陈兴良主编：《刑事疑案评析》，北京，中国检察出版社，2004，第 366 页。
③ 参见刘明祥：《论诈骗罪中的交付财产行为》，载张志勇等编著：《诈骗罪专题整理》，北京，中国人民公安大学出版社，2007，第 202 页。

侵害占有的犯罪，只能构成侵占脱离占有物罪。第三种观点是诈骗罪说。认为被欺诈者基于认识错误放弃财物的行为，仍然是一种处分行为，行为人虽然是事后取得，但从整体而言，应该说是骗取。处分行为并不以具有向对方转移所有权的意思为必要，也不以直接交给对方为必要。"交付"虽然含有直接经手交给对方的意思，但也包括通过第三者转交的情形。这种学说是日本的通说。

在我国的刑法理论界，很少有人研究这一问题，不过，也有观点认为，"行为人实施欺诈行为，使他人放弃财物，行为人拾取该财物的，也宜认定为诈骗罪。"[1] 也有观点认为，"在使他人放弃财物，而行为人能够立即捡拾的场合，仍然以成立诈骗罪为宜，因为被欺骗者的处分行为致使行为者的占有事实上成为可能，行为人事后立即取得财物，从整体上看属于骗取；财产交付并不绝对地以被害人亲手将财物交给行为人为限。"[2]

在中外刑法理论中，之所以有以上几种观点的对立，是因为对处分行为的理解不同。成立盗窃罪或侵占罪的观点认为，处分行为必须是基于错误而将财物交给对方，但上述情形是放弃财物，因而不构成诈骗罪。而主张成立诈骗罪的观点对处分行为理解得比较宽泛，认为被害者放弃财物是行为人的欺诈行为所致，放弃财物本身也是一种处分行为，行为人又因而取得了这种财物，实质上是骗取，当然构成诈骗罪。主张成立盗窃罪或侵占罪的观点没有从行为人行为的整体来考虑问题，或者只看到了行为人取得财物时财物已经成为无人占有之物，而忽视了被害人放弃占有的原因是受了行为人的欺骗；或者是片面强调处分行为在诈骗罪中的意义，而又对处分行为的含义作了过于狭窄的理解。而主张成立诈骗罪的观点把行为人利用欺诈手段取得财物作为一个整体来进行考虑，抓住行为的实质是骗取，同时对被害人处分行为作适当的宽泛理解。基于前述之针对处分行为的理解，笔者倾向于成立诈骗罪。

（三）骗取不法原因给付行为与诈骗罪

行为人实施欺诈行为，使对方陷于错误认识并交付财物或财产性利益，但是，行为人取得的这种财物或财产性利益是不法原因给付物时，能

---

[1] 张明楷：《刑法学》，2版，北京，法律出版社，2003，第776页。针对类似的问题，在我国的刑法理论界，还有观点认为应当成立侵占罪。
[2] 周光权：《刑法各论》，北京，中国人民大学出版社，2008，第132页。刘明祥：《论诈骗罪中的交付财产行为》，载张志勇等编著：《诈骗罪专题整理》，北京，中国人民公安大学出版社，2007，第201页，也倾向于成立诈骗罪。

否成立诈骗罪,是一个颇有争议的问题。比如:

案例1:甲到某海边城市旅游,发现海岛边有很多"情人岛"(帐篷),由女性"导游"在岛内外为男性旅客单独提供陪游、陪聊以及其他性服务,甲便突生歹意,找到"导游"乙女,约定由乙女陪同甲同吃同住几天,然后甲付给乙女1万元"导游费",导游费在最后一天晚上8点前支付。但是,最后一天傍晚的4点左右,甲对乙女谎称自己要下海游泳,回来后就向乙女支付"导游费"。甲下海后,径直游向对面的小岛,由早已驾船在此等候的朋友丙接走。①

案例2:张某因宅基地与邻居李某多次发生争执。2004年5月,双方再次发生纠打,张某在纠打过程中被李某打伤。为报复李某,张某对外扬言,谁把李某打成残疾,自己愿意给付5万元作为报酬。在本地打工的外地人杨某得知这一情况后,主动上门找到张某,称自己愿意干。张某信以为真,当场给付杨某现金2.5万元,并答应事成后再给付另一半。谁知杨某得款后当夜携款逃回老家,后被抓获。②

案例3:被告人黄某,原系某县公安局副政委。被告人袁某,个体汽车司机。2004年10月,黄、袁二人为偿还因赌博欠下的债务,共谋设计赌局圈套,以打假牌的方式骗取他人钱财。二被告人约定由黄某物色被骗对象,由袁某负责约请帮助打假牌的人。此后,黄某联系被害人姚某,谎称要与姚某当面商谈买卖煤矿的有关事宜。2004年11月5日下午,被告人刘某、方某应邀找到黄某。黄某即按事先的预谋,于当晚请姚某与刘、方等人一起吃饭,并向姚某介绍刘某和方某是"经营煤炭生意的老板"。席间,黄某又打电话通知被告人刘某、袁某前来共进晚餐。饭后黄某邀已有醉意的姚某到茶楼喝茶打牌,期间各被告人以欺诈手段控制牌局,致姚某输掉人民币58万余元。次日,黄某等人找姚某结算赌债,姚某只得将其所有的两部汽车折价43万元,连同15万元现金抵偿赌债。黄某等5人随后进行分赃。经鉴定,两辆车的价值共计41.69万元。法院认为上述5名被告人以非法占有为目的,合谋采用虚构事实隐瞒真相的办法,设置圈套诱骗姚某参赌,在赌博中使用诈赌伎俩弄虚作假骗取钱财,数额特别巨大,其行为构成诈骗罪。③

---

① 参见陈兴良、周光权:《刑法学的现代展开》,北京,中国人民大学出版社,2006,第638页。
② 参见张志勇:《诈骗罪研究》,北京,中国检察出版社,2008,第44页。
③ 参见李翔主编:《刑事疑案探究》,上海,上海人民出版社,2008,第163页以下。

有关骗取不法原因给付的行为是否构成诈骗罪，在日本的理论界，有肯定说与否定说的争论。① 肯定说认为，第一，不能因为对不法原因给付物在民法上不承认有返还请求权，就在刑法上也不予保护。民法以调整私人利益为目的，而刑法以保护法益为目的，从刑法自身的观点来作实质性判断，应该要看有无值得处罚的侵害法益的行为存在。第二，刑法对诈骗罪的成立，并没有把对方实施财产处分行为的动机如何作为构成要件要素，只要认为无行为人的欺诈行为就不会有交付财物的事情发生即可。第三，诈骗罪中的财产损害，是指无欺诈行为就不会有交付财物的结果，即作为交付结果这种意义上的财物的丧失。即便是在不法原因给付的情况下，给付财物的结果也同样应当被视为财产的损害。因此，应当肯定诈骗罪的成立。这是日本的通说，也是判例所取的立场。与此相反，否定说则认为，基于不法原因给付的财产处分行为是法律所禁止的，为了实现法律取缔这类行为的目的，应当将这种财产排除在法律保护的范围之外；又由于受法律保护的财产不存在，财产上的损害也就不会发生，因而在不法原因给付的情况下，不能构成诈骗罪。

另外，就类似第一个案例问题是否构成诈骗罪而言，又可以分为两种情况：一是行为人假装会支付嫖宿费而使妇女卖淫，但性交之后没有付费而溜走；二是行为人使卖淫妇女与自己性交之后，欺骗妇女使之免除嫖宿费。针对前一种情形，日本刑法理论中的主流观点认为，由于性交行为本身既不是财物也不是财产性利益，其中虽然有行为人的欺诈行为，但它不会导致财产处分的事实发生，因而不构成诈骗罪。而针对后一种情形，不仅日本裁判所的判决不同，理论界也有肯定说与否定说的争论。②

肯定说的理由是，刑法规定处罚诈骗罪并非只是为了保护被害人的财产权，还因为采用这种违法手段实施的行为具有扰乱社会秩序的危险性，即便是与妇女达成卖淫协议时采用的是欺诈手段，同样具有扰乱社会秩序的性质。另外，在一定的条件下，一定的行为是具有财产价值的，比如劳动力就有财产价值，提供劳务就是一种财产处分行为，采用欺骗手段使他人提供性服务，这也可以说是使他人"提供劳务"，取得的是财产性利益，因此构成诈骗罪。而否定说的理由是，违反公序良俗的卖淫契约本身是无

---

① 参见〔日〕大塚仁等编：《刑法解释大全》，第 10 卷，青林书院，1989，第 18 页。
② 参见〔日〕西田典之：《刑法各论》，弘文堂，1999，第 195 页以下。有关这一问题，韩国的判例倾向于肯定说，理论界则有肯定说和否定说的对立，肯定说处于多数说的地位。(参见〔韩〕金日秀、徐辅鹤：《刑法各论》，6 版，博英社，2004，第 434 页。)

效的，民法上不存在债权债务关系，法律上不应该给予保护，如果刑法上制裁这种欺诈行为，强制嫖客支付卖淫费用，那就与法律秩序的整体相矛盾，违反刑法的谦抑性；另外，性交既不是创造财产的行为，也不具有财产性价值，嫖客采用欺骗手段使卖淫女与自己性交，也并没有得到民法上的财产性利益，其行为当然也就不能成立诈骗罪。

就骗取不法原因给付行为是否构成诈骗罪，在我国的刑法理论界，并没有深入的研究。不过，在司法实践中，则有肯定说与否定说的对立。

就第一个案例而言，在我国的刑法理论界，有观点认为，解决类似案件，有两种思路：第一，甲虽有欺骗妇女的行为，并从中得到性满足，但由于妇女卖淫的行为既不是提供财物，也不是处分财产上的利益，所以不能认为该男子通过诈骗手段使他人处分财物或财产性利益，乙就谈不上因为被骗而遭受财产损害。第二，如果认为妇女乙提供了性服务这种"劳务"，按照预期似乎应当得到报酬，因此存在财产损失。但卖淫行为本身违反公序良俗，获得服务的一方因欺骗行为使被骗者实施处分财产上利益的行为，没有导致属于"法律上"的财产权利的金钱利益损失。因为需要以诈骗罪保护的法益即财产性利益并不存在，行为人不能成立诈骗罪。[1] 也就是说，在这种情况下，不成立诈骗罪。

针对第二个案例，有否定说与肯定说的对立。否定说认为，杨某的行为不构成诈骗罪。因为张某付给杨某钱的目的是想请杨某将李某打成残废，是非法的，因而对张某的给付行为不能进行保护。肯定说则认为，杨某的行为构成诈骗罪。理由是，行为人所骗得的财产无论是合法财产还是非法财产，都能够成为财产罪侵害的对象。杨某以帮助行凶骗取他人财物，符合诈骗罪的本质特征。处罚这类诈骗行为，并不是对从事违法犯罪活动者的非法利益的保护，而是为了维护国家的利益，避免出现"黑吃黑"或违法犯罪恶性循环的现象。[2]

针对第三个案例的意见分歧，与前两种有所不同。一种观点认为，成立赌博罪。理由是：根据最高人民法院1995年《关于设置圈套诱骗他人参赌、又向索还钱财的受骗者施以暴力或暴力相威胁行为如何定罪问题的批复》精神，本案被告人以营利为目的，设置圈套、诈骗他人参赌，纠集多人进行赌博，属于刑法规定的聚众赌博行为。在赌博中使用欺诈手段是

---

[1] 参见陈兴良、周光权：《刑法学的现代展开》，北京，中国人民大学出版社，2006，第638页。

[2] 参见王晨：《诈骗犯罪研究》，北京，人民法院出版社，2003，第7页。

赌博罪的特点，打假牌仅是本案被告人在赌博过程中采用的一种手段行为，不应以此为定罪的依据，否则就会割裂行为与犯罪结果的因果关系。另一种观点则认为，应定诈骗罪。理由是，赌博是用财物作注比输赢。这种输赢存在偶然性，对当事人来讲具有不确定性。如果一方当事人对胜败结果了然于胸，那么就不能称其为赌博。本案中各被告人从赌博之初主观上就具有明确的非法占有他人财物的目的，客观上实施了诱使他人参与假赌博以骗取钱财的行为，此时的输赢结果已属必然，行为人事实上是以赌博之名，行诈骗之实，完全符合诈骗罪的构成要件。[①]

笔者认为，有关骗取不法原因给付行为是否构成诈骗罪，应当从针对财产罪保护法益的视角出发进行探讨。按照所有权说[②]，交付者的财产处分行为被法律所禁止，应当将其财产利益排除在法律保护范围之外，从而惩治、取缔类似行为。同时，由于受法律所保护的财产不存在，财产上的损害就无从谈起，财物交付者对这些财物都没有返还请求权，因而前述案例中的行为人不能构成诈骗罪。但是，如果按照占有权说，民法和刑法对占有权的保护应当持不同的态度，民法上不予保护的不法给付，在刑法上仍然可能成立对占有关系的侵害。在前述之案例中，如果没有行为人的欺诈行为，被害人不会交付财物，虽然对方处分财物的动机本身不纯正，但是，财物处分者的动机如何，不是诈骗罪的构成要件要素；同时，欺诈行为实施以前，被害人占有其财产的行为不具有任何违法性，因此，行为人应当成立诈骗罪。笔者倾向于占有说。民法以保护平等主体的合法财产权为宗旨，基于不法原因的占有在民法上难以进行保护。但是，刑法以保护法益为目的，认定是否成立犯罪要考虑有无法益侵害的存在。在欺诈他人，使之为不法给付时，如果对方没有受骗，就不会处分财物；正是因为欺骗了对方，从而骗取不法给付的，有欺诈行为，有对方交付行为，对方的交付导致其财产损害，从而侵犯了财产罪所保护的占有状态本身，所以，刑法要最终保护财产上的所有权和其他本权，就必须先对占有关系实施保护。所以，在基于欺骗人的行为而交付的财物是"不法原因给付"时，应当成立诈骗罪。[③] 根据这种观点，前述之案例1中的行为人的行为可以构成诈骗罪，而案例2和案例3中的行为人的行为理应构成诈骗罪。

---

① 参见李翔主编：《刑事疑案探究》，上海，上海人民出版社，2008，第164页。
② 在我国的刑法理论界，通说认为侵犯财产罪的保护法益是公私财物的所有权。其实，这种表述不够完整，应当是所有权和部分占有权。
③ 参见陈兴良、周光权：《刑法学的现代展开》，北京，中国人民大学出版社，2006，第640页。

五、结语

诈骗罪，是指以非法占有为目的，用虚构事实、隐瞒真相的方法，骗取数额较大的公私财物的行为。处分行为是诈骗罪中没有记载的构成要件要素，是区分盗窃罪和诈骗罪的关键。处分行为，是指被害人基于认识上的错觉而"自愿"地交付财物或处分财产性利益的行为。处分行为一般表现为直接交付财产、承诺取得财产、承诺转移财产性利益、承诺免除行为人的债务。如果不存在被欺骗者的处分行为，根据行为者的欺诈行为是否具备作为诈骗罪实行行为的属性，如果没有具备作为诈骗罪实行行为的属性，那么，就连诈骗罪的未遂都不能构成。相反，即便不存在被骗者的处分行为，如果行为者的欺诈行为已经具备作为诈骗罪实行行为的属性，那么，可以成立诈骗罪的未遂。因此，诈骗罪中的处分行为，直接意义上属于犯罪既遂的要件，通过实行行为的属性问题，间接意义上则属于未遂犯的要件。

在诈骗罪的认定中，有无财产的处分行为，在以财产性利益为对象的诈骗罪的相关规定中，具有重要的意义。这是因为，在一般诈骗罪的情况下，很容易判断是否存在财物的转移，即便没有处分行为，也可以成立盗窃罪，所以，有无处分行为往往成为区分诈骗罪和盗窃罪的一个基准。也就是说，处分行为的有无，发挥着犯罪个别化的机能。处分行为的成立，不仅要在客观方面有处分财产的事实，主观方面还必须要有处分财产的意思。作为处分行为主观要素的处分意思，是指对转移财物的占有或财产性利益及其所引起的结果的认识。如果只有表面上的处分形式而没有真正的基于意思的处分，就不构成诈骗罪。比如，用欺诈手段取得并不具有处分意思的幼儿或者精神障碍者的财物的行为构成盗窃罪；又比如，欺骗醉酒者并让其在纪念册上签名，但实际上是让其在免除债务的文书上签字，由于对方对其行为的意义缺乏理解，没有处分意思，不是处分行为，因而不构成诈骗罪。

在诈骗罪的情况下，只要被骗者认识到自己的行为是把某种财产转移给对方占有，而根据自己的"自由"意思作出这种决定，就应该认为具备了处分意思的内容。至于对所处分的财产的性质、数量、质量以及价值等，则不一定要求有全面的、正确的认识。例如，行为人在买鱼时，看到店员装有大量现金的钱包放在柜台上，便乘其不备将钱包装进装鱼的袋子中，店员称了重量收了钱后，将装有鱼和钱包的袋子交给行为人。在这一事例中，问题的实质是对行为人非法占有店员钱包的行为如何评价，表面上看是店员将装鱼和钱包的袋子交给行为人的，但店员并不知道袋子里面有自己的钱包，没有把钱包这种特定的财物转移给行为人占有的意思，因此，不能认为有处分钱包的行为，也就不能成立诈骗罪。实际上，行为人把店员的钱包放进装鱼的袋子中时，就已经构成了盗窃罪。

第十二章　诈骗罪中的财产损害

我国现行刑法第 266 条规定："诈骗公私财物，数额较大的，处三年以下有期徒刑、拘役或者管制，并处或者单处罚金；数额巨大或者有其他严重情节的，处三年以上十年以下有期徒刑，并处罚金；数额特别巨大或者有其他特别严重情节的，处十年以上有期徒刑或者无期徒刑，并处罚金或者没收财产。本法另有规定的，依照规定。"诈骗罪，是指以非法占有为目的，用虚构事实、隐瞒真相的方法，骗取数额较大的公私财物的行为。诈骗罪的基本构造是：行为人实施欺诈行为→对方产生错误认识→对方基于错误认识处分财产→行为人取得财产→被害人遭受财产损失。问题是，诈骗罪的成立是否必须导致被害人财产上的损害，何谓财产（取法律意义上的财产说还是取经济意义上的财产说），针对财产损害的内容究竟应当怎样理解（诈骗罪是对整体财产的犯罪还是对个别财产的犯罪），这是中外刑法理论界颇有争议的问题。

一、诈骗罪中财产损害之立法现状

有关诈骗罪中的财产损害，中外立法有以下两种情况：

一种是刑法明文要求诈骗行为造成被害人财产损害。例如，德国刑法第 263 条第 1 款规定："意图使自己或第三者获得不法财产利益，以虚构、歪曲或者隐瞒事实的方法，使他人陷入或者维持错误，从而造成他人财产损失的，处五年以下自由刑或者罚金。"瑞士刑法第 146 条第 1 款规定："以使自己或他人非法获利为目的，以欺骗、隐瞒或歪曲事实的方法，使他人陷于错误之中，或恶意地增加其错误，以致决定被诈骗者的行为，使被诈骗者或他人遭受财产损失的，处五年以下重惩役或者监禁刑。"意大利刑法第 640 条规定："利用计谋或圈套致使他人产生错误，为自己或其他人获取不正当利益并且使他人遭受损害的"，构成诈骗罪。法国刑法第

313条规定，诈骗罪的成立以欺诈行为使对方上当受骗并"损害其利益或损害第三人利益"为条件。

上述部分国家的刑法规定表明，诈骗罪的成立以被害人遭受财产损失为前提。这包含两种含义：第一，如果行为人所实施的欺骗行为，最终没有导致被害人遭受财产损失，那么，就不可能成立诈骗罪；第二，如果行为人所实施的诈骗行为，原本可能使被害人遭受财产损失，但由于行为人意志以外的原因，没有导致被害人遭受财产损失，那么，只能构成诈骗罪的未遂。[①]

另一种是刑法并没有明文要求诈骗行为造成被害人财产损害。例如，日本刑法第246条规定："欺骗他人使之交付财物的，处十年以下惩役。以前项方法，取得财产上的不法利益，或者使他人取得的，与前项同。"韩国刑法第347条第1款规定："欺骗他人而接受他人交付之财物或者取得财产上之利益的，处十年以下劳役或者二百万元以下罚金。"俄罗斯刑法第159条则规定，诈骗是"以欺骗或滥用信任的方法夺取他人财产或夺取他人财产权利的行为"。

由于这些国家的刑法没有明文规定财产损失，因而导致刑法理论中不同观点的对立：第一种观点认为，诈骗罪的本质是通过欺骗他人骗取财物或财产性利益，而且仅此就够了，所以，不要求对被害人造成财产损失。也就是说，只要存在基于欺诈的财产处分行为就可以，并不需要造成财产上的损害。[②] 第二种观点认为，既然诈骗罪是财产犯罪，财产犯罪意味着使被害人遭受财产损失，因此，理应要求被害人的财产损失。其中，又有不同观点的对立[③]：有观点从形式上理解财产损害；而有的观点从实质上理解财产损害。有观点将财产损失作为独立的构成要件，也有观点不认为财产损失是独立的构成要件。第三种观点则认为，诈骗罪可以分为诈骗财物和诈骗财产性利益两种情况。在诈骗财物的情况下不需要发生财产损失，但是，在诈骗财产性利益的情况下则需要财产损害。[④] 这种主张的理由是：在诈骗财物的情况下，由于丧失财物本身就属于损害，因而即便存在给付相应对价也可以成立诈骗罪。

[①] 参见张明楷：《诈骗罪与金融诈骗罪研究》，北京，清华大学出版社，2006，第204页。

[②] 参见〔韩〕吴英根：《刑法各论》，大明出版社，2002，第474页。需要注意的是，由于部分国家的刑法条文以及论著的翻译不尽相同，因而，本书中的"损失"和"损害"作为同义词使用。

[③] 详细情况可参见张明楷：《诈骗罪与金融诈骗罪研究》，北京，清华大学出版社，2006，第205页。

[④] 参见〔韩〕黄山德：《刑法各论》，6版，邦文社，1989，第307页。

日本刑法第 246 条虽然没有明文规定诈骗罪的成立必须有财产损害，但是，司法实践和通说均认为，诈骗罪的成立必须以财产损害为要件。在韩国的刑法理论界，主流观点认为，诈骗罪的成立需要有被害者的财产损害。① 但是，有关财产损害的认定，司法实践并没有统一的基准，在韩国大法院的判例中，既有"诈骗罪的本质在于基于欺诈获取财物或财产上的利益，因此，不必要求被害者现实上遭受财产损害"的判例，也有"在以欺诈财物为内容的诈骗罪中，基于欺诈交付财物本身就属于财产损害，因此，即便给付相应的对价或针对被害者整体财产并没有带来损失，也不影响诈骗罪的成立"的判例。② 由此可见，韩国大法院的判例基本倾向于财产损害不要说。

如前所述，我国刑法第 266 条虽然没有明文把财产损害作为诈骗罪的成立要件，但是，由于刑法条文中将"数额较大"作为诈骗罪的成立条件，一般认为"数额较大"就是指造成了数额较大的财产损害。因此，财产损害自然也就是诈骗罪成立的必不可少的要件。③

笔者认为，由于被害者的财产损害是诈骗罪构成要件结果，因而被害人遭受财产损害是诈骗罪既遂的标志。欺诈行为可以分为欺诈财产和欺诈财产性利益，但是，针对欺诈行为结果的财产损害却没有必要进行区分。也就是说，诈骗罪的成立需要有被害人的财产损害或财产性利益的损失。

二、财产损害中的"财产"概念

既然诈骗罪的成立需要财产上的损害，那么，就有必要明确财产概念。有关这一问题，在中外刑法理论界，有法律财产说、经济财产说和法律、经济财产说之争。

（一）法律财产说

这种观点认为，一切财产罪都是侵害财产上权利的犯罪。也就是说，刑法规定财产罪是为了保护民法上的权利。因此，财产犯罪的成立不以行

---

①② 参见〔韩〕金日秀、徐辅鹤：《刑法各论》，6 版，博英社，2004，第 432 页。
③ 参见刘明祥：《论诈骗罪中的财产损害》，载张志勇等编著：《诈骗罪专题整理》，北京，中国人民公安大学出版社，2007，第 207 页。

为造成经济损害为前提，只要侵害了民法上的权利，即便在经济上没有损害，也可以成立财产犯罪；反之，只要没有侵害权利，即便造成了重大经济损失，也不构成财产犯罪。主要理由是，经济生活中存在各种各样的经济利益、财产关系，哪些内容受法律秩序保护，由规制私人财产关系的民法决定，决定的表现是民法上的权利。刑法规定财产罪就是为了保护民法上的权利，刑法上的财产便是民法上的权利的总和。① 比如，行为人实施诈骗行为，被害人基于不法原因给付的，不成立诈骗罪；第三者从盗窃犯处骗取其所盗财物的，由于没有欺骗原所有权人，因此，不能成立诈骗罪。也就是说，这种观点是将民法上个人所具有的所有权利、义务理解为财产的观点。19 世纪中叶由宾丁（Binding）首倡的这种观点，现在几乎没有学者赞同。

（二）经济财产说

这种观点认为，作为整体的具有经济价值的利益就是财产，因而是财产犯的保护法益；经济价值一般等同于金钱价值，金钱上的得失是判断有无损害的标准。也就是说，这种观点并不重视财产的法律侧面，而是将经济意义上的交换价值理解为财产的观点。根据这种观点，并不受法律保护的经济利益也应包含在财产概念之中。卖淫行为由于存在花费这样一层经济价值和给付相应对价而可以理解为财产，同样，作为"二奶或情妇"的契约金虽然不受法律保护，也可以包含在财产概念之中。韩国判例一般倾向于这种观点。比如，韩国的判例认为，一般地说，与女性发生性行为本身不能从经济角度进行评价，女性与行为人约定发生性关系后获取相应的金钱，由于这种行为本身违反善良风俗和社会秩序而不受法律保护。但是，成为诈骗罪犯罪对象的财产性利益并不限于私法上受到保护的经济利益，女性与行为人约定发生性关系后获取相应代价，也可以将其理解为诈骗罪犯罪对象的经济性利益，因此，欺骗女性发生性关系后没有支付费用的行为成立诈骗罪。② 不过，这是韩国的少数说。

（三）法律、经济财产说

法律、经济财产说又称折中说，这种观点认为，所谓财产，是指法律秩序所保护的、作为整体的具有经济价值的利益。因此，有关不法原因给付与诈骗罪的成立问题，与法律财产说的主张相似；有关诈骗罪的成立是

---

① 参见张明楷：《诈骗罪与金融诈骗罪研究》，北京，清华大学出版社，2006，第 206 页。
② 参见〔韩〕金日秀、徐辅鹤：《刑法各论》，6 版，博英社，2004，第 433 页。

否包括经济损害问题,则与经济财产说相近。① 也就是说,在法律秩序所允许的范围内,所有的具有经济价值的财物或财产性价值的利益都可以视为财产。这是韩国刑法理论中的多数说。②

笔者认为,法律财产说已经不适合当代复杂的财产关系,不能有效地保护财产与财产秩序,因此不可取。经济财产说的缺陷是,不仅不利于保护财产所有权人的财产,导致对财产的单纯占有的保护超出了针对财产所有权的保护,而且有过于扩大诈骗罪的处罚范围之嫌,因此,同样不可取。法律、经济财产说适当限制了经济财产说的处罚范围,总体思路具有可取性,当然,根据我国的具体情况,个别结论还有待进一步探讨。根据法律、经济财产说,诈骗罪中的财产概念可以包括:确定可以期待财产增加的经济利益、财产增加的盖然性较高的财产上的利益、直接占有或间接占有、劳动力等。

另外,在探讨有关诈骗罪的财产概念时,有必要确认一下有关骗取不法原因给付的行为是否构成诈骗罪问题。③ 有关这一问题,在中外刑法理论界,有肯定说和否定说的争论。肯定说认为,第一,不能因为不法原因给付物在民法上没有返还请求权,在刑法上也不受保护。民法以调整私人利益为目的,而刑法以保护法益为目的,从刑法自身的观点来作实质性判断,应该要看有无值得处罚的侵害法益的行为存在。第二,刑法对诈骗罪的成立,并没有把对方实施财产处分行为的动机如何作为构成要件要素,只要认为无行为人的欺诈行为就不会有交付财物的事情发生即可。第三,诈骗罪中的财产损害,是指无欺诈行为就不会有交付财物的结果,作为交付结果这种意义上的财物的丧失。即便是在不法原因给付的情况下,给付财物的结果也同样应当视为财产损害。因此,应当肯定诈骗罪的成立。这是日本的通说,也是判例所取的立场。笔者也倾向于这种观点。与此相反,否定说则认为,基于不法原因给付的财产处分行为是法律所禁止的,为了实现法律取缔这类行为的目的,应当将这种财产排除在法律保护的范围之外;又由于受法律保护的财产不存在,财产上的损害也就不会发生,因而在不法原因给付的情况下,不能构成诈骗罪。

与此有关的卖淫问题是否构成诈骗罪,在中外刑法理论界,也有肯定说与否定说的争论。肯定说的理由是,刑法规定处罚诈骗罪并非只是为了

---

① 参见张明楷:《诈骗罪与金融诈骗罪研究》,北京,清华大学出版社,2006,第213页。
② 参见〔韩〕金日秀、徐辅鹤:《刑法各论》,6版,博英社,2004,第433页。
③ 有关这一问题,笔者在另一专题中有详尽的探讨。

保护被害人的财产权,还因为采用这种违法手段实施的行为具有扰乱社会秩序的危险性,即便与妇女约定卖淫时采用的是欺诈手段,同样具有扰乱社会秩序的性质。另外,在一定的条件下,一定的行为是具有财产价值的,比如劳动力就有财产价值,提供劳务就是一种财产处分行为,采用欺骗手段使他人提供性服务,这也可以说是使他人"提供劳务",取得的是财产性利益,因此构成诈骗罪。笔者倾向于肯定说。而否定说的理由是,违反公序良俗的卖淫契约本身是无效的,民法上不存在债权债务关系,法律上不应该给予保护,如果刑法上制裁这种欺诈行为,强制嫖客支付卖淫费用,那就与法律秩序的整体相矛盾,违反刑法的谦抑性;另外,发生性关系既不是创造财产行为,也不具有财产性价值,嫖客采用欺骗手段使卖淫女与自己性交,也并没有得到民法上的财产性利益,其行为当然也就不能成立诈骗罪。

三、有关财产损害中"损害"之中外学说

究竟应当怎样理解诈骗罪中的财产损害,在大陆法系的刑法理论界,有整体财产减少说、个别财产减少说以及折中说的对立。

(一) 整体财产减少说

这种观点认为,诈骗罪是对整体财产的犯罪。因此,应当以被害人的整体财产减少作为损害发生与诈骗罪成立的条件。由于被害人一方遭受的损害与行为人一方获取的利益是表里关系,如果行为人以自己的财产相交换,向对方给付了相应的款物,则不能成立诈骗罪。也就是说,使用欺诈方法骗取财物,但同时又支付了相应价值的财物,被害人财产的整体并没有受到损害,因此,不能构成诈骗罪。[1] 德国诈骗罪的立法就是基于整体财产减少说的。

(二) 个别财产减少说

这种观点认为,诈骗罪是针对个别财产的犯罪,被害人转移或丧失了作为诈骗罪对象的财物或财产性利益,这本身就是损害。因此,即便行为人向被害人支付了相应的款物,也不影响诈骗罪的成立。这是日本和韩国

---

[1] 参见〔日〕中山研一:《概说刑法Ⅱ》,2版,成文堂,2000,第150页。

刑法中的通说。在个别财产减少说的内部，又有形式性个别财产减少说和实质性个别财产减少说的对立。形式性个别财产减少说认为，刑法并没有将诈骗罪规定为整体财产犯罪，而且刑法对骗取财物与财产性利益采取了相同的规定方式，因此，诈骗罪（包括骗取财物和骗取财产性利益）是对个别财产的犯罪，财物的处分（丧失）、财产性利益的转移（丧失）本身就是财产损失。因为，在不受欺骗就不会处分财物的情况下，被害人由于受欺骗而处分财物时，就导致被害人丧失了使用、收益、处分财物的利益；在不受欺骗就不会转移财产性利益的情况下，被害人由于受欺骗而转移财产性利益，导致其财产性利益的丧失，即便整体财产没有减少，针对被害人而言也是财产损失。因此，只要基于行为人的欺诈行为丧失财物、财产性利益，就存在财产损失。即便行为人提供的相应的对价给付与被害人交付的财产价值相当甚或超过后者的价值，也不妨碍诈骗罪的成立。[①] 实质性个别财产减少说则认为，从刑法对诈骗罪和背信罪的不同规定可以看出，诈骗罪是针对个别财产的犯罪，而且，既然诈骗罪是侵犯财产罪，那么，就要求有实质性财产损失。其中，有观点认为，"财产损失"本身就是诈骗罪（既遂）的一个独立要件。[②] 也有观点认为，虽然要求实质性财产损失，但是，将财产损失作为独立的要件，在刑法条文中缺乏刑法条文上的根据；由于丧失（转移）财物、财产性利益本身就是诈骗罪的法益侵害，因而没有必要将财产损失作为与转移财产区别、并提的要件；问题只是在于财物、财产性利益的转移、丧失本身是否具有实质性的法益侵害性。[③]

（三）折中说

这种观点认为，诈骗罪分为针对个别财产的犯罪和针对整体财产的犯罪两种类型。当诈骗罪的对象是财物时，是针对个别财产的犯罪，以被害人特定财物的转移或丧失作为财产损害的标志。这是由于特定财物的丧失，就意味着损害了对该财物的使用、收益、处分这样的本权的实际机能。当诈骗的对象是财产性利益时，则应分为两种情形：一种情形是以财物以外的各种财产权（比如债权、无形财产权等）为侵害对象的诈骗，是针对个别财产的犯罪，个别财产的丧失本身就是财产的损害；另一种情形是犯人得利并不一定就必然给对方带来损失，由于不会使对方失去财产上

[①] 参见〔日〕福田平：《刑法各论》，3 版，有斐阁，2002，第 250 页。
[②] 参见〔日〕前田雅英：《刑法各论讲义》，3 版，东京大学出版会，1999，第 240 页。
[③] 参见〔日〕山口厚：《刑法各论》，有斐阁，2003，第 263 页。

第十二章 诈骗罪中的财产损害

利益的行为不具有财产罪的实行行为性,因而应当将其排除在诈骗罪的范围之外。这种类型的诈骗是针对整体财产的犯罪,仅在被害人的整体财产发生减少时,才认为有财产损害,因此才有可能构成诈骗罪。①

我国的刑法理论界对于诈骗罪中的财产损害并没有系统的研究。不过主流观点认为,我国刑法明文规定,"诈骗公私财物,数额较大的",才能构成诈骗罪。所谓"数额较大",是指"受骗人因行骗人的行骗行为造成的直接损失数额"较大。因此,不仅采用欺骗手段骗取对方财物同时向其支付了相应款物的行为,不可能构成诈骗罪,而且利用签订虚假合同,骗取对方预付款,供自己经营使用,营利后偿还了的,也不能当作诈骗罪处理。这种主张与上述整体财产减少说比较接近。② 但是,近年来,在我国的刑法理论界,也有部分学者开始倾向于个别财产减少说,认为诈骗罪是针对个别财产的犯罪,而不是对整体财产的犯罪。被害人因被欺诈花3万元人民币购买价值3万元的物品,虽然财产的整体并没有受到损害,但从个别财产来看,如果没有行为人的欺诈,被害人不会花3万元购买该物品,花去3万元便是个别财产的损害。因此,使用欺诈手段使他人陷于错误认识骗取财物的,即便支付了相当价值的物品,也应认定为诈骗罪。③ 不过,也有观点认为,"单从理论上看,个别财产说更为周延。因为对于被害人来说,财物是基于欺骗者的行为而丧失的,由于丧失财物,其对财

---

① 参见〔日〕团藤重光:《刑法纲要各论》,3版,创文社,1990,第620页。
② 参见刘明祥:《论诈骗罪中的财产损害》,载张志勇等编著:《诈骗罪专题整理》,北京,中国人民公安大学出版社,2007,第211页。在我国的刑法理论界,主张诈骗罪中的财产损害应当是整体或实质性财产损害的观点的主要理由是:第一,按照个别财产减少说,被骗者交付财物或财产上的利益本身就是财产损害,这就意味着财产的损害与财产的交付是同一回事,在财产交付之外,另外考察有无财产损害就失去了意义,自然也就没有必要把它作为诈骗罪的成立要件来看待,这同前述不要实质性财产损害的"财产损害不要说"也就没有什么差别。但个别财产减少说是以把财产损害作为诈骗罪的成立要件为前提的。由此可见,个别财产减少说存在内在的逻辑上的矛盾。第二,包括诈骗罪在内的财产罪的本质是侵犯他人的财产权,侵犯财产权的突出表现就是在实质上造成或可能造成他人的财产损害,如果某种行为没有造成或也不可能造成他人的财产损害,即便存在严重的侵权问题,那也不可能构成财产罪,当然,有可能构成其他犯罪。第三,把财产犯罪分为相对于个别财产的犯罪与相对于整体财产的犯罪两类,并认为盗窃等相对于个别财产的犯罪,只要行为人取得了特定财物,占有者丧失了对财物的占有,即便是行为人同时给付了相当价值的财物,也不影响这类财产罪的成立。这种观点本身就值得商榷。第四,包括诈骗罪在内的所有财产罪都必须要有实质性经济利益的损害,这在我国刑法之中可以找到根据。第五,我国过去长期的司法实践中,对利用经济合同或者其他手段骗买骗卖的,一般是以投机倒把论处,而不是以诈骗罪论处。(参见刘明祥:《论诈骗罪中的财产损害》,载张志勇等编著:《诈骗罪专题整理》,北京,中国人民公安大学出版社,2007,第211页以下。)
③ 参见张明楷:《刑法学》,2版,北京,法律出版社,2003,第777页。

物的使用、收益、处分的权益自然也丧失，所以存在财产损害。但是，从司法实务操作的便利上考虑，整体财产损害说并不是毫无合理之处。司法机关往往以诈骗行为人最终给被害人造成的实际经济损失数额作为定罪量刑的标准，因为一方面，在欺骗他人并同时给付对价的场合，交易关系事实上存在。另一方面，在市场经济条件下，财产损害以价值是否实际减少为评价尺度，在有商品交易存在时，即使被害人因为受到欺骗而交付了财产，但是只要对方向其支付了价值大致相当的物品，使其经济目的得到了满足，很难说有较大的实质上财产损害，此时'必须把权利人失去的财产与其所得到的回报两方面结合起来考察，才能最终确定其是否有实质的经济上的财产损害以及损害的多寡。如果只考虑被骗者交付财产这一面，以此作为判断财产损害的根据，完全不看行为人同时向其支付了价值相当的财物这一面，这是不公平合理，也不能为社会公众所接受的'。"[1] 笔者认为，这应属于量刑时可以适当考虑的问题。

（四）本书的立场

整体财产减少说与德国的通说相同，虽然日本刑法没有像德国刑法那样，将诈骗罪规定为针对整体财产的犯罪，但是，根据这种观点解释日本刑法第246条的诈骗罪有欠妥当。因为该条在第1款中规定的是骗取财物，而在第2款中规定的是财产性利益，这里的骗取指的是针对个别财物和财产性利益的侵害，而非针对财产整体的侵害。[2] 另外，"不管是按照德国的判例与学说，还是依据日本的财产价值减少说，在行为人提供了反对给付的情况下，都不是仅就受骗者（被害人）交付的财物或利益的客观金钱价值与行为人提供的（被害人得到的）反对给付的客观金钱价值相比较，而是要进一步根据受骗者（被害人）的交易目的、所交付的财物与得到的财物的主观价值等进行权衡"[3]。可见，这种观点并不可取。

折中说认为诈骗罪可以分为针对个别财产的犯罪和针对整体财产的犯罪两种类型。但是，"既然主张诈骗罪的成立不需要针对整体财产的损害，那么，针对财产性利益的理解也应一样。另外，折中说在逻辑上也存在缺陷，因为根据这种观点，当被害者被行为人骗取了财产性利益，而针对财产整体并没有发生损害时，究竟能否成立诈骗罪，折中说对此

---

[1] 周光权：《刑法各论》，北京，中国人民大学出版社，2008，第133页。
[2] 参见〔日〕藤木英雄等编：《刑法的争论点》（新版），有斐阁，1987，第275页。
[3] 张明楷：《诈骗罪与金融诈骗罪研究》，北京，清华大学出版社，2006，第247页。

语焉并不详"①。可见，这种观点同样不可取。

形式性个别财产减少说虽然基本正确，但是，在行为人提供相应对价的情况下，如果不进行客观、实质性判断，只要行为人通过欺诈手段使受骗者交付财物就成立诈骗罪，有可能导致处罚范围过于宽泛的结局。②比如，某商店并不向未成年人出售商品，但是，某一未成年人 A 冒充成年人购买商品，店员 X 误以为 A 是成年人，于是将商品卖给 A。根据形式性个别财产减少说，如果 X 没有受骗，就不会将商品卖给 A，因此，A 的行为构成诈骗罪；即便 A 在购买商品时支付了货款，也不影响诈骗罪的成立。这显然不尽合理。

基于上述各种学说的不同缺陷，笔者认为，诈骗罪是侵犯财产罪，因此，诈骗罪的成立理应要求财产损失，即在未遂的情况下，要求欺骗行为具有造成被害人财产损失的危险性；而在既遂的情况下，则要求诈骗行为造成被害人现实的财产损失。因此，应以实质性个别财产减少说为基准认定诈骗罪的成立。也就是说，诈骗罪中的财产损害应当以实质性个别财产减少为基准进行判断。即综合处分行为前后财产的价值，在此基础上，以处分后的财产是否受到损失为基准进行判断。比如，A 有一张丈夫生前为她画的并没有多少交换价值的肖像画，丈夫的生前好友 B 得知这一情况后，恳求 A 将该幅画卖给自己，A 同意以 5 万韩元的价格将这张画卖给 B，当 B 支付 5 张 1 万韩元的纸币取走画后，A 发现其中 1 张 1 万韩元的纸币是假币时，针对 A 来说，由于并没有发生财产损害，因而 B 的行为只能成立诈骗罪的未遂。③

实质性个别财产减少说的具体内容可以包括④：第一，在财产处分行为导致的损失超过对方给付或相应给付的情况下，损失的界定应当考虑以下两方面内容：首先，如果认识错误发生在合同或契约的处理过程中，那么，不仅包括对方给付而被害人所损失的财物，还应包括与此相应而予以减免的义务等内容。其次，包含在损失评价中的财产，应当限于直接处分而引起的财产，因此，鉴定合同物时所用的费用等不应包括在内。第二，由财产处分者放弃的财产或财产性价值只能根据市场经济价值来进行认定。从这一点可以得出个人权利是具有交换价值的结论。如果财产所有者

---

① 〔日〕平野龙一：《刑法概说》，东京大学出版会，1977，第 218 页。
② 参见张明楷：《诈骗罪与金融诈骗罪研究》，北京，清华大学出版社，2006，第 246 页。
③ 参见〔韩〕金日秀、徐辅鹤：《刑法各论》，6 版，博英社，2004，第 435 页。
④ 参见上书，第 435 页以下。

具有的是并没有多少交换价值的个人情感上价值（比如情人送的生日礼物等）较高的财物，那么，不应将这种个人情感上的价值评价为财产损失。第三，财产所有者为了寻找失去的财物（所有人具有请求权）而给付相应费用时，应当将其视为财产损失。但是，如果所有人将作为债务而本应交付给对方的财物，因受欺骗而交付时，不应将所有人的交付行为视为财产损失。因为交付者所具有的财产上的地位，经济上虽然比债权者的请求权高，但是，这一经济上的价值在与债权者的关系上并不受法律的保护。第四，针对市场经济体系中下位体系构成危险的行为也可以成为财产损失。比如，信用卡本身所具有的交换价值虽小，针对被害人来讲，它是有效的可以利用该卡的会员之证明，而针对行为人来说，可以利用他人的信用卡取得非法利益，因此，可以将信用卡本身理解为财物，进而可以将骗取信用卡的行为视为财产损失。第五，具有诈骗性质的乞讨、募捐、领取补助金等有悖于社会目的的行为，也可以被视为财产损失。

四、诈骗罪中财产损害之具体认定

在有关诈骗罪中财产损害的认定中，有争议的问题包括：相应给付、欺诈性行使权利、欺诈性乞讨、募捐以及骗取银行存折等情况。

（一）相应给付

相应给付又称反对给付，是指即便行为人提供价格相当的商品，但是，如果在行为人告知被害人事实真相，被害人就不会购买的情况下，能否成立诈骗罪的问题。比如，X将客观上只有5 000元价值的商品，谎称"本商品原价是2万元，现以5 000元的价格亏本甩卖"，当不知情的A以5 000元的价格购买该商品时，X能否成立诈骗罪就是相应给付问题。在这种情况下，根据个别财产减少说，被害人即便购买的是具有相应价值的商品，但是，如果能够证明A知道真相就不会购买，那么，X可以成立诈骗罪。与此相反，整体财产减少说则认为，既然被害者购买的是具有相应价值的商品，由于并不存在整体财产的减少，因而不能构成诈骗罪。① 笔者认为，整体财产减少说的这种解释不尽合理。因为盗窃财物后或抢劫财

---

① 参见〔日〕大塚裕史：《刑法总论的思考方法》（新版），早稻田经营出版，2004，第219页。

物后即便留下相应的给付，也不影响盗窃罪或抢劫罪的成立。同理，作为财产犯罪的诈骗罪的成立，也应以个别财产是否受到损失为基准进行判断。

在我国的司法实践中，也有类似的案件。比如，夏某和白某合伙低价购买《中国政府全书》、《中华人民共和国新编劳动人事政策法规全书》等书，以某市纪律检查委员会、市劳动和社会保障局等名义，向20个街道办事处、乡政府等单位推销。夏某被某区人民法院以诈骗罪判处拘役6个月。[①] 在本案中，夏某和白某按书的定价卖了书，因此，可以说夏某和白某在实施欺诈行为骗取书款的同时，提供了相应给付（书）。但是，被害单位原本不需要这类书，只是由于夏某、白某以市纪律检查委员会、市劳动和社会保障局等名义强行推销，因而被害单位才购买。如果被害单位知道这些书并非是相关部门要求购买的，那么，这些被害单位不会购买，因此，可以构成诈骗罪。又比如，某市几家医院的8名医生，打着"肝病专家免费义诊"的旗号，私自到某乡为肝病患者义诊。在不到两天的时间里，该乡先后有二百多名群众接受了"义诊"。结果，有138人被查出患有乙肝。其中，绝大部分人根据专家的意见购买了他们带来的二百多元一盒的"肝得治"，最多的一次一人购买了2800元的"肝得治"。如此高比率的乙肝患者引起了当地政府的重视，经县医院派员检查，138人中，只有29人患有甲肝或乙肝，其余109人均为健康。[②] 在本案中，109人在交付款项的同时，获得了"肝得治"药品。但是，即便该药品属于有效药品，但相对于没有患肝病的109人来说，可谓废品。因此，109人交付金钱的目的完全没有实现，应当认定其存在财产损失，行为人的行为理应成立诈骗罪。反之，如果受骗者的交换目的基本得以实现，则没有必要认定为诈骗罪。比如，酒吧安排员工在网上充当女性与男性聊天，在男性同意见面后，员工将男性电话告知酒吧女服务员，由女服务员以见面为由约男性到酒吧。女服务员故意点高档饮品，最后由男性埋单。如果男性来酒吧只是为了与女服务员见面，应认为男性埋单的目的基本实现，因此，不宜认为对其造成了财产损失。[③]

（二）欺诈性行使权利

欺诈性行使权利，是指采用欺诈手段使对方偿还到期未还的债务，能否

[①] 参见刘玲玲、张黎媛：《盗用政府机关名义卖书属诈骗》，载《北京日报》，2000-11-02，9版。
[②] 参见张桂辉：《医生走穴 罪过罪过》，载《法制日报》，2001-05-28，5版。
[③] 参见张明楷：《诈骗罪与金融诈骗罪研究》，北京，清华大学出版社，2006，第250页。

构成诈骗罪的问题。有关这一问题，日本最高裁判所的一则判例引人注目。案情是：A建筑公司承担了B县高层住宅的建筑工程（承建总额为7 000万日元），完工后，B方支付建筑款的前提是由B县城建部门的C出具验收证明。但是，A建筑公司经理X担心由于没有处理好污泥、排水设施而受影响，于是，伪造了一份合格的处理污泥、排水的相关证明，并将这一伪造的证明提交给C，顺利通过验收，并让B方支付了7 000万日元的建筑款。①

在本案中，被告人虽然伪造了相关证明，但是，根据日本刑法的相关规定，伪造的并不是虚假名义的证明，因此，不构成伪造文书罪；另外，又不符合处罚内容虚假的医生诊断书之类的私文书伪造罪而不可罚。问题是，这种伪造行为是否符合诈骗罪实行行为中的欺诈行为？这一问题涉及怎样理解财产上的损害内容以及有无欺诈行为问题。针对类似的案件，大阪高等裁判所的一则判例曾经认为，"就尚未处理好的污泥、排水设施问题而言，被告人将原本不应全额领取的建筑工程款项，以已经完工的形式全额领取行为本身存在欺诈，因此，构成诈骗罪。"② 也就是说，由于被告方尚未完工，B县方不必支付全额建筑工程款，由于被告人隐瞒没有完工的真相而领取全额款项，因而成立诈骗罪。

但是，最高裁判所针对前述之判例，在否定合同法解释的基础上认为，本案中承建合同规定的是整体工程款项，并没有单独规定污泥、排水等细节，因此，即便没有处理好污泥、排水设施而应减免相关款项额度，由于并没有这一方面的详细合同，因而B县方不能要求减免部分承建款。也就是说，最高裁判所否定了被告方诈骗罪的成立。

就权利行使与诈骗罪的成立问题而言，基于本权说，被告人有承建款的请求权，因此，即便使用欺诈手段要回建筑款，由于没有侵害财产权因而不符合诈骗罪的构成要件。但是，基于占有权说，如果没有欺诈行为就不会支付7 000万日元的款项，因此，符合诈骗罪的构成要件。也就是说，由于支付了7 000万日元的款项而可以认定丧失了个别财产，另外，B县持有7 000万日元的现金和结清7 000万日元具有不同的经济价值，因此，在经济意义上可以肯定存在经济损失。当然，作为权利行使的问题有可能阻却违法性。笔者认为，被告人A虽然伪造相关证明，让对方提前支付了本应支付的建筑款，如果能够肯定其手段具有社会相当性，那么，就有阻却违法的余地。

---

① 参见《刑集》第55卷第5号，第371页。
② 转引自〔日〕大塚裕史：《刑法总论的思考方法》（新版），早稻田经营出版，2004，第221页。

第一审之大阪地方裁判所认为，如果伪造的相关证明被发现，就不可能通过验收，进而延长支付建筑款的日期，被告人通过欺诈行为提前了建筑款项的支付日期而成立诈骗罪。对此，最高裁判所认为，让对方支付建筑款是被告方原本具有的权利之一，在这种情况下，通过欺诈手段提前让对方支付建筑款项能否成立诈骗罪，应当根据提前让对方支付的日期与正常支付的日期相比，在社会观念上如果有显著的差距，那么，可以肯定诈骗罪的成立。也就是说，在这种情况下，认定诈骗罪的成立并不在于提前日期本身，而在于提前了多少日期，即肯定没有规定的构成要件要素之"损害"的存在，应当根据社会观念上"显著的差距"来认定。本案中的被害者之 B 县的损害，指的是占有整体完工后才应支付的款项以及这一期间的利益（包括这一期间的利息或将这笔款项用于他处而产生的利益）。① 最高裁判所虽然没有明确在这种情况下成立诈骗罪的具体日期，但可以看出，如果超出一般社会观念上容忍的时间范围，就应肯定诈骗罪的成立；反之，可以阻却违法性。有关权利行使与诈骗罪的成立问题，目前在我国的刑法理论界基本没有研究，在司法实践中，也没有出现过类似的案件。

（三）欺诈性乞讨

在不少城市相对繁华的地方，人们经常能够看到如下情形：有的妇女打扮成孕妇，谎称需要金钱寻找丈夫，请求过路人施舍。有人购买假学生证，制作悲惨的身世招牌，从废品收购处获得一身旧校服，往街边一跪，一个悲惨无助但又热爱学习的大学生进入了人们的视线，使过路人解囊相助。在上述情形中，可能有一些人是确实因无法生活而乞讨，但更多的是以乞讨为名进行诈骗，甚至有些人以此为业。如果确实是因为无法生存或其他原因而乞讨，当然不会成为问题。

但是，以欺诈性手段进行乞讨，甚至以此为业能否构成诈骗罪，便有待探讨。有关欺诈性乞讨是否构成诈骗罪，在中外刑法理论界，有肯定说与否定说的对立。肯定说认为，在欺诈性乞讨的情况下，行为人的窘境是虚构的，被害人施舍金钱是一种基于不知的自损行为，因此，可以成立诈骗罪。因为在上述情况下，被害者是因对行为人窘境的怜悯之情而施舍的，但是，被害人的施舍是出于帮助身处困境的人这样一个社会目的，由于欺诈性乞讨人的欺骗而无法实现，因而可以将这一点视为被害人的财产

---

① 参见〔日〕大塚裕史：《刑法总论的思考方法》（新版），早稻田经营出版，2004，第223页。

损害。① 与此相反，否定的观点则认为，假冒学生乞讨不具有刑罚可罚性。主要理由是，行为人假冒学生乞讨，虽然具有相当的欺诈性，但就每一次欺诈行为而言，由于其数额通常都较小，因而均不能单独构成诈骗罪。此外，尽管行为人可能在较长的时间内反复、多次实施这种乞讨行为，甚至以此为常业、以乞讨所得为其主要生活来源，但由于我国刑法没有将这种情形规定为惯犯，也不能认定为继续犯，因而不能以诈骗罪论处。也就是说，一方面，乞讨行为对法益的侵害微不足道，行为方式等可以为社会所容忍，因而不具有刑罚可罚性。另一方面，基于罪刑法定原则与行为刑法的要求，对于某种违法行为，在刑法分则未明文规定可以对违法所得进行累加计算时，不宜累加计算以犯罪论处。②

笔者认为，针对假冒学生乞讨等骗取较少的财物的行为不宜以诈骗罪论处，但是，针对那些以欺诈性乞讨为职业的惯犯应当以诈骗罪论处。理由是：第一，欺诈性乞讨行为并不为社会所容忍，而且欺诈性乞讨完全可能骗取数额较大甚至数额巨大的财物，因此，欺诈性乞讨并非都是法益侵害微不足道的行为。第二，将违法所得累加计算数额，进而判断是否符合刑法规定的数额较大的标准，并不以刑法的明文规定为限。当然，欺诈性乞讨不属于惯犯（因为刑法分则无明文规定），也不能认定为连续犯（因为不可能每次乞讨都达到数额较大的条件），但完全有可能属于徐行犯。在徐行犯的情况下，虽然每次行为并不独立构成犯罪，但综合起来构成犯罪，欺诈性乞讨基本如此。认为只有在刑法分则有明文规定时才能累加数额，不一定具有充分根据。按照这种观点，五次诈骗他人财物，每次都没有达到数额较大的标准，但累加后达到数额较大标准的，也不得以诈骗罪论处，显然不尽合理。另外，根据这种观点，行为人每次毁坏他人房屋的一部分（不能达到数额较大与情节严重的要求），最终导致他人房屋完全毁坏的，也不能成立故意毁坏财物罪。可见，刑法分则关于累加数额的规定，并非特别规定，只是注意规定。因此，即便刑法分则条文未就诈骗罪作出累加数额的规定，也应累加数额进而判断是否达到数额较大的标准。③第三，败坏社会风气，欺骗善良人的情感而违背社会公德。因此，针对那些以欺诈性乞讨为业的惯犯，应当以诈骗罪论处。

---

① 参见〔韩〕金日秀、徐辅鹤：《刑法各论》，6版，博英社，2004，第436页。
② 参见曲新久、邓超：《假冒学生乞讨不具有刑罚可罚性》，载《检察日报》，2005-04-12，3版。
③ 参见张明楷：《诈骗罪与金融诈骗罪研究》，北京，清华大学出版社，2006，第254页。

同种性质的问题还有欺诈性募捐，欺诈性募捐是指在并没有发生灾情的情况下，行为人以支援灾区为名募集款项，将款项据为己有的情形。与此相类似的情况还包括救济金诈骗、补助金诈骗等。

有关欺诈性募捐，在韩国的刑法理论界，有观点认为，行为人谎称支援灾区而募捐，在受骗的被害人捐助款项的情况下，行为人的欺诈行为不仅与被害人的怜悯、同情受灾人之实施善行这一社会目的相违背，如果没有捐款，完全可以将此款用于他处，可以将其视为财产上的损失，因此，行为人的欺诈性募捐行为构成诈骗罪。①

德国的通说认为，类似募捐诈骗的行为成立诈骗罪。因为在这种情况下，财产处分者处分财产不是出于经济利益的考虑，而是为了实现社会目的；如果交付财产的社会目的得以实现，交付财产就成为实现主体社会目的的手段，当然无所谓财产损失；反之，如果受骗者交付财产的社会目的失败，就应认定为财产损失。②

在日本的刑法理论界，也有观点认为，行为人通过欺骗手段取得不必支付相应对价的财产的行为能否成立诈骗罪的问题，应当作为被害人基于错误处分法益时能否评价为法益侵害的问题来考虑。作为一般原则，存在法益侵害的错误时③，即处分者并不明知自己放弃了什么时，应认定处分

---

① 参见〔韩〕金日秀、徐辅鹤：《刑法各论》，6版，博英社，2004，第436页。
② 参见〔日〕伊藤涉：《刑法中的财产性损失》(3)，载《警察研究》第63卷第6号，第44页。
③ 按日本判例和通说的观点，诈骗罪是相对于个别财产的犯罪，行为人采用欺诈手段使他人交付了特定的财产，这就意味着给对方造成了财产上的损害，即便行为人向对方提供了价值相当的补偿，也仍然被视为有财产上的损害，不影响诈骗罪的成立。按这种理论，采用欺诈手段使对方偿还债务，由于被欺骗者也有交付财产的行为，也应被视为有财产的损害，构成诈骗罪。这种从形式上来判断财产损害的有无所得出的结论似乎不大合理。因此，近年来，部分学者提出对诈骗罪的财产损害应从实质上考察，必须要有实质性损害。其中，一种较有影响的观点是，把作为被害者承诺的有效性问题来论的"法益关系错误"的理论引入诈骗罪中，以此作为理论根据来讨论诈骗罪中的财产损害问题。根据"法益关系错误"的理论，诈骗罪的成立是以被欺骗者陷于错误因而交付其财产为条件的，这里面存在"法益关系错误"问题。诈骗罪中被害者的错误应仅限于法益关系的错误，即对财产法益之处分行为的社会意义的错误。在市场经济的条件下，财产这种法益是作为经济的利用、收益、交换的手段来予以保护的。特别是金钱，值得保护的不是它自身的价值，而是它作为交换手段、实现目的的手段这一面。另外，通过财产的给付而得到的不仅是经济利益，还包括社会目的得以实现，这就是法益处分的社会意义问题。据此，在对财产的转移被害者没有"法益关系错误"的情况下，交付的结果是由交付权限的被害者所接受的，不能追究欺骗行为人对被害人"转移财产"的责任；反过来，在基于"法益关系错误"转移财产的情况下，则由于被害者不接受转移财产的结果，加上这又是由行为人的欺诈所引起的，当然要追究他对自己引起对方不正当转移财产的行为的责任。（参见刘明祥：《论诈骗罪中的财产损害》，载张志勇等编著：《诈骗罪专题整理》，北京，中国人民公安大学出版社，2007，第208页以下。）

行为无效；如果就与诈骗罪的保护法益无关的事项存在错误，则处分行为有效。在约定相应给付时，受骗者对相应给付存在认识错误的，当然属于法益关系的错误；在没有约定相应给付的情况下，如果受骗者对于交付财产的社会目的存在错误，即使其认识到交付财产会给自己造成经济损失，但如果其没有认识到处分法益（财产处分）的社会意义，也应认定为法益关系错误。因为在交换经济下，财产法益是作为经济的利用、收益、交换的手段而值得保护的，受骗者在交付财产时，不仅要实现其经济利益，而且要达到社会目的。当然，如果受骗者的错误仅与非经济的事项有关，则不成立诈骗罪。因此，以募捐为名取得他人财产的，由于他人对交付财产的社会意义存在认识错误，导致其意欲的社会目的没有实现，因而应认定为诈骗罪。①

笔者认为，在以欺诈性募捐骗取他人财物的情况下，受骗者捐献财产是行为人的欺诈行为所致。正如前述之德国的观点所指出的那样，受骗者捐献财产，并不只是单纯地将自己的财产转移为他人占有，而是为了援助特定的弱者。因此，受骗者处分的财产能否援助特定的弱者，成为受骗者的社会目的是否实现、是否存在财产损失的关键。② 当财产用于实现被害人的社会目的时，表明财产的价值已经实现，当然不能认定为财产损失；但是，财产没有用于实现被害人的社会目的时，就应认定为存在财产损失而构成诈骗罪。

（四）骗取银行存折

有关这一问题，日本有这样一则判例：被告人 X 用非法手段获取 A 名义的国民健康保险证，用该保险证试图开设 A 名义的账户，以此来试图骗取存折，于是到银行以 A 的名义申请账户，向银行工作人员提交了该保险证和私刻的 A 的名章，骗取了 A 名义的一本存折。问题是，X 能否构成诈骗罪？

在本案中，能否成立诈骗罪，关键在于存折是否属于财物和是否存在财产性损害？就存折是否属于财物问题，原审之福冈高等裁判所认为，存折除证明开设账户之外，只记录事后具体利用情况。也就是说，存折一般使用于存入或支出的记录，是一个随着开设账户而交付给利用者的一个类似证明的文书，就存折与银行之间的关系而言，虽然可以将存折视为具有财产性价值，但是，借用他人的名义开设账户本身与诈骗罪所预定的作为财产性利益的定型性不符，因此，借用他人名义开设账户并取得存折的行

---

① 参见张明楷：《诈骗罪与金融诈骗罪研究》，北京，清华大学出版社，2006，第 252 页。
② 参见上书，第 253 页。

为不能成立诈骗罪。针对二审的上述判决，最高裁判所认为，"银行存折本身除了成为所有权对象之外，可以利用它存款、支款而实现财产性价值，因此，利用他人的名义开设账户进而领取的存折，相当于刑法第246条第1款所规定的财物。"[1] 笔者认为，既然存折本身至少具有"证明之利益"这样一个价值，因此，将其本身理解为财物并非不妥当。

问题是，在此案中，是否存在财产性损失？既然诈骗罪属于财产犯，就有必要财产损失，如果存在处分行为而不能认定有财产上的损失，那么，就应当否定作为实行行为的欺诈行为的存在。在这种情况下，究竟应当怎样把握损失的存在便成为一个关键问题。如前所述，整体财产减少说认为，应当以财产状态整体的恶化作为财产损失的基准，但是，即便盗窃犯在盗窃现场留下相应的代价进行盗窃，也不会影响盗窃罪的成立，在各国刑法典中，诈骗罪作为一种夺取型犯罪，一般规定在抢劫罪、盗窃罪之后，因此，不应将该罪的损失理解为整体财产的减少。诈骗罪中的财产损失，即法益侵害的内容应当是财物或财产性利益的丧失。需要注意的是，盗窃罪是将违背被害人的意思进行占有作为肯定法益侵害的理由，但是，基于被害人的意思存在交付行为作为成立要件的诈骗罪，是将转移财物或财产性利益时存在瑕疵，作为肯定法益侵害存在的理由。[2] 因此，如果行为人通过处分财物或财产性利益而达到预定目的，那么，由于并不存在有关转移意思的瑕疵而否定法益侵害的存在，即否定诈骗罪的成立。就本案而言，在开设账户需要有真实的本人身份证明的法律框架下，确认本人的真实身份后交付存折是金融机构的目的。X以A的名义开设账户并取得A名义存折，违背了应当向A发放A名义的存折这一金融机构的目的，可以肯定法益侵害的存在，因此，X的行为相当于欺诈行为而应构成诈骗罪。[3]

---

[1]《刑集》第56卷第8号，第670页。

[2] 参见〔日〕大塚裕史：《刑法总论的思考方法》（新版），早稻田经营出版，2004，第224页。

[3] 针对最高裁判所成立诈骗罪的判决，批判的观点认为，银行向客户交付存折，当然承担存款、支款等无偿服务的义务，但是，银行通过拉客户让其存款而获取的利益往往大于无偿服务，通过拉客户让其存款，银行已经实现了经济目的，因此，不应将这种情况视为存在财产损害。也有观点认为，如果考虑X本人面对的是银行工作人员，并通过存一部分款领取了存折，那么，存款者并不是A而是X，X并没有违背存款人与本人的同一性，当然，其姓名和住址并不是真实的。由于在存款这种情况下，如果针对顾客方来讲没有发生债务等损失，姓名和住址等并不具有过于重要的经济意义，因而以欺骗姓名和住址等而使对方发生错误为由肯定诈骗罪的成立有所牵强。（参见〔日〕大塚裕史：《刑法总论的思考方法》（新版），早稻田经营出版，2004，第225页。）笔者认为，立论于结果无价值论的上述主张缺乏说服力。

五、结语

同样属于侵犯财产的犯罪，在中外刑法理论界，几乎看不见有关盗窃罪的财产损失的议论，但是，在有关诈骗罪的议论中，诈骗罪的成立是否必须造成被害人财产上的损害，针对财产损失的内容又应该怎样理解，这一问题在中外刑法理论界颇有争议。之所以会出现这种情况，是因为，盗窃罪中的财产损失是违反被害人意思的财物的转移，损害的界定比较容易；而在诈骗罪中，财物的转移本身并没有违反被害者转移财物或财产性利益的意思，不仅发生法益侵害本身难以界定，在以"交易"关系为前提的诈骗罪中，由于财产往往以"交换手段"予以把握，因而诈骗罪中的财产损失或法益侵害概念本身，当然就和盗窃罪中的损失有所区别，诈骗罪中的财产损失往往包含行为人和被害人之间自由设定的交换关系的未能达成以及失败这样一个要素。[1] 也就是说，诈骗罪中的法益或损失的概念中，包含着"处分自由"或失败这种要素，由于"财产"和自由处分发生融合而财物作为物理意义上的行为对象没有得到纯化，因而财产"损害"往往作为"自由处分的"一种失败来理解。[2]

如前所述，有关诈骗罪中的财产损失，在中外刑法理论界，有整体财产减少说、形式性个别财产减少说、实质性个别财产减少说以及折中说的对立。由于诈骗罪是一种侵犯财产的犯罪，因而诈骗罪的成立应当要求被害人具有财产损失，即在未遂的情况下，要求欺骗行为具有造成被害人财产损失的危险性；而在既遂的情况下，则要求诈骗行为造成被害人现实的财产损失。因此，应当以实质性个别财产减少说为基准认定诈骗罪的成立。也就是说，诈骗罪中的财产损害应当以实质性个别财产减少为基准进行判断，即综合处分行为前后整体财产的价值，在此基础上，以处分后的整体财产是否受到损失为基准进行判断。另外，欺诈性乞讨、募捐、欺诈性行使权利也可以成立诈骗罪。

---

[1] 参见〔日〕山口厚：《刑法各论》，有斐阁，2003，第169页。
[2] 参见〔日〕酒井安行：《诈骗罪中的财产损害》，载〔日〕西田典之等编：《刑法的争论点》，3版，有斐阁，2000，第183页。

第十三章　诉讼诈骗新论

一、问题的提出

随着社会经济的发展和人们诉讼观念、维权意识的不断增强，近年来诉至人民法院的诉讼案件迅速攀升。与之相伴，诉讼诈骗现象也频频发生。北京市第一中级人民法院对随机抽取的 100 件 2008 年审结的二审改判案件进行了分析，结果表明，超过 20% 的案件存在不同程度的诉讼诈骗行为。[1]

有关现实生活中屡见不鲜的诉讼诈骗的入罪问题，2009 年"两会"期间，随着部分委员的提案和建议而成了法治热点问题之一。据相关报道，13 位政协委员在全国"两会"上提交的《关于建议全国人大常委会尽快作出解释明确对诉讼诈骗按诈骗罪定罪的提案》中称，诉讼诈骗现象正在全国各地不断发生，并有日益蔓延的趋势。部分委员建议全国人大常委会作出立法解释，规定："伪造证据，骗取法院裁判或仲裁机构裁决，以取得他人财物的行为，属刑法第 266 条所述的'诈骗公私财物'行为。依该条从重处罚。帮助他人实施该等行为的，按共犯处理。"[2] 也有人大代表已经向全国人大提交了建议书，建议最高人民法院出台司法解释。鉴于目前司法实务中的做法极不统一，针对诉讼诈骗这种危害比较严重的行为有必要进行严惩，而将诉讼诈骗行为解释为诈骗罪并不违背刑法的基本原理，该委员建议最高人民法院制定司法解释，将诉讼诈骗行为一律以诈骗罪处理。[3]

---

[1] 参见杜智娜：《18 起假案背后的诉讼欺诈》，载《法律与生活》，2009（12），第 6 页以下。

[2] 邓新建：《诉讼诈骗频发呈全国蔓延趋势》，载《法制日报》，2009-03-09，8 版。

[3] 参见陈煜儒：《诉讼诈骗审理缺标准已建言出台司法解释》，载《法制日报》，2009-03-13，8 版。

诉讼诈骗行为具有极大的社会危害性，犯罪分子竟敢如此堂而皇之地走进"法律帝国的首都"，肆意欺骗"法律帝国的王侯"①，是对司法权威的严重挑衅。如何对日益猖獗的诉讼诈骗行为进行规制，我国司法实务界和理论界进行过积极的探索，特别是从侵权责任法角度对这种行为应当承担的赔偿责任有较为深入的研究和更多的共识。但是，在刑法上对这类行为如何评价，其刑事责任如何，由于我国现行刑法还没有专门的规定，理论上莫衷一是，各级司法机关在处理上不尽一致，不仅在相当程度上造成了司法实践的混乱局面，还使得部分不法分子钻法律空子，铤而走险，致使诉讼诈骗现象有逐渐蔓延、愈演愈烈之势。

二、中外学说概观

诉讼诈骗概念有广义和狭义之分。广义的诉讼诈骗，是指欺骗法院，使对方交付财物或财产性利益的所有行为；而狭义的诉讼诈骗，是指行为人将被害人作为被告向法院提起虚假诉讼，使法院产生判断上的错误，进而获取胜诉判决，使被害人交付财产或由法院通过强制执行将被害人的财产转交给行为人或第三者所有。② 例如，郭某伪造王某向其借款10万元的合同和借据，并将王某诉至人民法院。法院作出民事判决书，判定王某偿还郭某借款10万元及利息。由于王某拒不执行判决，法院通过强制执行，将王某所有的10万元财产转移为郭某所有。在本案中，王某显然是被害人，但王某并没有产生任何错误认识，也没有基于认识错误处分财产。这就是典型的狭义的诉讼诈骗。但是，郭某的行为使法官产生了错误认识，法官不仅有权作出上述判决，而且有权强制执行。也就是说，法官具有处分被害人财产的法定权力。因此，法官既是受骗人，也是财产处分人。正是基于这种缘由，在大陆法系的刑法理论中，一般将诉讼诈骗视为典型的三角诈骗之一。

诈骗罪是行为人实施欺诈行为，使对方陷入错误认识并基于错误认识实施处分行为，行为人取得财物或财产性利益的行为。因此，诈骗罪的成立需要有实施诈骗行为之外的被欺骗者、处分行为者以及被害者，在一般

---

① 〔美〕德沃金著，李常青译：《法律帝国》，北京，中国大百科全书出版社，1996，第361页。
② 参见〔日〕曾根威彦：《刑法各论》，成文堂，2001，第151页。

第十三章　诉讼诈骗新论

情况下，实施欺骗的行为人之外是同一人。在这种情况下，由于行为人和被害人（被欺骗人、处分行为人）之间发生诈骗行为，因此，又称二者间诈骗。但是，在某种情况下，被欺骗者和被害人并不是同一人，这种情形一般被称为三角诈骗。

在三角诈骗的情况下，针对被欺骗者和处分行为人的关系以及被欺骗者应当具备的要件，往往存在争议。在日本的司法实践中，针对三角诈骗，有判例认为，"就被欺骗者而言，应当具备能够处分被害者财产的权限或地位"①，才能成立诈骗罪。在刑法理论中，部分观点认为，诈骗罪中的被欺骗者和处分行为者并不限于同一人。比如，"交付财物的人，通常是受骗者本人，但是只要处于受骗者的财产处分行为约束的地位、状态，也可以是与受骗者不同的人。例如，在诉讼诈骗的情况下，受骗者是裁判所，但财物的交付者是基于裁判所的命令，现实地提供财物的败诉人等"②。显然，这种观点是将"财产处分行为"与"处分行为"作为两个不同的概念来把握的，这是少数说。而主流观点认为，被欺骗者和处分行为者必须是同一人，即必须是被欺骗者处分财物，处分行为的要件应当在被欺骗者层面加以理解。之所以需要被欺骗者和处分行为者的同一性，是因为，诈骗罪的成立要件是财物或财产性利益，是基于被害人的错误认识而直接转移之故。少数说认为，在诉讼诈骗的情况下，被欺骗者是裁判所而处分行为者是被害人。但是，被强迫执行交付的败诉者之被害人并非处分行为者，而真正的处分行为者是裁判所。笔者倾向于被欺骗者与处分行为者必须是同一人的观点。

问题是，被欺骗者成为处分行为者的要件究竟包括哪些内容？比如，在一个小型会议散会前，被害人B去卫生间时，将手提包放在自己的座

---

① 《刑集》，第24卷第3号，第55页。
② 〔日〕大塚仁：《刑法概说》（各论），有斐阁，1992，第254页以下。针对这种观点，在我国的刑法理论界，有观点认为：诈骗罪中的受骗者的财产处分行为与交付行为完全是在相同意义上使用的概念，在财产处分行为之外另外使用意义不同的交付行为概念，既无必要，也不合适。因为诈骗罪的基本构造是通过欺骗行为使对方产生认识错误，对方基于认识错误处分或者交付财产，行为人或第三者取得财产。即使三角诈骗也必须符合这种构造。所以，在处分行为之外使用意义不同的交付行为概念并不妥当。实质上，这种观点所说的"交付"，只不过是作为财产处分行为的结果，从属于财产处分行为的事实上的行为，充其量对决定既遂、未遂具有意义。例如，采用欺骗手段，导致接受预定的面包店的店主让店员配送面包时，受骗者、财产处分行为者是店主，事实上"交付"面包的店员只不过是店主的"交付"辅助者。通过这种行为导致事实上转移占有时，只不过具有使诈骗罪既遂的机能。如果一定要说交付者是店员的话，那么，由于店员是通过店主的错误而自己也陷入错误，受骗者也是店员，被害人是店主，这便符合三角诈骗的构造。（参见张明楷：《诈骗罪与金融诈骗罪研究》，北京，清华大学出版社，2006，第130页。）

位上。散会时B仍然在卫生间,清洁工C立即进入会场打扫卫生。这时,A发现B的手提包还在会场,便站在会场外对C说:"那是我的手提包,麻烦你递给我一下。"C信以为真,将手提包递给A,A立即逃离现场。在这一事例中,清洁工C并没有占有B的手提包,也不具有处分该手提包的权限或地位。也就是说,C是A盗窃手提包的工具,而不是诈骗罪中的财产处分者。因此,A的行为不成立诈骗罪,只能成立盗窃罪。

有关被欺骗者所具有的"权能或地位",在大陆法系的刑法理论和司法实践中,主要有事实接近说、阵营说、法律授权说的对立。

事实接近说又称效果说,是指只要作为受骗者的第三人,与财产之间具有客观的接近关系,对财产具有事实性介入的可能性,那么,他就可以成为财产处分者,因而成立诈骗罪。阵营说,是指以受骗者是与行为人的关系密切还是与被害人的关系密切为区分标准,即以受骗者是属于行为人的阵营还是属于被害人的阵营为标准进行区分。如果受骗者属于被害人阵营,则行为人的行为成立诈骗罪;反之,成立盗窃罪。法律授权说,是指受骗者在被害人概括性授权范围内处分财产时,肯定其行为属于处分行为,因而行为人的行为构成诈骗罪;反之,受骗者处分财产的范围超出了被害人的概括性授权时,则不属于处分行为,因而行为人的行为成立盗窃罪。①

针对上述之诉讼诈骗成立诈骗罪的主流观点,也有学者持怀疑态度,这种观点可以归类为否定说。这种观点认为,第一,在以形式真实主义为前提的民事诉讼制度之下,法院认识到当事人的主张虚假时,也必须受此约束而作出一定的判决,那么,利用这种诉讼制度提出虚假主张的行为能否成为诈骗罪中的"欺骗他人"的行为?第二,作为被害人的败诉方,是在知道法院误判的同时,不得已服从判决而向胜诉方提供财物(或财产性利益)的。那么,这是否属于任意的"处分财产"?尤其是,当被害人没有任意提供财物而由法院强制执行时,能否说被害人实施了处分财产的行为?②

如前所述,在我国,诉讼诈骗已经不是罕见现象,而且有不断增长的趋势。但是,对诉讼诈骗能否以诈骗罪论处,刑法理论界有不同观点的激烈争论。

第一,无罪说。这种观点认为,诉讼欺诈行为不构成犯罪。③ 这种观

---

① 参见〔日〕山口厚:《诈骗罪中的处分行为》,载《平野龙一先生古稀祝贺论文集》(上卷),有斐阁,1990,第441页。
② 参见〔日〕团藤重光:《刑法纲要各论》,创文社,1990,第614页。
③ 参见潘晓甫、王克先:《伪造民事证据是否构成犯罪》,载《检察日报》,2002-10-10,3版。

点从"故意"的形态、客观方面和犯罪客体等角度分别指出,诈骗罪的主观故意只能是直接故意,而不包括间接故意。诉讼诈骗的对象不是被害人而是法院,法院判决对方败诉,让其交付财物时,对方不是自愿而是被迫,系慑于法律威严之故;诉讼诈骗侵犯的客体是民事诉讼的正常秩序。诉讼诈骗行为主要发生在民事诉讼过程中,企图通过欺诈行为寻求"合法"结果。因已处于"诉讼"这一特定程序阶段,当事人伪造证据的行为影响了法院正常审理案件,干扰了法院正常的民事审判活动。民事诉讼中当事人伪造证据的欺诈行为确实可能会给被害人造成损失,而且严重扰乱了民事诉讼的正常秩序,其危害程度绝不亚于诈骗犯罪的,但是,从犯罪构成理论分析并不构成诈骗罪,由于没有相应条款加以刑事处罚,根据罪刑法定主义原则,只能按无罪处理。

第二,诈骗罪说。这种观点认为,诉讼诈骗可以构成诈骗罪。这是我国的主流观点。[①] 这种观点从不同角度分别认为,诉讼欺诈行为不仅符合诈骗罪的客体要件和主观要件,而且在客观方面,诉讼欺诈也与典型诈骗一样,行为人通过施展骗术实施了"骗财"的行为,即通过伪造证据,虚构其与被害人之间根本不存在的民事法律关系,继而向法院提起民事诉讼,提出根本不存在的诉讼请求,骗取法院的信任,并借助于法院的强制力攫取他人的财物。从形式上看,这种骗财虽然具有间接性,但不能掩盖其诈骗的本质属性。而且,虽然在形式上是由于法院的错判误判以及强制执行导致了被害人的财产受损,但从根本上说行为人伪造证据、提起虚假诉讼才是被害人财物受损的真正原因。正是行为人虚构事实、伪造证据、提起虚假诉讼的"因",结出了法院判决的"果",更导致了被害人财产受损的最终结果。因此,行为人的诉讼欺诈行为与被害人的财物受损之间存在刑法上的因果关系。其中,也有观点认为,诉讼欺诈是三角诈骗的典型形式,而否认三角诈骗构成诈骗罪,会导致诈骗罪的处罚范围过于窄小,因而主张诉讼欺诈构成诈骗罪。

第三,无罪加其他犯罪说。这种观点认为,诉讼诈骗行为不构成诈骗罪,但如果其行为符合其他犯罪的构成要件,则应以相应犯罪论处。这种观点来自 2002 年 10 月 24 日最高人民检察院法律政策研究室在给山东省人民检察院研究室《关于通过伪造证据骗取法院民事裁判占有他人财物的行为如何适用法律问题的答复》。《答复》指出:"你院《关于通过伪造证

---

① 参见张明楷:《论三角诈骗》,载张志勇等编著:《诈骗罪专题整理》,北京,中国人民公安大学出版社,2007,第 299 页以下等。

据骗取法院民事裁判占有他人财物的行为能否构成诈骗罪的请示》收悉,经研究答复如下:以非法占有为目的,通过伪造证据骗取法院民事裁判占有他人财物的行为所侵害的主要是人民法院正常的审判活动,可以由人民法院依照民事诉讼法的有关规定作出处理,不宜以诈骗罪追究行为人的刑事责任。如果行为人伪造证据时,实施了伪造公司、企业、事业单位、人民团体印章的行为,构成犯罪的,应当依照刑法第 280 条第 2 款的规定,以伪造公司、企业、事业单位、人民团体印章罪追究刑事责任;如果行为人有指使他人作伪证行为,构成犯罪的应当依照刑法第 307 条第 1 款的规定,以妨害作证罪追究刑事责任。"

第四,敲诈勒索罪说。这种观点认为,诉讼欺诈行为成立敲诈勒索罪。[①] 首先,敲诈勒索罪是采用威胁或要挟的手段,强迫他人交付财物,而威胁、要挟的方法是多种多样的。诉讼欺诈是要借助法院判决的强制力迫使被害人交付财物,而不是骗取被害人的财物。其次,实施诈骗是利用被害人的弱点行骗,比较容易得逞,社会危害性大。而法官负有审查案件事实辨别真伪的职责,且有专业技能,行为人搞诉讼欺诈得逞的可能性相对较小。因为,即便一审判决原告胜诉,被害人也会上诉,争取改判;即便二审判决原告胜诉,被害人还可以请求检察机关提起抗诉,仍有获改判的机会。由此可见,将诉讼欺诈看成是敲诈勒索罪的一种特殊方式、方法更为恰当。

三、诉讼诈骗处罚之处罚根据

(一) 相关学说评析

如前所述,无罪说的观点,主张诉讼诈骗行为和普通诈骗行为不同,

[①] 参见王作富:《恶意诉讼侵财更符合敲诈勒索罪特征》,载《检察日报》,2003-09-10,3 版。另外,也有观点认为,诉讼欺诈行为可以构成抢劫罪。理由是:抢劫罪,是指以非法占有为目的,以暴力、胁迫或其他手段,强行劫取公私财物的行为。当法院依据形式真实主义,依据行为人伪造的证据作出对被害人不利的判决或裁定时,被害人的财产就处于一种危险的状态,即被害人如果不履行法院的判决或裁定内容,法院将会采取强制执行措施(暴力),此时法院成为行为人获取财物(以暴力、胁迫或其他手段)的工具,此时行为人构成抢劫罪间接正犯的情形(因为在这种状态下,法院不可能构成抢劫罪)。(参见李翔、黄京平:《论诉讼欺诈的可罚性及其立法完善》,载张志勇等编著:《诈骗罪专题整理》,北京,中国人民公安大学出版社,2007,第 340 页。)

从罪刑法定主义原则出发，主张无罪。但是，这种观点很难成立。第一，从社会危害性的角度来分析，行为人通过诉讼诈骗非法占有他人的财物或财产性利益，不仅侵犯了被害人公私财产的所有权，同时还破坏了正常的诉讼秩序，妨害了司法机关正常活动，损害了司法机关据实裁判的公正性和权威性，其社会危害性是不言而喻的。第二，行为人实施诉讼诈骗行为时，是为了通过民事诉讼非法取得他人财物或财产性利益，主观上当然明知自己的行为会发生使他人的财产遭受损失的结果，并且希望这种结果的发生，因此，具有诈骗罪的直接故意和非法占有的目的。当然，诉讼诈骗必须通过诉讼这一特定阶段才能实现其非法占有的目的。由于当事人的诉讼地位不同，发生的诉讼阶段不同，当事人伪造证据的动机也不同，而伪造的证据需要在法庭审理过程中经对方当事人的质证，能否得逞，取决于法官的认定。需要注意的是，这一点不能成为否定诉讼诈骗行为的直接故意和非法占有目的的实质性理由。第三，普通诈骗罪的构成要件是：行为人实施欺诈行为，由于行为人的欺诈行为而引起被害人的错误，被害人基于错误而处分财产（被骗者与财产处分者是同一人），最后导致两种结果，一是由于被骗者的财产处分行为造成被骗者本人或第三人在财产上的损失（处分财产的人和财产受损时的人不一定是同一人）；二是行为人取得他人的财产或财产性利益，或使他人取得财产或财产性利益（行为人和财产取得者不一定是同一人）。这种模式可以概括为：行为→错误→处分→受损。在诉讼过程中，法院应当被推定为对双方当事人的财产都具有"处分权"。因为，在非恶意诉讼的情况下，法官根据法律和证据当然具有对当事人的财产进行处分的权限；反之，即便在一方当事人进行恶意诉讼，在诉讼形式真实主义下，法官同样具有对当事人财产进行处分的权限。①

也就是说，将"行为人直接欺骗被害人并且由被害人处分财产"作为诈骗罪的客观要件，存在许多问题：首先，过于夸大三角诈骗与普通诈骗的区别。虽然被害人处分财产是被迫的结果而非被骗的结果，但是，法院是具有权限的财产处分人，而法院之所以处分被害人的财产，是行为人的欺骗行为所致。这和普通诈骗只是表现形式不同，客观构造则完全相同。

其次，将诈骗罪限定为普通诈骗，进而将三角诈骗排除在诈骗罪之外，缺乏法律根据。因为刑法并没有要求受骗人和被害人必须是同一人。换言之，只要对刑法有关诈骗罪的规定进行文理解释，就不可能将三角诈

---

① 参见李翔、黄京平：《论诉讼欺诈的可罚性及其立法完善》，载张志勇等编著：《诈骗罪专题整理》，北京，中国人民公安大学出版社，2007，第340页。

骗排除在诈骗罪之外。

再次，无罪说不当地将有限的事实强加于刑法规范。当然，通常的诈骗都是行为人直接欺骗被害人并且由被害人处分财产，但是，这不过是有限的事实或只是部分诈骗罪事实，而非刑法规范。解释者不应将自己所知的部分事实强加于法律条文，认为法律条文所规定的就是自己所知的部分事实。既然刑法规范完全包含了诉讼诈骗，现实生活中的诉讼诈骗也需要通过刑法进行规制，就没有理由将诉讼诈骗排除在诈骗罪之外。

最后，认为诉讼诈骗没有侵犯他人财产，并不符合事实。或许可以认为诉讼诈骗行为同时侵犯了民事诉讼的正常秩序，但当其行为使被害人不得不转移财产时，就侵害了被害人的财产。即使行为没有得逞，也威胁了被害人的财产。① 也就是说，认为诉讼诈骗没有侵犯被害人的财产，并不符合客观事实。

无罪加其他犯罪说的主要理论依据是最高人民检察院的《答复》，最高人民检察院的《答复》虽然具有一定的法律效力，其合理性却值得怀疑。由于仅仅依照现行民事法律方面的相关规定，并不足以对诉讼欺诈行为进行有效的规制。我国民事诉讼法第111条规定：诉讼参与人或其他人有下列行为之一的，人民法院可以根据情节轻重予以罚款、拘留；构成犯罪的，依法追究刑事责任：(1) 伪造、毁灭重要证据，妨碍人民法院审理案件的；(2) 以暴力、威胁、贿买方法阻止证人作证或者指使、贿买、胁迫他人作伪证的……按照民事诉讼法的规定，当事人进行诉讼诈骗行为的法律风险远远小于其可能获得的期待利益。如果诉讼诈骗行为成功，不管是原告方还是被告方，其所获得利益都是非常巨大的，即便这种诈骗行为被揭穿，当事人的损失也只是诉讼费用和一定数额的处罚款，处罚力度不够，使越来越多的人有恃无恐，因此，有必要发挥刑法的最后调控手段作用。问题是，诉讼诈骗行为能否以妨害司法罪中的相关罪名定罪处罚。伪证罪和诉讼诈骗行为的差异非常明显。首先，犯罪主体不同。诉讼诈骗行为的犯罪主体是一般主体，而伪证罪的主体是特殊主体，即在刑事诉讼过

---

① 参见张明楷：《论三角诈骗》，载张志勇等编著：《诈骗罪专题整理》，北京，中国人民公安大学出版社，2007，第314页。例如，被告人某甲承包了某单位的装修工程，在工程结束并从该单位收取了所有费用之后，打印了一份说明书，然后让该单位加盖公章，该单位工作人员乙发现说明书的内容完全真实，便在说明书上加盖了公章。但甲立即在说明书的预留空行处加印了该单位尚欠其100万元工程款的内容，然后向法院提起诉讼，要求该单位偿还100万元。一审、二审法院判决该单位如数偿还该款。笔者认为，一般人都不会否认被告人的行为侵犯了该单位的财产。

程中的证人、鉴定人、记录人和翻译人。其次，二者的客观方面也有本质上的区别。诉讼诈骗发生在民事诉讼过程中，而伪证罪法律明确限定在刑事诉讼过程中。再次，行为人的主观目的不同。诉讼诈骗意在利用法院的判决获取非法利益，而伪证罪是为了隐匿罪证陷害他人。可见，针对诉讼诈骗行为显然难以按照伪证罪进行评价。而以妨害作证罪和帮助毁灭、伪造证据罪也不合理。由于该罪只能针对以暴力、威胁、贿买等方法阻止证人作证或指使他人作伪证以及帮助当事人毁灭、伪造证据的涉案人员进行制裁，而无法对当事人本人伪造证据的行为进行惩处。另外，这种主张忽视了诉讼诈骗作为对被害人财产的侵害这一点，并且误解了诈骗罪的客观构造，不当地将诈骗罪限定在普通诈骗，即二者间诈骗。当行为人伪造公司、企业、事业单位、人民团体印章实施诉讼诈骗时，如同伪造印章实施普通诈骗一样，属于牵连犯或想象竞合犯，应当择一重处罚，即以诈骗罪处罚。"当行为人在实施诉讼诈骗过程中，指使他人作伪证时，也属于牵连犯或想象竞合犯，同样应当择一重处罚。"[①] 由此可见，这种主张并不可取。

敲诈勒索罪说从被害人交付财产行为并非自愿，而是迫于法院判决的强制性和威慑力才交付财产的角度出发得出构成该罪的结论。尤其在法院作出判决后被害人尚未交付财产而法院基于判决采取强制措施的情况下，行为人借助国家暴力获取其想得到的财产或财产性利益，将法院的强制措施作为自己实施的工具，因而成立间接正犯。但是，敲诈勒索罪是被害人基于行为人的非法行为而产生的恐惧心理而交出财物；而在诉讼诈骗的情况下，被害人虽然也是被迫交出财物，但是，这种交付财物的行为并非因为自己的恐惧而作出的交付。也就是说，法院依据判决而采取的强制措施并非敲诈勒索罪中构成要件的行为，由于这种观点将这两者等同，因而得出这种结论本身并不合理。敲诈勒索罪的基本构造是：行为人实施恐吓行为→对方产生恐惧心理→对方基于恐惧心理处分财产→行为人或第三者取得财产→被害人遭受财产损失。敲诈勒索罪与诈骗罪比较相似，在敲诈勒索罪中，受恐吓的人与被害人不一定是同一人，但受恐吓的人必须是处分财产的人，而且受恐吓的人在处分他人财产时，必须具有处分被害人财产的权限或地位。在诉讼诈骗的情况下，虽然被害人交付财产是被迫的，但并不是因为恐惧心理而交付财产。由于法院判决被害人交付财产，因而应当

---

① 张明楷：《论三角诈骗》，载张志勇等编著：《诈骗罪专题整理》，北京，中国人民公安大学出版社，2007，第315页。

认定法院是财产处分人,但是,法院只是受骗而没有受恐吓。所以,将行为人认定为敲诈勒索罪是相当困难的。① 也就是说,在诉讼诈骗的情况下,肯定诈骗罪的成立需要解决的问题是,缘何行为人没有欺骗被害人也可以成立诈骗罪?其实,这一问题就是三角诈骗问题,在三角诈骗的情况下,虽然受骗人与被害人不是同一人,但是,三角诈骗的成立,不仅要求受骗人与财产处分人是同一人,而且要求现实的财产处分人具有处分被害人财产的权限,或者处于可以处分被害人财产的地位。在诉讼诈骗的情况下,财产处分人不是败诉方,而是受欺骗的法院或法官。而肯定成立敲诈勒索罪所要回答的问题是,缘何行为人没有恐吓被害人也成立敲诈勒索罪?就这一问题而言,由于行为人并没有恐吓被害人,因而不能将其视为二者间的敲诈勒索;由于处分财产的法院没有受恐吓,也不能将其视为二者间的敲诈勒索。由此可见,针对诉讼诈骗来说,与其在敲诈勒索罪方面寻找处罚的理由,不如认定为三角诈骗罪。② 另外,事实上发生了很多诉讼诈骗未遂的案件;针对诉讼诈骗未得逞的,也可以以诈骗罪的未遂进行处罚。③

(二) 法律授权说的相对合理性

如前所述,诉讼诈骗属于典型的三角诈骗罪。④ 三角诈骗罪的成立,要求受骗人具有处分被害人财产的权限或处于可以处分被害人财产的地

---

①② 参见张明楷:《论三角诈骗》,载张志勇等编著:《诈骗罪专题整理》,北京,中国人民公安大学出版社,2007,第316页。
③ 参见〔日〕曾根威彦:《刑法各论》,成文堂,2001,第151页。
④ 有关这一问题,在我国的刑法理论界,有观点认为:"诉讼诈骗"不是三角诈骗,它与三角诈骗行为具有本质上的区别。在民事诉讼中,法院并不是三角诈骗中所指的财产(权利)处分人。或者说,法院的角色与三角诈骗中的财产处分人存在根本性区别:一是法院不是三角诈骗中的财产处分人,而是特定民事诉讼的裁判者。二是法院对诉争财产进行裁判的行为从法律上看属于财产确权行为而不是财产处分行为。三是法院对诉争财产没有处分的权利。任何财产处分权的行使必须以享有相关财产权利或依法占有财产为前提,法院既没有占有当事人的财产,也没有获得相关财产的处分权。而在三角诈骗中,处分人要么是享有财产处分权,要么是已占有了他人的财产。四是法院裁判涉及的财产有时并不局限于"诉讼诈骗"所指向的被告方财产。如出现反诉时,法院同样要对相关的财产权属争议作出裁判。五是法院主要是根据案件事实、诉讼请求和相关法律规定对诉争财产进行权利确认,不受制或不完全受制于当事人的意志与欺骗。在三角诈骗中,处分人错误处分财产的行为则完全归咎于行为人的意志或欺骗。六是法院与"诉讼诈骗"中各方当事人包括受损方没有任何法律上的利害关系或存在共同的利益。而在三角诈骗中,财产处分人与受害人即财产权利人往往具有法律上的利害关系,甚至存在共同的利益。上述角色差异,充分说明了"诉讼诈骗"并不是三角诈骗。(参见黄龙:《"诉讼诈骗"批判》,载赵秉志主编:《刑法论丛》第21卷,北京,法律出版社,2010,第190页以下。)

位；如果受骗人不具有这种权限或地位，其将被害人财产转移给行为人的行为，就不属于诈骗罪中的处分行为。所谓具有处分被害人财产的权限或地位，不仅包括法律上的权限或地位，也包括事实上的权限或地位。以受骗人事实上是否得到了被害人的概括性授权为基准。至于是否得到了被害人的概括性授权，可以根据受骗人是否属于被害人阵营，是否为财物的占有者或辅助占有者，其转移财产的行为外表上是否得到社会一般观念的认可，受骗人是否经常为被害人转移财产等因素进行判断。①

如前所述，有关被欺骗者所具有的"权能或地位"，主要有阵营说、事实接近说和法律授权说的对立：阵营说，是指以受骗者是与行为人的关系密切还是与被害人的关系密切为区分标准，即以受骗者是属于行为人的阵营还是属于被害人的阵营为标准进行区分。事实接近说又称效果说，是指只要作为受骗者的第三人与财产之间具有客观的接近关系，对财产具有事实性介入的可能性，那么，他就可以成为财产处分者，因而成立诈骗罪。法律授权说，是指受骗者在被害人概括性授权范围内处分财产时，肯定其行为属于处分行为，因而行为人的行为构成诈骗罪。

在这三种观点中，由于阵营说的理论根据不够充分，因而有欠妥当。阵营说是为了将欺骗占有辅助者转移财物的行为，以诈骗罪处罚而提出来的观点。但是，刑法中的处分行为并不需要一定是民法意义上的法律行为，因此，所谓法律意义上的权限，并不需要处分财产的主体应有的权限，而是在事实上具有转移财物的占有权限就已经足够。比如，受雇于超市中的雇员可以说是占有辅助者，这里的雇员并非法律行为的主体。即便是占有辅助者，由于具有将商品按规定的价格卖给顾客的权限，因而如果欺骗雇员以低廉的价格购买商品，理应构成诈骗罪。也就是说，占有辅助者虽然没有外部权限，但具有内部权限。在认定三角诈骗罪时，关键在于是否基于被害者的意思行为，因此，如果具有内部权限就可以肯定诈骗罪的成立。在行为人欺骗保姆说，你家的主人让我来取某种物品而骗取财物的情况下，可以说保姆是基于主人的意思而转移了财物，因此，行为人构成诈骗罪。为了将这种情况解释为诈骗罪而主张阵营说实在没有必要，另外，被害者并没有给予内部权限的行为，即便与被害者的关系多么密切，由于并不是基于被害者意思的行为，因而并不能构成诈骗罪。② 在这种情况下，阵营说一般认为构成诈骗罪，这是阵营说的致命缺陷。

---

① 参见〔日〕平野龙一：《犯罪论的诸问题各论》，有斐阁，1982，第347页。
② 参见〔日〕山口厚等：《理论刑法学的最前线Ⅱ》，岩波书店，2006，第128页以下。

在上述三种观点中，事实接近说的缺陷也比较明显。根据这种观点，当行为者回收不属于自己债权的情况下，作为对民法上的准债权者的一种返还，债务者可以免除支付债务，如果债权者受到财产上的损失，可以成立三角诈骗。另外，根据这种观点，在行为人欺骗第三者的情况下，如果从第三者得到交付的人是善意无过失，根据民法善意取得的规定，由于所有者失去权利而不得不包含在三角诈骗之中，问题是，在这种情况下，将其归类于诈骗罪中是否妥当？即便第三者处分财产的效果波及被害者，这不过是为了保护善意者的一种举措，不仅与被害者的意思毫无关联，而且是一种违反被害者意思的效果，因此，不应将这种情况理解为基于被害者意思的财产处分。这种观点将经济上的受害者视为法律意义上的受害者，这一点虽然值得肯定，但是，既然诈骗罪是以被害者意思的财产转移为条件的犯罪，就很难说这种观点的合理性。由此可见，既然诈骗罪是以被害者意思的财产转移为条件的犯罪，那么，被欺骗者具有基于被害者的意思处分财产权限的授权说相对妥当。

有关这一问题，韩国刑法理论中的主流观点认为：所谓诉讼诈骗，是指被欺骗者（法院）和被害者（败诉者）不是同一人的情形。诉讼诈骗，就是通过主张虚构的事实或提供虚假的证明而欺骗法院，借助判决的效力取得对方的财物或财产性利益的行为。诉讼诈骗的成立，需要法院的判决具有替代处分行为的内容和效力。诉讼诈骗的成立，首先要有提起诉讼当时所主张的权利并不存在，通过虚构事实或提供虚假的证明欺骗法院的认识。单纯的错误地认识事实或误解法律，将并不存在的权利误以为存在而提起诉讼的行为并不构成诉讼诈骗。在诉讼诈骗的情况下，法院判决被害人履行支付义务本身相当于财产处分行为。当然，法院本身并非被告（败诉者）财产的占有管理者。但是，由于通过判决有使败诉者的财产遭受损失的法律意义上的可能性，作为法律意义上的处分者之法院与被害者的财产之间存在密切的法律关系。[①] 这种主张，可以归类为法律授权说。

从法律授权说的角度看，成立三角诈骗一般有以下三种情况：(1) 被害人给予行为人以代理权等法律意义上的处分权限；(2) 像法定代理人那样，基于法律，行为人具有替代被害人进行处分的法律意义上的处分权限；(3) 根据法律，行为人的处分予以正当化了的情形。作为第三种情形的典型，可举诉讼诈骗中基于债务名义被强制执行的情形。有关诉讼诈骗，日本的判例认为："诈骗罪的成立，需要被欺骗者基于错误而进行财

---

① 参见〔韩〕金日秀、徐辅鹤：《刑法各论》，6版，博英社，2004，第429页以下。

产处分行为,在被欺骗者和被害人不是同一人的情况下,被欺骗者应当具有为被害者处分财产的权限或地位。"① 日本的通说认为,该判决的理论根据是法律授权说。

针对通说的上述理解,在日本的刑法理论界,有观点认为:通说的这种理解,虽然可以将前述之第二种情形和第三种情形等同视之,但是,前述之第二种情形和第三种情形有本质上的不同。也就是说,在第二种情形下,被欺骗者的处分在法律意义上可以被视为基于被害者的意思,或者说,被欺骗者的意思等同于被害者的意思。这与法人代表的意思相当于法人的意思一样。与此相比,在第三种情形下,被欺骗者的处分是以违反被害者的意思为前提的,在此基础上,无非是法律意义上被正当化了而已,因此,针对被害者的强制执行,不应将其视为基于被害者的意思。例如,在欺骗法院使之没收第三者财物的情况下,这是利用法院的盗窃的间接正犯(暂时可以不考虑非法占有为目的这一要件),而不应将其视为诈骗。如果这种逻辑成立,在行为人将财物转移到自己的控制之下的情况下,不应将其视为转瞬间变成基于被害者的意思的行为。根据法律授权说,三角诈骗的成立应当限于第一种情形和第二种情形,而第三种情形不应包含在三角诈骗之中。由于通说过于重视实施处分行为是基于法律意义上的权限这一点,其结果,忽视了诈骗罪的构造是基于被害者意思的财产处分这一关键的要件。②

在此基础上,这种观点认为,可以将法律授权说理解为,被欺骗者在被骗之前,已经具有相当于基于被害者意思的处分的具体法律权限。这便是原本意义上的法律授权说,为了与这种法律授权说相区别,权且将本观点称为授权说。如前所述,这里的授权,可以限定在针对占有辅助者的内部权限的授权。基于授权说的立场而言,在诉讼诈骗的情况下,诈骗罪的成立首先要有法院剥夺被害者的占有,在此基础上,将剥夺的占有转移到行为者的控制之下,也就是说,将后一个行为理解为处分行为。在这里,前一个行为属于行为者利用法院的盗窃罪的间接正犯(如果是债权,属于利益盗窃)。③

笔者认为,这种观点有可能将原本视为一体的诉讼诈骗分段理解这种做法本身并不妥当。因为法院具有法律意义上的权限,所以,法院的处分行为在法律意义上应当被视为"基于被害者意思的行为"。也就是说,在

---

① 《刑集》第24卷第3号,第55页。
②③ 参见〔日〕山口厚等:《理论刑法学的最前线Ⅱ》,岩波书店,2006,第131页。

欺骗具有法律权限者使之进行财产处分行为的情况下,肯定三角诈骗的成立并非不妥当。

有关这一问题,2003年日本最高裁判所的一则案例颇有启发意义。案情是这样的:被告人是宗教组织的头目,他与K共谋,针对因病而苦恼的被害人伪称,生病的主要原因是因为灵魂有障碍,进行"烧锅"仪式有治愈疾病的效果。然而,被害人生病的主要原因并非所谓灵魂障碍,有"烧锅"之称的仪式也没有治愈疾病的效果。被告人通过虚构上述事实,意图使被害人产生错误认识,并要求其支付"烧锅"费用。另外,被告人劝无法立即支付"烧锅"费用的被害人,让这些被害人假装从被告人等经营的药店去购买商品,并与支付这笔购入费用的信用业从业人员签订了信用合同(垫付金合同),劝被害人通过让信用业从业人员垫付垫付金的方法来支付"烧锅"费。同意上述方法的被害人,从上述药店假装买卖商品,并签订了信用合同,基于此,信用业从业人员向被告人所管理的活期存款户头汇入了相当于货款的金额。①

最高裁判所肯定了诈骗罪的成立,判旨是:"根据以上的事实关系,被告等人为了欺骗被害人等、骗取"烧锅"仪式费用名义下的金钱,让被害人等通过与信用业从业人员签订上述信用合同,通过垫付款的方式使被害人支付了金钱,这样的认定是妥当的。在这样的场合,被告人等以及被害人等假装进行商品买卖而使信用业从业人员交付垫付款的行为,是否对

---

① 参见〔日〕山口厚著、付立庆等译:《从判例看刑法》,2版,北京,中国人民大学出版社,2009,第181页。在一审判决中,针对上述事实,辩护人主张,由于不存在商品交付,故信用合同不成立,那么,支付垫付费用就应该是不可能的,此外,合同当事方也能够行使停止支付的抗辩权,尽管如此,合同当事方却没有行使抗辩权,是因为合同当事人就是伪造合同欺骗了信用业从业人员的人,诈骗的被害人就是骗取垫付款的诈骗犯罪人,限于这个意义上,公诉应该被驳回。对于辩护人的主张,一审判决以"上述被害人等,为了向K支付钱款,以药费的名义使信用公司垫付该费用,让信用公司负担了债务。这样的场合之中,由于各被害人使信用公司负担了债务,令信用公司垫付的金钱该当于诈骗的损害结果,这一点是明确的"为理由,肯定了诈骗罪的成立。在控诉审中,辩护人主张,根据信用合同而汇入的金额部分,应该作为K以及一部分被害人对信用业从业人员所诈骗的骗取金来评价,因此,不能评价为被告人与K基于共谋诈骗的骗取金。但是,控诉审判决认为,"就原判决骗取金中根据信用合同汇入的金钱部分而言,其作为本案诈骗的结果,是由于被告人对顾客伪称本案'烧锅'仪式的有效性,顾客为了支付'烧锅'仪式的对价,与信用公司签订信用合同,并以购买中药货款的名义取得的垫付款,换言之,顾客因为本案的诈骗而被骗的结果,不过是就其已经决定支付的钱款的支付方法而言,利用了信用公司而已,顾客原本就决意接受'烧锅'仪式,并决意支付这一仪式的价款,就价款的筹措方法本身作出了新的行为这是另一回事,对于后一行为来说,不管顾客是否对信用公司成立诈骗罪,应该认为被告人对于前一行为,对顾客成立烧锅费用的诈骗罪",以此为理由,驳斥了辩护人的主张。于是,被告人提出了上告。

信用业从业人员构成另一个诈骗罪,不能左右本案诈骗罪的成立与否。因此,认定本案被告人成立诈骗罪的原判决,是正确的。"①

本案的事实关系略显复杂,如果对其进行简单化,是这样的:X意图欺骗A并诈取其金钱,而让A支付金钱的方法是,让A与B缔结基于假装买卖的信用合同,根据该信用合同X从B那里取得了垫付款。X是欺骗行为人,A是被害人,但金钱是根据A与B之间的合同,由B向X支付(并且A使B垫付货款这个事实本身有构成诈骗罪的可能性),这一点是本案的特征所在。也就是说,由于X的欺骗所导致的A的认识错误与由B所垫付的费用之间的关系应该如何把握,交付行为是如何构成的,是本案的关键。假设本案的案情是,A从B那里受领金钱,随后,将其转移给X,该转移行为是基于X的欺骗行为而进行的交付行为,这种情况能肯定诈骗罪的成立是毫无疑问的。但是,在金钱不经由A而直接被支付给X的本案中,判决认为值得与上述设例进行实质上同样的评价,那么,成为问题的是,应该如何理解本案中的交付行为,从而肯定诈骗罪的成立?

在本案中,进行金钱转移的是信用业从业人员,针对被害者来说,若是肯定信用业从业人员具有"能够处分被害者财产的权能或者地位",那么,信用业从业人员本身才成为被害者,由此,作为诈骗罪的构成,被害者本人由于让信用业从业者交付了财产而自己遭受了损害,这样的理解想来才是对的。最高裁判所的判例也以"使被害者……交付了金钱"为理由,将被害者介入了信用业从业人员、使其汇入金钱的事实确认为交付行为了。②

作为被欺骗后所支付金钱的支付方法,使信用业从业人员垫付货款的事实本身,不妨碍肯定进行上述行为的委托人的行为是交付行为。但是,本案事实的特殊性在于,被欺骗者即被害者的(使信用业从业人员垫付货款的)交付行为,这一行为本身,是能够成立诈骗罪的行为。有关这一点,最高裁判所认为,"假装进行商品买卖而使信用业从业人员交付垫付金的行为,是否对信用业从业者构成另一个诈骗罪,并不左右本案诈骗罪的成立与否。"

假设被欺骗者从信用业从业人员那里拿到了金钱,然后将金钱交付给欺骗行为者,在这种情况下,不论从信用业从业人员那里取得金钱本身是否构成犯罪,能肯定欺骗行为者成立诈骗罪是毫无疑问的。作为所交付金

---

① 转引自〔日〕山口厚著,付立庆等译:《从判例看刑法》,2版,北京,中国人民大学出版社,2009,第183页。
② 参见上书,第189页。

钱的筹措方法，不过是被欺骗者另外实施了犯罪罢了。在这个意义上，就本案的事实而言，即便被欺骗者的交付行为另外成立诈骗罪，想来也很难采纳否定欺骗行为者成立诈骗罪的结论。不过，在本案中重要的是，在诈骗罪的成立上成为问题的，是将对被欺骗者，而不是对信用业从业人员造成的法益侵害作为诈骗罪成立的理由。在将这一法益侵害作为理由，考虑是否成立诈骗罪时，（对于信用业从业人员）是否造成了其他的法益侵害，只不过是就其他的法益侵害而言的另外的构成要件符合性的问题，在将对于被欺骗者所生的法益侵害而言的构成要件符合性作为问题的情况下，两者是没有直接关系的。另外，上述评价是以坚持将被欺骗者作为被害者来认定具有实质上的正当性这一点为前提而进行的。本案中信用合同的具体内容虽不明确，但是，如果存在被欺骗者以虚假买卖为理由不负担支付义务这类事情的情况下，那么大概就应该存在这样的问题，即，其是否对信用业从业者成立诈骗罪。

另外，在本案中，公诉机关虽然没有提起针对信用业从业人员进行诈骗的起诉，但是，假设提起了这样的诉讼，则成为问题的是，对被欺骗者进行的诈骗罪与对于信用业从业人员进行的诈骗罪之间的关系。就像被告人所主张的上告理由那样①，在这种情形下，如果肯定了两罪的成立，就会产生一个问题，即一个骗取金，成为两罪成立的基础，这难道不会导致双重评价？有关这一问题，由于信用业从业人员的垫付金和被欺骗者的支付债务是各自不同的法益侵害，因而虽然两罪的罪数关系可能成为一个问题，但是，肯定两罪的成立并非不可能。②

---

① 被告人的上告理由是这样的：第一，对于根据信用合同而汇入的金额部分，应该将其评价为是K以及一部分被害人对于信用业从业者的欺诈行为，将其评价为被告人与K共谋实施的诈骗行为是没有余地的。第二，一部分被害人假装进行商品买卖，使信用业从业者垫付烧锅仪式对价的行为，对于信用业从业人员而言是新的法益侵害行为，不能认定是为了支付烧锅仪式的对价，从信用业从业者那里得到了垫付款。第三，本案被害人与K的行为是对信用业从业者的诈骗行为，因为K没有直接从被害人那里骗取金钱，所以既然对信用业从业者成立诈骗罪的既遂，又认定K与被告人共谋对被害人也成立诈骗既遂，结果就是对诈骗行为进行了二重评价。可以认为，原判决将从信用业从业者处基于伪装买卖产生的中药药费名义取得金钱的行为，认定是属于被欺骗人（被害人）与财产上的被害人（信用业从业人员）不是同一人的场合，肯定了被告人成立诈骗罪的既遂。但是，由于被欺骗人不过是基于与K的共谋或是作为K的工具，从财产上的被害人那里骗取了金钱而已，对于诈骗目的物而言，被欺骗者既没有能够处分的权限又欠缺处分的地位，所以原判决的判示是不妥的。（参见〔日〕山口厚著，付立庆等译：《从判例看刑法》，2版，北京，中国人民大学出版社，2009，第182页以下。）

② 参见〔日〕林月美子：《诈骗来的被骗取金是因新的诈骗而进行的支付》，载《法学教室》第287号，第105页。

第十三章 诉讼诈骗新论

如前所述，诉讼诈骗在我国的司法实践中不少[1]，但是，无论是法院的判决理由还是相关学者的评析，均没有透彻的法理和深入的研究。比

---

[1] 在我国的司法实践中，针对诉讼诈骗案，有多种不同的处理方法，可谓比较混乱。(1) 对侵财型诉讼诈骗不定诈骗罪而定其他罪。1) 以涉证据犯罪定罪处罚。比如，2007年9月，王某因与其妻李某闹离婚，为达独自占有夫妻共有营业房的目的，找到其朋友汤某帮忙，王某向汤某出具一张50万元的虚假借条，要汤某向法院起诉王某要求归还，汤某遂以此虚假借条向法院起诉要求王某归还借款。在法院审理过程中，王某与汤某经法院主持调解后自愿达成调解协议，并经强制执行、拍卖等程序，将王某与其妻共有的营业房所有权转移至汤某名下。后法院以妨害作证罪判处王某有期徒刑1年2个月，以帮助伪造证据罪判处汤某有期徒刑1年。2) 以审判员职务犯罪的共犯定罪处罚。湖北省人民检察院对与法官勾结制造假案的李某以伪证罪立案，后又以徇私枉法罪的共犯免予起诉。3) 以抢劫罪定罪处罚。2001年9月，李某诉张某夫妇等4人向其借款1万元，其出示的证据即为张某夫妇等人所写的借条。在庭审中张某否认其向李某借款的事实，称借条是由李某与冯某持刀威逼所写。法庭在依法进行庭审后认为，由于被告无证据证明借条是在受威逼情形之下所写，因而认定借条有效，判处张某夫妇等4人应向李某归还欠款。次日，张某夫妇自杀身亡。后当地公安部门依法传唤了李、冯二人，他们对持刀威逼张某夫妇写下欠条的事实供认不讳，二人以抢劫罪分别被判处7年和14年有期徒刑。(2) 以诈骗罪定罪处罚。1995年，深圳市华丰公司承包了海滨广场部分装修工程，胡某被指派为公司驻工地代表。工程施工期间，胡某擅领工程款，欠下发包方180万元。为弥补这个巨大缺口，胡某伪造了一系列虚假文件，包括173名工人工资明细表、10名班组长和6名管理人员聘任书，以及华丰公司欠上述人员122万元的工资欠条。然后指使刘某等5名班组长向罗湖区人民法院提起欠薪诉讼。胡某以公司名义作证，导致该公司一、二审败诉，资产被查封，办公楼被拍卖，业务难以为继，经济损失达千万元。罗湖区人民法院于2004年10月一审以诈骗罪判处胡某有期徒刑14年，罚金150万元。(3) 无罪。吕某是朱某的舅舅，朱某与颜某是一对夫妻。吕某向永康市人民法院起诉，要求朱某、颜某共同归还借款本金277万元及利息10万元。吕某向法院提供了4张借条的复印件，4张借条上借款人的署名均为朱某。吕某在起诉的同时，还向法院申请对被告朱某、颜某在四川省成都市的房产和银行的存款进行财产保全。法官在审理中发现，虽然该案在诉讼主体、证据形式上没有什么瑕疵，但原告吕某仅是一名从某国有企业退休后到一家民营企业工作的普通工人，其收入情况与案件高达几千万元的标的额存在巨大反差，且被告颜某也向法院反映该案涉嫌虚假诉讼，借条系吕某和朱某、何某伪造。法官在进一步调查中发现，自2007年6月19日以来，该院已受理以朱某夫妻为被告的案件16件，诉讼标的额达480余万元。随着调查的深入，疑点陆续浮出水面：朱某与妻子颜某不和；原告申请保全的存款均为颜某名下的存款；以朱某、颜某为被告的多起民间借贷、买卖合同纠纷案件，不同身份、不同居住地的原告均委托了同一个诉讼代理人。法官紧紧抓住原告身份、收入这根线索细查下去，结果是：对资金来源，吕某含糊其词，甚至拿不出诉讼费发票；对借款细节，吕某无法提供用于借款的银行账账凭据，277万元款项均以现金交付也不符合常理。法官另外还查实，案件的诉讼费、财产保全保证金等均由朱某垫付。虽然吕某仍以种种理由加以搪塞，但办案人员对案件相关细节逐一核查，发现其前后表述不一，破绽百出。最终，吕某不得不承认该案系被告朱某与其串通捏造所致，意在与妻子颜某于离婚过程中多分财产，而真实债务仅为5万元。最后，此案经吕某申请裁定予以撤诉。法院以妨碍民事诉讼为由，对朱某处以司法拘留；吕某因诚心认错，被责令具结悔过。(参见吴仁碧：《诉讼欺诈犯罪研究》，北京，中国人民公安大学出版社，2012，第48页以下。)

如，2005年12月5日，郭某伪造了某公司向其借款10万元的合同和借据，并将该公司诉至法院。2006年1月17日，法院作出民事判决书，判定该公司偿还郭某借款10万元及利息。2006年4月25日，郭某到检察院供述了犯罪事实。①

针对这一案例，评析观点认为，诈骗罪是指以非法占有为目的，用虚构事实或者隐瞒真相的方法，骗取数额较大的公私财物的行为。本案中，郭某伪造被害人某公司的借据和双方借款合同，捏造不存在的事实，以诈取被害人巨额钱款为目的，借用民事诉讼的手段和司法强制力，实施犯罪，这是近年来诈骗罪的一个新动态。从本案犯罪主体、客体、主观方面来看是符合诈骗罪要求的，这一点毋庸置疑。就其客观方面，郭某表面上没有欺骗被害人，而是欺骗了受理民事案件的人民法院，不是取得被害人信任并由其自愿交付财物，而是借助司法强制力迫使被害人交付财物，这正是本案区别于一般诈骗犯罪之处。本案中，郭某伪造证据，虚构事实，以本不存在、但貌似真实的事实为依据提起民事诉讼，虽未直接向被害人行骗，但其欺骗人民法院这一民事纠纷的裁判者，使人民法院对其提供的证据和事实信以为真并赖以作出违背事实真相的裁判，使被害人遭受不应有的法律责难，并且这种责难是以国家强制力为保障的。被害人因受此责难虽非自愿地向郭某交付财物，但迫于司法的强制力而不得不交出。不得不交付当然违背被害人意愿，但同时也是对郭某犯罪目的的满足。郭某虚构事实，假借司法强制，骗取财物，符合诈骗犯罪的特征和立法本意，构成诈骗罪。②

这一评析虽然从诈骗罪构成要件进行了分析，但对客观要件的分析缺乏说服力，即法院缘何能够成为被害人的财产处分人，对关键的这一点并没有足够的理论支撑。

四、结语

我国刑法理论中的主流观点认为，诈骗罪是指以非法占有为目的，用虚构事实或隐瞒真相的方法，骗取数额较大的公私财物的行为。按照这种

---

① 参见鲍雷等编著：《侵犯财产罪疑难案例精析》，杭州，浙江大学出版社，2007，第131页。
② 参见上书，第132页。

观点，行为人欺诈的对象应为"财物所有人"，意味着要求受骗人、财产处分人和被害人必须"三位一体"，并统一于财物所有人，从而将诈骗罪限定在二者间诈骗。至于三角诈骗因受骗人、处分人和被害人相分离而不成其为诈骗。但是，"诈骗罪的本质在于行为人使用欺诈方法陷对方于认识错误，对方因此处分财产，造成自己或第三人财产损失。在这一点上二者间与三角诈骗并无实质差异"①。诉讼诈骗是典型的三角诈骗行为。在诉讼诈骗中，被骗人是法院，被害者是民事案件中的被告人，两者不是同一人。但是，法院作为国家的审判机关，有依法对公私财产或财产性利益进行处分的权力。也就是说，法院对于公私财产或财产性利益具有法律意义上的处分权。在诉讼诈骗中，法院正是在行为人的欺骗之下陷于错误认识并错误地处分了被害人的财产或财产性利益。

在"诉讼诈骗罪"罪名缺位的现实条件下，如果自然人通过民事诉讼程序进行诈骗财物或逃避债务的，按照诈骗罪论处无可指责。② 但是，由于普通诈骗罪与诉讼诈骗存在前述诸多差异，因而要想把所有的诉讼诈骗归之于诈骗罪仍然存在许多困难。目前在我国的司法实践中处理不同，正是基于这种原因。鉴于这种现状，针对诉讼诈骗这种危害比较严重的行为又必须处罚，而将诉讼诈骗行为解释为诈骗罪并不违反刑法的基本原理，因此，在目前我国的司法环境下，最好通过司法解释的形式统一解决这一问题，即通过最高人民法院的司法解释，将诉讼诈骗行为一律以诈骗罪处罚。

---

① 葛治华、罗小平：《侵财型诉讼欺诈行为的刑法评价》，载《浙江工业大学学报》（社会科学版），第 9 卷第 3 期，第 357 页。
② 参见陈伟：《诉讼欺诈行为的性质认定与出路探寻》，载《中南大学学报》（社会科学版），第 16 卷第 4 期，第 49 页。

第十四章　财物与财产性利益

一、问题的提出

刑法中的财产从广义上说包括有形财产和无形财产，其中无形财产主要是指知识产权。"知识产权是人们对于自己的智力活动创造的成果和经营管理活动中的标记、信誉依法享有的一种无形财产权。"① 所谓"无形"，是指智力成果不需要占用任何空间，无论它们以何种形式表现出来，其本身都是无形的；所谓"财产"，是指智力成果或商业标记所转化的经济效益。② 狭义的财产是指刑法分则第五章侵犯财产罪中的财产概念，即有形财产。根据存在形式的不同，有形财产又可以分为财物和财产性利益。

有关财产罪的立法，国外刑法有以下几种体例：

第一，将财物与财产性利益分别规定。比如，日本刑法对强盗罪（第226条）、诈骗罪（第246条）以及恐吓罪（第249条），除了在条文的第一项规定财物罪之外，在第二项又规定："以前项方法，取得财产上的不法利益，或者使他人取得的，与前项同。"因此，利益罪或利得罪在日本

---

① 吴汉东：《知识产权制度基础理论研究》，北京，知识产权出版社，2009，第13页。
② 参见王景琦：《知识产权》，北京，中国社会科学出版社，1999，第5页。知识产权对现代社会经济的发展起着至关重要的作用，所以当今世界各国和地区纷纷对知识产权进行民法保护乃至刑法保护。特别是随着世界范围内侵犯知识产权犯罪的增多，加强对侵犯知识产权犯罪的打击，完善有关知识产权的刑法保护，已成为国际性的发展趋势。目前，我国刑法中可以作为犯罪对象的无形财产包括著作权、商标权、专利权和商业秘密权，相关罪名主要集中在刑法分则第三章第七节当中，具体包括假冒注册商标罪、销售假冒注册商标的商品罪、假冒专利罪、侵犯著作权罪、销售侵权复制品罪、侵犯商业秘密罪等。（参见陈烨：《刑法中的财产分类再研究》，载《政治与法律》，2013（1），第51页。）

刑法中又称为二项犯罪。① 如果没有二项犯罪的规定，侵犯财产性利益的行为不构成犯罪。比如，日本刑法第 235 条规定的盗窃罪的对象仅限于"财物"，因此，盗窃财产性利益的行为不具有可罚性。

第二，将财物与财产性利益规定在同一条款中。比如，韩国刑法第 333 条第 1 款（单纯强盗罪）、第 347 条第 1 款（诈骗罪）以及第 350 条第 1 款（恐吓罪），均将这类犯罪对象规定为"财物"或"财产性利益"（其第 329 条所规定的盗窃罪的对象仅限于"财物"）。俄罗斯刑法第 159 条第 1 款规定的诈骗罪的对象包括"他人财产"和"他人财产权利"（其第 158 条规定的盗窃罪的对象仅限于"财产"）。

第三，"财产"、"不正当利益"等概念包含财物和财产性利益。比如，德国刑法第 242 条和第 249 条规定的盗窃罪和抢劫罪的对象限于"动产"（或"可移动的物品"），而第 263 条所规定的诈骗罪的对象是"财产"，其中的"财产"便包含了动产、不动产等财物以及财产性利益。再比如，意大利刑法第 624 条和第 628 条规定的盗窃罪和抢劫罪的对象仅限于"他人的动产"，但是，第 640 条规定的诈骗罪的对象则为"不正当利益"，后者显然包括财物和财产性利益。

与上述国家和地区的刑法相比，我国刑法并没有如此明确的规定。我国刑法在总则部分将财产分为公共财产和公民私人所有的财产。根据刑法第 91 条的规定，公共财产是指：国有财产；劳动群众集体所有的财产；用于扶贫和其他公益事业的社会捐助或者专项基金的财产。此外，在国家机关、国有公司、企业、集体企业和人民团体管理、使用或者运输中的私人财产，以公共财产论。根据刑法第 92 条，公民私人所有的财产包括：公民的合法收入、储蓄、房屋和其他生活资料；依法归个人、家庭所有的生产资料；个体户和私营企业的合法财产；依法归个人所有的股份、股票、债券和其他财产。从刑法规定来看，没有明确将财产罪的对象限定为财物，且"财产"的含义中本来就包含财产性利益，理论上看至少没有排除财产性利益可以作为财产罪的对象。

刑法分则第五章规定了"侵犯财产罪"，尽管分则的具体条文基本上没有使用财产一词而是使用"财物"这一表述，但是，既然分则章名已经

---

① 我国台湾地区的立法体例与日本的立法体例大体上相同，台湾地区"刑法"第 328 条第 2 项规定取得财产上不法利益的，成立强取不法利益罪，第 339 条第 2 项规定使用诈术取得财产上不法利益的，成立诈欺利得罪，第 346 条第 2 项规定以恐吓方法取得财产上不法利益的，成立恐吓利得罪。

明确使用"财产"一词,在刑法分则具体条文解释上,也不排除对"财物"可以根据具体情况作与"财产"同义的解释。[①] 尽管根据我国刑法的规定,不排除财产性利益可以成为财产罪的对象,但是,我国刑法毕竟没有从正面明确肯定财产性利益也是财产罪的对象,因此,有必要在理论上解决作为财产罪对象的"财物"是否包含财产性利益?如果否定,是否符合法益保护的目的与客观现实?如果肯定,是否与罪刑法定原则发生冲突?

二、财物

有关财物的意义,中外刑法理论界主要有两种学说的对立,即有体性说和管理可能性说。有体性说主张财物应限于固体、液体和气体这样的有体物。而管理可能性说则主张财物不仅限于有体物,还应包括电和能源等具有管理可能性的所有物质。比如,冷空气在有体性说中也包含在财物的范围之内,而冷空气中的"冷",如果不依管理可能性则很难将"冷"视为财物。

主张有体性说的根据是:(1)刑罚法规的解释应当格外慎重;(2)对刑罚法规的解释不应过于专门性和非日常性,只有这样才能维持法律的安全性,进而不违背罪刑法定原则;(3)司法实践中并不存在一定要采用管理可能性说的必要性;(4)如果将具有管理可能性的所有物质视为财物,不仅财物的概念不明确,财物范围也将无限制,如果按此说,记录在纸张和移动硬盘中的具有管理可能性的信息也应包含在财物的范围之内;(5)管理可能性说主张的"牛马"的牵引力并不包含在财物的范围之内,然而,既然主张管理可能性,缘何将上述牵引力排除在财物的范围之外,理由不够充分;(6)日本刑法第245条将电"视为"财物,无非是将原本不是财物的电,"拟制"为财物而已。与此相比,主张管理可能性说的根据是:(1)财物的"物"这一词语有多种含义;(2)刑法中的"物",没有必要与物理或民法意义上的物的概念相等同;(3)刑法不仅没有给"物"下过定义,也没有任何限定;(4)盗窃罪的基本要素是"窃取",如果能够成为这一罪名的客体(对象),那么,将其视为"物",并不违反盗

[①] 参见童伟华:《财产罪基础理论研究——财产罪的法益及其展开》,北京,法律出版社,2012,第103页。

窃罪的观念；(5) 基于理由 (4)，能够成为盗窃罪目的物之 "物"，就没有必要只限于有体物，如果具有可动性和管理（＝占有＝事实性支配）可能性均应视为财物[①]；(6) 有体物之所以被视为 "物"，并非 "有体" 本身，而是由于对这种物质有可能进行管理，因而如果具有管理可能性，应当将其视为 "物"；(7) 管理可能性说是一种扩大解释，但绝不是类推解释；(8) 刑法有必要对能源这种无体物进行保护；(9) 没有任何实质性理由对电和其他能源，比如热能、水利、原子能等加以区别。[②]

笔者倾向于管理可能性说，理由是：首先，如果依据有体性说，财物的范围相对明确，这当然是这种学说的可取之处。然而，随着科学技术的进步，在我们的日常生活中，非有体物之能源等作为不可缺少的物质用途极广，针对这种非有体物的侵害，作为一种财产性侵害，理应将其作为刑法的保护对象。也就是说，并没有任何实质性理由将刑法中视为财物的电和电以外的能源明确加以区分。另外，除了太阳光和电波这种即使无限使用也不会减少的物质之外，无体物之管理可能的物质具有如果使用就会减少的特性，这一点显然与有体物并没有什么区别。其次，从有体性说的立场出发，部分观点认为，电以外的能源属于一种 "财产性利益"，因此，也属于刑法保护的对象。但是，各国刑法多将财物和财产性利益分别规定在不同的条文之中，是因为考虑到财产性利益是一种权利或抽象性利益，那么，虽然是一种无体物，将物理学意义上具备物质性的能源视为 "财产性利益" 显然过于牵强。也就是说，即使将电以外的能源等视为财产性利益，由于财产性利益并不属于刑法中盗窃罪的对象，因而在司法实践中很难将盗窃能源等行为作为盗窃罪处罚，这显然不符合刑法的立法意图。[③]另外，私法领域中的所有权之客体，一般认为是具备了物质性的占有空间的 "物"，其根据是各国民法的相关规定，这一点作为刑法理论当然也不应忽视。但是，随着社会的发展，如今，在民法领域也有很多从管理可能性的视角解释财物的现象，何况刑法上的概念是从刑法的视角出发予以规定并进行解释的，因此，没有必要拘泥于民法意义上的财物概念。

有体性说往往以电之外的以下几个问题来诘问管理可能性说：(1) 擅

[①] 在这里，可动性与其说是 "物" 的要件，不如理解为 "盗窃罪目的物" 的要件，这正如现在日本的通说所主张的，一般可以将不动产视为 "财物"，但它并不能成为 "窃取"、"抢夺" 的对象。

[②] 参见〔日〕齐藤信治：《刑法各论》，有斐阁，2001，第 90 页。

[③] 参见〔日〕石堂功卓：《财物之概念——有体物说与管理可能性说》，载〔日〕藤木英雄等编：《刑法的争论点》（新版），有斐阁，1987，第 242 页。

自将啤酒放进他人的冰箱，冰镇后取出的行为能否构成盗窃罪；（2）自己带着复印用纸，复印他人设计图的行为能否视为窃取信息或情报；（3）是否应当处罚窃取利益的行为。针对上述诘问，管理可能性说中的事务管理可能性说认为，擅自利用他人的交通工具的行为应当视为盗窃能源。① 依据管理可能性中的物理管理可能性说，在上述问题中，（1）可以成立盗窃罪，而（2）和（3）则不能成立盗窃罪。也就是说，窃取信息或情报、窃取利益以及债权等不应包含在财物的范围之内。换言之，盗窃等财物的转移罪具有将占有或持有者的财产转移到行为者的支配范围，导致占有、持有者的财产损失，而由行为者取得的构造。由此可见，通过转移致使占有、持有者的财产受到损失，才能构成盗窃罪。因此，财物的范围应限定在通过行为者的转移，能够致使占有、持有者失去占有的财产。② 而根据事务管理可能性说，上述三种情况均可以成立盗窃罪，笔者倾向于事务管理可能性说。理由是：随着社会的发展，许多无体物的经济价值越来越明显，无体物虽然无体，但可以对之进行管理，也可以成为所有权的对象，因此，可以成为财产罪的对象。不过，由于侵犯商标权、专利权、著作权、商业秘密等无形财产的行为，被刑法规定为侵犯知识产权罪，因而商标权等一般不属于财产罪的对象。③

其实，从我国的刑事立法看，似乎承认某些无体物可以成为财产罪的对象，比如，我国刑法第 265 条规定：以牟利为目的，盗接他人通信线路、复制他人电信码号或者明知是盗接、复制的电信设备、设施而使用

---

① 关于财物的概念，在我国的刑法理论界，部分观点认为：刑法上的财物应包括有体物与无体物，在某些情况下，还包括财产性利益。首先，随着社会的发展，许多无体物的经济价值越来越明显，无体物虽然无体，但可以对之进行管理，也可以成为所有权的对象，故应成为侵犯财产罪的对象。其次，我国刑法在财物这一对象之外，没有特别规定财产性利益是部分侵犯财产罪的对象，但财产性利益也应受到法律的保护，故在某些情况下能够成为侵犯财产罪的对象。例如，欺骗债权人，使之免除自己债务的，就应以诈骗罪论处。最后，在许多情况下，侵犯财产罪不仅侵犯了作为具体财物的所有权，而且侵犯了财物所孳生或具有的经济利益，这也说明了刑法上的财物不限于有体物，而是应包括有体物、无体物及财产性利益。商标权、专利权、著作权、商业秘密等实际上是无形财产，但由于侵犯这些权利的犯罪主要是一种不正当竞争犯罪，故刑法没有将其规定为侵犯财产罪的对象。（参见张明楷：《刑法学》，2 版，北京，法律出版社，2003，第 748 页。）

② 参见〔日〕山口厚：《刑法中的财物之意义》，载〔日〕阿部纯二等编：《刑法基本讲座》（第 5 卷），法学书院，1993，第 30 页。需要说明的是，笔者曾经主张过物理管理可能性说（详细可参见郑泽善：《刑法争议问题探索》，北京，人民出版社，2009，第 293 页以下），但是，随着研究的深入，笔者认为，物理管理可能性说并不适合我国刑法规定和司法实践的需求。

③ 参见张明楷：《刑法学》，4 版，北京，法律出版社，2011，第 841 页。

的，以盗窃罪论处。解释论上，第265条要么是注意性规定，要么是例外规定。如果认为是注意性规定，就意味着其他无体物也可以成为盗窃罪的对象；如果认为是例外规定，那么，第264条的"公私财物"只能是有体物，除了电信码号资源外，其他无体物不能成为盗窃的对象。从最高人民法院的司法解释来看，似乎在更大范围内承认无体物也是盗窃罪的对象。比如，根据最高人民法院《关于审理盗窃案件具体应用法律若干问题的解释》第1条第3项的规定，盗窃的财物包括电力。由此可见，刑法第265条的规定似乎应该属于注意性规定。在我国的刑法理论界，也有观点认为，刑法第265条属于注意性规定。[1]

有关财物的范围，我国的通说认为，应包括有体物和无体物，无体物包括电力、煤气、天然气以及电信码号。[2] 但是，这显然没有在原本的意义（即民法学的意义）上区分有体物和无体物。煤气与天然气在民法学上属于液体，是有体物存在的形式之一，但我国学者却认为其属于无体物。尽管如此，由于我国学者认为电力和电信码号等可以成为盗窃罪的对象，意味着承认无体物可以成为盗窃罪的对象。由此可见，学说上认为无体物属于刑法意义上的财物，无非是基于两点理由：一是夺取无体物的当罚性，如同通说所主张的那样，"无体物都是具有经济价值的特殊商品，盗用无体物给他人造成的损失与盗窃有体物没有本质的差别"[3]。这和日本的判例所主张的管理可能性说的理由基本一致。二是基于刑事立法和司法解释的规定，即我国的刑事立法和司法解释承认了管理可能性说。[4]

三、财产性利益

所谓财产性利益，是指财物以外的财产上的利益。侵害财产上的利益的犯罪又称利得罪或利益罪，利得罪中的利益一般也被称为不法的财产性利益。所谓不法的财产性利益，日本的判例认为"是在取得利益的手段方

---

[1] 参见刘明祥：《财产罪比较研究》，北京，中国政法大学出版社，2001，第23页；张明楷：《诈骗罪与金融诈骗罪研究》，北京，清华大学出版社，2006，第16页。
[2] 参见高铭暄、马克昌主编：《刑法学》，3版，北京，北京大学出版社、高等教育出版社，2007，第567页等。
[3] 高铭暄、马克昌主编：《刑法学》，3版，北京，北京大学出版社、高等教育出版社，2007，第567页。
[4] 参见童伟华：《财产罪基础理论研究——财产罪的法益及其展开》，北京，法律出版社，2012，第79页。

法的意义上而言的，并不是指财产利益本身的不法"①。

　　国外的主流观点认为，要成为刑法上的财产性利益，必须具备以下条件：第一，财产性必须具有财产权本身，如果利益的内容不是财产权本身，就不可能成立财产罪；第二，财产性利益应限于具有管理可能性、转移可能性的情形；第三，虽然能够满足人的需要和欲望，但不具有经济价值的利益不是财产性利益，如欺骗卖淫女使其提供性服务，性服务本身不是财产性利益②，只有具有经济或金钱价值的利益才是财产性利益；第四，行为人取得广义的经济上的利益的同时导致他人遭受财产损失的，才能认定该利益具有财产性利益，例如，行为人使用欺骗手段进入演唱会观看演出的，行为人得到了利益，但演唱会的举办者并没有因此丧失财产，不能认为侵犯了财产性利益。③

　　财产性利益包括积极利益和消极利益。积极利益的本质是行为人不应增加的利益的增加。根据日本的判例和学说，积极利益包括三种类型：(1) 对被害人约定权利。比如利用欺诈的方法赌博并使被害人负担对自己的金钱债务。④ (2) 劳务的提供。典型的是并没有支付对价意思而住宿的，判例认定成立诈骗罪（包括财物罪、利得罪的一罪）的既遂。⑤ 在这里，提供住宿服务就属于劳务的提供。又比如，行为人乘坐出租车，一开始就没有支付费用的意思（犯意先行），欺骗出租车司机将自己送到某一

---

① 《法律新闻》第 4333 号，第 17 页。
② 没有金钱的被告人欺骗卖淫女到宾馆开房，针对要求预付款的卖淫女实施暴力、胁迫行为并强奸了该女。检察官认为，被告人得到了相当于卖淫报酬的"财产上的不法利益"，因此，理应成立强盗罪（实际上成立日本刑法第 241 条第 1 款之强盗强奸罪）。但是，如果检察官的主张成立的话，强奸一般妇女只能成立较轻的强奸罪（第 177 条），是否带来处罚上的不均衡？如果将后者以强盗强奸罪处罚的话，几乎没有成立强奸罪或强制猥亵罪（第 176 条）的余地？另外，强奸致死罪（第 181 条）不得不被强盗强奸致死罪（第 241 条）所吸收？基于上述理由，裁判所驳回了检察官的主张。有关这一问题，日本刑法理论界的主流观点认为，在较早的判例中，也有"卖淫过程中的性交同样可以将其视为经济性利益"，但是，这种结论恐怕不尽妥当。另外，欺骗卖淫女而免除卖淫报酬，是否才能构成二项犯罪也是一个有待探讨的问题。但是，卖淫契约本身违反公序良俗而无效（民法第 90 条），卖淫报酬这一债权也不受刑法保护，因此，即便免除报酬也不能将其视为法律意义上的利益，所以，即便实施这种行为，也不应成立诈骗罪。当然，也有判例认为，民法上的有效性与刑法没有关联，因此，可以构成二项犯罪。（参见〔日〕町野朔：《犯罪各论的现在》，有斐阁，2005，第 2 页以下、第 128 页。）其实，这一问题与怎样理解和把握法秩序的统一性问题发生关联，有关该问题的笔者的立场，可参见郑泽善：《法秩序的统一性与违法的相对性》，载《甘肃政法学院学报》，2011 (4)。（人大复印报刊资料《刑事法学》，2011 (11) 全文转载。）
③ 参见张明楷：《诈骗罪与金融诈骗罪研究》，北京，清华大学出版社，2006，第 35 页以下。
④ 参见《刑集》第 22 卷第 10 号，第 946 页。
⑤ 参见《刑集》第 9 卷第 9 号，第 1856 页。

目的地，出租车司机提供的运送服务就属于财产罪中所论及的劳务的提供，不过，有关这一问题的争论相对激烈。① （3）其他利益，比如律师以

---

① 劳务是否属于财产性利益，有否定说和肯定说的对立：否定说通过与财物罪的对比，否定劳务是刑法意义上的财产性利益。根据劳务提供否定说，财物犯罪一般是指行为人取得财物、被害人失去财物，法益侵害和法益被害存在对应关系。劳务提供否定说认为，利得罪也应该存在这种对应关系，比如，行为人欺骗被害者使其开出支票，行为人取得了债权（得到利益），被害人负担相应的债务（失去利益），存在对应关系。又比如，行为人欺骗被害人使其免除债务，行为人得到了财产性利益（消极的财产性利益），被害人则丧失了债权，同样存在对应关系。这种观点认为，如果没有行为人取得利益与被害人失去利益这一关系，就不可能成立利益取得罪。即便行为人取得利益，但没有造成与此相对应的损害时，这种利益不能说是作为二项犯罪的犯罪对象的利益。比如，欺骗劳动者使其劳动，欺骗卖淫妇女使其发生性关系，前者并没有失去劳动，后者也没有失去性行为。这种观点认为，行为人仅仅获得了财产上的利益还不能说是犯罪，在剥夺他人利益的基础上自己取得财产上的利益才能成立财产犯。在得与失的问题上利益与财物不同；在财物的情形下，行为人取得财物，被害人就会失去财物，存在明确的对应关系；在利益的情形下，行为人取得利益，被害人不一定失去利益。但是，成立利益罪，不仅应当注意行为人是否取得了利益，还应该注意被害人是否失去了利益。根据这种观点，劳务的提供者并没有失去财产性利益。同时，这种观点认为，财产上的利益只能限于财产权，劳务又不具有财产权的属性，因此，欺骗他人使其提供劳务的行为不成立利得罪。与此相反，劳务提供肯定说认为，劳务可以成为刑法意义上的财产性利益，但就无对价的劳务是否属于财产性利益，在其内部又有无限定说和限定说的对立：无限定说认为，即便是无对价的劳务提供，也属于财产性利益。对价的劳务限定说认为，这样就会导致利得罪的成立范围不当地扩大，因此，主张只有社会生活中伴随通常对价提供的劳务才属于财产性利益。比如，X向友人A谎称自己得了急病让A用他的车将自己送回家。根据对价的劳务限定说，A的劳务提供在通常情况下不具有财产上的价值，同时也不能说X获得了财产上的利益，因此，应否定利得罪的成立。对价的劳务限定说与否定说在有些情形下得出的结论却相同。比如，劳务提供否定说全面否定劳务的财产性利益属性，因此，无论是有无对价的劳务，都不能成为财产罪的犯罪对象。根据劳务提供否定说，前述之X虽然得到了运输的利益，但A没有遭受财产损害，因此不能成立利得罪，这一结论显然与对价的劳务限定说完全相同。但是，在有偿乘车的问题上，对价的劳务限定说和劳务提供否定说则有完全不同的见解。比如，以不付费的意图乘坐出租车的情形下，在行为人的意图被他人发现时，根据对价的劳务限定说，不付费乘车的意图被发现时已经取得了出租车运送的利益，因此，应成立诈欺利得罪的既遂；而根据劳务提供否定说，劳务提供的阶段不成立任何财产罪，乘车费被免除的阶段才是关键所在。行为人不是在得到运送利益的时候成立犯罪，使用欺骗的手段免除乘车费时才成立诈欺利得罪。另外，针对出租车司机施加暴力、胁迫时，根据对价的劳务限定说，取得运送的利益时成立强盗利得罪；而根据劳务提供否定说，运送的利益不是财产上的利益，行为人只成立强要罪，只有行为人用暴力、胁迫免除费用时才能成立强盗利得罪。对价的劳务限定说对劳务提供否定说的批判是：诈欺犯罪中行为人在对价支付以前诈欺行为被发现而单纯逃走的情形下，根据否定说难以找到处罚的依据，从法益保护的立场来看显然不够充分。但是，对价的劳务限定说也存在处罚的扩大化和不明确的问题。比如，行为人以不付费的意思乘坐出租车，到下车时又付了费。根据对价的劳务提供限定说，行为人也有成立诈欺利得罪的余地（不付费的意图被发现时即成立既遂），根据社会上的一般观念，这显然不尽合理。（参见〔日〕町野朔：《犯罪各论的现在》，有斐阁，2005，第33页以下等。）

恐吓手段使被害人委托自己处理法律事务并签订报酬契约，或者行为人胁迫债权人使自己取得从债务人处收取债权的权利，日本的判例和主流观点均认为属于财产上的权利。①

消极的财产性利益的本质，是行为人应该减少的利益没有减少。日本判例承认的消极财产性利益包括：(1) 债务的免除，包括全部免除和部分免除。比如，欺骗抵押权人使其抹消抵押权登记的，判例认为成立财产上的利得罪；以欺诈方法使他人承受本应由自己承担的债务，由于是免除自己的债务负担，日本的判例和学说同样认为成立诈欺利得罪。②（2）债务偿还的延迟，部分判例认为也属于财产性利益，学说上也有观点认为债务者暂时获得债务的免除，债务者在此时间之内可以将该资金作他用，这种经济上的便宜也可以说是财产上的利益。不过，也有观点持否定的立场。③

有关这一问题，韩国的主流观点认为，财产性利益是指财物之外的所有财产上的利益。无论是积极利益还是消极利益，一时性利益还是长久性利益均属于财产性利益。比如，债权的取得、债务的免除、债务履行的延迟、接受他人提供的劳务等都属于财产性利益。需要注意的是，财产性利益在其性质上，有时很难将财产性利益的经济价值用数据计算，因此，财产性利益的界定不应限定在能够计算的范围之内。基于上述理由，在法院的判决书上，原则上可以不必明示财产性利益的价值额度。另外，财产性利益的取得并不限于私法上的有效性，因此，只要在外观上存在得到财产性利益的事实，就可以认定取得了财产性利益。④ 在韩国的判例中，肯定取得了财产性利益的具体判例包括：(1) 欺骗被害者使之成为连带保证人；(2) 债务的支付日期已到期，被告人既没有支付意思也没有支付能力，基于延迟支付的目的，与被害人签订相关契约；(3) 欺骗债权者而借贷的款项，不是基于新的约定的借贷，而是属于延迟偿还；(4) 在以诉讼欺诈的手段变更建筑商的名义后，冒充建筑商继续完成住宅建设工程（得到相关部门的许可），完成相关不动产登记手续后，以自己的名义办理所

---

① 参见〔日〕伊东研祐：《现代社会与刑法各论》，2版，成文堂，2002，第227页以下。
② 参见〔日〕大塚裕史：《刑法各论的思考方法》，早稻田经营出版，2007，第155页以下。
③ 日本的部分判例和学说认为债务的延迟履行也属于财产性利益，但是，由于处罚的界限不明确，判例的立场也是摇摆不定。比如，有判例认为，延迟履行的债务者暂时免除债务的履行所获得的利益，不能说是财产上的利益。学说上虽然普遍承认债务履行也属于财产性利益，但也有观点同时认为只有在债务的延迟履行导致债权的财产价值减少时，才能认定为财产性利益。(参见〔日〕大塚裕史：《刑法各论的思考方法》，早稻田经营出版，2007，第157页等。)
④ 参见〔韩〕刑事实务研究会编：《刑事裁判的诸问题》，第3卷，博英社，2000，第106页。

有权登记手续,这种情形可以被视为基于建筑许可而取得了财产性利益。① 另外,韩国的判例认为,与妇女发生性关系行为本身并不属于财产性利益。然而,如果是在以卖淫为前提发生性关系之后,以暴力、胁迫的手段拒绝支付金钱的情形下,可以成立基于取得财产性利益的恐吓罪。也就是说,恐吓罪属于财产犯罪的一种,其犯罪客体(对象)之财产性利益当然是指经济意义上的利益,与妇女发生性关系行为本身并不属于经济利益,因此,恐吓妇女后与其发生性关系本身,如果没有其他特殊事由,无法将这种行为评价为取得了财产性利益。同理,即便被害者是酒店的接待员,如果不是基于卖淫协议与其发生性关系,那么,这种行为本身并不包含在经济利益之中。这是基于经济财产概念得出的结论,然而,如果立论于经济、法律财产概念的话,得出的结论恰好与此相反。②

如前所述,尽管根据我国刑法的规定,不排除财产性利益可以成为财产犯罪的对象,但是,我国刑法毕竟并没有从正面明确肯定财产性利益也是财产犯罪的对象,因此,学说上有不同观点的对立:

第一,肯定说。这种主张的理论根据是,刑法分则第五章规定的是"侵犯财产罪",解释论上自然不排除财产性利益也可以成为财产罪的对象。具体而言,首先,财产性利益是法所保护的一种重要利益,将其作为财产罪的对象具有现实的妥当性,因为财产性利益与狭义的财物对人的需要的满足并没有本质上的区别。况且,财产性利益具有财产价值,甚至可以转化为现金或其他财物,如果不将财产性利益作为财产罪的对象,就会导致处罚的不公平。其次,民法对所有权、债权及其他财产性利益的保护不是万能的,民法不足以保护债权及其他财产性利益的情况大量存在,当民法不足以保护所有权、债权及其他财产性利益时,就需要刑法保护。③

第二,否定说。这种主张认为,用勒索的方法迫使他人交付具有经济

---

① 参见〔韩〕金日秀、徐辅鹤:《刑法各论》,6版,博英社,2004,第415页以下。否定取得财产性利益的判例包括:(1)欺骗法院而被选定为债务者的财产管理人;(2)就道路所占土地的实际占有者问题,欺骗国土厅申请道路占用许可;(3)住院患者为了免除医疗费用,欺骗医院外出后逃脱等。
② 参见〔韩〕金日秀、徐辅鹤:《刑法各论》,6版,博英社,2004,第464页。
③ 参见张明楷:《刑法学》,4版,北京,法律出版社,2011,第841页以下。相近的主张还有黎宏:《刑法学》,北京,法律出版社,2012,第715页以下;周光权:《刑法各论》,北京,中国人民大学出版社,2008,第96页;谢望原、赫兴旺主编:《刑法分论》,北京,中国人民大学出版社,2008,第253页以下;李希慧主编:《刑法各论》,武汉,武汉大学出版社,2009,第256页;张红昌:《抢劫罪中的财产性利益探究》,载《中国刑事法杂志》,2012(7),第51页以下;陈烨、李森:《论刑法中的财产性利益》,载《中国刑事法杂志》,2012(11),第51页以下;等等。

价值的财物，以及用同样的方法迫使他人无偿提供劳务，前者是行为人财产积极的增加，后者是行为人财产消极的增加，即应当付出而不付出，都是对他人财产的侵犯。但因为我国刑法没有规定财产性利益，而且这一概念的内涵、外延不容易确定，从罪刑法定原则考虑，财产性利益是否能成为财产罪的对象，还有待研究。①

第三，折中说。这种主张认为，解释论上在我国作为财产罪侵害对象的财物是从广义上而言的，包括财产性利益。但是，作为财产罪侵害对象的财物有的包含财产性利益，有的不包含财产性利益。立法论上，我国刑法并没有对财产性利益作明确规定，从罪刑法定原则出发，明确规定应当更为合理。②

以上三种观点均没有否定侵犯财产性利益也是对财产的侵犯，只是在应否承认以及在何种程度上承认财产性利益可以成为财产罪的对象方面见解不同。第一种观点对财产性利益在怎样一个范围内可以作为财产罪的对象，界定的范围相对宽泛。第二种观点则是全面否定。第三种观点虽然提出根据具体情形确定，但没有指出究竟在何种情形下可以承认财产性利益作为财产罪的对象。上述三种观点争论的焦点是：承认财产性利益作为财产罪的对象是否违背罪刑法定原则？对此，第一种观点倾向于否定，即并不违反罪刑法定原则。第二种观点认为有违罪刑法定原则，这也是这种观点否定财产性利益可以作为财产罪对象的理由。第三种观点则认为，将财产性利益作为财产罪的对象，即便没有直接违背罪刑法定原则，至少在明确性上不是没有问题。遗憾的是，后两种观点并没有就该问题与罪刑法定原则的关系作进一步的论证。有关这一问题，笔者基本倾向于第一种观点。

四、财物与财产性利益之关系

（一）财产性利益——本书的立场

笔者认为，所谓财产性利益，是指财物之外的无形的财产上的利益，不仅包括取得权利这种积极利益（积极的财产增加），还包括免除债务这

---

① 参见高铭暄主编：《新编中国刑法学》（下册），北京，中国人民大学出版社，1998，第802页。
② 参见刘明祥：《财产罪比较研究》，北京，中国政法大学出版社，2001，第38页。

种消极利益（消极的财产减少）。另外，这种利益并不限于永久性利益，一时性利益也包括在财产性利益的范畴之内。具体而言，包括债权的取得、债务的免除、债务偿还的延迟、债务保证的取得、债务转让的取得以及报酬契约的签订，等等。

典型的财产性利益是有财产性价值的债权，但是，让他人提供劳务是否包含在财产性利益的范畴之内？有关这一问题，在大陆法系的刑法理论界，有劳务提供肯定说、对价劳务限定说和劳务提供否定说之争。笔者倾向于对价劳务限定说。理由是，劳务提供肯定说有可能导致处罚范围的过于宽泛，而劳务提供否定说将会导致处罚范围的过于狭小，不利于法益的保护。

如前所述，有关财产罪的立法，大陆法系大部分国家将财物和财产性利益分别予以规定，而我国刑法并没有如此明确的规定。因此，在解释论上财产性利益能否包含在财物的范畴之内，便成为有待探讨的重要理论问题之一。笔者认为，在我国的刑事立法并没有分别规定财物和财产性利益的前提下，可以将财物扩大解释为包括财产性利益，理由是：

第一，从我国刑法的相关规定来看，我国刑法分则第五章侵犯财产罪中的财产，已经包含了财产性利益。我国刑法将财产分为公共财产和公民私人所有财产两大类。其中，公共财产是指国有财产、劳动群众集体所有的财产、用于扶贫和其他公益事业的社会捐助或专项基金的财产，以及在国家机关、国有公司、企业、集体企业和人民团体管理、使用或者运输中的私人财产。私人所有财产是指公民的合法收入、储蓄、房屋和其他生活资料，依法归个人、家庭所有的生活资料，个体户和私营企业的合法财产，依法归个人所有的股份、股票、债券和其他财产。由此可见，刑法分则第五章侵犯财产罪中的"财产"，除了具有实体表现形式的财物之外，还包括股份、股票、债券等权益性财产，即财物以外的、无形但具有经济价值的财产性利益。

第二，虽然在我国刑法分则的具体条文当中，财产犯罪的对象多半被表述为"财物"，但是，在我国的刑法条文中。财物与财产这两个概念并没有明显的区分，甚至可以认为二者是在相同意义上使用的。比如，刑法第64条规定："犯罪分子违法所得的一切财物，应当予以追缴或者责令退赔；对被害人的合法财产，应当及时返还；违禁品和供犯罪所用的本人财物，应当予以没收。"其中，"犯罪分子违法所得的一切财物"，一般认为，当然包括狭义财物以外的财产性利益，不可能只追缴狭义财物而不追缴财产性利益；将其中的"一切财物"理解为财产，正好与后述"对被害人的合法财产，应当及时返还"的表述相一致。"供犯罪所用的本人财物"，也应包括狭义财物以外的财产性利益。①

第三,在汉语语境中,财产性利益通常表现为消费、享受、免除义务等利益,与具体有形的财物虽然在表现方式上有所不同,但是,财产性利益不但和财物一样对人们意味着一定的利益,而且也是以财物为基础,需要以财物来换取的。抛开其外部表现形式,财产性利益的实质与财物在其体现的物质价值上并没有本质上的区别;像货币、有价证券这样的等价物,其表现形式其实也只是一片片纸张而已,而人们之所以会把它们当作财物,原因不在于纸张的价值,而在于其上面所代表的、人们能够享用的、相应的金钱价值。人们使用这些纸张,既可以换取财物,也可以换取相应的物质利益。在这种情况下,后一种利益与前一种财物显然就具有质上的同一性。如果行贿者直接用金钱行贿,或者用金钱购买财物后去行贿,完全可对其以贿赂论处,如果行贿人用同样的金钱购买服务产品提供给对方,让对方享受,却不能以贿赂定性,这种结论显然是立法机关所不愿意看到的。根据法律解释的黄金规则,解释者应当推断立法者不可能制定出明显有瑕疵的法律,如果解释时出现了这样错误的结论,那只能认为是解释出现了问题,而不是立法者的问题。正是为了避免出现法律适用上的不当现象,无论是我国的刑法理论界还是司法实务部门,在对刑法上所用的财物一词进行解释时,从来就没有完全局限在具体、有形的金钱或实物上,相反,往往会根据需要,将财产性利益包含在相应条文的财物之中。比如,学界历来就认为,敲诈勒索罪的犯罪对象之财物,就包括无偿劳动、免除债务等财产性利益。由此可见,在我国的法律语境内,财物与财产性利益也并不是截然分开的,财物在一定情况下可以包括财产性利益。②

第四,我国刑法的相关规定表明财产性利益可以成为财产罪的犯罪对象。比如,刑法第224条规定的合同诈骗罪的表现形式之一是,"收受对方当事人给付的货物、货款、预付款或者担保财产后逃匿的"。这里的货物、货款、预付款均属于财物,但是,担保财产则不限于狭义的财物,而是还包括债权等在内的财产性利益。由此可见,合同诈骗罪的犯罪对象可以是财产性利益。再比如,刑法第210条第2款规定,"使用欺骗手段骗取增值税专用发票或者可以用于骗取出口退税、抵扣税款的其他发票的,依照本法第二百六十六条的规定定罪处罚。"增值税等发票本身虽然是有

---

① 参见黎宏:《论盗窃财产性利益》,载《清华法学》,2013(6),第127页以下。
② 参见张绍谦、郑列:《"财产性利益"型贿赂相关问题探讨》,载《法学》,2009(3),第50页以下。

形的,但是,上述规定并非旨在保护这种有形的发票本身,而是保护有形发票所体现的财产性利益(抵扣税款、出口退税)。①

(二)财产性利益的解释与罪刑法定原则

问题是,将财产性利益解释为财物,是否违反罪刑法定原则?

有关这一问题,在我国的刑法理论界,有肯定说和否定说的对立。肯定说认为:"主张财产性利益是诈骗罪的对象,具有合目的性与具体的妥当性,并不违反罪刑法定原则(不属于类推解释);但是,只有当某种利益内容属于财产权,具有管理可能性与转移可能性,客观上具有经济价值,被害人丧失该利益必然同时导致财产损失时,该利益才能成为诈骗罪对象的财产性利益;至于债权凭证、财物的返还请求权、贷款请求权、财物的交付'请求权'、债务的延缓履行是否是刑法上的财产性利益,则需要具体分析。"② 与此相反,否定说则认为:"将财产性利益解释为财物,作为普通财产犯罪的对象,并没有彻底解决刑法中的财产性利益问题,反而导致许多新问题的产生。究其原因,在于上述解释违反了罪刑法定原则,属于刑法禁止的类推解释。肯定论者的诸多解释理由,要么属于将侵犯财产性利益的违法行为尽快犯罪化的立法依据,要么是模糊不清、操作性差的抽象概念,再有就是无具体关系的其他刑法规定,均不足以说明对财物进行扩大解释的合理性。因此,对于侵犯财产性利益的违法行为只能以行为方式或者依特别规定入罪,否则,必须作无罪处理。"③

笔者认为,在我国法律没有明确将财产性利益排除在有关犯罪的刑法条文所指的财物范围之外的情况下,通过解释将其纳入后者之中,也属于在法律用语的最大射程之内来解释法律,因而是扩大解释,而非类推解

---

① 参见张明楷:《财产性利益是诈骗罪的对象》,载《法律科学》,2005(3),第74页。也许有人认为,上述规定属于法律拟制。即财产性利益原本不是诈骗罪的对象,只是在有拟制规定的情况下,财产性利益才能成为诈骗罪的对象,而拟制规定的适用范围应当受到严格限制,只能在法条明文规定的特定范围内适用。当然,拟制规定的内容不应"推而广之",只能在特定范围内适用。但是,如果认为刑法第266条所规定的诈骗罪的犯罪对象本身包含财产性利益,那么,第210条第2款的规定就不是法律拟制,而是注意规定。既然将财产性利益解释为财物具有合目的性与具体的妥当性,那么,就应认为刑法第266条所规定的财物原本包含财产性利益,因此,第210条第2款只是注意规定,而非法律拟制。

② 张明楷:《财产性利益是诈骗罪的对象》,载《法律科学》,2005(3),第72页。需要说明的是,这种主张对"财产性利益能不能成为盗窃罪的对象"问题则持消极态度。

③ 陈烨:《财产性利益与罪刑法定问题》,载《上海交通大学学报》(哲学社会科学版),2013(5),第44页。

释。由于刑法与其他法律一样，力求简明，以适应复杂的社会现象，其条文不得不以一般的、概括的、抽象的形式加以规定，因而规定的内容不免缺乏明确性和具体性。另外，由于成文法规定的法律条文是以文章的形式表现出来的，其文字、语言的意义难免晦涩不明，运用起来时常发生疑义。加上科学的进步一日千里，社会生活随之发生重大变化，具体事实千姿万态，用有限的法律条文解决纷繁事件难免有不足之感。然而，法律一经制定公布实施，不经立法程序便不能轻易更改，尤其是事关国民的生命、财产、自由的刑法，更不能轻易修改，以确保其安定性。用抽象的、一般的法律条文解决千态万样的具体事实，必须使刑法条文的内容与意义趋于明确，于是刑法的解释便应运而生。刑法解释在于使所发生的具体事实能够获得适当的、妥善的解决，以期达到刑法制定的目的。因此，可以说解释刑法犹如营养对于生物一样，至少可以延长其生命，使其适用成为可能。也就是说，刑法只有通过解释才能生长、发展，并可以得到醇化。[①]

由于将财产性利益解释为包含在财物的范围之内，并没有超出"词语可能包含的意思"范围，因而这种解释并不属于类推解释。因为几乎所有的法律概念，从与其适用可能性的关系来看，可以分为"确实可以肯定"的"核心意义"领域和可能含有"疑义"的"周边意义"领域。在此基础上，就其适用可能性来讲，还有既不属于"核心意义"领域也不属于"周边意义"领域的"确实可以否定"的中性领域。于是，适用法律于不属于"周边意义"的"确实可以否定"的事例时（作为法律规范的补充手段适用类推时），或者在不适用法律于属于"核心意义"的事例时（所谓目的论的缩小），"可能具有的词义"往往被忽视。与此相比，就其适用可能性而言，如果适用法律于可能含有"疑义"的中性事项时，该适用是否富有正当性，确有商榷之余地。但是，从刑事政策的角度出发，否定适用法律于这种事项的正当性，也不能说"可能具有的词义"这种解释方法受到了冷落。总之，"可能具有的词义"这一界限是否被忽视，只能发生在适用该法律规范的可能性能够生效的确实性领域。比如，就汽油内燃车事件而言，这是典型的属于"周边意义"的中性事件，在适用法规时难免发生疑义，但适用也好，不适用也罢，至少不能认为这一判决忽视了"可能具有的意义"范围。[②] 法官通过解释法律，确定法律所蕴含的真实含义时，首

[①] 参见陈朴生、洪福增：《刑法总则》，台北，五南图书出版公司，1986，第3页。
[②] 参见〔日〕增田丰：《法律发现论与禁止类推原则》，载《法律论丛》，第53卷1、2合并号，1980，第18页以下。

先应该考虑法律条文的文理意义及其沿革，然后综合考虑该条文在法典中的地位及同其他法律条文的关系，在此基础上还要考虑制定法规的目的和所保护的法益。"词汇可能包含的意思"因法官的价值观、个人素质、所处的地位等原因，可以得出不同的解释。①

区别扩大解释与类推解释的基准在于解释的结论是否超出了"词语可能包含的意思"范围。② 目前在我国，无论是一般民众，还是法学界研究人员、司法工作者，针对将"财产性利益"作为部分犯罪对象的呼声此起彼伏，尤其是在行贿受贿罪中。此前，各地已有部分司法机关针对以资助旅游、提供免费装修等提供"财产性利益"的方式实施贿赂的案件以贿赂犯罪定性处罚的先例。比如，2000年，河南省郑州市一名村干部康某，在解决村民与某房地产公司发生的土地纠纷时，趁机让该公司安排他和一名镇干部到美国旅游，共花去8万多元，被人民法院以受贿罪定罪处刑，成为"河南第一起旅游受贿案"。2006年，浙江省杭州市萧山区物价局干部王某因受有关单位邀请携丈夫两次出国旅游，开支的4万余元均由对方支付，被人民法院以受贿罪判处有期徒刑3年，缓刑5年。这些判决在社会上引起了广泛的好评，几乎难见有违罪刑法定原则的声音。事实上"两高意见"中的相关解释③也是对此前已经存在的这种司法判决的一种认可。可以说，在我国，针对财产性利益属于贿赂的范围已经达成共识。社会对于这种观点的高度认同已经充分表明，将"财产性利益"解释在贿赂犯罪对象的财物之中，并没有违反罪刑法定原则。④

（三）事关财产性利益的犯罪形态

既然可以将财产性利益解释为可以包含在财物的范围之内，那么，侵犯财产性利益的犯罪形态可以包括哪些便成为问题。有关这一问题，在我国的刑法理论界，大部分学者认为，财产性利益可以成为诈骗罪、抢劫

---

① 有关类推解释和扩大解释的区别基准的详尽论证，可参见郑泽善：《刑法总论争议问题比较研究Ⅰ》，北京，人民出版社，2008，第18页以下。
② 也有以国民预测性作为区分扩大解释与类推解释的有力说，这种学说在我国有较大的影响力。
③ 2008年11月20日，最高人民法院和最高人民检察院联合下发了《关于办理商业贿赂刑事案件适用法律若干问题的意见》，对于当前处理商业贿赂犯罪中所遇到的多个难题作出了比较明确的解释，其中第7条规定："商业贿赂中的财物，既包括金钱和实物，也包括可以用金钱计算数额的财产性利益，如提供房屋装修、含有金额的会员卡、代币卡（券）、旅游费用等。"这一规定至少在有权解释层面，较此前的解释有了明显改变，将"财产性利益"正式纳入商业贿赂犯罪的犯罪对象之中，从而对此前法学界和实务界长期存在的这种呼吁作出了明确而又肯定的反应。
④ 参见张绍谦、郑列：《"财产性利益"型贿赂相关问题探讨》，载《法学》，2009（3），第51页。

罪、敲诈勒索罪和受贿罪的犯罪对象。不过，也有观点认为，财产性利益除了可以成为上述几种犯罪的对象之外，也可以成为盗窃罪的对象。① 笔者认为，由于我国刑法并不区分财物和财产性利益，在刑法没有明文规定的现实条件下，财产性利益既可以成为诈骗罪、抢劫罪、敲诈勒索罪、受贿罪的对象，也可以成为盗窃罪的对象。理由是：

第一，我国刑法分则第五章规定的是侵犯财产罪，其目的在于保护财产法益。我国法律在不同意义上使用财产概念，比如，民法通则第五章第一节的标题为"财产所有权和与财产所有权有关的财产权"，其中的"财产"指的是财物，而继承法第3条规定的"遗产是公民死亡时遗留的个人合法财产"中的"财产"，则泛指有体物、财产权利与财产义务。"财产是主体在物上的权利或加于其他人的非人身性权利，前者包括主体在物上的所有权或其他排他性权利，后者则包括债权和其他含有财产内容的请求权。"② 因此，从逻辑上说，作为刑法分则第五章标题表明其保护的法益，当然不能排除财产性利益。

第二，将财产性利益作为盗窃罪的对象，具有现实妥当性。首先，财产性利益与狭义的财物对人的需要的满足没有实质性差异；其次，财产性利益可以转化为现金或其他财物。如果不将财产性利益作为盗窃罪的对象，就会导致处罚的不公平。比如，盗窃1万元现金的危害性与盗窃1万元欠条免除相同数额的债务的危害性是相同的，法益侵害性质与程度没有区别。③

第三，财物与财产性利益都具有财产性价值，都可以从一主体转移至另一主体，它们之间所存在的唯一区别即是否具有物理上的管理可能性。具有物理上支配管理可能性的是财物，不具有此种物理管理可能性的则是财产性利益。既然抢劫财物的行为可以成立抢劫罪，那么，就没有理由将财产性利益排除在抢劫罪的保护范围之外。④

---

① 参见黎宏：《论盗窃财产性利益》，载《清华法学》，2013（6），第122页；魏海：《盗窃罪研究——以司法扩张为视角》，北京，中国政法大学出版社，2012，第65页以下；夏理燊：《关于财产性利益能否成为盗窃罪犯罪对象的思考》，载《学理论》，2010（36），第99页；姜金良：《财产性利益可以成为侵犯财产罪的犯罪对象——以盗窃欠条为例》，载《滨州职业学院学报》，2009（1），第76页以下；王骏：《抢劫、盗窃利益行为研究》，载《中国刑事法杂志》，2009（12），第9页以下。
② 马俊驹、梅夏英：《财产权制度的历史评析和现实思考》，载《中国社会科学》，1999（1），第78页。
③ 参见魏海：《盗窃罪研究——以司法扩张为视角》，北京，中国政法大学出版社，2012，第66页。
④ 参见张红昌：《抢劫罪中的财产性利益探究》，载《中国刑事法杂志》，2012（7），第52页。

第四，从刑法谦抑性来考察，在财产关系极为复杂的当今社会，认为完全可以通过民法补救被害人的财产性利益的损害是不现实的，民法不能保护债权及其他财产性利益的情况大量存在，完全有必要介入刑法的保护。①

第五，我国刑法的相关规定已经表明财产性利益可以成为盗窃罪的对象。比如，刑法第 210 条规定的盗窃专用发票罪，从形式上看，专用发票是盗窃罪的法定对象，但从实质上考察，该条并不是为保护这种有形的发票本身，盗窃专用发票行为所侵害的是有形发票所内载的财产性利益（抵扣税款、出口退税）。只不过刑法将专用发票拟制为盗窃罪的对象而已。②

第六，我国刑法条文中的财物、财产包括财产性利益，比如，刑法第 92、115、133、304、338、339、408 条等，而认为盗窃罪中的财物不包括财产性利益缺乏说服力。部分观点以日本、韩国等国的刑法中的财物并不包括财产性利益为否定说辩护，笔者认为这种主张有待商榷。在日本和韩国等国，因为刑法明文将财产罪的对象区分为财物和财产性利益，所以，在这些国家的刑法中，财产性利益当然不属于财物。但在理论上，根据事务管理可能性说，像债权这种权利也可以被认为是财物。

（四）财物与财产性利益之区分

财产性利益虽然在一定范围内作为财产罪的对象具有实体上的正当性，但是，财产性利益与财物毕竟不同，因此，其区分界限仍然值得探

---

① 参见张明楷：《财产性利益是诈骗罪的对象》，载《法律科学》，2005（3），第 74 页。
② 需要注意的是，不处罚盗窃利益的行为，将会导致刑法适用上的不协调。我国刑法第 269 条规定了作为抢劫罪的一种特别类型的转化型抢劫罪，即犯盗窃、诈骗、抢夺罪，为窝藏赃物、抗拒抓捕或者毁灭罪证而当场使用暴力或者以暴力相威胁的，依照刑法第 263 条即抢劫罪的规定定罪处罚。如果说诈骗罪的犯罪对象包括财物和财产性利益，而盗窃、抢夺的犯罪对象只能是财物的话，势必会形成这样的结局：诈骗财产性利益，为窝藏赃物、抗拒抓捕或者毁灭罪证而当场使用暴力或者以暴力相威胁的，构成抢劫罪；而盗窃、抢夺财产性利益的，即便为窝藏赃物、抗拒抓捕或者毁灭罪证而当场使用暴力或者以暴力相威胁的，至多会构成故意伤害罪，但绝不能构成抢劫罪。如此说来，在出租车到达目的地后，乘客趁司机不备，将已经交付给司机的车费偷回的行为可能构成盗窃罪，因此，乘客的上述行为就要构成刑法第 269 条规定的抢劫罪；但是，在乘客尚未交付车费而打开车门，准备溜走，结果被司机发现，乘客为抗拒抓捕而打伤司机的情形下，至多只能构成故意伤害罪，而不能成立转化型抢劫罪。因为逃交车费只是免除自己应当交付车费的债务的表现形式，属于意图窃取财产性利益的行为，不符合刑法第 269 条所规定的前提条件。结果完全相同的行为，仅仅因为形式上的细微差别，在定罪量刑上却如此迥异，实在令人难以接受。（参见黎宏：《论盗窃财产性利益》，载《清华法学》，2013（6），第 129 页。）

讨。一般认为，财产性利益的本质是财产权，问题是，侵犯财物的犯罪同样被认为是侵犯了财产权。比如，某甲盗窃某乙的电视机，也可以说是侵犯了某乙的所有权。① 在这种情况下，能不能说是侵犯了某乙的财产性利益呢？答案是肯定的，窃取他人财物归根到底也是侵犯了他人的财产性利益或财产权。但是，作为财产罪对象的财产性利益，一般是指财物之外的财产性利益，财产罪中所指的财产性利益，一般是在这一层意义上使用的。

财产性利益与财物的根本区别是：在财物罪的情形下，作为犯罪对象的财物是特定的，比如，前述之某甲盗窃某乙的电视机，作为被盗对象的电视机是确定的。但是，在利益罪的情形下，犯罪对象一般不是特定的，比如，欺骗债权人使其暂时免除债权，尽管被害金额是特定的，但是，作为欺诈对象的债权是观念上的财产。因此，利益罪被认为是针对"任意财产部分"的攻击，财物罪被认为是针对"特定财产部分"的攻击。② 另外，财物与财产性利益的区别还表现为：财物罪是通过侵犯财物而侵犯财产权，财物是财产权的载体，利益罪则是直接指向财产权。③

有待探讨的是，财产性权利凭证究竟是财物还是财产性利益。所谓财产性权利凭证，是指体现一定财产权的物质凭证，比如，债权、国库券、股票、银行存折等。财产性权利凭证本身是财物，但是，自身的价值微不足道，作为财产罪的犯罪对象几乎没有意义；凭证所体现的财产权利才真正具有刑法上的财产意义。有观点认为，"有些债权凭证，如不记名、不挂失的国库券等有价证券，它们虽不同于货币，但却具有与货币相似的功能，持有人丧失国库券等有价证券无异于丧失货币。在这种情况下，应当认为不记名、不挂失的国库券等有价证券属于普通财物。即使不认定为普通财物，也应认定为财产性利益。"④ 这种观点实际上对财产性权利凭证的性质持"两可"的态度。最高人民法院、最高人民检察院发布的《关于

---

① 有关财产罪侵犯的法益，我国的通说认为：侵犯财产罪"侵犯的客体是公私财产所有权。财产所有权是指所有人依法对自己的财产享有占有、使用、收益和处分的权利，包括占有、使用、收益和处分四项权能。侵犯财产的犯罪，就是不同程度地侵犯这些权能的犯罪"。盗窃罪侵犯的客体是"公私财产所有权"。(高铭暄、马克昌主编：《刑法学》，5版，北京，北京大学出版社、高等教育出版社，2011，第496页以下。) 笔者认为，我国通说的这种主张不尽完整，有关财产犯罪的保护法益（客体），尤其是盗窃罪的保护法益应当是合理的占有权而非所有权。
② 参见〔日〕内田文昭：《刑法各论》（上卷），青林书院新社，1979，第232页。
③ 参见童伟华：《财产罪基础理论研究——财产罪的法益及其展开》，北京，法律出版社，2012，第114页。
④ 张明楷：《诈骗罪与金融诈骗罪研究》，北京，清华大学出版社，2006，第37页。

办理盗窃刑事案件司法解释》(2013年4月)第5条规定：(1)盗窃不记名、不挂失的有价支付凭证、有价证券、有价票证的，应当按票面数额和盗窃时应得的孳息、奖金或者奖品等可得收益一并计算盗窃数额；(2)盗窃记名的有价支付凭证、有价证券、有价票证，已经兑现的，按照兑现部分的财物价值计算盗窃数额；没有兑现，但失主无法通过挂失、补领、补办手续等方式避免损失的，按照给失主造成的实际损失计算盗窃数额。由此可见，最高人民法院的《解释》肯定了财产性权利凭证的财物性质。也有观点认为，"权利固不能成为盗窃罪之行为客体，唯记载权利有体证件或文书，如银行存折或邮局储蓄存折、支票、股票、借据、车票、入场券等，则可成为本罪之行为客体"[①]，因而肯定了财产性权利凭证的财物性。

笔者认为，财产性权利凭证本身与其体现的财产权利构成的整体，应当被视为财物而非财产性利益。理由是：首先，当财产性权利由凭证体现时，权利的内容已经特定化，盗窃或者骗取他人的财产权利凭证，与盗窃或骗取特定财物没有区别；其次，盗窃或骗取财产性权利凭证，仍然是以财产性权利凭证作为犯罪的对象，进而侵犯到他人的财产权，与利益罪直接指向权利本身有所不同。[②]

五、结语

刑法中的财产按照存在形式的不同可以分为有形财产和无形财产，有形财产属于狭义上的财产，又可以分为财物和财产性利益。有关财物的界定，中外刑法理论界有两种学说的对立，即有体性说和管理可能性说。有体性说主张财物应限于固体、液体和气体这样的有体物。管理可能性说则主张财物不仅限于有体物，还应包括电和能源等具有管理可能性的所有物质。所谓财产性利益，是指财物之外的无形的财产上的利益，不仅包括取得权利这种积极利益，还包括免除债务这种消极利益。另外，这种利益并不限于永久保持，一时性利益也包括在财产性利益的范畴之内。具体而言，包括债权的取得、债务的免除、债务偿还的延迟、债务保证的取得、债务转让的取得以及报酬契约的签订，等等。

[①] 林山田：《刑法特论》(上)，台北，三民书局，2000，第205页。
[②] 参见童伟华：《财产罪基础理论研究——财产罪的法益及其展开》，北京，法律出版社，2012，第115页。

有关财产罪的立法，国外的刑法有以下三种形式：（1）将财物与财产性利益分别规定；（2）将财物与财产性利益规定在同一条款中；（3）"财产"、"不正当利益"等概念包含财物和财产性利益。与国外的刑法相比，我国刑法并没有如此明确的规定。虽然我国刑法分则第五章规定的是侵犯财产罪，但是，具体罪名的条文表述却都是"公私财物"、"他人财物"以及"本单位财物"等等，尽管具体条文基本上没有使用财产一词而是使用"财物"这一表述，但是，既然分则章名已经明确使用"财产"一词，在刑法分则具体条文解释上，也不排除对"财物"可以根据具体情况作与"财产"同义的解释。另外，根据我国刑法的规定，不排除财产性利益可以成为财产罪的对象，但是，我国刑法毕竟没有从正面明确肯定财产性利益也是财产罪的对象，因此，有必要在理论上解决作为财产罪对象的"财物"是否包含财产性利益。

在我国法律没有明确将财产性利益排除在有关犯罪的刑法条文所指明的财物范围之外的情况下，通过解释将其纳入后者之中，也属于在法律用语的最大射程之内来解释法律，因而属于扩大解释，而非类推解释。财产性利益与财物的根本区别是：在财物罪的情形下，作为犯罪对象的财物是特定的，但是，在利益罪的情形下，犯罪对象一般不是特定的。因此，利益罪被认为是针对"任意财产部分"的攻击，财物罪被认为是针对"特定财产部分"的攻击。另外，财物与财产性利益的区别还表现为：财物罪是通过侵犯财物而侵犯财产权，财物是财产权的载体，利益罪则是直接指向财产权。

第十五章 背信罪

背信罪，又称背任罪或违背任务罪，是指为他人处理事务的人，以谋求自己或者第三者的利益，或者以损害委托人的利益为目的，违背其任务，给委托人造成财产上损失的行为。例如，甲委托乙出售自己所有的房屋，乙与买主通谋，将房屋以较低的价格出售，致使甲遭受财产上的损失。背信罪的基本构造为：为他人处理事务的人→实施违背任务的行为→以图利或加害为目的→造成他人财产上的损失。背信罪属于财产犯罪，是一种破坏诚实信用关系的犯罪。在大陆法系的德国、日本、韩国的刑法以及我国台湾地区的"刑法"中，均有有关背信罪的规定。

我国1911年施行的《大清新刑律》受日本刑法的影响，明文规定了背信罪。1912年颁行的《暂行新刑律》和1928年的中华民国刑法以及1935年国民政府颁行的刑法都规定过背信罪。我国1979年刑法由于受原苏联刑法的影响，未能规定背信罪。[①] 1997年刑法修订之时，尽管部分学者主张增设背信罪，但仍然没有对背信罪作出规定。然而，在我国现行刑法中，却规定了多种特殊的背信犯罪。比如，第166条为亲友非法牟利罪，第169条徇私舞弊低价折股、出售国有资产罪，第169条之1背信损害上市公司利益罪，第185条之1违法运用资金罪、背信运用受托财产罪，第186条违法发放贷款罪，第396条私分国有资产罪，第404条徇私舞弊不征、少征税款罪，以及刑法修正案（七）中的内幕交易、泄露内幕信息罪，利用未公开信息交易罪，刑法修正案（八）中的拒不支付劳动报酬罪，等等。我国刑法中的这些规定，均具备了普通背信罪的构成要件，只是在犯罪主体、侵害对象或行为方式等方面有一定的特殊性，因此，可以将其归类为特殊类型的背信犯罪。由于我国刑法中有关背信犯罪的规定过于零散，因而在刑法理论界并没有系统、深入的研究。

---

① 参见高铭暄：《刑法修改建议文集》，北京，中国人民大学出版社，1997，第601页。

一、背信罪的立法沿革

背信罪作为财产犯的一种类型，出现在世界刑法史上相对晚一些。从世界刑法史上看，在古罗马法中，财产犯以对动产进行盗窃、抢劫、侵占为基本形态，包含在"盗窃罪"（furtum）的概念之中。由此可以看出，当时不仅不存在背信概念，欺诈或恐吓也没有作为独立的犯罪形态予以规定。即便是在日耳曼法中，财产犯概念仍然是以"盗窃"为中心予以规定的，并不存在侵占、背信概念。1532年的卡洛林那法典虽然有侵占罪的规定，仍然没有背信罪的规定，欺诈和恐吓也没有作为独立的构成要件予以规定。①

在德国，最早把背信罪作为独立的犯罪形态予以规定的是1577年的帝国警察法，该法对监护人的背信行为规定了处罚条款。1718年的普鲁士监护人法同样规定了处罚监护人背信行为的相关条款。1794年的普鲁士邦法继承了这些规定，并将主体范围扩大到公务员、中介人、私人代理人等，但此时的背信罪仍然包含在侵占罪中，作为欺诈的一种加重类型规定在欺诈罪中。1851年的普鲁士刑法将背信罪与侵占罪区别开来，作为独立的犯罪予以规定，但主体仅限于监护人、诉讼物的保管人、财团管理人、中介人等根据法律或公权力而有特别信任义务之职责者，私人的代理人被排除在外。1871年的德意志帝国刑法继承了这一规定，背信罪规定在"欺诈及背信之罪"一章，主体范围扩大到包括私人代理人。但是，由于这种对犯罪加以限定的列举规定限制了背信罪的处罚范围，后来理论界产生了将背信罪的主体范围改为一般的、统一规定的动议，此后的刑法规定采纳了这种建议。② 现在世界各国在背信罪构成要件方面的规定更加宽泛、抽象，背信罪的处罚范围也更为广泛。

从世界各国和地区对背信罪的处罚规定来看，自20世纪90年代以来，各国通过增设或修改有关背信罪的规定，加大了对财产的保护力度，从而全面保护财产权利。具体而言：

德国刑法第266条（背信）规定："行为人滥用其依据法律、官方委托

---

① 参见〔日〕芝原邦尔等编：《刑法理论的现代展开》（各论），日本评论社，1996，第233页。
② 参见〔日〕内田文昭：《刑法各论》，2版，青林书院，1984，第238页以下。

或法律行为所取得的处分他人财产或使他人负有义务的权限,或者违反其依据法律、官方委托、法律行为及因信托关系而负有的管理他人财产利益的义务,致委托人财产利益遭受损害的,处五年以下自由刑或罚金刑。"①

日本刑法第247条(背任)规定:"为他人处理事务的人,以谋求自己或者第三者的利益,或者损害委托人的利益为目的,实施违背其任务的行为,给委托人造成财产上损害的,处五年以下惩役或者五十万元以下罚金。"第250条(未遂罪)规定:"本章犯罪的未遂,应当处罚。"②

韩国刑法第355条(侵占、背信)规定:"(一)保管他人财物者,侵占其财物或者拒不返还的,处五年以下劳役或者二百万元以下罚金。(二)处理他人事务者,以违背其任务的行为,取得财产上之利益或者使第三人取得,致使本人受害的,处罚同前项。"第356条(业务上的侵占与背信)规定:"违背业务上的任务而犯前条之罪的,处十年以下劳役或者二百万元以下罚金。"第359条(未遂犯)规定:"第355条至第357条的未遂犯,亦予处罚。"③

法国刑法第314—1条规定:"滥用他人信任罪是指损害他人利益,侵吞交付其手中以及其接受并负责予以归还、送返或派做特定用途之资金、有价证券或其他任何财物的行为。滥用他人信任罪处三年监禁并科二百五十万法郎罚金。"第314—2条规定:"下列人员犯滥用他人信任罪的,刑罚加重至七年监禁并科五百万法郎罚金:(1)为自己的利益,或者作为工业、商业企业法律上或事实上的领导人或职员,为获得他人缴纳资金或有价证券,进行公众募集活动的人;(2)经常为第三人的财产进行交易业务活动或者对此种交易活动给予协助,即使是附属性协助,并为该第三人利益收取资金或有价证券的人。"④

我国台湾地区"刑法"第342条规定:"为他人处理事务,意图为自己或第三人不法之利益或损害本人之利益,而为违背其任务之行为,致生损害于本人之财产或其他利益者,处五年以下有期徒刑、拘役或科或并科一千元以下罚金。前项之未遂犯,罚之。"⑤ 除此之外,瑞士刑法第158

---

① 《德国刑法典》(2002年修订),徐久生、庄敬华译,北京,中国方正出版社,2004,第131页以下。
② 《日本刑法典》,张明楷译,北京,法律出版社,1998,第79页。
③ 转引自〔韩〕金永哲:《韩国刑法典及单行刑法》,北京,中国人民大学出版社,1996,第56页。
④ 《法国刑法典》,罗结珍译,北京,中国人民公安大学出版社,1995,第114页。
⑤ 转引自张知本、林纪东:《最新六法全书》,"大中国"图书公司,1990,第377页。

条（不忠实的经营）、奥地利刑法第153条（背信）、加拿大刑法第336条（违反信托罪），以及我国澳门地区刑法第217条（背信）等，均有有关背信罪的规定。①

二、背信罪的本质

背信罪不仅是破坏诚实信用关系的犯罪，也是侵害他人财产的犯罪。有关背信罪的本质，在我国的刑法理论界，并不存在过多的论述和争论。但是，在德日等大陆法系国家的刑法理论中，则存在激烈的争论，主要观点有②：

1. 滥用权限说。这种观点将滥用法律上的代理权视为背信罪的本质。认为背信罪主要发生在与第三者的对外关系上，并且只有基于代理权的法律行为，才能构成背信罪。

2. 背信说。这种观点认为违背他人的信任、信赖关系以及诚实义务而侵害其财产是背信罪的本质，背信行为除了存在于与第三者的关系中外，还存在于与本人（委托人）的对外关系中，并且不限于法律行为，凡是破坏事实上信任关系的事实行为，均可能成立背信罪。这不仅是日本、韩国的通说，也是判例所取的立场。③

3. 限定背信说。这种观点认为，如果将背信罪的本质解释为违反"信任关系"、"诚实义务"，将会导致背信罪的成立范围不够明确，并有可能不适当地扩大背信罪的处罚范围。

4. 背信性滥用权限说。这种观点认为，背信说会导致无限扩大背信罪的处罚范围，因而应当加以适当的限制，有必要引入"滥用权限"的要素，并认为背信罪的本质是行为人违背委托者的信用、滥用其权限而损害委托者的财产。这里所说的滥用权限不以代理权乃至法律上的处分权为限，只要是有处理委托者之事务的权限者，滥用事实上处理事务的权限，就可以视为背信行为。

5. 意思内容决定说。这种观点认为，背信罪的本质是受委托，代

---

① 参见孙先明：《背信罪的比较研究》，载《同济大学学报》（社会科学版），第15卷第6期，第48页以下。
② 参见刘明祥：《财产罪比较研究》，北京，中国政法大学出版社，2001，第389页以下。
③ 参见〔日〕大塚裕史：《刑法各论的思考方法》（新版），早稻田经营出版，2007，第265页。〔韩〕李在祥：《韩国各论》，5版，博英社，2005，第410页。

委托者决定财产处分的意思内容的人,作出不利于委托者的财产处分的意思内容决定,从而给委托者造成财产损害。行为人所滥用的"权限"范围,仅限于代理委托者通过法律行为作财产处分的意思内容决定,不过,无直接的权限而参与意思内容决定者、监督意思内容决定过程者,也可能构成背信罪。

在上述几种观点中,滥用权限说认为,只有具有一定代理权的情形下,才能构成背信罪,并主张法律行为以外的单纯的事实行为不构成背信罪,这种认定基准相对客观、明确。但是,主张背信罪主要发生在与第三者的对外关系上,才能构成背信罪,将会导致缩小其处罚范围,这是这种观点的致命缺陷。比如,职务侵占罪,并不是发生在与第三者的对外关系上,而属于经济组织内部的一种信任关系。

背信说认为,背信行为除了存在于与第三者的对外关系之外,还存在于与本人(委托人)的对内关系中。另外,这种观点认为,背信行为不限于法律行为,凡是破坏事实上的信任关系的事实行为,均可以构成背信罪。比如,事务管理者默认第三者搬走委托者财物的行为,没有处理权限的事实上的辅助者处分财物的行为,都可以构成背信罪。这种观点所主张的"违背信任"之基准不仅不够明确,如何判断"事实上的信任关系"也是一大难题。也就是说,这种观点的不足在于有可能导致处罚范围的无限宽泛。

限定背信说针对"信任关系"如何加以限定,在其内部,有不同观点的对立。比如,有观点认为,背信罪的成立,应当限于事务处理者与本人之间"具有特定的、高度信任关系"这一范围之内。就是说,"背信罪作为经济活动的大规模化、有必要有组织地使用财产而出现的一种结果,该罪所要处罚的正是在这种经济活动过程中所发生的、违反信赖关系而导致财产损失的这一现象。因此,背信罪中的信任关系,应当限于有组织地使用财产中的、内部的、具有实质性信任关系这一范围之内"[①]。这种观点的不足在于区分"具有特定的、高度信任关系"和一般信任关系的基准不甚明确。不过,与其他几种观点相比,这种观点有其相对合理之处,笔者倾向于这种主张。

背信性滥用权限说又称新权限滥用说,实质上是背信说和滥用权限说的一种折中。这种观点将背信罪的本质视为行为人违背委托者的信任、滥用其权限而损害委托者的财产,可以说是合理的,但是,将"滥用权限"解释为"不以代理权乃至法律上的处分权为限,只要是有处理委托者的事

[①] 〔日〕曾根威彦:《刑法的重要问题》(各论),成文堂,1997,第 233 页。

务权限者，滥用事实上处理事务的权限"，就可以视为"背信"行为，并不妥当，因为这种"事实上处理事务的权限"并不明确。

意思内容决定说，作为认定背信罪成立与否的基准可以说相当明确，但是，将信任关系限定在"受委托，代理委托者决定财产处分的意思内容的人"，似乎不尽妥当，因为，如此认定不得不将会使违背任务行为中的事实行为和双重抵押行为被排除在背信罪的处罚范围之外，从保护法益的视角来看，存在诸多问题。[①]

三、背信罪的基本构造

背信罪的基本构造是：为他人处理事务的人→实施违背任务的行为→以图利或加害为目的→造成委托人财产上的损失。有关背信罪的争论，主要集中在主体、客观行为、主观方面和犯罪结果的认定上。

（一）背信罪的主体

背信罪的主体是为他人处理事务的人。界定为他人处理事务的人的范围，与背信罪的本质有密切的关联性。如前所述，滥用权限说认为，只有基于代理权的法律行为才属于"他人的事务"。但是，不仅这种观点所主张的理论根据不够充分，由于过于缩小了背信罪的处罚范围，因而在大陆法系的刑法理论界，目前几乎没有学者倾向于这种观点。[②]

背信说则认为，为他人处理事务的人，应当限于"基于与本人的信任关系而处理他人事务的人"，这种观点所主张的界定范围不仅极为宽泛，同时也含混不清。于是在其内部，有观点认为，为他人处理事务的人的范围，不应限于"自己的事务"，还应包括"他人的事务"。在此基础上，针对"事务"之内容，部分观点认为应限于财产性事务，也有观点认为应限于综合性事务。日本的多数观点认为，处理他人事务的人的范围不应过于狭窄，因为即便将"事务"限定在财产性事务范围之内，排除在这一"事务"范围之外的事例非常有限，所以，并没有实质性意义。[③]

---

① 参见〔日〕大塚裕史：《刑法各论的思考方法》（新版），早稻田经营出版，2007，第267页。

② 参见〔日〕阿部纯二等编：《刑法基本讲座》，第5卷，法学书院，1993，第261页。

③ 参见〔日〕山口厚：《问题探究刑法各论》，有斐阁，2005，第195页。

如前所述，背信说的缺陷在于如何限定为他人处理事务的人的范围，于是出现了限定背信说。在限定背信说的内部，有观点认为，为他人处理事务的人，必须限于与本人在"内部关系"上负有信任义务的人。也有观点认为，背信罪的成立，应当限于本应属于自己处理的事务，在由处理他人事务的人替代处理的情形下，即只有于存在对内信任关系的前提下，才有可能成立背信罪。①

背信性滥用权限说则认为，应当将权限的内容从法律意义上的代理权扩大至一般财产处分权，同时主张只有于存在滥用权限的情形下，才能成立背信罪。这种观点的可取之处在于，能够明确与以僭越权限为内容的侵占罪的区别，但是，如果权限的滥用发生在财物以外的权利以及与财产上的利益相关的事务的处理上时，很难以背信罪予以处罚。②

意思内容决定说认为，只有将处分财产的意思之内容委托给他人去实施时，才属于"他人的事务"。这种主张的可取之处在于明确了"他人事务"的核心部分，但是，既然背信罪所要保障的是行为人处分自己财产的权限，那么，如果在将可以视为本人的财产，他人无视本人的意思而予以处分时，无法以背信罪处罚，这显然不尽合理。③ 比如，如果要把财物保管者擅自处分财物的行为和双重抵押排除在背信罪之外，只能将这些行为理解为并非本人的财产处分行为。

有关这一问题，韩国的主流观点认为，处理他人事务的人，是指在基于与他人对内信任关系而委托处理事务时，根据诚实信用原则履行处理该事务之义务的人。具体而言：(1) 处理他人事务中的他人，包括行为人之外的所有自然人、法人以及没有法人资格的团体。法人处理他人事务时，由于法人本身不具有犯罪能力，因而应由自然人来负背信罪的刑事责任。(2) 由于该罪中的事务与财产具有密切的关联性，因而不应限于公务或私人间的业务，也不应限于一时的事务或长期持续的事务。另外，不限于法律意义上的事务，事实上的事务也应成为该罪的处罚对象。该罪中的事务，虽然说应具有某种程度的综合性内容，但并不要求一定是具备综合性内容的委托事务，同时也不要求一定是针对第三者这一对外关系的代理权。但是，该罪中的事务，应当限于基于诚实信用原则具有保护财产性利益之一定程度上的定型性事务，因此，"履行契约中的一般性义务"，比

---

① 参见〔日〕山口厚：《问题探究刑法各论》，有斐阁，2005，第 196 页。
② 参见〔日〕阿部纯二等编：《刑法基本讲座》，第 5 卷，法学书院，1993，第 261 页。
③ 参见上书，第 262 页。

如偿还债务并不属于他人事务。(3) 处理事务是指基于信任关系,将受委托的他人的事项,根据诚实信用原则履行义务的行为。由于处理他人事务是基于社会伦理和信任关系,因而无论是法律行为还是事实行为在所不问。处理他人事务的根据不仅包括法律、契约,还包括基于习惯和事务管理而为他人处理事务,因为在后一种情况下也存在某种信任关系,所以,同样属于处理他人事务的范畴。处理事务并不意味着单纯的民法意义上的处理事务,因为该罪中的处理事务,一般只包括基于社会伦理之信任关系而形成的事务处理。(4) 能够处理他人事务而处理他人事务的人必须具备独立性和自主权。如果行为人没有独立性和自主权,严格按照委托人的意思处理事务,那么,就不属于"处理他人事务",只是"帮助他人事务"而已。①

笔者认为,背信罪的主体是为他人处理事务的人。行为人为他人处理事务时,根据诚实信用原则而具有处理他人事务的法律意义上的义务,因此,行为人与委托人之间存在一种信任关系。行为人一旦破坏这种信任关系,就构成背信罪。这种信任关系既可以是基于法律、法规而产生,也可以是基于委托、雇佣等合同而产生,还可以是基于一定的地位或习惯而产生。处理他人事务的内容仅限于财产上的事务,由于背信罪属于财产罪,法律对损害结果的限定,实际上也限定了事务的内容。处理他人非财产上的事务而造成财产上损失的,不构成背信罪。

(二) 背信行为

背信行为是指为他人处理事务的人,以违背他人信任的手段处理他人事务的情形。具体包括接受委任或委托的行为人滥用权限,也包括基于法律上或事实上的信任关系而实施的违背信任行为。背信行为包括作为和不作为。

日本的主流观点认为,本罪的行为是背信行为,即违背任务的行为。这里所谓的"任务",是指作为处理事务的人,在该具体情况之下,当然应当实施的、为法律上所期待的行为。所谓"违背",就是违背信任关系。比如,银行工作人员眼见不可能收回却仍然发放贷款,当铺的雇用人员高出通常的抵当价格借钱给他人。背信行为,不一定要作为法律行为实施,只要有事实行为就够了。催收赊账的事务人员,在账册上记载接受商品退货的虚假事实,就是背信。另外,被委托催收债务的人疏忽大意,使债权

---

① 参见〔韩〕金日秀、徐辅鹤:《刑法各论》,6版,博英社,2004,第477页以下。

过了消灭时效，是不作为的背信行为。还有，被委托管理财物的人疏于管理，给委托人造成财产上的损害，就是不作为的事实行为。毁损保管物、泄露秘密也是背信行为。是否存在信任关系，要按照诚实信用的原则，比照社会观念，根据是否偏离了通常的事务处理的范围来决定。事务处理的通常性，根据具体情况，在考虑了对于该事务所规定的法令，公务机关的通知、内部规定，一般组织之内有关业务执行的规定、章程，业务内容，法律行为中的委任宗旨等之后，根据诚实信用原则，比照社会一般观念来决定。①

有关背信行为的内容，韩国的判例认为，背信行为，是指根据行为人所处理的事务的内容、性质，没有依据法律法规、契约内容以及诚实信用原则，违背委托人的信任关系的所有行为。但是，应当区分背信行为与单纯没有履行偿还债务行为。单纯的没有按期偿还债务的行为，虽然属于违背债务的对象，但并不属于背信罪中的背信行为。因此，他人的财产性利益等同于本人的相反利益、他人的利益与自己的利益有关联而为自己的利益理应追还的债权债务关系，不在背信罪的处罚范围之内。具有给付关系的债务人，即担保物权的设定人、转让契约、雇佣契约、供给契约的一方等，均属于违背债务而不属于背信罪中的背信行为。②

需要注意的是，冒险经济往来、双重抵押、不动产的双重买卖等，有可能构成背信罪。

所谓冒险经济往来，是指行为人不顾经济往来存在一定风险，滥用权限，以独断的方式处理事务的情形。这种行为属于一种具有投机性质的事务处理行为。有无实施冒险性经济往来的权限范围，取决于法律法规、契约上的信赖关系以及行为人和委托人之间的信任关系。根据双方的信任关系，如果不存在实施冒险经济往来的权限，那么，可以认定为有悖于信任关系的一种背信行为。③ 双重抵押和不动产的双重买卖同冒险经济往来一样，在某些情况下，有可能构成背信罪。

笔者认为，背信罪的行为，是违背任务或信任的行为。违背任务的行为既可以是作为，也可以是不作为。至于某种行为是否违背了信任，应当根据法律法规或合同等的具体规定、交易惯例、诚实信用原则、他人事务的性质和内容、行为人的权限范围以及社会的一般观念等进行综合判断。

---

① 参见〔日〕大谷实著，黎宏译：《刑法各论》，北京，法律出版社，2003，第234页。
② 参见〔韩〕金日秀、徐辅鹤：《刑法各论》，6版，博英社，2004，第482页。
③ 参见上书，第483页。

（三）以图利、加害为目的

背信罪是一种目的犯，因此，该罪的成立需要有"为自己或第三者图利之目的"（图利目的）或"使委托人受损失的目的"（加害目的）。但是，这一"目的"的内涵究竟意味着什么，包括哪些内容，在大陆法系的刑法理论界素有争议。

在日本的刑法理论界，有以下几种观点的对立[①]：第一种观点认为，可以将目的理解为动机，背信罪的成立不需要特别的动机，因此，只要有对图利、加害的意思就可以成立该罪。第二种观点认为，只要有针对图利、加害的未必的故意（间接故意）之认识或容忍即可。第三种观点认为，应当将目的理解为是一种动机，因此，必须具备针对图利、加害的确切认识。第四种观点认为，应当将目的理解为动机，因此，必须具备图利、加害的意欲。第五种观点认为，图利之目的属于作为主观违法要素的目的，但是，加害目的则属于故意的一种特殊要件，因此，加害的认定则需要具有意欲。第六种观点认为，该罪的主观方面，要有图利、加害的动机，或者虽然有图利、加害的认识，并没有为本人图利的动机。

在上述几种观点中，第一和第二种观点将图利、加害目的视为一种故意，因此，与有关故意的学说中的认识说、容忍说比较相近。但是，将"目的"视为一种故意本身有待商榷。与此相比，第三、第四、第五和第六种观点，将目的理解为动机，因此，属于主观违法要素。然而，背信罪属于以"带来财产上的损失"为构成要件结果的故意犯，"加害"又属于故意的对象之事实。因此，"加害目的"和背信的故意不得不重合，而将故意解释为超过故意的主观违法要素缺乏说服力。鉴于此，第五种观点将图利、加害目的理解为故意的一种特殊要件。但是，"故意的特殊要件"究竟意味着什么，这种观点并没有解释清楚。另外，将本属于并列范畴的图利目的和加害目的分别予以考虑本身令人费解。

背信罪，是以发生财产损失为要件的结果犯。因此，该罪的成立需要发生法益侵害结果这一犯罪成立的要件。那么，该罪的成立除了法益侵害的结果之外，缘何还需要"目的"要件呢？这一问题与德日刑法中的犯罪成立要件具有密切的关联性，正如日本学者所指出的那样，既然法益侵害已经发生，将这一结果理解为与行为的违法性发生关联，难免牵强。因

[①] 参见〔日〕芝原邦尔等编：《刑法理论的现代展开》（各论），日本评论社，1996，第246页。

此，不得不将其理解为责任要素。也就是说，背信的故意正是基于某种动机而产生的，限制背信罪的处罚范围，就应将图利、加害目的解释为责任要素。刑法为限制破坏、侵害信任关系的行为，要求背信罪的成立除了发生财产损失之外，行为还要具备值得谴责的动机并将其作为该罪的成立要件。因此，肯定图利、加害目的的存在，就需要有积极的图利或加害之意欲。[1]

日本的判例在将目的解释为动机的基础上，并不要求确切的认识，同时也不要求意欲或积极的容忍。根据日本的判例，背信罪中的故意和图利、加害目的几乎重合，其结果，图利、加害目的几乎与图本人的利益没有关联性。[2] 前述之第六种主张正是基于判例的立场而出现的。既然背信罪的成立是由财产损失来决定的，那么，以动机的存在与否来限制处罚范围似乎没有多大意义。

韩国的通说认为，背信罪中的故意，是指行为人认识或意识到自己是为他人处理事务的人，实施违背任务的行为会使自己或使第三者得到财产上的利益，同时也会给委托人带来财产上的损失。这种故意不需要确切的故意，未必的故意就可以成立该罪。[3]

笔者认为，背信罪主观上只能是故意，行为人对自己违背任务的行为和造成他人财产上的损失，具有认识和容忍的态度。问题是，除了这种故意之外，是否还要求有其他目的？德国、奥地利等国的刑法并没有规定需要其他目的，据此，背信罪不是目的犯。瑞士刑法规定，行为人具有图利目的时加重法定刑，据此，图利目的只是加重法定刑的一种条件。日本刑法则要求行为人出于图利、加害他人的目的，据此，背信罪属于目的犯（实质上的结果犯）。所谓图利、加害目的，是指以使自己或第三者获取利益为目的。在我国的刑法中，大部分特殊的背信罪都不是法定的目的罪。只有部分罪名，比如侵占罪，在刑法理论上解释为"以非法占有为目的"，即以图利为目的的非法定目的犯罪。其实，行为人故意违背信任，不会是无缘无故的，总是另有所图的，不是为了自己的利益就是为了第三者的利益，或者是为了损害委托人的利益，如果没有上述目的，就不可能故意违背信任，因此，规定背信罪出于图利或加害目的与不规定这些目的，本质上并没有什么区别。

（四）财产上的损失

背信罪的成立需要发生财产上的损失。"财产上的损失"的解释，与财

---

[1] 参见〔日〕芝原邦尔等编：《刑法理论的现代展开》（各论），日本评论社，1996，第247页。
[2] 参见《刑集》第3卷，第788页等。
[3] 参见〔韩〕金日秀、徐辅鹤：《刑法各论》，6版，博英社，2004，第488页。

产犯罪的保护法益问题具有密切的关联性。从法律财产说的角度来说，法律意义上的财产损失，即侵害财产性权利就属于"财产上的损失"。从经济性财产说的视角来说，只把纯粹的经济意义上的损失视为"财产上的损失"。

日本的判例认为，除了"财产意义上的损失"之外，具有"发生损害的危险"也属于"财产上的损失"①，可见，日本的判例倾向于经济财产说。问题是，背信罪处罚的是"加害"行为，而不是处罚这种"危险"。根据日本早期判例的上述危险犯解释，只要有发生损失的危险，就将其解释为发生了财产上的损失，因此，几乎没有未遂犯成立的余地。另外，所谓"发生损失的危险"属于法律概念，原本就属于法律说所主张的概念，从经济说的视角而言，完全有可能将"发生损失的危险"本身解释成"损失"。于是，后来的最高裁判所认为，所谓"加害于委托人财产上的损失"是指，从经济的角度评价委托人的财产状态，基于被告人的行为，委托人的财产得以减少或者本应增加的财产价值未能得到增加之情形。由此可见，财产上的损失并不限于丧失财产性权利，即便有权利，如果权利的实现不可能或极为困难，均可认定为发生了财产上的损失，另外，最高裁判所还认为，损害包括积极的损失（既有财产的减少）和消极的损失（丧失了应当取得的利益）。②

鉴于判例的上述立场，在日本的刑法理论界，有观点认为，法律财产说将刑法所要保护的财产形式上从属于民法的权利体系，因此，不尽妥当。我们应当将财产的保护限于日常经济生活的范围之内，所以，经济财产说有其合理性。但是，如果彻底贯彻经济财产说，不得不将法秩序上并不值得保护的经济利益也包括在保护对象之中，因此，所要保护的范围将无限宽泛。刑法所要保护的经济利益，应当限于从法秩序的整体来看确实值得保护的经济利益，所以，法律、经济财产说值得肯定，而"财产上的损失"之界定，也应从法律、经济财产说出发予以适当的限定。③

有关这一问题，韩国的主流观点认为，背信罪属于侵害犯、结果犯的一种，因此，该罪的成立需要构成要件结果。也就是说，基于背信行为或加害行为导致委托人财产上的实际损失才能构成该罪。另外，一系列的构成要件行为和财产上发生的损失之间，还需要有因果关系或客观上的归属

---

① 《刑集》第17卷，第735页。
② 参见〔日〕芝原邦尔等编：《刑法理论的现代展开》（各论），日本评论社，1996，第249页。
③ 参见上书，第250页。

关系。如果能够肯定给委托人的财产带来了损失，那么，即便损失额度不尽明确，也不影响背信罪既遂的成立。另外，损害发生时行为人是否有赔偿能力，后来是否予以赔偿，均不影响背信罪结果的认定。①

笔者认为，背信罪中财产上的损失之认定包括两种情况，一是由于行为人的背信行为实际上导致委托人财产上的损失，二是由于背信行为导致委托人应当增加财产而没有增加。前者属于积极的损失，后者则属于消极的损失。是否造成了财产上的损失，既不能用经济说，也不能用法律说，应根据经济、法律说进行综合判断。

四、增设背信罪之必要性

（一）学界争论

在我国的刑法理论界，1997年刑法修订之前，就存在过是否增设背信罪的争论。1997年刑法修订时，虽然没有增设普通背信罪，但设置了部分特殊类型的背信犯罪。此后的刑法修正案中陆续增加了几个特殊的背信犯罪。

倾向于增设普通背信罪的主要理由是：（1）背信行为具有严重的社会危害性，将其以犯罪论处符合犯罪的基本特征。在市场经济条件下，破坏信任关系、违反诚实义务的行为将会带来难以想象的严重后果，其危害性并不亚于贪污、盗窃、毁坏财物等犯罪行为。（2）市场经济体制要求市场主体在竞争中处于平等地位，不同主体的利益都应受到法律的同等保护。如果只侧重于对国有资产的保护，忽视私营企业职员实施违法行为，给企业带来重大损失的行为等，对其不作犯罪处理，则有失公平。（3）刑法理论界建议新增设的罪名相当可观，其中许多新罪名可以被背信行为所包含。（4）事实上，在我国的行政刑法中，部分条款已经规定了特殊的背信行为，但是，由于现行立法并没有在行政刑法中直接规定罪名和法定刑，而刑法典又没有规定背信罪，因而使得行政刑法的规定形同虚设。②

与此相反，否定增设背信罪的主要理由是：（1）我国刑法虽然没有设立背信罪，但却规定了多种特殊的背信罪，只不过没有使用"背信"概念。这些犯罪都符合普通背信罪的构成要件，只不过在犯罪主体或侵害对

---

① 参见〔韩〕金日秀、徐辅鹤：《刑法各论》，6版，博英社，2004，第487页。
② 参见张明楷：《关于增设背信罪的探讨》，载《中国法学》，1997（1），第69页以下。

象等方面有一定的特殊性，因而是特殊类型的背信犯罪。而且在德日等设有普通背信罪的国家，司法实践中遇到的背信罪的案件，大多也是这样一些表现形式。(2) 我国刑法规定的一些职务犯罪、业务犯罪的范围，比德日等西方国家刑法规定的范围宽泛，德日等国的许多背信犯罪行为，可以被我国相关的职务犯罪、业务犯罪所包容。比如，刑法第 397 条的"滥用职权罪"，可以将国家机关工作人员的各种滥用职权，致使公共财产、国家和人民利益遭受重大损失的犯罪行为包括进去（刑法规定了独立罪名的特殊滥用职权行为除外）。另外，公司、企业的工作人员违背任务大多是为了损公肥私，即使不构成特殊背信罪，也可能构成非国家工作人员受贿罪。(3) 我国现行刑法规定的犯罪，可以包容德日等国刑法规定的普通背信罪的绝大部分行为，只有极少部分不能包容。比如，公民个人之间，一方委托另一方代卖某物，受委托者故意低价将该物卖给自己的亲友，致使委托者遭受财产损失。这自然是背信行为。但我国一贯的刑事政策都是严格限制犯罪的成立范围，在西方国家许多作为犯罪的行为，我国并未规定为犯罪。(4) 就像增设论者所言，若设普通背信罪，就无必要再规定挪用公款罪等特殊的背信犯罪。但是，立法虽非越细越好，而适当细密则是必要的。背信行为侵害的对象涉及的范围十分宽泛，不同的背信行为在社会危害性程度上有较大的差别，因而应尽可能分别规定罪名并设置轻重不同的法定刑，这样才能做到罪刑相适应。如果只设普通背信罪而不设特殊背信犯罪，会使之成为一个新的"口袋罪"。(5) 如果增设普通背信罪，还会面临难以与侵占罪相区分的难题。另外，从世界各国刑法来看，设立背信罪的只占少数，绝大多数国家刑法不仿效德国的做法设立背信罪必有其原因，我们也不必仿效。① 就目前我国刑法理论界的情况来看，主张增设普通背信罪的观点是主流②，否定说则是少数说。

（二）"老鼠仓"事件与背信罪

在我国，2008 年 4 月发生的一起基金"老鼠仓"事件引起了社会的广泛关注。上投摩根基金公司和南方基金公司的基金从业人员唐某、王某因违法违规进行证券投资、牟取私利被查出。中国证监会在没收涉案人员

---

① 参见刘明祥：《财产罪比较研究》，北京，中国政法大学出版社，2001，第 389 页以下。
② 主要有刘宪权、周舟：《背信运用受托财产罪的刑法分析》，载《法治论丛》，2011 (3)，第 83 页。马章民：《国内外背信立法之比较研究》，载《河北法学》，2011 (3)，第 126 页。任彦君：《论背信犯罪》，载《甘肃政法学院学报》，2008 (5)，第 131 页等。

违法所得150余万元的基础上,分别罚款50万元,此外还对涉案人员实行了禁入市场的处罚。这是我国证监会对基金"老鼠仓"开出的第一张罚单。证监会相关部门的负责人表示,针对"老鼠仓"的查处仅止于行政处罚,由于我国刑法没有明文规定这一类行为构成犯罪,因而很难追究相关人员的刑事责任。

"老鼠仓",是指一种背信行为,原意是"先跑的老鼠"。具体是指相关基金经理利用其在基金公司所任职务的便利,利用非公开的基金投资信息,先于有关基金买进同一公司的股票,为自己及其亲朋牟取私利。"老鼠仓"事件的负面影响极大,容易引发投资基金的基民赎回潮,影响社会的稳定。由于"老鼠仓"具有极大的危害性,美国等西方国家均把"老鼠仓"行为纳入刑罚处罚的对象,行为人不仅要被没收违法所得,处以巨额罚款,还要负有期徒刑或终身监禁的刑事责任。比如,2006年美国证券交易委员会专门负责监控市场的一名律师揭露了一起著名的"老鼠仓"事件,相关人员被判刑,罚款金额高达1亿美元。同时美国各级证券交易机构也专门设置了市场监管部门,鼓励知情人、新闻媒体、律师向其举报。举报的内容一旦查证属实,举报人可获得占案值10%的奖金。正是这种高昂的违法成本和健全的举报机制,有效地遏制了美国"老鼠仓"事件的发生。日本早在20世纪80年代初制定了《证券交易法》,用该法来处罚从事内幕交易的违法行为,但处罚较轻。针对日益猖獗的"老鼠仓"事件,日本政府在2006年制定了新法,加大了对"老鼠仓"行为的处罚力度,将情节严重的"硕鼠"刑期提高到5年,并大幅度地提高了罚金数额。比如,2007年的日本广播公司股票"老鼠仓"案,"村上基金"前任经理入狱2年,罚金12亿日元,这是迄今为止日本对"老鼠仓"案作出的最高罚金判决。①

虽然我国刑法修正案(六)中规定了背信损害上市公司利益罪和背信运用委托财产罪,刑法也规定了职务侵占罪、非法经营同类营业罪等,但都不能适用于"老鼠仓"案。因此,刑法修正案(七)将刑法第180条第1款修改为:"证券、期货交易内幕信息的知情人员或者非法获取证券、期货交易内幕信息的人员,在涉及证券的发行,证券、期货交易或者其他对证券、期货交易价格有重大影响的信息尚未公开前,买入或者卖出该证券,或者从事与该内幕信息有关的期货交易,或者泄露该信息,或者明

---

① 参见黄鑫:《从"老鼠仓"事件谈增设背信罪之必要》,载《中国刑事法杂志》,2009(2),第47页以下。

示、暗示他人从事上述交易活动,情节严重的,处五年以下有期徒刑或者拘役,并处或者单处违法所得一倍以上五倍以下罚金;情节特别严重的,处五年以上十年以下有期徒刑,并处违法所得一倍以上五倍以下罚金。"修正案(七)还增加一款作为第4款:"证券交易所、期货交易所、证券公司、期货经纪公司、基金管理公司、商业银行、保险公司等金融机构的从业人员以及有关监管部门或者行业协会的工作人员,利用因职务便利获取的内幕信息以外的其他未公开的信息,违反规定,从事与该信息相关的证券、期货交易活动,或者明示、暗示他人从事相关交易活动,情节严重的,依照第一款的规定处罚。"

在第180条第4款中,所谓"内幕信息以外的其他未公开的信息",主要是指资产管理机构、代客投资理财机构即将用客户资金投资购买某个证券、期货等金融产品的决策信息。因不属于法律规定的"内幕消息",也未要求必须公开,故称"内幕信息以外的其他未公开的信息"。所谓"违反规定,从事与该信息相关的证券、期货交易活动",不仅包括证券投资基金法等法律、行政法规所规定的禁止基金等资产管理机构的从业人员从事损害客户利益的交易等行为,也包括证监会发布的禁止资产管理机构从业人员从事违背受托义务的交易活动等行为。具体行为主要指,资产管理机构的从业人员在用客户资金买入证券或者其他衍生品、期货或者期权合约等金融产品前,自己先行买入,或者在卖出前,自己先行卖出等行为。实际中,"老鼠仓"犯罪的行为人在自己建仓的同时,常常以直接或者间接方式示意其亲朋好友也同时建仓,因此,刑法修正案(七)在刑法第180条第1款列举的内幕交易罪的具体行为方式中也增加了"或者明示、暗示他人从事上述交易活动"的规定。本款中"或者明示、暗示他人从事上述交易活动"的含义,与本条第1款中的"明示、暗示他人从事相关交易活动"相同。①本款规定,"情节严重的"才构成犯罪。所谓"情节严重",参照2010年5月7日最高人民检察院、公安部关于《公安机关管辖的刑事案件立案追诉标准的规定(二)》第35条的规定,主要包括非法获利数额在50万元以上的;多次建立"老鼠仓"的;致使交易价格和交易量异常波动的;造成恶劣影响的;由于建立"老鼠仓"给客户资产造成严重损失的等情形。

笔者认为,刑法修正案(七)中的上述条款有明显的不足:第一,根据刑法修正案(七)的规定,虽然能够对部分"老鼠仓"行为进行处罚,

---

① 参见周光权主编:《刑法历次修正案权威解读》,北京,中国人民大学出版社,2011,第216页。

但是，随着社会经济的发展，类似"老鼠仓"案的经济违法犯罪行为呈现出多样性和复杂性，现行刑法和修正案已经明显不能适应其发展，可能导致对部分行为无法处罚。① 第二，我国证券法对内幕信息的规定与内幕信息的知情人员不同，并非是"列举加授权"，而是"概括、列举加授权"。该法第75条规定，证券交易活动中，涉及公司的经营、财务或者对该公司证券的市场价格有重大影响的尚未公开的信息，为内幕信息。很显然，基金管理公司管理人员掌握的本支基金即将重仓持有的信息不仅对证券价格有重大影响，而且属于产生于证券交易活动中的信息，应该属于内幕信息，而刑法修正案（七）及立法说明显然认为这类信息不属于内幕信息。唯一的差别是证券法强调"尚未公布的信息"，而刑法修正案（七）仅仅规定"未公布的信息"，也就是说，前者包含"嗣后会公布"的含义，而后者的这种含义稍弱一些。但是，"未公布"仍然不可避免地存在"未来公布"的意思，这种细微的差别不足以否定刑法修正案（七）和证券法的矛盾之处。由此可见，刑法修正案（七）不从知情人员入手把自身作为证券法的补充，而从内幕信息入手，把自身与证券法置于矛盾的地位有欠妥当。第三，从刑法修正案（七）的立法说明来看，该条款似乎仅仅对"老鼠仓"行为作为处罚的对象。用概括性条款处罚特殊类型犯罪令人感觉有滥用司法之违反罪刑法定原则之嫌。既然立法者目前找不到这一类行为的其他表现形式，缘何不直接规定"老鼠仓"罪，而用相对晦涩而又与现行证券法冲突的表述？之所以存在前述之后两种问题，显然并非因为无法找到与"老鼠仓"行为相同类型的行为，而是在与内幕交易罪相关的行为中找不到与"老鼠仓"相同类型的行为。这充分说明，将"老鼠仓"行为归类于内幕交易类之下不甚妥当。与现行证券法不协调和用过分抽象的规则规范一个非常具体的行为，无非是这种不恰当归类的表象而已。② 正是基于这种原因，近年来，重新引发了学界对增设背信罪或特别背信罪的建议和讨论。

（三）增设背信罪之必要性

鉴于司法实践中存在的背信行为，以及在我国刑法框架内又不能无遗漏地予以处罚的现状，笔者认为，我们有必要增设背信罪。理由是：

第一，我国刑法虽然规定了不少特殊类型的背信犯罪，但是，现有的

---

① 参见顾肖荣：《为解决证券市场"老鼠仓"问题的若干立法建议》，载《政治与法律》，2008（5），第64页以下。
② 参见冯兆蕙：《"老鼠仓"入罪模式及选择》，载《河北法学》，2009（9），第98页以下。

规定仍不能满足社会经济发展的需要。比如，公司、企业的管理人员违法以公私财产作担保，给公司、企业造成巨大财产损失的，究竟应当如何处理？另外，随着经济活动的增多，经济手段的多样化和复杂化，类似故意违背任务从而给委托人造成财产损失的行为必然会不断增加，而且这些行为所造成的经济损失和恶劣影响未必就一定比现行刑法中明文规定的背信行为的损失和影响要轻。如果类似行为无法以刑法来规制，而只以民事或行政手段来制约，是不足以遏制这一类背信行为的。

第二，从我国现行刑法对背信犯罪的规定来看，确实忽视了对私营等企业的平等保护，针对受私营企业主或个人委托的行为人作出的背信行为无法处罚，这不能不说是一个立法缺陷，只有对此有一个堵截性的条款，才可以解决这些不断出现的问题。比如，李某为甲贸易公司（私营）一般业务人员，因工作中与部门主管张某发生矛盾，暗怀不满。有一天，乙贸易公司（私营）经理韩某来甲公司商谈业务，经协商，甲乙两公司达成300吨钢材购销意向。甲公司经理交付李某所在部门承办，部门主管张某交由李某审核相关材料，在审核相关材料时，李某发现乙公司所提供的材料系伪造，乙公司有诈骗嫌疑。李某为报复部门主管张某，使其业绩受到影响，故意隐瞒该事实，未向单位报告。甲公司据此与乙公司签订300吨钢材购销合同，最后，甲公司因乙公司诈骗损失数十万元。在本案的审理过程中，针对乙公司经理韩某构成合同诈骗罪没有异议，但针对李某是否构成犯罪以及如何定罪则存在争议。[①]

第三，我国刑法第272条、第273条、第384条分别规定了挪用资金罪、挪用特定款物罪和挪用公款罪。根据这些规定，挪用资金罪，是指公司、企业或者其他单位的工作人员，利用职务上的便利，挪用本单位资金归个人使用或者借贷给他人，数额较大、超过三个月未还的，或者虽未超

[①] 参见杨帆、徐歌阳：《从一则案例看背信罪增设之必要》，载《法制与社会》，2008（5），第69页。第一种观点认为，李某故意不履行职务规定的职责，由于不作为使公司的财产受到损失，但是，不构成犯罪。因为李某的行为是以不作为的形式滥用职权，但刑法规定的滥用职权罪主体要件为国家机关工作人员，李某为私营企业一般员工，不符合主体要件。同时，李某并没有和韩某共谋，不存在共同犯罪故意，而我国刑法理论在共同犯罪的成立上以犯罪共同说为通说，要求不仅要有共同犯罪行为，还要有共同犯罪故意，因此，李某和韩某无法构成共同犯罪的共犯。第二种观点认为，李某构成合同诈骗罪的共犯，具体而言，李某明知韩某实施合同诈骗行为，而不履行职责予以揭发，从本质上看是一种帮助行为，虽然韩某并不知情，李某仍然可以构成合同诈骗罪的片面共犯，对其行为应结合刑法总则有关共同犯罪的规定予以处理。笔者认为，在我国目前刑法理论的框架下，很难处罚李某的行为。我国的共犯理论与大陆法系的共犯理论不同，很难肯定片面帮助犯的成立，因为这涉及共犯理论整体的改造和借鉴问题。

过三个月，但数额较大、进行营利活动的，或者进行非法活动的行为。挪用特定款物罪，是指挪用用于救灾、抢险、防汛、优抚、扶贫、移民、救济款物，情节严重，致使国家和人民群众利益遭受重大损害的行为。挪用公款罪，则是指国家工作人员利用职务上的便利，挪用公款归个人使用，进行非法活动的，或者挪用公款数额较大、进行营利活动的，或者挪用公款数额较大、超过三个月未还的行为。我国关于挪用型犯罪的构成要件的设计可谓精细，但还是歧义丛生。对何谓非法活动、营利活动、归个人使用、超过三个月未还等等，不仅学界争论不休，司法实务界更是无所适从，因此，最高司法机关不厌其烦地对这些问题作出司法解释。理论界对挪用型犯罪的研究热情始终高涨，据称有一篇以挪用型犯罪的博士论文，洋洋洒洒写了几十万字还意犹未尽。令人疑惑的是，有关挪用型犯罪的认定和研究，是否值得我们投入如此多的精力？挪用型犯罪只是侵犯了财产的使用权，从行为的性质来看，属于典型的背信行为。我们不必根据行为人挪用的用途设置繁复的要件，因为不管什么用途，对委托人财产使用权的侵犯都是同样的。刑法的目的在于保护法益，犯罪的本质是侵犯法益，过于重视行为人的主观方面，而轻视损害他人的客观方面，是违背法益保护原则的。① 针对挪用型犯罪大可不必动用如此多的司法资源，只需设置一个背信罪即可达到保护法益之目的。

第四，根据我国刑法第166条的规定，所谓为亲友非法牟利罪，是指公司、企业、事业单位的工作人员，利用职务便利，损公肥私，将本单位的盈利业务交由自己的亲友经营的，或者以明显高于市场的价格向自己的亲友经营管理的单位采购商品或者以明显低于市场的价格向自己的亲友经营管理的单位销售商品的，或者向自己的亲友经营管理的单位采购不合格商品，致使国家利益遭受重大损失的行为。这种为他人牟利而损害委托人利益的行为，属于国外刑法中的典型的背信行为。我国刑法中的为亲友非法牟利罪的缺陷在于，将主体限于国有公司、企业、事业单位，致使对非国有公司、企业、事业单位未进行平等的刑法保护，违背世贸组织的非歧视性原则的精神。②

---

① 参见陈洪兵、安文录：《背信行为的刑法探究》，载《法治论丛》，2005（9），第80页。
② 参见陈洪兵、安文录：《背信行为的刑法探究》，载《法治论丛》，2005（9），第79页。另外，尽管我国刑法对国家机关工作人员滥用职权以及国有公司、企业、事业单位人员滥用职权的行为能够进行规制，但是，针对除此之外的人员滥用代理权而造成委托人财产性损失的背信行为，却无法动用刑法手段进行规制，而这种刑法保护上的差别待遇，是明显违背世贸组织的非歧视性原则的。

第五，背信罪的行为人与委托人之间是一种对内关系，与第三者又是一种对外关系。为他人处理财产上的事务的人破坏信任关系、违反诚实信用义务，不仅直接损害委托人的财产，而且影响委托人的生产与经营，还影响委托人和第三者之间的交易关系，从而破坏市场经济秩序。以我国大量存在的商业贿赂（回扣）现象为例，商业贿赂是一种不正当的竞争手段，是破坏市场公平竞争的腐蚀剂，是假冒伪劣产品泛滥的重要原因，是损害消费者权益和损害国家利益的顽凶。那些为他人（包括单位）购买商品的人，为了自己得回扣而购买劣质商品的行为，则是一种背信行为。[1] 正因为如此，在日本和韩国等国家，不仅在刑法典中规定了背信罪，而且在经济法律中规定特别背信罪。尤其是韩国刑法对背信罪的规定极为详细，具体包括普通背信罪、业务上的背信罪、背信收财罪[2]、背信赠财罪。[3] 在日本，背信罪是狭义的经济犯罪中发案率较高的犯罪，也是较为典型的"白领犯罪"[4]。

第六，事实上，我国行政法中的部分条款虽然规定了特定的背信行为，由于现行立法例没有在行政法中直接规定罪名和法定刑，刑法典又没有规定相关背信罪，因而使得行政刑法中的规定形同虚设。比如，《会计法》第42条规定：（1）不依法设置会计账簿的；（2）私设会计账簿的；（3）未按照规定填制、取得原始凭证或者填制、取得的原始凭证不符合规定的；（4）以未经审核的会计凭证为依据登记会计账簿或者登记会计账簿不符合规定的；（5）随意变更会计处理方法的；（6）向不同的会计资料使用者提供的财务会计报告编制依据不一致的；（7）未按照规定使用会计记录文字或者记账本位币的；（8）未按照规定保管会计资料，致使会计资料毁损、灭失的；（9）未按照规定建立并实施单位内部会计监督制度或者拒绝依法实施的监督或者不如实提供有关会计资料及有关情况的；（10）任用会计人员不符合本法规定。有关款所列行为之一，构成犯罪的，依法追究刑事责任。这一条规定的行为实际上是特定的背信行为，将造成重大

---

[1] 参见张明楷：《关于增设背信罪的探讨》，载《中国法学》，1997（1），第70页。

[2] 所谓背信收财罪，是指为他人处理事务的人在处理相关事务时，受不正的请托收受财产或财产上利益的行为。公务员或仲裁人利用职务上的便利谋取财物或财产上的利益时，构成受贿罪或行贿罪。本条是针对公务员或仲裁人之外的一般人，利用职务上的便利收取财物或财产上利益时的处罚规定。针对金融机构的相关人员，可以适用特定经济犯罪加重处罚的相关规定第5条和第6条。（参见〔韩〕金日秀、徐辅鹤：《刑法各论》，6版，博英社，2004，第492页。）

[3] 背信赠财罪，是与背信收财罪相对应的处罚规定。

[4] 〔日〕前田雅英：《刑法各论讲义》，2版，东京大学出版会，1995，第305页。

财产损失的行为规定为犯罪当然也是必要的。问题是,由于刑法典中没有规定背信罪,致使这一条款形同虚设。① 如果在刑法典中规定背信罪,就可以处罚这些行为,也有利于刑法典和行政刑法的协调。

第七,增设背信罪不会成为一个新的"口袋罪"。由于我国现行刑法已经对许多具体的背信行为作出了明文规定,如果某一行为符合这些特殊背信罪的构成要件,就可以定特殊背信罪。只有那些不符合特殊背信罪的构成要件,又具有违背任务性质的行为,而且给委托人造成财产上损失的行为,方可以以背信罪处罚。也就是说,将所有背信犯罪作为整体来看,整个针对背信犯罪的立法方式应当说是例示式的立法,而增设一般背信罪则相当于一个兜底条款,这种立法方式既有原则性又有灵活性,是一个比较理想的选择。②

第八,所谓普通背信罪与侵占罪难以区分,这一问题在日本的刑法理论界确实是一个争论极大的问题,很多有关背信罪的研究就是围绕这一区分而展开的,这与日本刑法中侵占罪的规定有紧密的关联性。③ 但是,这一问题在我国刑法中应当不是难题,侵占罪的构成要件明确具体,它与背信罪是特别法和普通法的关系,如果行为既符合背信罪又符合侵占罪,那么,可以根据法条竞合的原理适用特别法。

当然,增设背信罪面临如何解决刑事立法的粗疏与细密的问题。背信罪将会包含许多具体的犯罪行为。这样一来,似乎导致刑事立法的粗疏化,会与人们普遍要求的立法细密化的要求发生冲突。不可否认的是,我国现行刑法典是在"宜粗不宜细"的原则下制定的,联系我国的刑事立法和司法现状,我们应当对该原则进行反思。然而,如果由此走向另一个极端,使刑法过于细密,也有很多弊端。正如有学者所指出的那样,首先,刑法规范具有普遍性,它从纷繁复杂的行为中抽象出犯罪行为,针对性质相同的犯罪行为也只是抽象其一般共性,不可能对每一种具体的犯罪行为作详细描述,否则会混淆刑法和命令的区别。刑法规范的普遍性使得刑法的包容性强,使得平等地适用刑法成为可能;而刑法规范的普遍性又要求以较少的条文网罗复杂的犯罪,其结果便使得刑法相对简短;过于细密的规定必然造成法律漏洞过多,有损法律的尊严和权威。其次,刑法规范是裁判规范,是法官定罪量刑的法律标准,这就要求避免刑法过于细密。法

---

① 参见张明楷:《关于增设背信罪的探讨》,载《中国法学》,1997 (1),第 71 页。
② 参见任彦君:《论背信犯罪》,载《甘肃政法学院学报》,2008 (5),第 134 页。
③ 参见张明楷:《关于增设背信罪的探讨》,载《中国法学》,1997 (1),第 241 页等。

官适用刑法的过程，在某种意义上说，是一个推理的过程。刑法规范是一个大前提，具体案件则是一个小前提，当小前提符合大前提时，就得出大前提规定的结论。可见，刑法规范只需要起一个大前提的作用，而相对简短的大前提有助于推理判断，过于细密的规定看似合理，实际上则不然。再次，如果刑法相对简短，人们事先就能够根据它预测自己的行为是否违反刑法，从而抑制犯罪行为；如果刑法卷帙浩繁，人们就不能全面掌握其内容，因而产生无所适从之感。另外，从国外立法史来看，18、19世纪过于细密的法律表现出明显的不合理性，这已经被20世纪立法实践对它的扬弃所证明。[1]

从世界各国的立法经验来看，各国刑事立法为了减少刑法上的漏洞，针对现实生活中那些侵犯的法益较小，而变动性较大、犯罪方式多样的行为，往往采用一些抽象、概括因而涵摄力强、包容性大的刑法词语，刑法分则条文对这一类犯罪也仅仅描述其类型，而不做具体的规定。德国、日本、韩国以及我国台湾地区在这一方面是较为成功的，这些国家和地区往往根据一系列具体危害行为所具有的共同本质，将其归类为一类罪名，依此来应对变化多端的社会生活。与此相比，我国刑事立法就缺乏这种思维。以背信罪为例，我国现行刑法典就有三十多个条文[2]，但是，由于这些具体的背信犯罪类型过于细密，以至于无法有效地调整和规范新类型的背信犯罪。我国的刑事立法如果采用类型化的思维模式，增设一般类型的背信罪，就不会陷入刑法在应对"老鼠仓"案件时的窘境。[3]

另外，需要注意的是，由于我国的刑事立法缺乏类型化的模式，从1997年起施行至今，已经修改过9次。刑事立法，是将正义理念和将来可能发生的事实相对应，从而形成刑法规范，这就要求立法者要有一定的超前眼光，能根据社会经济的发展，预测出应予规制的"失范"行为。只有这样，刑法才能具有较强的导向作用，才能使国民能够预测自己的行

---

[1] 参见张明楷：《关于增设背信罪的探讨》，载《中国法学》，1997（1），第73页。

[2] 具体包括：刑法第165条非法经营同类营业罪，第166条为亲友非法牟利罪，第168条国有公司、企业、事业单位人员失职罪、滥用职权罪，第169条徇私舞弊低价折股、出售国有资产罪，第169条之1背信损害上市公司利益罪，第171条金融工作人员购买假币、以假币换取货币罪，第185条之1违法运用资金罪、背信运用受托财产罪，第186条违法发放贷款罪，第187条吸收客户资金不入账罪，第188条违规出具金融票证罪，第189条对违法票据承兑、付款、保证罪，第270条侵占罪，第396条私分国有资产罪、私分罚没财物罪，第404条徇私舞弊不征、少征税款罪，等等。

[3] 参见吴情树：《我国刑法中"犯罪类型设置"的检讨——从背信罪的设立入手》，载《华侨大学学报》，2009（3），第78页。

为。一部优良的刑法会因具有弹性而能够适应社会生活的变迁，在较长时间内无须修改或修改甚微仍不失其有效性。例如，日本的刑法典，从1907年到现在，只修改过8次。"如果刑法修改过多，不但丧失了其对行为的导向作用，不仅对公民个人的生活有影响，而且会对整个国家的管理制度造成很大的冲击，这样频繁修改的刑法很难说是一部优良的刑法。"[①]

[①] 姜敏：《刑法修改：从多变性转向稳定性》，载《安庆师范学院学报》，2009（11），第23页。

第十六章　妨害公务罪新论

根据我国刑法第 277 条的规定，妨害公务罪，是指以暴力、威胁方法阻碍国家机关工作人员依法执行职务；或者以暴力、威胁方法阻碍全国人大代表大会和地方各级人民代表大会代表依法执行代表职务；或者在自然灾害和突发事件中，以暴力、威胁方法阻碍红十字会工作人员依法履行职责；或者故意阻碍国家安全机关、公安机关依法执行国家安全工作任务，虽未使用暴力、威胁方法，但造成严重后果的行为。有关妨害公务罪的保护法益、行为对象、职务行为的合法性以及暴力、威胁的界定，在中外刑法理论界，有不同程度的争议。

一、妨害公务罪的保护法益及行为对象

（一）保护法益

有关妨害公务罪的保护法益，在我国的刑法理论界，主要有以下几种观点的对立：第一种观点认为，"本罪侵犯的客体是国家机关、人民代表大会、红十字会、国家安全机关以及公安机关的公务活动。这里的'公务'，是指国家机关工作人员与人大代表依法执行职务的活动，红十字会工作人员依法履行职责的活动，以及国家安全机关和公安机关工作人员依法执行国家安全工作任务的活动。"[①] 第二种观点认为，"妨害公务罪所侵犯的客体为复杂客体。其主要客体为国家对社会的正常管理秩序；其次要客体为国家机关工作人员、人大代表、红十字会工作人员的人身权利。"[②]

[①] 高铭暄、马克昌主编：《刑法学》，3 版，北京，北京大学出版社、高等教育出版社，2007，第 593 页。
[②] 王作富主编：《刑法分则实务研究》（中），北京，中国方正出版社，2010，第 1153 页。赵秉志：《刑法分则问题专论》，北京，法律出版社，2004，第 416 页。

第三种观点认为,"本罪的法益为'公务',公务的范围包括国家机关工作人员依法执行的职务,人民代表大会代表依法执行的代表职务,红十字会工作人员依法履行的职责,国家安全机关、公安机关依法执行的国家安全工作任务。"① 第四种观点认为,"本罪侵害的法益是国家作用,而不是一般的社会秩序,也不是公务员的人身自由权利本身。公务执行活动能够正常开展,是国家作用得到发挥的前提,法律对公务给予比个人事务更为严密的保护,主要是公务行为代表了国民的利益,其公正和顺利执行与国民生活、社会秩序密切相关。"②

笔者认为,妨害公务罪的行为对象虽然是国家机关工作人员、各级人大代表、红十字会工作人员以及相关组织的工作人员,但是,该罪所要保护的并非是上述人员本身,而是通过上述人员执行的国家机关、人大代表、红十字会或相关部门的作用,即保护公务的公正、顺利进行才是该罪的保护法益。因此,"妨害公务罪的行为对象和保护对象是不同的"③。之所以公务的公正、顺利进行比起其他业务应得到特别的保护,是因为,公务是基于国民的意思以实现国民的利益为其目的的,由于执行公务所面向的是每一位国民而有可能侵犯国民的利益,因而在妨害公务罪中有可能出现国家利益和个人利益发生冲突的一层关系。为了调整这种利益冲突,就有必要合理界定公务的保护范围、公务的合法性等问题。

(二) 行为对象

刑法第277条4个条款规定的行为对象具有法定性,四个条款具体规定了以下四类人员,即:国家机关工作人员、全国人大代表大会和地方各级人民代表大会代表、红十字会工作人员和国家安全机关、公安机关的工作人员。

针对刑法第277条的这一规定,在我国的刑法理论界,部分观点认为,上述四种法定的人员实质上就是两类人员,即国家机关工作人员和红十字会工作人员。也就是说,全国人民代表大会和地方各级人民代表大会代表以及国家安全机关、公安机关的工作人员应当属于国家机关工作人员。其理由是各级人民代表大会代表属于国家机关工作人员,各级人大代表具有双重身份,他们在依法执行其代表职务时,具有国家机关工作人员

---

① 张明楷:《刑法学》,2版,北京,法律出版社,2003,第794页。
② 周光权:《刑法各论》,北京,中国人民大学出版社,2008,第352页。
③ 〔日〕立石二六编著:《刑法各论30讲》,成文堂,2006,第296页。

的特殊身份。①

笔者认为，由于我国的人大代表采取的是兼职制而不是专职制，人大代表在当选之前，有的原本就来自国家机关，有的则不是国家机关的工作人员（比如工人、农民、私营企业主等）。那些本身不是来自国家机关的人大代表，虽然当其履行代表职务时属于人大的组成人员，但众所周知，这种人大代表实际履行人大代表职务的机会很少（除每年开一次会议外，其他履行代表职务的情形少之又少），亦即这部分代表与来自国家机关的代表是有很大不同的（比如后者是占有机关编制的，前者则没有这一身份）。在这种情形下，如果我国刑法不作第 2 款的单独规定，司法工作人员对其是否属于国家机关工作人员确实容易产生疑问或者忽略，而这是不利于保障人大代表履行代表职务的。② 也就是说，全国和地方各级人民代表大会代表是我国国家和地方各级权力机关——人民代表大会的组成人员，他们依法执行代表职务的工作主要包括参加人大会议并审议各国家机关的工作报告、选举"一府两院"的领导人、提出议案，以及参加同级人大常委会组织的视察活动等，这与政府等其他国家机关工作人员依照法律和职责所进行的社会管理工作在性质上有着十分明显的区别。即刑法第 277 条将国家机关工作人员与全国和地方各级人大代表明确地分列开来，因此，在确定本罪的犯罪对象时，将各级人大代表单独列出有其合理性。

---

① 参见赵秉志主编：《扰乱公共秩序罪》，北京，中国人民公安大学出版社，1999，第 24 页等。主张这种观点的理由是：首先，从我国宪法的规定来看，我国的国家机关包括权力机关、行政机关、司法机关和军队。我国宪法第 57 条规定，中华人民共和国全国人民代表大会是最高国家权力机关。宪法第 96 条规定，地方各级人民代表大会是地方国家权力机关。因此，按照我国宪法和选举法的制度安排，各级国家权力机关都是由公民通过行使选举权选举出的人大代表所组成的，正是这种通过正式选举的法律程序所产生的人大代表，组成了我国各级权力机关，代表人民的意志和利益行使着国家权力。其次，从国家机关工作人员的本质看，在我国刑法理论上，关于国家机关工作人员的本质特征，主要有"身份说"、"财产性质说"、"单位性质说"、"公务说"、"身份与公务兼具说"、"新公务论"等。其中"新公务论"科学地界定了国家机关工作人员的内涵，准确地揭示了国家机关工作人员的本质。按照新公务论的观点，人大代表属于前述三种模式中的第二种，也就是：经合法授权取得资格；按照法律规定，拥有国家管理、公共管理或社会管理的职权，同时也肩负着履行管理国家事务、公共事务和社会事务的职责；人大代表在执行职务时，以代表的职务名义从事公务。所以，人大代表属于"在国家机关中依法短期或临时从事公务的人员"，完全符合国家机关工作人员的本质，应当属于国家机关工作人员。（参见李希慧、黄洪波：《妨害公务罪的立法缺陷及其完善》，载《法学》，2006（6），第 43 页以下。）

② 参见黄奇中：《"妨害公务罪"若干问题研究》，载《华侨大学学报》（哲学社会科学版），2007（2），第 52 页。

二、职务行为的合法性

（一）职务行为的合法性要件

妨害公务罪中的职务行为必须具有合法性，即职务行为必须是依法执行的。这主要是因为与职务行为相对应的国民的权利也需要得到保障，非法职务行为不值得动用刑法加以保护，针对非法执行的职务行为加以保护只能导致法秩序的混乱。

作为职务行为的合法性要件，中外刑法理论界的主流观点认为，应当具备以下几种要件：（1）职务行为属于该公务员的抽象职务权限（一般职务权限）；（2）公务员具有执行该职务行为的具体职务权限；（3）该行为履行了职务行为有效要件之法律上的重要条件或方式。① 也就是说，职务行为的合法性应当具备：第一，职务行为属于该公务员的抽象职务权限（一般职务权限）。公务员一般具有事务、场所上属于自己管辖范围的"职务"，因此，超出管辖范围的行为，即便不涉及合法性问题，也不属于执行"职务"的行为。比如，没有犯罪侦查权限的税务征收人员，就不能执行有关刑事司法的公务；检察官不能出面为他人追讨债务。第二，公务员具有执行该职务行为的具体职务权限。尤其是在有关执行公务问题上，如果有分工、指定或委任，那么，应当在其范围内执行公务。比如，法院执行人员并没有取得生效判决书，在缺乏依据的条件下强制执行他人财产的属于违法行为。另外，执行公务者不在法律规定的辖区，而是未经批准到其他辖区执行公务的，行为不具有合法性。第三，该行为履行了职务行为有效要件之法律上的重要条件或方式。比如，持有法院的判决书或警察机构对于违反治安管理规定的人的处罚决定书实施职务行为的，即为合法的公务。②

---

① 参见〔韩〕金日秀、徐辅鹤：《刑法各论》，6版，博英社，2004，第857页。〔日〕立石二六编著：《刑法各论30讲》，成文堂，2006，第298页。周光权：《刑法各论》，北京，中国人民大学出版社，2008，第352页以下等。

② 正在执勤的交通警察，依其抽象的、具体的职务权限，固然有权对违章行车的司机给予罚款等处罚；但他若对违章司机处以超出法定限额的罚款，或者在执行职务时没有按规定表明自己的特定身份，或者罚款后不开具罚单，则他的这一行为便违反了法律规定的必备的重要条件、方式和程序，不再具有合法性。需要注意的是，只有违反的是法律强行性规定的条件、方式和程序，才能认定为非法，如违反的属于法律的任意性规定，则不影响其合法性；只有违反的是法律规定的重要的条件、方式和程序，才能认定为非法，如系执行条件、方式和程序的轻微瑕疵，比如公务人员的态度过于生硬、方法简单粗暴或言行不太文明等，则不影响其合法性的成立。（参见赵秉志：《刑法分则问题专论》，北京，法律出版社，2004，第423页。）

至于该判决书或处罚决定书的内容事实上是否正确，不影响公务的合法性。

然而，该行为在"何种程度"上违反法律上的条件或方式，才属于违反法律上的"重要条件或方式"而缺乏合法性？有关这一问题，在大陆法系的刑法理论界，有以下几种观点的对立[①]：严格解释合法性的观点认为，职务执行中的违反所有法律、法规的行为均不具有合法性。不过，主流观点认为，如果违反的只是任意性规定，就不应将其视为缺乏合法性。也有观点认为，如果执行行为还没有失去有效性，那么，仍然属于合法。即基于条件、方式上轻微的违反而否定刑法意义上的保护不尽妥当。因为，即便条件、方式上轻微的违反，也不应否定执行公务本身，而是"做法不妥当"而已。

其实，这一问题事关公务的顺利进行这一国家利益和保障妨害者之个人法益之间的关系。因此，有必要充分考虑公务的执行是否侵害了个人法益，即为了保护公务执行之相对方的权利，探讨是否存在重要的程序上的瑕疵而认定妨害公务罪的成立与否。

笔者认为，就职务行为的合法性要件问题而言，如果过于严格解释合法性的要件，则直接影响妨害公务罪的成立范围，即不应过分强调保护个人法益的要件。与此相反，如果随意解释职务行为的合法性要件，那么，妨害公务罪的成立范围自然就会宽泛，有可能导致侵犯个人法益之结局。因此，作为职务行为的方式、要件：第一，为了防止不当侵犯个人权益，该要件必须限于执行公务行为所必要的本质性事项（比如，逮捕犯罪嫌疑人时出示逮捕证）；第二，即便该要件的重要性并没有具备能够保障个人权利的逻辑意义上的必然性要求，也应具备公务员职务行为的定型化要求，同时应当满足职务执行的效率化；第三，针对行为对象，应当告知正在行使公务员的职权和行使职权的具体理由。就第三点而言，它与单纯的程序问题有所区别，如果公务员对行为对象没有告知正在行使职权这一事项，那么，即便行为对象没有当场提出异议，也不能作为合法的职务行为而由刑法加以保护。不过，在没有告知正在行使职权的具体理由的情况下，如果行为对象当场提出异议而继续执行职务行为，那么，可以说缺乏刑法意义上的要保护性。但是，如果行为对象当场并没有提出异议，那么，由于这种情况属于公务员的态度问题，因而并不影响刑法上的要保护性。当然，即便合法的职务行为应当由刑法加以保护，但这并不是说职务行为的要保护性等于合法性本身。如果该职务行为违背法律上的条件和方式，即不合法的职务行为即便在实质意义上存在要保护性，也不应将其视

[①] 参见〔日〕大塚裕史：《刑法各论的思考方法》（新版），早稻田经营出版，2007，第496页。

为"合法"的职务行为。① 也就是说,就职务行为合法性要件中的"何种程度"问题而言,如果该行为没有具备重要方式或要件,那么,就属于违法的职务行为,如果违反的只是任意性规定,就不应将其视为缺乏合法性。

(二)职务行为合法性之判断基准

有关职务行为合法性的判断基准,在大陆法系的刑法理论界,主要有以下三种观点的对立②:

第一种观点是主观说(公务员标准说)。这种观点认为,职务行为是否合法的判断应当以执行该职务行为的公务员为基准,既然公务员的行为属于抽象权限,那么,公务员认为合法而实施,那么就应视该行为为合法。理由是:公务员具有属于抽象权限的、针对特定事实是否可以执行职务的判断权限,因此,即便公务员的判断并不符合客观事实,也应将其视为合法行为。主观说的立论基础是试图保护该罪所规定的"主观上的合法性",但是,如果将合法性交给公务员的主观而进行判断,不仅有可能助长公务员的恣意,更有可能偏向于国家利益而侵害个人权益,会导致职务行为的合法性要件形同虚设的结局。因此,现在几乎没有支持这种观点的学者。

第二种观点是折中说(一般人标准说)。这种观点认为,根据行为当时的具体情况,如果一般人认为是合法的,那么,应当将这种职务行为视为合法。理由是:既然将职务行为的合法性理解为规范性构成要件要素,那么,妨害公务罪的成立,就有必要对行为者要求公务员合法执行该公务而对其进行妨害,但是,由于刑法属于一种"行为规范",因而,其判断应当以一般人是否认为合法为基准。这种观点的立论基础是保护"合法公务之外观"。但是,"一般人这一基准本身,作为合法性的判断基准极为含糊;并不精通法律法规的一般人,针对公务员执行公务的情形,绝大部分一般人都会认为是合法的,因此,其结论与主观说并没有多大的区别"③。这可以说是折中说的致命缺陷。

第三种观点是客观说(裁判官标准说)。这种观点认为,由于职务行

---

① 参见〔日〕立石二六编著:《刑法各论 30 讲》,成文堂,2006,第 301 页。
② 参见〔韩〕金日秀、徐辅鹤:《刑法各论》,6 版,博英社,2004,第 858 页。〔日〕立石二六编著:《刑法各论 30 讲》,成文堂,2006,第 301 页等。
③ 〔日〕西原春夫:《刑法各论》,成文堂,1991,第 419 页。针对上述批判,折中说的反论是,"一般人"概念广泛应用在犯罪论的各种领域,一般人不知法律无非是一种武断推测,一般国民并不一定将公务员外观上的职务行为统统视为合法行为。(参见〔日〕植松正等:《现代刑法论争Ⅱ》,2 版,劲草书房,1997,第 339 页。)

为的合法性属于行为本身内在的法律性质问题，因而法院通过解释法律法规进行客观判断。这是韩国、日本等国的通说，也是判例所取的立场。[①] 我国的主流观点也倾向于这种观点。[②] 但是，在客观说的内部，有关合法性的判断时点，又有行为时标准说和裁判时标准说的对立。行为时标准说主张，职务行为的合法性，应当根据执行职务行为时的具体情况进行客观判断。与此相反，裁判时标准说则主张，应当以裁判时掌握的所有材料为基础，进行事后客观判断。

　　两种主张的根本对立，主要体现在错误逮捕犯罪嫌疑人时结论上的不同。比如，深夜，巡逻中的警察甲发现杀人现场站着一名衣服上有血迹的乙，于是就向乙询问相关情况，由于乙的回答有所暧昧，加上杀人凶器就在乙的脚下，于是断定乙就是杀人犯而准备逮捕。其实，偶然路过杀人现场附近的乙见有人倒在血泊中，于是想救助被害人，但是，万万没有想到有人想逮捕自己，因此，基于本能进行反抗的同时，伤害了警察甲。在这种情况下，根据行为时标准说，实施逮捕行为当时，如果存在能够肯定乙就是杀人犯的客观情况，即便事后发现乙并非杀人犯，只要逮捕行为没有违反刑事诉讼法所规定的相关条款，那么，错误逮捕行为也属于合法的职务行为。因此，乙的行为有可能成立妨害公务罪。与此相反，如果根据裁判时标准说，既然事后已经判明是错误的逮捕，由于警察的判断有错误，因而在是否成立妨害公务罪的关系上，警察的行为属于"违法"的职务行为。也就是说，乙的行为不符合妨害公务罪的构成要件，虽然乙的行为有可能构成故意伤害罪的构成要件，由于成立正当防卫而阻却违法性。

　　笔者倾向于行为时标准说，理由是：职务行为的合法性要件，应当属于该行为作为职务行为应否得到法律上的肯定问题，因此，理应根据行为当时的具体情况进行客观判断。如果考虑到裁判时得以判明的事后所有情况的话，不仅有过于轻视保护公务之嫌，如果根据裁判时标准说，即便是刑事诉讼法上的合法行为，也有可能成立妨害公务罪，这种结论显然不尽合理。[③] 也就是说，首先，既然法律、法规以行为当时情况为前提肯定职务的执行，那么，职务行为的合法性应当以行为当时为基准进行判断，将行为当时合法的行为，根据事后判断将其视为违法，有破坏法秩序统一性

[①] 参见〔韩〕金日秀、徐辅鹤：《刑法各论》，6版，博英社，2004，第858页。〔日〕西原春夫：《刑法各论》，成文堂，1991，第420页等。

[②] 参见周光权：《刑法各论》，北京，中国人民大学出版社，2008，第354页。张明楷：《刑法学》，2版，北京，法律出版社，2003，第796页。

[③] 参见〔日〕井田良：《刑法各论》，弘文堂，2002，第198页。

之嫌。其次,针对逮捕现行犯的行为人而言,要求考虑所有事项,绝不能出现错误逮捕不仅不大可能,还极有可能导致影响逮捕现行犯人之需要,因此,行为时点并不违反刑事诉讼法的合法逮捕,即便事后判明是错误逮捕,从刑事司法的视角而言,也是一种值得保护的职务行为。

需要注意的是,行为时标准说并非仅仅由主张违法性的本质是行为无价值、结果无价值二元论的学者所主张,倾向于结果无价值一元论的部分学者同样支持这种观点。一般地说,主张违法性的本质是结果无价值一元论的学者,在偶然防卫问题上,依据客观的事后判断主张成立正当防卫。如果基于同样的逻辑,职务行为的合法性判断理应根据客观的事后判断而进行。但是,倾向于违法性的本质是结果无价值一元论的观点在此问题上却认为,"偶然防卫属于犯罪行为本身是否违反客观法秩序的问题,与此相比,妨害执行公务罪的合法性问题,却属于保护怎样一个合法性问题,因此,决定保护行为时的保护对象,与事后客观评价犯罪行为的违法性问题有本质上的不同。偶然防卫是针对行为者的法益侵害行为,应否将其正当化的问题,而妨害执行公务罪的合法性问题,却属于在该罪中保护怎样一个职务行为的问题,因此,本质上大有区别。"[①] 也就是说,针对前者进行事后判断,而对后者进行事前判断并不矛盾。

(三) 职务行为的合法性错误

所谓职务行为的合法性错误问题,是指客观上公务员实施的是合法的职务行为,由于行为者误以为是违法职务行为而对其实施妨害,在这种情况下,该错误是否影响妨害公务罪中的故意问题。

有关这一错误问题,在大陆法系的刑法理论界,有以下几种观点的对立[②]:第一种观点认为,在这种情况下,应当将职务行为的合法性理解为构成要件要素(作为法律事实的规范性构成要件要素),因此,作为事实错误而阻却故意。第二种观点认为,由于职务行为的合法性并不属于故意中的认识对象问题,因而是一种法律错误而不阻却故意。第三种观点认为,职务行为的合法性是一种客观处罚条件,与故意没有关联而不阻却故意。第四种观点认为,如果职务行为的实施存在能够使行为人误以为是实施违法行为的瑕疵,那么,就属于事实错误而阻却故意;但是,如果行为人的妨害行为属于误解法律法规所容许的范围,即行为人误以为自己的行

---

① 〔日〕前田雅英:《刑法各论讲义》,4版,东京大学出版会,2007,第515页。
② 参见〔日〕阿部纯二等编:《刑法基本讲座》,6版,法学书院,1993,第337页以下。

为是正当的,那么,作为法律错误而不阻却违法性。

笔者倾向于第四种观点,理由是:职务行为的违法性错误,是指行为人将合法的公务执行行为误以为是违法行为,误以为妨害违法的职务执行行为属于正当防卫而对公务员施加暴力、胁迫,能否构成妨害公务罪的问题。比如,(1)司法工作人员依据逮捕证准备逮捕犯罪嫌疑人时,虽然出示了逮捕证,由于行为人没有仔细看,误以为是非法逮捕而对司法工作人员施加暴力;(2)误以为没有逮捕证的逮捕都是违法逮捕(刑事诉讼法第91条),可以对其实施防卫行为而施加暴力。当然,上述两种情形有所区别,第一种情形属于误认事实而误以为是违法的职务行为;第二种情形是属于不知相关法律而误以为是违法职务行为。在这两种情形下,不应将其简单理解为事实错误或法律错误。因此,在像上述第一种情况之误认事实的情况下,由于行为人没有针对事实的认识而不涉及规范问题,这种错误属于事实错误而应阻却故意。但是,像上述之第二种情况下,即针对公务合法性评价存在错误的情况下,由于行为人并不欠缺针对事实的认识而涉及规范问题,因而属于误以为自己的行为是被允许而应归类为违法性错误,不能阻却故意。①

---

① 有关这一问题,在我国的刑法理论界,有观点认为:本罪在司法实践中比较容易发生问题的主要是行为人的认识错误问题,具体又可进一步分为以下几点:第一,行为人对侵害对象特定身份的认识错误。行为人对正在依法执行职务、履行职责的国家机关工作人员、各级人大代表、红十字会工作人员的身份发生了错误认识,因而实施了妨害公务的行为。此种认识错误属于行为人对事实的认识错误,由于行为人缺乏对其侵害对象特定身份的明知,因而成为阻却其主观罪过成立的事由。在这种情况下,由于行为人不具有主观罪过,因而不构成妨害公务罪。第二,行为人对公务人员执行公务的合法性的认识错误。行为人对公务人员的特定身份没有认识错误,也明知他们是在执行公务,但行为人却将依法进行的公务活动误以为是违法的,进而实施了制止滥用职权或非法执行公务的行为,亦即行为人对自己行为的性质发生了错误认识。对于行为性质错误是属于法律错误还是事实错误,刑法学界素有争论。对于行为性质错误属于法律错误还是事实错误之争,直接影响行为性质错误的行为人的罪过成立与否,因而不仅具有理论意义,而且具有实践意义。我们认为,行为人对公务人员执行公务的合法性认识发生错误,是在对公务人员所依据的法律发生认识错误的基础上,进而对自己行为的性质发生了错误认识,但行为人对妨害公务罪的法律规定并无认识错误,也就是说,行为人是由于对某种客观事实产生了误解(在妨害公务罪中,对公务人员执行公务是否合法的认识应属于对事实的认识)才导致其对自己行为的性质发生了错误认识,其本质在于行为人错误地认识了事实而非对自己的行为在刑事法律上的评价产生了认识错误,因此,这种认识错误属于事实错误,而不是法律错误。对于事实错误,一般认为,凡是事实错误阻碍行为人认识其行为的危害社会结果的,便排除犯罪故意,符合过失心理的,负过失的罪责。行为人认为公务人员执行公务的行为违法,因此阻止其进行,行为人主观上没有危害社会的意图,即没有认识到其行为及结果的社会危害性,所以应排除犯罪故意的成立。(参见王作富主编:《刑法分则实务研究》(中),北京,中国方正出版社,2010,第1157页以下。)

三、妨害公务罪中的暴力、胁迫行为

(一) 执行公务之范围

妨害公务罪保护的法益是公务的公正、顺利进行，因此，只有在公务人员依法执行公务时对其实施侵害，才有可能使公务活动受到妨害而构成本罪。那么，究竟应当怎样理解执行公务便成为一个问题。

有关这一问题，大陆法系部分国家的刑法理论和司法实践的立场是，妨害公务罪中的"执行公务"，应当比"公务执行中"宽泛，即应限定在"执行公务时"。也就是说，"并非公务员出勤时间段中的所有行为，都符合执行公务的要件而成为该罪保护的对象，而应以具体的、所特定的公务执行之开始到结束为基础，只有与该公务的执行有时间上不可分割的一体性范围内的公务行为才是保护的对象"[1]。因此，比如潜入消防队的车库，用锥子扎坏停放在那里的消防车轮胎的行为，以妨害未来执行公务为目的的行为不构成妨害执行公务罪。但是，如果破坏行为发生在消防队员准备着手执行公务时，由于存在时间上的一体性而有可能成立妨害执行公务罪。

另外，由于该罪的保护对象是具体的公务行为，因而即便上班或下班途中针对公务员施加暴力或胁迫，也不构成该罪。如果巡逻中的警察在茶馆稍事休息时遇到暴力或胁迫，即便发生在出勤时间段内，由于警察处于休息的时间段而不能成为该罪保护的对象，但是，即便是在巡逻途中，警察偶尔遇见熟人而与之简短交谈，由于不属于休息，符合"执行公务时"的要件而可以构成妨害执行公务罪。[2]

有关这一问题，在我国的刑法理论界，有观点认为：所谓执行公务时，应当理解为是从准备执行公务开始到执行行为最终完成的整个过程，或者说是自公务的开始执行前有执行之样态，至其行为终了时之存续状态时止。[3]

笔者认为，"执行公务时"的界定，不应限于执行公务的实施具体行

---

[1] 《刑集》第 24 卷第 13 号，第 1812 页。
[2] 参见〔日〕大塚裕史：《刑法各论的思考方法》（新版），早稻田经营出版，2007，第 507 页。
[3] 参见赵秉志：《刑法分则问题专论》，北京，法律出版社，2004，第 428 页。

为的当时,公务执行开始之前的职务行为,只要处于与执行公务有密切关联的行动状态,同样属于公务执行行为。另外,具体的执行公务行为虽已经终了,但为执行下一个任务而处于移动状态,如果公务行为之间具有某种连续性,并没有失去执行公务的具体性,也应包括在"公务执行时"之中。具体而言,执行公务包括以下几个阶段:

第一,公务执行前的准备阶段。从时间范围来讲,这一阶段始于公务员已经开始实施执行公务的必要准备行为,终于公务员着手实际执行公务之前。这一阶段的公务员的行为有两方面的特征:首先,公务员在执行公务前的所有行为都可以视为在为其实际执行公务做准备。但只有具有为达到某项具体的公务顺利执行的目的而进行的那些行为,才能称得上是此处所谓的执行前的准备行为。这是区分公务员个人行为与执行公务的准备行为的关键。其次,公务员执行公务前的准备行为有两层含义:一是已经开始实施为某项公务的具体执行创造条件的准备行为。二是公务员尚未着手实施公务的实际执行行为。所谓公务的实际执行行为,是指公务员将国家的特定意志对人或物施加具体影响的行为。如果公务员已经着手实际公务活动的内容,则已进行下一阶段,即实际执行阶段。这种特征的同时具备和有机结合,就构成了执行前准备行为的完整内涵,并使其得以与公务员实施的个人行为区别开来。

第二,实际执行阶段。这一阶段为公务正在实行的过程。从时间范围上看,这一阶段始于公务员着手实施公务的实际执行行为,终于公务执行完毕。问题是,怎样界定公务已经执行完毕,因为它关系到是妨害公务罪还是侵犯人身权利罪的成立问题。笔者认为,公务已经能够执行完毕,应当是指公务员已经实施了完成某项公务活动所需进行的全部行为,达到了开展该项公务活动以管理社会的目的。它亦包括两方面特征:一是必须是已经实现了开展某项公务活动的目的。二是必须是已经实施了完成某项公务活动所需进行的全部行为。需要注意的是,"公务活动究竟包括哪些具体的行为,得视该项公务的性质和内容而定,不能一概而论"[①]。

第三,就具有一体性和连续性的公务执行行为而言,不应将其分割、分段考虑,进而分别判断其公务行为的开始和终了,而应当从整体上认定其职务行为的开始与终了,即便外观上暂时中断或偶尔停止,也应认为是在执行公务的过程中。

[①] 赵秉志:《刑法分则问题专论》,北京,法律出版社,2004,第430页。

（二）暴力、胁迫之界定

妨害公务罪，是指以暴力、威胁方法阻碍公务人员依法执行职务为构成要件的犯罪，有关暴力与胁迫的界定，在中外刑法理论界，有不同程度的争议。

大陆法系部分国家的主流观点认为，由于本罪的保护法益是公务的顺利进行，因而只要行为人的行为妨害公务的顺利进行，均可以将其解释为"暴力"。也就是说，除了直接向公务人员的身体行使有形力（直接暴力）之外，还包括直接向"公务人员之外的第三者"或"物"而间接向公务人员行使有形力（广义的间接暴力）。另外，针对"物"所实施的有形力，间接影响公务人员时也属于间接暴力（狭义的间接暴力）。① 也就是说，暴力是指针对执行公务的人的直接或间接的有形力的行使，因此，即便针对第三者或物行使有形力，由于属于间接向公务员行使有形力而可以构成该罪。胁迫意味着能够导致执行公务的公务员产生恐惧心理的恶害之告知，因此，即便是针对第三者的胁迫，如果能够妨害公务员执行公务，同样可以构成该罪。比如，向警察执行公务的派出所的地面扔装有粪便的水桶，往办公桌上的烟灰缸倒进粪便并将其扔向地面，均属于对警察实施暴力。另外，由于被告人（有行使暴力之前科）所经营的酒店过于吵闹，针对接到附近居民的报警而出警的警察的"安静一些"的警告，被告人于凌晨四点赶到派出所大喊"为何与我过不去，想找死啊"，也属于妨害公务罪中的胁迫。

妨害公务罪中的暴力、胁迫，应当是针对执行公务的公务人员的积极举动，单纯的消极形态或不服从并不属于暴力、胁迫的手段或方法。为了逃避逮捕而甩开警察，面对公务人员关门或不给开门均不属于该罪的暴力或胁迫。例如，韩国的判例认为，"违章行驶人员一旦停下车后，针对交警出示驾驶证的要求，全然不顾交警的手已经放在打开的车窗上而继续行驶，由于车速加快交警不得不放开手的情况，行为人的行为并不属于妨害执行公务罪中的暴行。"②

有关暴力、胁迫的程度，日韩刑法中的主流观点认为，应限于性质上能够妨害公务执行的程度。由于该罪属于抽象危险犯或举动犯，只要施加

---

① 参见〔日〕大塚裕史：《刑法各论的思考方法》（新版），早稻田经营出版，2007，第510页。
② 〔韩〕金日秀、徐辅鹤：《刑法各论》，新6版，博英社，2004，第859页。有关抗拒抓捕行为是否属于暴力行为问题，在我国的刑法理论界有两种观点的对立：第一种观点认为，行为人抗拒抓捕时的暴力行为并不构成妨害公务罪。即便行为人殴打司法人员，但其目的是防止被逮捕，抗拒不等于阻碍。况且，嫌疑人在面临抓捕时进行被动的反抗是预料之中的常态，如果其行为造成的伤害程度达到故意伤害罪的标准，则可以以故意伤

暴力或胁迫就可以构成既遂，因而并不要求行为一定要在现实上妨害了公务的执行。③当然，也有少数观点认为，暴力、胁迫程度的界定，应当以是否发生了具体危险为基准。

有关暴力、胁迫的界定，我国刑法理论界的主流观点认为，本罪中的暴力，就其内涵而言，应是指侵犯公务人员自由权、健康权直至生命权的施加于公务人员本人或他人的人身或其物品的强力打击或强制行为；从其外延来看，则应包括毁损公务人员的财物、捆绑、拘禁、殴打、伤害乃至杀害等有形力，以及施行催眠术、用麻醉、用酒灌醉等无形力之一系列程度不同的侵犯人身的行为。而胁迫是指以侵犯人身、毁坏财产、破坏名誉等相胁迫，即以将要加以恶害相通告，对国家机关工作人员或红十字会工作人员实行精神强制，意图使其心理上产生一种恐惧感，从而达到阻碍其依法执行职务、履行职务的目的。至于公务人员是否已真的因此而产生了畏惧，则在所不问。这种威胁可以是口头进行的，也可以是书面发出的或者通过身体动作暗示的；可以是直接对本罪侵害对象本人实施的，也可以是对其亲友间接进行的。④

有关暴力、胁迫的程度问题，在我国的刑法理论界，也有以下几种观点的对立：第一种观点认为，暴力、胁迫行为只要有阻碍公务人员依法执行职务、履行职责之虞即可，不以其职务、职责果因强胁而不能执行为必要。⑤这种主张与大陆法系刑法理论中抽象危险犯、举动犯说相同，也是我国的主流观点。第二种观点认为，本罪中的暴力、胁迫的强度，与执行公务的性质、样态等存在某种相对关系，其需达到使公务人员不能适当地执行职务，或显有困难的程度，始足当之；完全不审视对职务执行的影响，认为一有暴力、胁迫即成立本罪，有悖本罪意在保护公务执行而非单纯保

（接上页）害罪论处，而不需要以妨害公务罪处罚。何况妨害公务罪的构成标准在实践中不统一，如果只要是暴力反抗不构成故意伤害罪就定妨害公务罪，则未免规定得过于严格，不利于保护嫌疑人的合法权益。第二种观点认为，抗拒抓捕的暴力属于对人的直接的、有形的暴力。根据刑法第277条的规定，以暴力、威胁方法阻碍国家机关工作人员依法执行职务的，构成妨害公务罪。对其中的阻碍不能作过于狭隘的理解，这里阻碍的不仅仅是指被执行对象以外的人，也应包括被执行者（嫌疑人本人）。事实上，"阻碍"是对妨害公务行为的概括，是一种概括的行为，也是暴力、威胁等行为造成的终极结果。因此，从"阻碍"的字面上理解，不能导出行为人抗拒抓捕的行为不能构成妨害公务罪的结论。如果行为人抗拒抓捕并实施了殴打等行为达到了"阻碍"执行公务的程度，就可以构成妨害公务罪。（参见董邦俊：《妨害公务罪中的"暴力"行为解读》，载《法学评论》，2009（4），第145页。）

③ 参见〔日〕大塚裕史：《刑法各论的思考方法》（新版），早稻田经营出版，2007，第513页。
④ 参见赵秉志：《刑法分则问题专论》，北京，法律出版社，2004，第431页等。
⑤ 参见鲜铁可：《论新刑法中的危险犯》，北京，中国检察出版社，1997，第294页。

护公务人员的旨趣。① 这是大陆法系刑法理论中的具体危险说之翻版。第三种观点认为，本罪中的暴力、胁迫需要达到迫使公务人员不能或放弃执行公务，或者违背其职责和意愿实施依法不应当实施的行为之程度。② 这种观点将本罪视为刑法理论中的实害犯。

笔者认为，妨害公务罪中的暴力，是指不法行使有形力，是最广义的暴力概念，即向他人当面实施有形力，但并不限于向身体直接实施暴力行为，间接暴力以及毁损相关公务人员周边财物的行为也应包括在内。胁迫，是指告知足以使他人产生畏惧感的恶害，但应限于使他人的人身、财产安全感受到被侵害的情况。至于告知恶害的内容、方法没有限制。针对与公务的执行具有密切关联性的、直接辅助公务人员的人实施暴力、威胁，导致公务员的执行行为无法顺利开展，也应属于本罪中的暴力、威胁行为。从妨害公务罪的性质看，暴力、威胁行为只要达到足以妨害公务的执行即可，也就是说，本罪属于抽象危险犯，不需要发生具体的妨害公务执行的结果。

至于用酒灌醉、用药物麻醉、使用催眠术等无形力，应否包含在暴力的范围之内，笔者倾向于否定的立场。理由是：首先，暴力本身具有有形性和强制性；其次，这种解释已经超越了合理的扩大解释之范围。③

---

① 参见赵秉志：《刑法分则问题专论》，北京，法律出版社，2004，第432页。
② 参见王作富：《中国刑法研究》，北京，中国人民大学出版社，1988，第647页。
③ 有关这一问题，在我国的刑法理论界，有观点认为，从本质上看，无形暴力与有形暴力一样，在客观上会造成妨害公务活动的结果，将暴力理解为包括无形的暴力虽然能够较好地解决司法实践中的定罪难题，但目前对刑法中的妨害公务罪的暴力手段作这种理解却存在着难以克服的问题：第一，相关法条之间难以协调。在我国刑法中，有关暴力的规定有两种模式：(1) 暴力、威胁方法并列规定，妨害公务罪即是采此种方式；(2) 暴力、威胁或者其他方法并列规定，如抢劫罪。学者们均认为这里的暴力是指对被害人的身体实行的打击强制手段，包括殴打、捆绑、禁闭、伤害等。对于其他方法，均认为是指暴力或胁迫方法之外的、使被害人不知反抗或丧失反抗能力的方法，如用酒灌醉、用药物麻醉、使用催眠术等方法，这些方法大体上属于上述学者所说的无形暴力方法。将无形力视为暴力有违法的整体性精神，破坏了法条之间的内在和谐统一。第二，如果将妨害公务罪中的暴力理解为既包括有形的暴力，也包括无形暴力，则是对刑法条文的扩大解释，赞成此观点在理论上和司法实践中会遇到矛盾。这种无形暴力实质上是对暴力含义所作的扩大解释，其含义早已超出暴力本来的字面含义，与妨害公务罪规定的犯罪方法仅限于"暴力、威胁"的立法本意不符合，这种扩大解释也违背罪刑法定原则。用酒灌醉、用药物麻醉、使用催眠术等方法与暴力行为的内涵相去甚远，如果将其作为暴力犯罪的手段显然不妥，与罪刑法定原则相悖。第三，如此解释，有违妨害公务罪立法本意。妨害公务罪的行为仅限于暴力和威胁，采用有形的暴力与无形的暴力，虽然在客观上都会造成妨害公务活动的危害，但是行为人的主观恶性则有较大的差别，前者手段的剧烈性、公然性反映了行为人对公权力的公然敌视和抗拒，因而其主观恶性较后者更大，这也正是立法者将妨害公务罪的犯罪方法仅限于暴力、威胁方法的主要根据。(参见董邦俊：《妨害公务罪中的"暴力"行为解读》，载《法学评论》，2009 (4)，第144页以下。)

四、相关案例评析

案例1：

基本案情：2004年7月14日下午5时许，被告人宋永强（1975年3月出生）驾驶牌号为苏DL058的解放牌载货汽车装载25吨（额定载重4.5吨）水泥沿104国道由东向西行驶。因车辆严重超载，被告人宋永强为掩盖车辆超载真相，以逃避检查处罚，在距溧阳市梅园治理机动车超速超载点（以下简称治超点）500米处时将车速提升至60千米每小时，当车辆以此速度行驶至距离该治超点50米处时，负责车辆超速超载治理工作的交警张冬柏在快车道中央示意被告人宋永强将车驶入慢车道并停车接受检查。被告人宋永强因害怕处罚，故未采取制动措施和改变行驶方向而是继续恒速沿快车道向前行驶。在距被害人张冬柏10米许时，被告人宋永强见其仍未避让方才紧急刹车，张冬柏此时虽经紧急避让仍被撞倒而致外伤性尾骨骨折。案发后，被告人宋永强已赔偿被害人张冬柏的经济损失。溧阳市人民法院判决：被告人宋永强犯妨害公务罪，判处罚金人民币5000元。[①]

在本案的审理过程中，有以下三种观点的对立：第一种观点认为，被告人宋永强的行为构成故意伤害罪；第二种观点认为，被告人宋永强的行为不构成犯罪；第三种观点认为，被告人宋永强的行为构成妨害公务罪。

在本案中，被告人宋永强行为的主观意图是掩盖车辆超载真相，通过提速驾驶，迫使正在依法执行公务的交警无法正常履行公务，以逃脱检查，并逃避因超载而遭到处罚。因此，符合妨害公务罪的主观要件。问题是，被告人的行为是否符合本罪客观方面所要求的暴力、威胁的表现形式。如前所述，妨害公务罪中的暴力，是指不法行使有形力，是最广义的暴力概念，即向他人当面实施有形力，但并不限于向身体直接实施暴力行为，间接暴力以及毁损相关公务人员周边财物的行为也应包括在内。威胁，是指告知足以使他人产生畏惧感的恶害，但应限于使他人的人身、财产安全感受到被侵害的情况。至于告知恶害的内容、方法没有限制。针对与公务的执行具有密切关联性的、直接辅助公务人员的人实施威胁，导致公务员的执行行为无法顺利开展，也应属于本罪中的威胁行为。在本案中，被告人宋永强为了逃避检查处罚，在负责车辆超速超载治理工作的被

[①] 参见赵秉志主编：《中国刑法典型案例研究》，北京，北京大学出版社，2008，第237页。

害人示意停车接受检查时，非但没有停车，反而提速继续沿快车道行驶，这对于当时正站在快车道中央的被害人而言，无疑使其面临着一种严重的威胁。因此，在本案中，被告人的威胁的表现方式就是用高速驾驶的方法，使被害人的生命处于一种危险状态。也就是说，被告人的行为完全符合妨害公务罪的构成要件。

案例 2：

基本案情：2000 年 10 月 28 日中午，全某、徐某在王某家中吃饭，因王某家电视屏幕不清楚，三人到房管站查问王某租住处的有线电视线路安装情况，因没有办理交费手续，其要求被拒绝后，即与房管站工作人员发生了争执。房管站工作人员吴某见状，给管界民警金某打电话，要求前来处理。金某接到电话后和房管站工作人员冯某一同来到房管站内，见王某、全某、徐某正在和房管站工作人员争吵。冯某上前询问，即被三人殴打，这时民警金某上前调解并说："我是民警，有什么事找我，别打人。"三人不听劝阻，揪住金某，用手持的铁锁、墩布把等对金进行殴打，造成金左颧部及前额发迹内外伤，经刑事科学技术鉴定属轻微伤。三被告人在殴打民警过程中，亦对该房管站工作人员冯某、吴某、姚某等人拳打脚踢。后三被告人被现场的群众抓获归案。①

在本案的审理过程中，有两种观点的对立：第一种观点认为，王某等三人的行为应定寻衅滋事罪，理由是王某等人随意殴打他人，破坏社会秩序，情节恶劣，故而构成寻衅滋事罪。② 第二种观点则认为，王某等人应定妨害公务罪，理由是王某等人以暴力阻碍国家机关工作人员依法执行职

---

① 参见伦朝平主编：《刑事上抗诉疑难案例研究》，北京，法律出版社，2006，第 299 页。
② 某区人民检察院以王某、全某、徐某犯寻衅滋事罪提起了公诉。在一审法院认为构成妨害公务罪的情况下，检察院提出了构成寻衅滋事罪的抗诉。理由是：第一，原审判决认定三原审被告人在对民警进行殴打的过程中，殴打进行劝阻的房管站工作人员的事实失准，本案证人证言及三原审被告人的供述均证明：殴打房管站工作人员的行为发生在殴打警察的行为之前，且三被告人在殴打警察的同时，又殴打了其他在场的房管站工作人员。该事实表明，三被告人的殴打行为是酒后滋事行为的继续，殴打的对象具有不特定性。第二，本院认为，三被告人殴打多人，且造成一人轻微伤后果，应属情节恶劣。第三，原审判决不应采纳辩护人关于不构成寻衅滋事罪、构成妨害公务罪及事出有因的辩解。三原审被告人的行为应属无理取闹，而无理取闹是构成寻衅滋事罪的重要因素。三原审被告人在醉酒状态下，到房管站滋事，无故殴打他人的事实是清楚的，其殴打前来执行公务的民警的行为，当然是妨害公务的行为，但本案中，三原审被告人妨害公务的行为是寻衅滋事行为的延续，表现出被告人在醉酒状态下，对其所殴打的对象所持有的霸道逞强心理，其殴打对象的不特定性，正是寻衅滋事罪的重要特征。故应当对三原审被告人的犯罪行为进行整体把握，综合分析评定，不能将一个完整的寻衅滋事行为，人为地割裂、划分为寻衅滋事和妨害公务两个部分。

务，故而构成妨害公务罪。①

  笔者认为，本案中王某等三被告人因有线电视线路安装问题与房管站工作人员发生争执，在前来调解的民警金某表明来意并亮明身份后，仍然对金某进行殴打，其主观上并非无事生非、起哄闹事和出于寻求刺激等动机而随意殴打他人，而是事出有因；其殴打的是前来进行调解的民警以及房管站工作人员，具有特定的行为对象。三被告人明知民警在执行公务，仍不听劝阻，并对民警进行殴打，其暴力行为阻碍了国家机关工作人员依法执行公务，符合妨害公务罪的构成要件。因此，对三被告人的行为不应认定为寻衅滋事罪，而应认定为妨害公务罪。

---

① 一审法院认为，被告人王某、全某、徐某无视国法，酒后在本区南里房管站内，无理要求该房管站工作人员为被告人王某租住处安装有线电视收视线路被拒绝后，进行吵闹、滋事，在公安民警依法执行公务时，三被告人不听劝阻，揪扯、殴打执行公务的民警及进行劝阻的该房管站的多名工作人员，其行为已构成妨害公务罪，依法均应予惩处。某区人民检察院指控被告人王某、全某、徐某的犯罪事实清楚，证据确实、充分，但以被告人王某、全某、徐某犯寻衅滋事罪进行指控不当，本院予以纠正。本院认为，被告人王某、全某、徐某酒后在房管站内吵闹、滋事的行为，不属于刑法第293条第1项规定的情节恶劣的情况，但三被告人对依法执行公务的公安民警进行揪扯、殴打致伤的行为，已构成妨害公务罪，故对三被告人应以妨害公务罪处罚。

第十七章 滥用职权罪

滥用职权罪，是指国家机关工作人员超越职权，违法决定、处理其无权决定、处理的事项，或者违反规定处理公务，致使公共财产、国家和人民利益遭受重大损失的行为。滥用职权罪是1997年刑法新规定的一个罪名，1979年刑法中没有滥用职权罪的罪名。在我国的刑事立法中，滥用职权罪的增设可以分为三个阶段：第一阶段，将滥用职权的行为作为构成其他犯罪的一种行为手段规定在刑法中，比如，1979年刑法第146条的报复陷害罪，在其罪状中规定了滥用职权的手段。第二阶段，将滥用职权作为玩忽职守罪的一种表现规定在司法解释当中，或者是把滥用职权、玩忽职守等并列在一个非刑事法律的相关条文中，将滥用职权行为以玩忽职守罪的罪名进行处罚。第三阶段，立法机关在刑法修订的过程中采纳了相关建议，在新刑法中将"滥用职权"的行为增设为一个独立的罪名。有关滥用职权罪保护的法益、"职权"与"滥用"的界定，滥用职权罪的主体以及主观方面等问题，中外刑法理论界均有不同程度的争议。

一、滥用职权罪的保护法益

有关滥用职权罪的保护法益（犯罪客体），在中外刑法理论界，有以下几种观点的对立：

第一种观点认为，"本罪的客体为国家机关的正常管理活动，即各级各类国家机关对社会生活各个领域的管理活动，如各级政府机关、各级政府机关的职能部门对社会的管理活动等。"[1] 这是我国的通说。

第二种观点认为，"本罪侵害的法益具有双重性：一方面是国家法益，

---

[1] 高铭暄、马克昌主编：《刑法学》，3版，北京，北京大学出版社、高等教育出版社，2007，第725页。

即职务行为的正当性和社会对国家行政、司法权力行使公正性的信赖感；另一方面是个人法益，即公民个人的人身或财产权利。但就整体而言，本罪是国家机关工作人员从其内部侵害国家作用的渎职犯罪，所以，即使存在被害人承诺的情形，滥用职权罪仍然成立。滥用职权罪中的国家法益，包括公务的客观公正性和国民对公务正当性、公正性的信赖与期待。公务的公正性要求公职人员按照法律的要求，正确地行使职责。职权享有者任意扩大权限范围，导致侵害公民权利的，属于公务行为在客观上不具有公正性，对国家利益有损害。"[1] 这种观点目前在我国的刑法理论界处于少数说的地位。

第三种观点认为，有关滥用职权罪的保护法益问题，多数说认为应当是国家机能的公正行使。[2] 不过，与其他职务犯罪一样，也可以将这一法益理解为两部分，即将国家一般权力机能视为上位之一般保护法益，在此基础上，将行政的公正性和合法性视为具体法益的同时，将被害者个人的意思决定和意思活动自由也包括在所保护的法益之中。就具体保护程度而言，由于该罪名与国家机能发生关联而视其为针对抽象危险犯的保护，不过，由于行为客体（对象）是人，加上该罪主要侵犯的是被害者的意思决定和意思活动的自由，因而总体上可以将其视为一种侵害犯。[3] 这是韩国的有力说。

第四种观点认为，滥用职权罪的保护法益可以分为：针对公务的公正这一国民信赖的国家法益和往往成为滥用职权行为对象的个人法益两部分。针对个人法益的保护又可以分为两个方面：一方面，即使是公务员的行为，由于侵害了国民的人权而应受处罚；另一方面，无论公务员的信赖受到多大程度的损害，如果没有侵害个人具体的权利就不应受处罚。滥用职权罪所侵害的国家法益则包括：第一，其根本是公务的客观公正性，从抑制公务员对国民的违法行为的角度来看，这是没有问题的。第二，一般国民认为公正公务的外观的保护是应当的，这样只是从国民的眼光而不是严格依照法规来考察，具有违法不当外观的行为首先应当取缔。但是，在完全不存在职权的情况下，是不能按滥用职权罪进行处罚的。实际上，就本罪而言，针对"外观的信赖"并不重要，重要的仍然是客观的公务。如果基于公务员的立场和地位其实施的行为是不正当的，国民对其不信任，进而就会动摇其对公务的信赖，这正是国家法益受到侵害的核心。第三，因此应当认为本条是为了防止处于容易造成重大人权侵害地位的公务员的

---

[1] 周光权：《刑法各论》，北京，中国人民大学出版社，2008，第509页以下。
[2] 这是韩国的多数说。
[3] 参见〔韩〕金日秀、徐辅鹤：《刑法各论》，6版，博英社，2004，第804页。

侵害而规定的。第四，显然也有必要保护"公正而正当地履行公务"这一国民的信赖感。① 这是日本的通说。

笔者认为，在上述几种观点中，我国的通说有商榷之处。具体而言，滥用职权罪属于渎职罪，其首要客体固然是"国家机关的正常管理活动"，但是，仅仅是侵犯国家机关的正常管理活动还不足以构成滥用职权罪，因为滥用职权罪必须"致使公共财产、国家和人民利益遭受重大损失"，这充分说明滥用职权罪的增设还保护公共财产、国家和人民的安全，即滥用职权罪的另一个保护法益是公共财产、国家和人民的安全。我国的通说仅仅将本罪的犯罪客体理解为"国家机关的正常管理活动"，显然没有完全揭示滥用职权罪的本质。② 其他三种观点，均将国家法益和个人法益包括在滥用职权罪的保护法益之中，有其相对合理性。

笔者认为，从中外刑法规定中可以看出，滥用职权罪被规定在侵害国家作用的犯罪之渎职罪中。渎职罪，是指国家机关工作人员利用职务上的便利徇私舞弊，滥用职权、玩忽职守，侵害职务行为的正当性，妨害国家机关正常活动，损害公众对国家机关工作人员职务活动客观性、公正性的信赖，致使公共财产、国家与人民利益遭受重大损失的行为。由此可见，滥用职权罪的保护法益首先是职务的廉洁性和国民对公务的信赖；其次是通过处罚滥用职权行为保护国民的权益。也就是说，基于职权的滥用，职务的廉洁性和国民的信赖受到侵害。因此，与受贿罪的保护法益一样，滥用职权罪的保护法益首先是国家机关工作人员对职务行为的廉洁性和国民对公正性的信赖，其次是对个人法益的侵犯。

二、滥用职权行为

（一）职权

公务员的职权行为是一个相对的概念，在一定范围内其行为是职权行为，而超出该范围则不属于职权行为。比如，工商行政管理部门的工作人员粗暴执法，在查禁没有办理营业执照的个体工商户时，没收个体工商户

---

① 参见〔日〕前田雅英：《刑法各论讲义》，3版，东京大学出版会，1999，第482页。
② 参见蒋小燕、王安异：《渎职罪比较研究》，北京，中国人民公安大学出版社，2004，第176页。

的商品属于职权行为,或者说是滥用职权行为;但是,如果工商行政管理部门的工作人员私自参与公安干警抓赌,并殴打他人则属于一般伤害行为。在中外刑法理论中,有关职权行为的认定,有以下几种观点的对立:

第一种观点认为,无论是否超越职权均属于"职权行为",比如,滥用职权的行为主要表现为以下几种情况:一是超越职权,擅自决定或处理没有具体决定、处理权限的事项;二是玩弄职权,随心所欲地对事项作出决定或处理;三是故意不履行应当履行的职责,或者说任意放弃职责;四是以权谋私、假公济私,不正确地履行职责。即"滥用职权行为,一是表现为不正确行使职权;二是表现为超越职权"[①]。按照这种观点,公务员只要不正当地实施职权行为,侵害公共财产、国家和个人法益,无论是否在其职权范围内,均可以构成滥用职权罪。

第二种观点认为,应当区别"利用职权"和"利用地位"的关系,前者可以构成滥用职权行为,后者则不能构成滥用职权行为。比如,单纯的离开职务而利用其地位,威胁别人强令把钱交出来,就不属于滥用职权。而一般的权限能够成为滥用职权的基础,其意义与内容不够明确,其构成要素一般可以分为事务的权限和场所的权限。事务的权限是指公务员职务事项的意思,其基础由法律确定。场所的权限也是依法律而受到限制的规定。但在与滥用职权的关系上,没有执行职务的意思,因为其滥用是成问题的,所以,从场所的权限出发的限制,原则上是没有意义的。因此,一般权限的有无,应当根据事务权限的而决定。[②] 这种观点的缺陷是,很难把握"利用职务"和"利用地位"的区别。

第三种观点认为,如果行为人未经授权行使国内公开的职权,那么第一个选择要件(即非法从事公务)就构成了。它具有两个方面的前提条件:其一行为人必须伴称是公开职权的持有者,事实上他并没有该项权力;其二他必须基于假装而从事一项只有享有公开权力的官员才允许从事的行为。当然,该行为是否符合越权的职务或限于其他职务的状况,是没有意义的。[③] 按照这种观点,不管行为人是否具有职权或其职权是什么,只要其"伴称是公开权力的持有者",就可以构成越权罪。

笔者认为,上述几种观点,可以归纳为大陆法系刑法理论中的职务行为究竟是指一般职务权限还是指特别职务权限问题。一般职务权限说(无

---

① 敬大力主编:《渎职罪》,北京,中国人民公安大学出版社,1999,第75页。
② 参见〔日〕木村龟二主编:《刑法学词典》,上海,上海翻译出版公司,1991,第535页。
③ 参见蒋小燕、王安异:《渎职罪比较研究》,北京,中国人民公安大学出版社,2004,第182页。

限定说）认为，滥用职权罪中的公务员的职务权限应限于一般职务权限。这种观点认为，滥用职权罪是基于不法职务行为侵害国民的权利、自由的一种犯罪类型。与此相比，特别职务权限说（限定说）则认为，职务权限，是指能够使国民发生法律上、事实上的负担或不利的具有特别效力的职务权限。这种观点认为，公务员具有能够使国民发生法律上、事实上的负担或不利这种效力的特别的职务权限，滥用职权罪，正是指这种特别的"职权"被滥用而侵害国民的权利、自由的犯罪类型。[①] 笔者倾向于一般职务权限说，职权是指公务员所具有的一般职权，仅仅看起来具有职权尚不够，而必须是实际上具有职权，但是，不一定要以法律上有明文规定为依据。就职权的性质而言，不要求伴随有法律上的强制力的权限，对于使用职权的对象，只要在实际上具有足以使其实施没有义务的行为，或妨害其行使权利的权限就已足够。由于滥用职权罪是处罚不当使用权力而给国民造成不利行为的规定，因而一般职务权限只要是具有对国民造成事实上或法律上的不利效果的权限就已足够，不一定要对职权对象的具体的行动自由造成侵害。[②] 也就是说，职权是指行为人享有的一般职务权限或承担的相应职责。只是从外观上看有一定的权力，但在客观上并没有职务权限的，并不属于滥用职权罪中的职权。职权不一定是法律上明文规定的，在综合法律制度的基础上进行实质性考察，能够认为行为人享有职权或得到授权的就是有职务权限。作为一般的职务权限，职权不一定是法律上有强制力的权力，但是，如果滥用会使对方承担义务或无法行使权利的，同样也是职权。

（二）滥用

有关滥用职权的定义，在中外刑法理论界，也有以下几种不同的表述：

其一，滥用职权是国家机关工作人员不正当地行使职权或超越职权。[③]

其二，滥用职权，是指不法行使职务上的权限的行为，即就形式上属于国家机关工作人员一般职务权限的事项，以不当目的或以不法方法，实施违反职务行为宗旨的活动。具体而言，首先，滥用职权应是滥用国家机关工作人员的一般职务权限，如果行为人实施的行为与其一般的职务权限没有任何关系，则不属于滥用职权。其次，行为人或者是以不正当目的实施职务行为

---

① 参见〔日〕山中敬一：《滥用职权的意义》，载〔日〕西田典之等编：《刑法的争论点》，3 版，有斐阁，2000，第 253 页。
② 参见〔日〕大谷实著，黎宏译：《刑法各论》，北京，法律出版社，2003，第 446 页。
③ 参见马克昌主编：《刑法学》，北京，高等教育出版社，2003，第 684 页。

或者是以不法方法实施职务行为；在出于不正当目的实施职务行为的情况下，即便从行为的方法上看没有超越职权，也属于滥用职权。最后，滥用职权的行为违反了职务行为的宗旨，或者说与其职务行为的宗旨相违背。①

其三，滥用职权表现为超越职权，违法决定、处理其无权决定、处理的事项，或者违反国家规定处理公务，致使公共财产、国家和人民利益遭受重大损失的行为。也就是说，职权的滥用，是指违背法律授权的宗旨行使职权，超越职权范围或者违反职权行使程序，以不正当目的或不法方法实施职务行为。滥用职权行为一般包括两种情形：一是职权范围内的滥用，即不正当行使自己职权范围内的权力。主要表现为违反法定规则和法定程序处理公务，或者滥施淫威，胡作非为，随心所欲地违法处理公务。二是职权范围外的滥用，即违反法律规定，超越职权处理无权决定、处理的事项。②

其四，滥用职权，是指让被害者实施没有义务的事项或妨害权力行使的行为。具体而言，滥用职权包括两个方面的内容：一是，让被害者实施没有义务的事项。即法令上没有根据或者即便有根据，由于不正当地变更内容而将不属于义务范围内的事项强加于被害者的行为。比如，违反法律规定而将额外的纳税义务强加给被害者，根据额外附加条件缩短实施义务的日期等。二是，妨害权利的行使。即妨害被害人根据法律规定而正当行使的权利。比如，警察无故要求被害者停止营业，具有审批权的公务员无故拒绝应当审批的事项等。③

如前所述，有关职权的界定，笔者倾向于一般职务权限说。因此，笔者认为，滥用职权是指国家机关工作人员针对所属于一般职务权限的事项行使职务权限或假借行使职权的名义，实施违法或不正当行为。具体而言，无端行使职权、编造事实扩大职权范围，实质上实施违法行为或不当行使权力的行为都属于滥用职权行为。

滥用职权行为主要有以下几种形式：

第一，超越职权或擅自决定。超越职权行为，是滥用职权行为的一种主要表现形式。由于滥用职权本身具有广泛的含义，凡是国家机关工作人员违法或不正当行使权力的，即构成权力的滥用。超越职权是国家机关工作人员不正当地行使其权力的一种表现形式，当然属于一种滥用职权行为。比如，工商行政管理人员在市场管理过程中越权进行社会治安管理，就是

---

① 参见张明楷：《刑法学》，2版，北京，法律出版社，2003，第940页。
② 参见周光权：《刑法各论》，北京，中国人民大学出版社，2008，第696页。
③ 参见〔韩〕金日秀、徐辅鹤：《刑法各论》，6版，博英社，2004，第806页。

一种滥用职权。在司法实践中，超越职权的主要类型有：具有甲种职责的国家机关工作人员行使应当由具有乙种职责的国家机关工作人员行使的权力；具有上下级隶属关系的同一性质但不同级别国家机关之间的越权，既包括上级对下级职责范围内的工作滥发指令，也包括下级对上级职权范围的越权；甲地国家机关工作人员行使应当由乙地国家机关工作人员行使的职权。

第二，违反程序作出决定或处理相关事项。国家机关工作人员行使职权的程序和形式，既是国家机关工作人员顺利、高效地行使职权的保障，也是防止滥用权力的一种重要措施。国家机关工作人员实施具体职务行为的程序和形式，有以下要求：一是行为过程从整体上看没有重大瑕疵，行为的关键环节和法律规定的步骤完全符合，法定程序的先后次序没有颠倒，不采用非法手段获取针对职务行为相对人不利的证据；二是针对需要告知保护人的具体权利，都及时告知；三是行为的形式要合法，比如，法律规定采取书面形式的，不得采取口头通知的形式；四是职务行为必须在法律规定的期限内作出，不得违反法律、法规对期限的规定，否则也属于程序违法。[①]

第三，滥用职权行为包括不作为。如前所述，我国的主流观点认为，滥用职权行为一是指行为人非法行使职权。二是指行为人任意扩大自己的职务权限，超越职权地实施某种危害社会的行为。其中，不当地行使职权，是指行为违反规定处理公务，或者利用手中的权力随心所欲，滥施淫威，胡作非为，违法处理公务。而超越职权是指行为人违法决定、处理其无权决定、处理的事项，即行为人手中本没有此项权力，却超越其职权范围，擅自行使此项权力，违法地作出处理决定。虽然我国的主流观点没有否定滥用职权罪的不作为形式，但是，"从论述的情况看并没有赋予滥用职权中不作为的形式以应有的思考的意蕴"[②]。

[①] 参见周光权：《刑法各论》，北京，中国人民大学出版社，2008，第511页。

[②] 蒋小燕、王安异：《渎职罪比较研究》，北京，中国人民公安大学出版社，2004，第186页。有关这一问题，在我国的刑法理论界，也有观点持否定的态度，理由是：（1）滥用职权与放弃职守具有不同的含义，前者必须是已经行使了职权；而放弃职守是未履行职责，既然是有权而故意不用，就谈不上是滥用。（2）从行政法律法规的角度上看，如果国家机关工作人员所在的机关是行政机关，其滥用职权的行为可能产生的问题是具体行政行为是否合法或适当，其法律后果是具体行政行为可能被撤销或者部分撤销，国家机关有义务重新作出具体行政行为。而在放弃职守的情况下，可能出现的问题是国家机关工作人员是否具有不履行或拖延履行法定职责的行为，其法律后果是国家行政机关必须在一定期限内履行法定职责。既然滥用职权和放弃职守产生的法律后果都不相同，把它们统一在滥用职权罪的实行行为之下，可能并不妥当。（3）对故意放弃职守行为完全可以按照玩忽职守罪处理，不承认不作为的滥用职权，并不会放纵犯罪。（参见李永鑫、吴步钦：《滥用职权罪散论》，载《人民检察》，1998（3），第97页等。）

笔者认为，滥用职权罪的主要表现形式当然是作为，不过，也可以以不作为的形式构成，而不作为是一种比较特殊的形式，是区别于"超越职权"和"不正当行使权力"的另一种表现形式，即"不履行职责"。理由是：第一，这是由权力的性质决定的，公权与私权不同，其既有权力的一面，也有职责的一面，其不得放弃、转让，权力必须行使，不行使就是失职，那么，滥用职权的"不作为"（即"不履行职责"）实际上就是失职的一种表现。第二，"不履行职责"与"超越职权"以及"不正当行使权力"是不同的，"超越职权"与"不正当行使权力"都是行使权力的表现，而"失职"则是不行使权力的表现，它们的性质和特点是互相排斥的，不存在包容关系，所以"超越职权"与"不正当行使权力"都不可能概括"不履行职责"的行为；因此，"不履行职责"可以构成滥用职权罪。"不履行职责"有两种表现：其一为过失地"不履行职责"，其二为故意地"不履行职责"。过失地"不履行职责"可以构成玩忽职守罪，故意地"不履行职责"则可以构成滥用职权罪。比如，我国刑法规定的"放纵走私罪"、"不解救被拐卖、绑架妇女、儿童罪"等一些特殊的滥用职权罪都是由"不履行职责"的行为构成的。[①] 其实，法国等国的刑法就有处罚"不履行职责"行为的规定，比如，法国刑法第432—5条第2款规定："前款所指之人（行使公安司法权力的人或者负责公共事业服务任务的人），在履行职务或任务中，或者在履行职务或任务时，明知发生确证属于非法剥夺自由之事实，在其有权进行必要审查时，故意不进行审查，或者在其无审查权力时，故意不将吁请审查的要求转送主管当局，致使剥夺自由之事实经确认属于非法但仍在继续的，处1年监禁并科10万法郎罚金。"

三、犯罪主体

滥用职权罪的犯罪主体是特殊主体，只有具有国家机关工作人员身份的人，才能成为本罪的主体，滥用职权罪是一种身份犯。根据刑法第93条第1款的规定，国家机关工作人员应是从事公务的人员。那些虽然在国家机关工作，但不从事公务的人员不能成为本罪的犯罪主体。根据相关法律规定，国家机关具体是指各级国家权力机关、国家行政机关、司法机关

---

① 参见蒋小燕、王安异：《渎职罪比较研究》，北京，中国人民公安大学出版社，2004，第186页。

（人民法院、人民检察院）、军事机关，在这些机关从事公务的人员，都是国家机关工作人员，可以成为本罪的主体。问题是，在我国目前的人事管理制度较为复杂，机构重叠、管理层次多的现实条件下，如何确定国家机关工作人员的范围，在刑法解释论上并非是一个简单的问题。

如前所述，国家立法、司法、行政机关工作人员属于国家机关工作人员，自然可以成为本罪的犯罪主体。另外，还有一些其他机关的工作人员也可以成为滥用职权罪的犯罪主体，但是，这涉及在刑法适用中对本罪犯罪主体进行扩大解释的问题。在我国，执政党是中国共产党，各民主党派是参政党，各级人民政协是参政、议政机构，因此，严格意义上其成员不应属于国家机关工作人员。但是，由于这些机构的经费来自国家的财政拨款，组成人员在编制、福利待遇等方面和国家机关工作人员的相同，而且这些机构及其成员实际上或部分地行使着国家机关的职权，在国家事务中具有十分重要的作用，因而有必要将这些人员视为国家机关工作人员，其可以成为滥用职权罪的主体。①

但是，近年来，在滥用职权罪以及其他渎职罪的司法认定中出现了不少新问题②：（1）法律授权规定某些非国家机关的组织，在某些领域行使国家机关的行政管理职权、监督职权，比如证券监督管理机构、保险监督管理机构、银行监督委员会等，在这些机关从事公务的人员是否属于国家机关工作人员，是否可以成为滥用职权罪的犯罪主体？（2）部分事业单位、具有实质性行政管理职权，比如在铁路、油田、农垦系统设立的公安、检察、法院、监察机关；或者在机构改革中，将原有的一些国家机关调整为事业单位，但仍然保留某些行政管理的职能，比如国家林业管理部门、气象局、地震局等，在这些事业单位工作的人员，是否也可以成为滥用职权罪的犯罪主体？（3）部分国家机关将自己行使的职权依法委托给一些非国家机关的部门行使，比如烟草专卖、盐业管理等部门，受委托机构的成员是否也可以成为滥用职权罪的犯罪主体？（4）部分国家机关根据工

---

① 根据2002年全国人大常委会《关于〈中华人民共和国刑法〉第九章渎职罪主体适用问题的解释》和2006年最高人民检察院《关于渎职侵权犯罪案件立案标准的规定》：国家机关工作人员，是指在国家机关中从事公务的人员，包括在各级国家权力机关、行政机关、司法机关和军事机关中从事公务的人员。在依照法律、法规规定行使国家行政管理职权的组织中从事公务的人员，或者在受国家机关委托代表国家行使职权的组织中从事公务的人员，或者虽未列入国家机关编制但在国家机关中从事公务的人员，在代表国家机关行使职权时，视为国家机关工作人员。在乡镇以上中国共产党机关、人民政协机关中从事公务的人员，视为国家机关工作人员。

② 参见陈兴良、周光权：《刑法学的现代展开》，北京，中国人民大学出版社，2006，第700页以下。

作需要聘用一部分国家机关以外的人员从事公务，比如合同制民警、聘用人员等，是否也可以将这些人视为国家机关工作人员？

有关滥用职权罪及渎职罪主体的认定问题，在我国的刑法理论界和司法实践中存在"身份论"①（主体是否具有国家机关工作人员的名分）和"职权论"②（主体从事的活动是不是公务活动、是否在履行国家机关的管理职能）的争论。因此，即便上述人员在工作中滥用职权，有时也难以得到及时的查处。鉴于刑法理论和司法实践中的这种现状，有关部门曾经多次作出过相关司法解释。比如，最高人民检察院的司法解释认为：在行政

---

① 我国刑法第93条第2款规定：国有公司、企业、事业单位、人民团体中从事公务的人员和国家机关、国有公司、企业、事业单位委派到非国有公司、企业、事业单位、社会团体从事公务的人员，以及其他依照法律从事公务的人员，以国家工作人员论。正是因为该条对国家工作人员作了较为宽泛的规定，所以，检察机关在认定贪污贿赂罪时认为"身份论"比"公务论"重要，主要以行为人有无人事部门的履历表、是否属于国家干部编制、是干部身份还是工人身份、是否享有国家福利待遇等作为认定国家工作人员的标准。针对刑法第93条第2款的这一规定，在我国的刑法理论界，有观点认为，首先，刑法第397条规定的滥用职权罪的犯罪主体是"国家机关工作人员"，不同于一般的国家工作人员。一般的国家工作人员是指在国家机关、国有公司、企业、事业单位、人民团体中从事公务的人员，以及其他代表国家从事管理职能的人员，而国家机关工作人员仅指其中的一部分，即在国家机关内代表国家从事公务的人员，其在干部编制、权力内容和性质上均不同于公司、企业、事业单位的国家工作人员，所以我国刑法第397条既然将滥用职权罪的犯罪主体限定于"国家机关工作人员"内，我们就不应该随意扩大解释。其次，对非国家机关工作人员不判处滥用职权罪也不至于放纵犯罪，对非国家机关工作人员滥用职权的行为，刑法还有很多条款可以适用。比如，国有公司、企业的董事、经理利用职务便利，自己经营或者为他人经营与其所任职公司、企业同类的营业，获取非法利益，数额较大的，依刑法第165条的规定可处以非法经营同类营业罪；国有公司、企业、事业单位的工作人员利用职务便利，将本单位的盈利业务交由自己的亲属进行经营，或者以明显高于市场的价格向自己的亲友经营管理的单位采购商品，或者以明显低于市场的价格向自己的亲友经营管理的单位销售商品，或者向自己的亲友经营管理的单位采购不合格商品，使国家利益遭受特别重大损失的，可依刑法第166条规定的为亲友非法牟利罪处罚；国有公司、企业直接负责的主管人员徇私舞弊造成国有公司、企业破产或者严重亏损，致使国家利益遭受重大损失的，可依刑法第168条国有公司、企业、事业单位人员失职罪、滥用职权罪；国有公司、企业或者上级主管部门直接负责的主管人员徇私舞弊，将国营资产低价折股或者出售，致使国家利益遭受重大损失的，应以刑法第169条规定的徇私舞弊低价折股、出售国有资产罪定罪；银行或者其他金融机构的国家工作人员以牟利为目的，采取吸收客户资金不入账的方式，将资金用于非法拆借、发放贷款，造成重大损失的，刑法第186条规定了违法发放贷款罪等。凡此种种，对非国家机关内部的国家工作人员滥用职权的行为均进行了严格规制，根本没有必要再将滥用职权罪作为非国家机关工作人员滥用职权的口袋罪，加以容纳。（参见蒋小燕、王安异：《渎职罪比较研究》，北京，中国人民公安大学出版社，2004，第195页以下。）

② 由于刑法第93条第1款对国家机关工作人员的限定较为狭窄，大大限制了处罚对象，因而检察机关在认定滥用职权、玩忽职守等渎职犯罪时，往往倾向于考察个人是否实际从事公务，是否享有相应职权，此时"公务论"要比"身份论"重要。

执法事业单位中，按国家机关在编干部管理的工作人员，在履行政府行政公务活动中，滥用职权、玩忽职守构成犯罪的，应以国家机关工作人员论。而针对企业、事业单位的公安机构在机构改革过程中虽尚未列入公安机关建制，但其工作人员在履行侦查职责时，实施渎职侵权行为的，可以成为渎职侵权犯罪的主体。上述司法解释明确了一点，即主体是否属于国家机关工作人员，身份并不重要，行为人是否享有职权，是否依法履行职责才至关重要。这是"实质"合理要求胜过形式合理要求的法律解释之结局。① 但是，针对国家机关工作人员的这种解释，是否有类推解释之嫌，值得商榷。这种解释的实质是针对法律没有明文规定的行为，适用类似的条文予以处罚，而刑法第93条第2款是关于"准国家工作人员"的规定，而不是关于"国家机关工作人员"的规定。国家机关工作人员应当包含在国家工作人员之内，但是，上述多个批复均引用刑法第93条第2款，将"准国家工作人员"解释为"准国家机关工作人员"，这种解释并不妥当。② 也就是说，这种解释本身有违反罪刑法定原则之嫌。

四、主观方面

滥用职权罪的主观方面，在德、日刑法理论中一般包括主观构成要件要素、主观不法要素和责任要素三方面的内容，在我国的刑法理论中一般统称为主观方面。滥用职权罪是我国1997年刑法新增的犯罪类型，由于1997年刑法并没有明确规定该罪的主观罪过形式，并且刑法还将该罪与玩忽职守罪放在同一条款中加以规定，因而滥用职权罪的主观方面究竟包括哪些内容，在刑法学界引起了广泛的争论。

（一）学说概观

有关滥用职权罪的主观方面，在我国的刑法理论界，主要有以下几种观点的对立：

1. 故意说。这种观点认为，滥用职权罪的罪过形式是故意，既可以

---

① 参见陈兴良、周光权：《刑法学的现代展开》，北京，中国人民大学出版社，2006，第701页。
② 参见龚培华、肖中华：《刑法疑难争议问题与司法对策》，北京，中国检察出版社，2002，第609页。

是直接故意，也可以是间接故意。具体而言，行为人明知自己滥用职权的行为会造成公共财产、国家和人民利益的重大损失，而希望或放任这种结果的发生。[①] 基于对犯罪结果的不同认识，故意说中还有另外一种观点，即认为滥用职权罪主观故意的内容是指行为人明知自己滥用职权的行为会造成国家机关正常活动以及公众对国家机关工作人员职务活动的信赖感受到侵犯的结果，而希望或放任这种结果发生的心理态度。[②] 前者认为滥用职权罪的犯罪结果是指刑法条文规定的"公共财产、国家和人民利益的重大损失"，后者则认为，滥用职权罪侵害的法益是国家机关的正常活动与公众对国家机关工作人员职务活动客观公正的信赖，因此，滥用职权罪的犯罪结果是指"对国家机关正常活动以及公众对国家机关工作人员职务活动的客观公正的信赖的侵犯事实，这一结果属于非物质性危害结果"。无论是前者还是后者，其结论都是一样的，即认为滥用职权罪的罪过形式是故意，既可以是直接故意，也可以是间接故意。这种观点是我国的通说。

2. 过失说。这种观点认为，滥用职权罪的主观方面是过失，即行为人应当预见自己滥用职权的行为可能致使公共财产、国家和人民利益遭受重大损失而由于疏忽大意没有预见，或者已经预见而轻信能够避免，以致发生这种重大损失的严重不负责任的心理态度。行为人滥用职权本身往往是故意的，但对损害的结果，则是过失的。理由是：第一，滥用职权罪以"致使公共财产、国家和人民利益遭受重大损失"为要件，属于结果犯。第二，滥用职权罪的法定刑与刑法规定的其他过失犯罪的法定刑一致，符合刑法对过失犯罪刑事责任的一般性规定。第三，刑法第397条第2款规定了徇私舞弊罪，并且规定了较重的法定刑，它与第1款规定的滥用职权罪的区别在于主观恶性不同，徇私舞弊罪为故意，滥用职权罪为过失。第四，从新旧刑法的历史联系看，新刑法第397条是由原刑法第187条修改而来，罪过形式不变，仍然是过失。[③]

3. 故意加过失说。这种观点认为，滥用职权罪的主观罪过既可以

---

① 参见高铭暄、马克昌主编：《刑法学》，3版，北京，北京大学出版社、高等教育出版社，2007，第726页等。这种学说又称为"结果故意说"。
② 参见张明楷：《刑法学》，2版，北京，法律出版社，2003，第1005页等。这种学说又称为"行为故意说"。
③ 参见何秉松主编：《刑法教程》，北京，中国法制出版社，1998，第741页等。阮齐林：《刑法第397条的若干问题》，载丁慕英主编：《刑法实施中的重大难点问题研究》，北京，法律出版社，1998，第895页以下等。

是故意，也可以是过失。比如，有观点认为，对于其行为造成危害社会的结果，有些行为人是出于故意，可以是直接故意，即明知自己的行为会发生危害社会的结果，并且希望这种结果发生，如出于公报私仇的目的，滥用职权，任意查封、罚没他人财产，吊销他人相关证照，致使他人遭受重大损失；也可以是间接故意，即明知自己的行为会发生危害社会的结果而放任这种结果发生，如为迅速查获犯罪嫌疑人，未经批准擅自扩大扣押邮件和监听范围，严重侵犯公民通信秘密和相关自由权的情况等。也有些行为人是出于过失，可以是疏忽大意的过失，如某领导干部听信他人推荐，未作深入了解和调查即越权强令下属部门与某公司进行经济往来，导致下属部门由于被骗造成重大损失；也可以是过于自信的过失，如某政府领导参观外地种植的新品种获较高经济效益后，明知本地与参观地自然条件不同应当先试种后推广，但由于致富心切，轻信种植该品种即使效果不好，不能获取高回报，也至少会与种植原品种效益相当，因而强令在管辖区域内推广种植新品种，最终导致该地区农产品大幅度减产，经济损失巨大。①

4. 复合罪过说。这种观点认为，基于司法实践的经验与逻辑推理，立法机关将某些实践中难以区分或根本不可能区分具体罪过形式的犯罪隐含地规定为复合罪过犯罪，在理论上其罪过形式应是间接故意与轻信过失之复合。滥用职权罪的主观罪过就是这种间接故意与轻信过失的复合罪过

---

① 参见吴存在主编：《渎职犯罪的法律适用》，北京，人民法院出版社，2001，第27页。另外，有主张故意加过于自信过失说、间接故意加过失说，以及间接故意加过于自信的过失说。故意加过于自信过失说认为，滥用职权罪的主观方面既可以是故意，也可以是过失。对于故意而言，既可以是直接故意，也可以是间接故意。对于过失而言，一般只包括过于自信的过失而不包括疏忽大意的过失。因为滥用职权罪是指国家机关工作人员故意不正确地行使职权或超越职权，一般而言，故意不正确行使职权或超越职权，行为人不可能对可能发生的危害结果没有认识，既然对危害结果的发生有认识，就没有疏忽大意过失的存在余地。如果行为人不正确地行使职权或超越职权并非故意，也即行为人不知道自己在不正确地行使职权或超越职权，则属不认真履行职责的玩忽职守行为，而不属于滥用职权。也有观点主张间接故意加过失说。这种观点认为滥用职权罪的主观罪过为过失和间接故意。又有观点指出滥用职权罪的基本犯罪形态为过失，加重犯形态为间接故意。这种观点认为，滥用职权罪的主观罪过不能是直接故意，理由是：主观上行为人只能是出于其他犯罪故意，而不是单纯的滥用职权犯罪。从滥用职权罪的法定刑来看，如果行为人故意滥用职权，并故意追求严重的危害结果，最重才处7年有期徒刑，明显违背罪刑相适应的基本原则。还有观点主张间接故意加过于自信的过失说。这种观点认为滥用职权罪的主观罪过形式不存在直接故意仅存在间接故意；行为人之所以滥用职权，即不正确地行使职权或者逾越职权，是出于轻信能够避免危害结果发生的一种侥幸心理，即过于自信的过失心理。（参见缪树权：《渎职罪疑难问题研究》，北京，中国检察出版社，2006，第179页。）

形式。① 这种观点的主要理由是：第一，我国刑法对罪过心理的鉴定标准采用的是结果说。滥用职权罪的行为人对滥用职权行为是故意，对于滥用职权行为造成的重大损失结果则有可能是过失。第二，滥用职权罪的主观罪过不包括直接故意。直接故意是指行为人明知自己的行为会造成危害社会的结果，而且希望这种结果的发生，在这种情况下，行为人只能是出于其他犯罪故意，而不是单纯的滥用职权犯罪，另外，从滥用职权罪的法定刑来看，如果行为人故意滥用职权，并故意追求严重的危害结果，最重才处7年有期徒刑，岂不是明显违背罪刑相适应的基本原则吗？第三，刑法第397条对滥用职权罪和玩忽职守罪规定的条件完全一致，都是行为加严重后果才构成犯罪，法定刑也是完全一致的，因此，两罪的主观罪过应当相同。在汉语中，"玩忽"兼有玩弄、疏忽之意，故玩忽职守罪主观方面可以由间接故意或过失构成。同样，滥用职权罪也是既可由过失，又可由间接故意构成。②

5. 模糊罪过说。这种观点认为：对滥用职权罪应适用严格责任，其罪过形式是故意还是过失，均在所不问。模糊罪过说实际上就是严格责任说。这种观点认为，随着社会和经济的发展，人们违反法律规范的行为方式给社会管理、社会生活带来的危害比以前复杂得多。刑法如果还是按照原来传统故意、过失的概念来作为追究刑事责任的罪过的依据，就显得过于狭窄。刑法总则在这方面还是沿用过去的规定，但在分则中的一些罪里，已经根据社会的变化有了发展，规定了一些新的具体的罪名。有一些就很难按照现在总则关于故意、过失的规定，去清楚地作出个案主观罪过的认定。因此，使用严格责任是解决这一难题的思路。③

（二）本书的立场

在上述几种观点中，过失说存在以下不足：第一，以滥用职权罪是结果犯为由说明该罪主观罪过的过失性不尽科学，因为结果犯是一种犯罪形态，与其主观罪过即故意或过失没有必然的对应关系。第二，没有考虑滥用职权罪和玩忽职守罪的区别问题。滥用职权罪与玩忽职守罪的区别，并不在于犯罪的客观方面，而在于罪过形式上，如果认为滥用职权罪也是过

---

① 参见储槐植、杨书文：《复合罪过形式探析——刑法理论对现行刑法内含的新法律现象之解读》，载《法学研究》，1999（1），第78页等。
② 参见贾济东：《渎职罪构成研究》，北京，知识产权出版社，2005，第71页。
③ 参见陈兴良等：《刑法纵横谈：理论、立法、司法》（总则部分），北京，法律出版社，2003，第111页以下。

失犯罪，那么，很难区别这两种犯罪。第三，没有考虑"滥用"一词的通常含义，滥用必须理解为明知是错误行使、任意使用权力，仍然有意为之，将其解释为过失显然过于牵强。① 第四，分析法定刑虽然对认识罪过形式具有一定的帮助作用，但并不具有必然性，我国刑法的立法现状以及法定刑的配置情况足以说明这一点。比如，我国刑法第 398 条在同一条款中规定了故意泄露国家秘密罪和过失泄露国家秘密罪两种主观罪过不同的犯罪，却对这两种主观罪过明显不同的犯罪规定了相同的法定刑，这充分说明我国刑事立法在法定刑的配置上并没有充分实现罪刑关系上的协调。② 第五，过失说以刑法第 397 条第 2 款规定了徇私舞弊罪且规定了较重的法定刑为由，推断滥用职权罪为过失犯罪缺乏说服力。有关刑法第 397 条第 2 款是否规定了独立罪名，刑法理论界有肯定说③和否定说④的对立，"两高"的司法解释也曾产生过分歧。⑤ 但从刑法中的罪名确定理论、罪数理论以及"犯前款罪"这一刑法用语的意义来分析，刑法第 397 条第 2 款规定的并非是独立罪名，而是第 1 款罪的情节加重犯，该条只规定了滥用职权罪和玩忽职守罪两个罪名。而且，最高人民法院和最高人民检察院在随后的联合解释中也统一了立场，取消了"国家机关工作人员徇私舞弊罪"罪名。过失说的理论根据不存在，其结论自然也就没有立足的根据。第六，过失说从 1979 年刑法第 187 条规定的玩忽职守罪是过失犯罪，推论刑法第 397 条规定的滥用职权罪也是过失犯罪，明显脱离了立法背景，违背了立法原意。现行刑法中之所以增加滥用职权罪这一罪名，是因为在刑法修订之前，部分学者提出 1979 年刑法中玩忽职守罪在主观方面是过失，而在司法实践中还有许多国家机关工作人员出于故意滥用职权情节严重的行为与过失的玩忽职守罪同样具有极大的社会危害性，因此，

---

① 参见陈兴良、周光权：《刑法学的现代展开》，北京，中国人民大学出版社，2006，第 705 页。
② 参见李希慧、逄锦温：《滥用职权罪主观罪过评析》，载《法学家》，2001（2），第 98 页。
③ 这种观点认为，刑法第 397 条第 2 款规定的是独立罪名，即徇私舞弊罪。参见赵秉志主编：《新刑法教程》，北京，中国人民大学出版社，1997，第 820 页等。
④ 这种观点认为，刑法第 397 条第 2 款规定的不是独立罪名，徇私舞弊是滥用职权罪和玩忽职守罪的法定加重情节。参见侯国云、白岫云：《新刑法疑难问题解析与适用》，北京，中国检察出版社，1998，第 252 页等。
⑤ 1997 年 12 月 16 日公布施行的最高人民法院《关于执行〈中华人民共和国刑法〉确定罪名的规定》没有"徇私舞弊罪"，但 1997 年 12 月 25 日通过的最高人民检察院《关于适用刑法分则规定的犯罪的罪名的意见》则将刑法第 397 条第 2 款确定为"国家机关工作人员徇私舞弊罪"。

应当在刑法中增设滥用职权罪，以作为一种故意犯罪与玩忽职守罪相对应，从根本上解决司法实践中对滥用职权行为无法可依的情况。滥用职权罪产生的这一特定立法背景表明，它在罪过形式上是作为玩忽职守罪的对立面而存在的，因而其主观方面不可能是过失。由此可见，过失说并没有科学地分析新旧刑法的历史联系，而是孤立、片面地看待发展、变化了的事物，其结论当然也就不够客观。① 另外，过失说没有考虑法条竞合问题。刑法第 397 条与刑法分则第九章的其他条款之间是一般条款与特殊条款的关系，而刑法第 399 条、第 400 条等条文规定的是特殊部门的国家机关工作人员滥用职权实施的犯罪，其明显可以由直接故意构成，那么，作为一般罪名的滥用职权罪当然也可以由直接故意构成。② 可见，过失说并不可取。

如前所述，故意加过失说的主要理由是：滥用职权罪有的是故意，有的是过失，用这种混合罪过比复合罪过更易于接受和理解。问题是，据此推论，并不能得出混合罪过说的结论。因为"所谓混合罪过形式，又称双重罪过形式，是指实施一个危害行为，造成两个不同类型、不同程度的危害后果"③。比如，结果加重犯。"所谓混合罪过，亦称复杂罪过，是指主观上既有故意罪过，又有过失罪过的犯罪形态。主要包括两种犯罪形态：一是结果加重犯；二是打击错误。"④ 由此可见，混合罪过是由故意加过失合成的罪过形式，而非部分故意或部分过失的罪过形态。因此，可以说这种主张实际上与复合罪过说并没有多大区别。

复合罪过说的缺陷是：第一，故意和过失在认识因素、意志因素上都具有本质上的不同，两者之间有明确区分，而且区别间接故意和过于自信的过失是近代刑法理论的一大贡献，将这两种性质不同的罪过统合于复合罪过这一概念之下，明显不尽合理。⑤ 第二，在中外刑法理论中，过失犯罪，法律有明文规定的才负刑事责任，故意犯罪则没有这种限制，这说明刑法以处罚故意犯罪为原则，处罚过失犯罪为例外，复合罪过说将会破坏这些通行的刑法理念。也就是说，以复合罪过形式为主观要件的犯罪是否

---

① 参见贾济东：《渎职罪构成研究》，北京，知识产权出版社，2005，第 75 页以下。
② 参见陈兴良、周光权：《刑法学的现代展开》，北京，中国人民大学出版社，2006，第 705 页。
③ 马克昌主编：《犯罪通论》，武汉，武汉大学出版社，1999，第 318 页以下。
④ 林亚刚：《犯罪过失研究》，武汉，武汉大学出版社，2000，第 269 页。
⑤ 参见陈兴良、周光权：《刑法学的现代展开》，北京，中国人民大学出版社，2006，第 706 页。

违反了"过失犯罪，法律有规定的才负刑事责任"的原则。第三，如果肯定某些犯罪的犯罪主观要件为复合罪过形式，是否会动摇现有累犯制度。第四，能否以减轻司法机关证明责任、提高办案效率为由，将复合罪过形式确定为独立的罪过形式，并在无须查明行为人的主观心态为间接故意或过失的情况下，而直接按复合罪过予以论处。① 可见，这种主张同样并不可取。

模糊罪过说实质上就是严格责任说。严格责任论是英美法系的理论，尽管有其合理性，但由于我国刑法理论属于大陆法系，我国刑法总则并没有对此加以规定，因而在我国的司法实践中适用严格责任，有违反罪刑法定原则之嫌。另外，对间接故意和过于自信的过失不加区分的这种主张，并不符合我国刑法总则中的相关规定。间接故意和过于自信的过失的区分虽然是中外刑法理论中的难题之一，但从我国刑法理论来看，间接故意和过于自信的过失在理论上还是可以区分的。虽然从认识因素看，两者是相同的，但两者在意志因素上有明显的区别。即前者是对危害结果持放任的态度，后者则是对危害结果持一种轻信能够避免的态度。至于司法实践中因为证据问题而无法明确判定是间接故意还是过于自信的过失，属于刑事诉讼中的证据认定问题，而非刑法理论中的区分问题。根据疑罪从轻的原则，当这两种心态必居其一而又无法从现有的证据准确认定时，可以按过于自信的过失认定和处理。

大陆法系的刑法理论认为行为是客观的，而责任是主观的。在大陆法系的刑法理论界，滥用职权罪的主观不法要素的理论一般有以下两种观点：

第一种观点认为，主观不法要素中除了心理要素，还包括规范性要素。比如，有观点认为，滥用职权罪是故意犯，作为公务员，滥用职权的人没有履行其有义务履行的事项，需要认识到妨害他人行使权利，并容认其行为的实施。公务员错误地相信自己的行为是适当地在职务权限内实施，故意是本罪成立的要素。② 公务员不仅要求对危害结果存在一定的认识和容认，而且必须对自己的职务和权限存在误信。

第二种观点认为，主观不法要素除了故意，还有犯罪动机。俄罗斯刑法第 285 条规定的滥用职权罪是故意犯罪。故意既可能是直接故意，也可能是间接故意。主体意识到滥用职权的社会危害性，即自己的行为是违背

---

① 参见欧锦雄：《"复合罪过形式"质疑》，载《人民检察》，2002 (5)，第 46 页。
② 参见〔日〕大塚仁：《刑法各论》（下），青林书院新社，1968，第 670 页。

职务利益的，预见到可能或必然发生严重侵犯公民或组织的权利和合法利益，或者社会或国家受法律保护的利益这一后果并希望后果发生，或者虽不希望后果发生，但有意识地放任这些后果或对之采取漠不关心的态度。除此之外，该刑法第285条规定的犯罪必须具有犯罪的动机。法律规定这种动机是贪利或者其他个人利害关系。贪利表现为主体企图通过滥用职权取得某种物质利益，非法无偿地将国家财产转归自己或他人所有。其他个人利害关系作为滥用职权罪的动机，可以表现为主体从自己的行为中得到非财产性质的利益：讨好上司、钻营、徇私情等。①

德国的刑法学家认为，行为人"虽认识到其行为的事实和法律后果，仍违背义务地实施该行为的，是故意犯罪"②。因此，德日的刑法理论认为，滥用职权罪是故意犯罪，其责任要素中除了故意所必须包括的"认识"和"容认"之外，还必须存在主观上违背义务的规范责任要素，也就是说，行为人必须违反决定规范，即存在引起其违反规范的动机。在俄罗斯的刑法理论中，虽然没有提及规范责任要素或决定规范，但是，在滥用职权罪的主观方面，该理论认为除了"故意"之外，行为人还必须具有决意犯罪的动机。

可见，在滥用职权罪的主观不法要素问题上，我国的刑法理论与大陆法系刑法理论的区别在于，我国的滥用职权罪的主观方面只要求"故意"，并没有其他规范性要求，不需要行为人主观上违反决定规范，而大陆法系的刑法理论认为，滥用职权罪的责任要素包括心理要素——"故意"和规范要素——违反"决定规范"。

有关滥用职权罪主观方面问题，之所以存在前述之激烈的争论，主要原因就在于除了故意之外还存在某种要素之故。其实，这一问题事关大陆法系刑法理论中的客观处罚条件理论。众所周知，大陆法系国家通行的犯罪论体系是构成要件符合性、违法性和有责性。但是，在某些情况下，行为人的行为具有构成要件符合性、违法性和有责性时，并不能据此处罚行为人，还要求具备刑法所规定的一定的处罚条件。也就是说，虽然成立犯罪时，原则上就可能对行为人发动刑罚权，但在例外的

---

① 参见〔俄〕斯库拉托夫、列别捷夫主编：《俄罗斯联邦刑法典释义》，北京，中国政法大学出版社，2000，第791页。
② 〔德〕李斯特著，徐久生译：《德国刑法教科书》（修订译本），北京，法律出版社，2000，第283页。有关这一问题，韩国的主流观点认为，滥用职权罪的故意，是行为人针对滥用职权使被害者实施没有义务的事项或妨害权利行使的事实的认识或容认。（参见〔韩〕李炯国：《刑法各论研究Ⅱ》，法文社，2005，第319页。）

情况下，刑罚权的发动，不仅取决于犯罪事实，而且还取决于刑法所规定的其他客观条件。这就是所谓的客观处罚条件。例如，德国刑法第283条前5款规定了有关破产罪的罪状和法定刑，其中第6款规定："行为人仅于停止支付或就其财产宣告破产程序或宣告破产之申请由于程序欠缺而被驳回时，始加以处罚。"据此，行为符合该条前5款的规定时，便构成犯罪，但只有符合第6款时，才能处罚。第6款所规定的内容便是客观处罚条件。[1] 又比如，日本刑法第197条第2款规定："将要成为公务员或仲裁人的人，就其将来担任的职务，接受请托，收受、要求或者约定贿赂，事后成为公务员或者仲裁人的，处五年以下有期徒刑。"据此，将要成为公务员或仲裁人的人，只要就其将来所担任的职务，接受请托，收受、要求或者约定贿赂的，就成立事前受贿罪。但是，只有在行为人事后成为公务员或仲裁人时，才能处罚。"事后成为公务员或者仲裁人"就是客观处罚条件。[2]

在大陆法系的刑法理论中，与客观处罚条件有关联的刑法条文并不多。但是，怎样理解客观处罚条件和其在犯罪论体系中的定位问题，由于与刑法学家的犯罪论体系的构筑有密切的关联性，因而抛开犯罪论体系将无法谈论这一问题。另外，是将客观处罚条件理解为与犯罪的成立与否无关的发动刑罚权的外部条件，还是理解为虽然与构成要件符合性、违法性以及有责性有所不同，但还属于犯罪成立的要件，或者理解为应当包含在违法性或有责性这样一个犯罪成立的要件中，因而对行为原则、责任原理等现代刑法的各种原理的理解和界定也迥然不同。因此，可以说论及客观处罚条件本身，就是从另外一个视角探讨犯罪论体系和现代刑法理论中的各种原理。客观处罚条件不是成文法上的概念，而是刑法理论的产物，在大陆法系的刑法理论界已经有相当长的历史。不过，针对客观处罚条件的概念、意义及其在犯罪论体系中的定位问题，至今未能达成共识。[3] 在我国的刑法理论界，有观点认为，在我国的刑法条文中也有与客观处罚条件理论有关联的条文，比如，我国刑法第129条之"依法配备公务用枪的人员，丢失枪支不及时报告，造成严重后果的，处三年以下有期徒刑或者拘

---

[1] 参见张明楷："'客观的超过要素'概念之提倡"，载法苑精萃编委会编：《中国刑法学精萃》（2001年卷），北京，机械工业出版社，2002，第311页以下。

[2] 参见〔日〕曾根威彦：《处罚条件》，载阿部纯二等编：《刑法基本讲座》，第2卷，法学书院，1994，第320页。

[3] 参见〔日〕北野通世：《客观处罚条件》，载西田典之等编：《刑法的争论点》，3版，有斐阁，2000，第32页。

役",就属于客观处罚条件。①

如前所述,客观处罚条件不是故意的认识和意志的内容,那么,缘何形成了如此激烈的争论?一方面是与犯罪论体系有关,也可以说与如何看待犯罪与刑罚的关系有关。部分观点认为刑罚是处罚犯罪的,既然构成犯罪,就可以行使刑罚权;既然不能行使刑罚权,就表明行为不构成犯罪,因此,当然不存在什么客观处罚条件,所谓的客观处罚条件就是构成要件。也有观点认为,在犯罪成立的情况下,立法者也可以出于刑事政策的考虑,规定限制刑罚权发动的事由,即客观处罚条件。另一方面是对客观处罚条件的实质作用存在分歧。部分观点认为客观处罚条件影响违法性,也有观点认为不影响违法性。但是,不管怎么说,在和故意的认识、意志内容无关的意义上承认客观处罚条件这种事由,对于解决我国司法实践中的一些具体问题②提供了一个启示,即我们是否可以考虑,有些因素虽然属于客观方面的内容,虽然是成立犯罪的客观要件,但它们超出了行为人的主观故意内容,而不需要行为人对之具有认识和放任(包括希望)的态度。鉴于此,在我国的刑法理论界,有观点认为,我们是否可以借鉴德日

---

① 参见张明楷:《"客观的超过要素"概念之提倡》,载法苑精萃编委会编:《中国刑法学精萃》(2001年卷),北京,机械工业出版社,2002,第310页。
② 在我国的刑法理论界,主张"超过的客观要素"的观点认为,在我国刑法的规定当中,尽管没有客观处罚条件概念的存在余地,但类似于"客观处罚条件"的内容却是存在的,比如刑法第129条丢失枪支不报罪中的"造成严重后果"、第397条滥用职权罪中的"致使公共财产、国家和人民利益遭受重大损失"等都属于此,并受德日刑法学中的"客观处罚条件"论的启发,将这些内容定义为"超过的客观要素"或者"犯罪的附加要件",认为它们虽是犯罪构成的内容,但和作为该罪的主观要件的故意、过失无关。承认超过的客观要素,能够解决部分犯罪中不能区分此罪与彼罪,也不能做到罪刑相适应的问题。如刑法第330条规定的妨害传染病防治罪,行为人都是出于故意实施妨害传染病防治的行为,并且具有危害公共安全的危险,但法定刑较低:引起甲类传染病传播或者有传播严重危险的,处3年以下有期徒刑或者拘役;后果特别严重的,处3年以上7年以下有期徒刑。如果认为本罪由故意构成,即对引起甲类传染病的传播持希望或者放任态度,那么,就不能对本罪与危害公共安全罪进行合理区分,也不能做到罪刑相适应。针对上述主张,否定的观点认为,在坚持将行为及其危害结果等客观因素作为判断行为的社会危害性基础的客观主义刑法观的时候,此罪与彼罪的区分,罪刑是否相适应,首先是根据犯罪行为所侵害的客体、犯罪的客观方面这些外在因素来考虑,而不是从行为人的主观方面来考虑的,否则就会落入主观主义刑法观的陷阱。从行为的客观特征来看,"拒绝供应符合国家规定的卫生标准的饮用水"的行为并不能和危害公共安全罪中的投放危险物质罪的行为画等号;而"拒绝按照卫生防疫机构提出的卫生要求,对传染病病原体污染的污水、污物、粪便进行消毒处理",其危害性,就马上达到了构成投放危险物质罪的程度。因为,从行为分类上讲,"不消毒处理"或者"拒绝供应"都是拒不履行作为义务的不作为,而与此接近的、危害公共安全的投放危险物质罪的实行行为通常则是作为,二者之间具有行为结构上的差异,不能同等看待。(参见黎宏:《刑法总论问题思考》,北京,中国人民大学出版社,2007,第199页。)

刑法理论中的处于少数说观点，认为客观处罚条件就是构成要件，但同时认为它们不是故意的认识内容。于是，在犯罪的客观要件中，有些要素属于故意的认识与意志内容、要求行为人对之具有认识、放任或希望的态度；有些要素则超出了故意的认识和意志内容，不要求行为人对之具有认识、放任或希望的态度。[1] 笔者认为，我国刑法第397条滥用职权罪中的"致使公共财产、国家和人民利益遭受重大损失"可以归类为客观处罚条件。当然，有关客观处罚条件的合理性问题，还有必要进行深入的探讨。

---

[1] 参见张明楷：《"客观的超过要素"概念之提倡》，载法苑精萃编委会编：《中国刑法学精萃》(2001年卷)，北京，机械工业出版社，2002，第315页。

第十八章　受贿罪的保护法益及贿赂之范围

受贿罪，是指国家工作人员利用职务上的便利，索取他人财物或者非法收受他人财物为他人谋取利益的行为。受贿罪的保护法益，历来是中外刑法理论中极有争议的问题之一。有关受贿罪的保护法益，在我国的刑法理论界，主流观点认为，本罪侵犯的法益是国家工作人员的职务廉洁性。也就是说，受贿罪是腐败的一种主要表现形式，禁止受贿是我国廉政建设的基本内容。受贿行为严重腐蚀国家肌体，妨碍国家职能的正常履行。因而，将受贿罪的直接客体（法益）界定为国家工作人员的职务廉洁性更有利于把握受贿罪的本质特征。该观点并认为，本罪的犯罪对象是贿赂，即行为人索取或收受他人的财物。然而，有关贿赂的外延，我国刑法理论界存在分歧，主要有财物说、财产性利益说、利益说三种观点的对立。通说认为，有关贿赂的范围问题，应当严格执行刑法的规定，以财产性利益说为妥，即贿赂除包括金钱和可以用金钱计算的财物外，还应包括其他物质性利益。[①] 我国主流观点的这种主张，可以说基本上是正确的，但是，将受贿罪的法益限定为国家工作人员的职务廉洁性似乎过于简单。另外，有关贿赂范围的界定，也过于笼统。

一、有关受贿罪保护法益的中外学说

（一）国外的学说

有关贿赂罪的保护法益问题，在历史沿革上，有罗马法和日耳曼法的对立：罗马法的立场是，受贿罪的保护法益是职务行为的不可收买性

[①] 参见高铭暄、马克昌主编：《刑法学》，3版，北京，北京大学出版社、高等教育出版社，2007，第711页以下。

(Unentgeltichkeit der Amtsshandlung)。根据这种立场，不管公务员所实施的职务行为是否正当合法，只要他要求、约定或者收受与职务行为有关的不正当报酬，均构成受贿罪（不可收买性说）。而日耳曼法的立场是，受贿罪的保护法益是职务行为的纯洁性（Rein-heit der Amtshandlung）或公正性、职务行为的不可侵犯性。根据这一立场，只有当公务员实施违法或者不正当的职务行为，从而要求、约定或者收受不正当报酬时，才能构成受贿罪（纯洁性说）。[1] 现在，在大陆法系的刑法理论界，有关贿赂罪的保护法益问题，以不可收买性说和纯洁性说为基础，形成了诸多学说。

在德国的刑法理论界，有关受贿罪的保护法益问题，主要有以下几种观点的对立：（1）受贿罪侵犯的法益是国家的意志，即受贿罪使国家意志受到无端阻挠和违法篡改。（2）受贿罪侵犯的法益是公务的纯洁与真实。（3）受贿罪侵犯的法益是公务行为的无报酬性。（4）受贿罪侵犯的法益是社会大众对公务员以及公务行为的信赖。在上述几种观点中，第二种观点的内容与前述纯洁性说基本相同。而第三种观点与前述不可收买性说并非等同含义，不可收买性实际上包含了无报酬性的内容。第四种观点与前述之不可收买性说并没有实质性区别。[2]

有关受贿罪的保护法益，在日本的刑法理论界，主要有以下几种观点的对立：（1）受贿罪侵犯的法益是公务员的职务行为的不可收买性，因为公务员一旦收受作为对价的利益，其公务行为的公正性就会受到怀疑，至于其职务行为本身是否正当在所不问。（2）职务行为的公正性说，即收受贿赂以后必须不正行使职权的，才能构成本罪。（3）受贿罪侵犯的法益是职务行为的不可收买性与公正性，这种主张又称并合说或二元说。（4）受贿罪的保护法益是公务员应当清廉的义务，即受贿罪侵害了公务员应当清廉的义务。（5）受贿罪侵犯的法益是职务行为的公正性和社会对这种公正性的信赖。公务员的职务行为对于国家立法、司法、行政作用的正确发挥、公正运用不可或缺，公务员为他人谋取利益，其他人没有得到这种利益，但是，仍然要承受公务行为不正行使的后果，因此，本罪的保护法益首先是职务行为的公正性。同时，即便职务行为是公正行使的，与职务相关联的公务员如果收受贿赂，国民对公务的信赖感就会丧失，公务的正确行使就会受到损害或者会产生这种危险。为确保职务行为的公正性、不可收买性，就应将本罪的保护法益解释为社会对职务行为的公正性和信赖

---

[1] 参见〔日〕大塚裕史：《刑法各论的思考方法》（新版），早稻田经营出版，2007，第521页。
[2] 参见张明楷：《刑法学》，2版，北京，法律出版社，2003，第918页。

感。这是日本的通说,也是判例所取的立场。①

在上述几种学说中,第(5)之信赖说与第(1)之不可收买性说的表述虽然有所差异,但在实质上有一些相似之处。因为国民对职务行为客观公正性的信赖,以职务行为不可收买为前提;如果职务行为可以收买,国民必然丧失对职务行为客观公正性的信赖,也丧失对职务行为本身的信赖。因此,不可收买性与对职务行为公正性的信赖具有密不可分的关系。第(2)之公正性说无法说明单纯受贿罪的本质,尤其不能说明公务员收受贿赂但没有违反职责的行为也构成受贿罪,因此,主张这种观点的部分学者解释说,针对职务行为的公正,不能从狭义上加以理解,而应理解为包括社会对职务行为的公正性的信赖。然而,如果这样解释公正性的含义,则其内容与信赖说没有实质上的区别,进而与不可收买性说也没有区别。② 第(3)之二元说有单纯相加不可收买性说和公正性说之嫌。而第(4)之清廉义务说,由于这种观点导致不要求受贿行为与职务行为之间具有关联性,而且"清廉"的含义过于宽泛,因而现在很少有学者赞同。遗憾的是,我国的主流观点对受贿罪保护法益的理解与这种主张基本一致。

在韩国的刑法理论界,有关受贿罪的保护法益问题,除主要有该罪的保护法益是国家机能的公正性之外,还包括职务行为的不可收买性的主张,与该罪的保护法益是职务行为的不可收买性及针对不可收买性的一般信赖的主张(综合说)的对立。韩国的判例认为,受贿罪的保护法益是执行公务的公正性、针对该公正的社会信赖和职务行为的不可收买性,由此可见,韩国的判例是倾向于综合说的。韩国的主流观点认为,受贿罪的保护法益与一般职务犯罪的保护法益一样,应当根据一般概念、具体概念,采用有机理解的方法进行说明。也就是说,受贿罪的保护法益应当以国家的一般权力机能作为上位的一般保护法益,在此基础上,以国家机关(职务担当者)及对该职务本身的公正性、职务行为的不可收买性的公众信赖作为具体的保护法益。③ 保护程度可以作为抽象危险犯而对其加以保护。

(二)我国的主张

在我国的刑法理论界,一般认为犯罪的本质就是对法益的侵害,法益

---

① 参见〔日〕大塚裕史:《刑法各论的思考方法》(新版),早稻田经营出版,2007,第522页。
② 参见张明楷:《刑法学》,2版,北京,法律出版社,2003,第918页。
③ 参见〔韩〕金日秀、徐辅鹤:《刑法各论》,6版,博英社,2004,第818页。

是指法律所保护的利益,包括国家利益和个人利益,刑法的目的与任务是保护法益。[1] 而法益又被称为犯罪客体。就我国刑法而言,有关受贿罪所侵犯的法益即客体,有多种观点、学说的对立,主要有:(1)受贿罪侵犯的客体是国家机关的正常管理活动及国家有关廉政建设的管理制度。[2] 但是,实际上"国家机关的正常管理活动"以及"国家有关廉政建设的管理制度"是一个含义模糊的用语,既不能用以承担法益的解释机能,也不能用以区分受贿罪与其他职务犯罪,而且也不符合刑法的具体规定。另外,在职务行为完成之后才约定收受贿赂不一定会破坏国家机关的正常管理活动。同时,这种观点也无法与渎职罪的犯罪客体进行准确界分,渎职罪的犯罪客体也可以是国家机关的正常管理活动。[3](2)受贿罪的犯罪客体不仅包括国家机关及其他企业、事业单位、军队、团体的正常活动,而且包括公私财产所有权。[4] 这种观点的缺陷在于混淆了犯罪客体和犯罪对象,由于受贿罪中涉及的贿赂是受贿罪的犯罪对象,而且贿赂本身属于非法之物,不应将作为贿赂之财产作为法律保护的利益,犯罪客体就是法益。(3)受贿罪的犯罪客体是国家工作人员职务行为的廉洁性[5],这是我国的通说。这种主张的最大缺陷在于不明确,"廉洁"本身没有明确的内容,无法有效地发挥法益的解释机能;另外,廉洁性说没有表明其是以不可收买性说为基础,还是以职务行为的公正性为基础,因此存在一定的模糊性。[6](4)"受贿罪的保护法益是国家工作人员职务行为的不可收买性,也可以说是国家工作人员职务行为与财物的不可交换性。这种法益不是个人法益,而是超个人法益。由于国有企业、事业单位、人民团体中从事公务的人员也属于国家工作人员,可以成为受贿罪的主体,因此这种超个人法益既包括国家法益,也包括社会法益。"[7](5)倾向于大陆法系刑法理论中的信赖说。公职人员执行公务,本应就事论事,公正无私,才能获得社会大众的信赖,但因其贿赂行为的存在,而使这种信赖为之消失,并进而导致国家威信的损伤。这种信赖或威信不必等到公职人员已实际

---

[1] 参见张明楷:《刑法学》,2版,北京,法律出版社,2003,第108页。
[2] 参见颜茂昆等:《刑法适用新论》(下册),长春,吉林人民出版社,2001,第1798页。
[3] 参见吕天奇:《贿赂罪的理论与实践》,北京,光明日报出版社,2007,第120页。
[4] 参见刘白笔、刘用生:《经济刑法学》,北京,群众出版社,1989,第504页。张明之:《中国罪名要论》,北京,中国言实出版社,1997,第461页。
[5] 参见高铭暄、马克昌主编:《刑法学》,3版,北京,北京大学出版社、高等教育出版社,2007,第108页等。
[6] 参见张明楷:《刑法学》,2版,北京,法律出版社,2003,第919页。
[7] 同上书,第921页。

收受不当利益，而是在公职人员对外表示其有收受不当利益的意图，足以使他人感到公务行为的可收买性时，即已受到损伤。① 笔者倾向于这种观点。

二、有关贿赂范围的中外学说

（一）国外的学说、判例

有关贿赂物的范围问题，日本的判例认为："不管是有形物还是无形物，只要能够满足人们需求或欲望之所有利益，均可包含在贿赂物之范围内。"② 也就是说，判例认为，贿赂物除金钱之外，还包括金融利益、保证或提供担保、通过第三者的偿还而免除债务的利益、斡旋就职、招待、艺妓的演出、两性关系等。通说一般也支持判例的这种立场。

后来，最高裁判所在殖产住宅案（判例名称——引者注）等行贿受贿案的判决书中认为，"股票在证券交易所上市之前，已经决定发行并上市，如果能够认定上市后的股票价格肯定高于上市前的购买价格，而这种上市前的股票一般人很难购买，那么，通过购买上市前的股票获取利益的行为，其本身可以成为行贿受贿罪的犯罪对象"③。同样，东京地方裁判所在里库路特案的判决书中认为，一般人很难购买到的股票，如果购买后确实能够获取利益，那么，购买这种股票并获利的行为本身可以成为受贿罪的犯罪对象。在上述情况下，计算追缴数额虽然成为问题，但是，上述利益可以包含在贿赂物的范围之内，这一点无论是在日本的刑法理论界还是在司法实践中，均没有异议。有关这一问题，日本学者认为，能够肯定上市后的价格上涨，往往成为"一定能够获取利益"的基础，但是，购买时的成本并不妨碍受贿罪的成立。另外，一般人很难购买到是界定"恩惠或好处"的一种条件。④ 由此可见，在日本的刑法理论和司法实践中，贿赂

---

① 参见周光权：《刑法各论》，北京，中国人民大学出版社，2008，第493页。
② 《刑录》第16辑，第2239页。
③ 《刑集》第42卷第6号，第861页。
④ 参见〔日〕大塚裕史：《刑法各论的思考方法》（新版），早稻田经营出版，2007，第521页。〔日〕齐藤信治：《贿赂罪的问题点——包括没收和追缴》，载〔日〕阿部纯二等编：《刑法基本讲座》，第6卷，法学书院，1993，第376页。

物的范围并不限于财物或财产性利益，只要以特殊的价格得到财物或利益，均可以包含在贿赂物的范围之内。

有关贿赂物的范围问题，韩国刑法理论中的主流观点认为，贿赂物是指与职务相关的非法报酬或不正当利益。具体而言，它包括金钱、物品以及财产性利益等能够满足人们需求和欲望的有形、无形的利益，即作为职务行为对价的非法报酬或不正当的利益。①

（二）我国的主张

在我国的刑法理论界，有关贿赂物的范围，主要有以下三种观点的对立：

第一种观点是财物说。这种观点认为贿赂应当限于金钱或者可以用金钱计算的财物，不包括其他利益。如果把贿赂的内容解释为包括不正当利益，则笼统抽象，会给守法、执法带来困难，进而会混淆罪与非罪、此罪与彼罪的界限，不可避免地会导致处罚扩大化的错误。② 理由是：其一，从历史上看，我国自古以来，贿赂均指财物。其二，《关于惩治贪污罪贿赂罪的补充规定》明确规定，贿赂仅指财物，因此，扩大贿赂的范围是没有法律根据的。其三，根据上述补充规定，受贿罪是按贪污罪的法定刑处罚的，而贪污罪是以贪污财物的数额的多少作为量刑标准的，如果把财物以外的非法利益也视为贿赂，司法机关就难以掌握定罪量刑的标准。其四，如果贿赂不限于财物，当公务员与公务员之间，各自利用职务便利为对方谋取其他不正当的利益时，将无法认定谁是行贿者谁是受贿者。其五，扩大贿赂的范围，将会使受贿罪成为"大口袋"，什么都往里装，把国家工作人员的一般违法乱纪行为或其他犯罪行为，统统作为受贿罪处罚，这势必扩大受贿罪的成立范围。

第二种观点是财产性利益说。这种观点认为贿赂除了包括金钱以及其他财物外，还应包括其他财产性利益，比如，提供房屋使用权、免除债务、免费旅游等，但不包括其他非物质性利益。倾向于这种观点的主张又可以分为两种情况：一种情况是表面上基本上倾向于贿赂应限于财物，但对财物的解释中又包含财产性利益。即认为贿赂就其本意而言仅指财物，财物首先是金钱，其次还包括物品，再次，贿赂还应包括其他财产性利益，比如债券的设立、债务的免除、酒席招待、免费旅游等，这些利益之

---

① 参见〔韩〕金日秀、徐辅鹤：《刑法各论》，6 版，博英社，2004，第 820 页。
② 参见高铭暄主编：《中国刑法学》，北京，中国人民大学出版社，1989，第 603 页以下。

所以能成为贿赂是因为它与财物有着不可分割的关系,受贿人得到的和行贿之交付的实际上是财物。与财物无关的非物质性利益,比如升学就业、招工指标、提升职务、迁移户口、提供女色等,不能成为贿赂。① 物质性利益,从本质上讲都是财物,仅仅是给付形式不同而已。因为这些都是可以用货币进行衡量的,从根本上讲是符合法律的。受贿罪是以权换利的肮脏交易,将能够转移占有使用的财产性利益解释为财物,完全符合受贿罪的本质。② 另一种情况是把财产性利益与财物并列,认为都属于贿赂。即认为贿赂通常是指金钱和物品,物品包括动产和不动产。但在某些特定的情况下,贿赂也可以是财产性利益,比如债权、劳务等。③ 两种观点的主要区别在于,财产性利益应否包含在财物的概念之中。

第三种观点是利益说。这种观点认为贿赂既包括财物,也包括财产性利益,还包括非财产性利益。即凡是能够满足人们物质或精神需求的一切有形或无形的、物质的或非物质的、财产或非财产性的利益,均可以视为贿赂。④ 安置就业、性贿赂等,虽然不容易用金钱衡量它们的价值,但这些和财产性利益一样能够起到收买国家工作人员的作用,效果甚至更好。其中的非财产性利益主要表现为安排子女就业、提供招工招干机会、提供出国机会、提供提职升学晋级机会、授予荣誉称号,甚至提供色情服务等。主要理由是:人的需求有多种,既有基本的生理需求,也有安全需求、归宿和爱的需求、自我实现的需求等,人在最基本的需求得到满足后,就体现出自我实现的需要。因此,不论财物、物质性利益还是非物质性利益,行贿人都可以利用之来满足受贿人的欲望。⑤ 近年来,在我国的刑法理论界,这种观点逐渐受到部分学者的支持,笔者也基本倾向于这种观点。

三、受贿罪的保护法益及贿赂的界定

(一)受贿罪的保护法益

前述之有关受贿罪的保护法益问题的争论,并非只具有形式上的意

---

① 参见刘光显:《论贿赂》,载郭竹梅:《受贿罪新型暨疑难问题研究》,北京,中国检察出版社,2009,第34页。
② 参见张明楷:《刑法学》,2版,北京,法律出版社,2003,第923页。
③ 参见肖扬主编:《贿赂犯罪研究》,北京,法律出版社,1994,第173页等。
④ 参见周振想:《公务犯罪研究综述》,北京,法律出版社,2005,第196页。
⑤ 参见高憬宏:《刑事诉讼法适用问题研究》,北京,中国政法大学出版社,1999,第194页。

义。由于对受贿罪保护法益的理解不同，将会导致对受贿罪构成要件解释的不同，因而有关受贿罪保护法益的争论的焦点实际上事关以下几个方面的问题[①]：

第一，受贿行为是否必须与国家工作人员的职务行为发生关联？根据清廉义务说，只要公务员要求、收受、约定了不应当接受的利益，无论这种利益是否与其职务行为发生关联，均可以成立受贿罪。根据"公务人员的廉洁制度"说，也可以得出同样的结论。但是，如果根据其他学说，自然要求受贿行为与公务员的职务行为具有一定的关联性。

第二，受贿罪的成立是否以公务员为他人谋取利益为前提？根据清廉义务说和公务人员廉洁制度说，受贿罪的成立并不要求公务员为他人谋取利益；根据不可收买性说和信赖说，只要贿赂行为与公务员的职务行为具有关联性即可，而不要求公务员有为他人谋取利益的实际行为和结果；而根据纯洁性说、公正性说和国家意志说，受贿罪的成立要求公务员为他人谋取利益。

第三，受贿罪的成立是否以公务员违反职责为前提？根据国家意志说、纯洁性说和职务行为的公正性说，只有当公务员以违反职责为前提而要求、收受或约定贿赂时，才能成立受贿罪；公务员虽然要求、收受、约定了利益，但并没有实施任何违反职责的行为时，则不构成受贿罪。根据二元说，受贿罪的成立原则上不以公务员违反职责为前提，但在刑法有特别规定的情况下（比如事后受贿、斡旋受贿），只有当公务员实施了违反职责的行为时，才能构成受贿罪。而根据不可收买性说或信赖说，受贿罪的成立并不以公务员违反职责为前提。

第四，公务员违背职责为行贿人谋取不正当利益，因而触犯其他刑法条文的，是成立一罪还是数罪？由于纯洁性说、公正性说和国家意志说将职务行为的公正性视为受贿罪的保护法益，因而当职务行为的公正性受到侵害时，由于没有超出受贿罪的范围而仅成立受贿罪；由于廉洁义务说、不可收买性说和信赖说将职务行为的不可收买性视为受贿罪的保护法益，因而当职务行为的公正性受到侵害时，还侵害了另外一个法益，所以不仅成立受贿罪，还成立其他犯罪。

就受贿罪的保护法益问题而言，我国刑法理论中将其理解为国家机关的正常管理活动，主要存在以下几方面的问题：第一，未能揭示受贿罪的本质属性。任何国家机关工作人员利用职务之便进行的渎职犯罪，都会侵

[①] 参见张明楷：《刑法学》，2版，北京，法律出版社，2003，第919页以下。

害国家机关的正常活动,将渎职犯罪"侵害国家机关的正常活动"这一同类客体作为受贿罪的直接客体,将不能具体地、直接地把受贿罪的特殊性揭示出来,无助于探讨受贿罪的本质特征。第二,未能全面反映受贿罪的社会危害性。现实生活中受贿罪的表现形式多种多样,但在总体上可以分为两类:贪赃枉法的受贿和贪赃不枉法的受贿。作为后者,受贿不受贿在执行职务上没有区别,不存在侵犯国家机关正常活动的问题。对贪赃不枉法的案件,司法实践中都是按照受贿罪定性处罚的。但是,这种行为实际上并没有破坏国家机关对内对外的职能活动。如果我们在理论上坚持把侵犯国家机关的正常活动作为受贿罪的客体,将会把这类犯罪排除在应受刑罚处罚的范围之外。第三,不能概括受贿者没有为他人谋取利益的行为。部分受贿者利用职务之便索取贿赂后,主观上并不想去为他人谋取利益,客观上也确实没有实施为他人谋取利益的行为。部分受贿者在索取、收受他人贿赂时,对能否为他人谋取利益的承诺在客观上并不能肯定,或抱有放任态度,或者由于客观环境以及条件的变化,无法实现为他人谋取利益的承诺。这种情况下的受贿,受贿者的受贿行为实际上都不可能对国家机关的正常职能活动造成危害。[①] 也就是说,这种观点会不当地缩小受贿罪成立的范围。

将公私财产视为受贿罪保护法益的观点,是主张在公私财产没有受到侵犯的情况下,索取、收受财物的行为不可能成立受贿罪。这种观点的缺陷是:第一,受贿罪与行贿罪属于对向犯。就收受贿赂的情形而言,行贿人之所以向国家工作人员行贿,是为了利用国家工作人员的职务行为,促使国家工作人员为其谋取利益。在这种情况下,行贿行为本身已经具备了违法性。而就索取贿赂的情形而言,虽然被索取者不是主动交付财物,但当他们获得了不正当利益时,仍然成立行贿罪。由此可见,在这种情况下就不能认为他们的财产所有权受到了侵犯。第二,贿赂物并非犯罪对象,本应追缴或没收。由于行贿者用自己的财物进行行贿,因而就不应认定受贿行为侵犯了其财产所有权。第三,国家工作人员因受贿而为他人谋取利益的行为,有可能导致公共财产遭受损失。但是,这种损失是因受贿而产生的危害结果。另外,并非任何受贿罪都必然导致财产损失,导致财产损失的行为也有可能独立构成其他罪。第四,由于受贿罪的保护法益不可能是公私财产的所有权,因而将国家机关的正常管理活动与公私财产所有权并列为受贿罪的复杂客体的主张,以及将国家机关的正常管理活动与公私

[①] 参见孟庆华:《受贿罪研究新动向》,北京,中国方正出版社,2005,第52页以下。

财产所有权视为受贿罪的选择客体的观点,同样也就没有说服力。① 总之,这种观点不仅无法揭示受贿罪权钱交易的本质特征,同时也混淆了受贿罪与侵犯财产罪的界限。

廉洁性说虽然有其合理性,但最大的缺陷在于不明确。第一,廉洁性说中的"廉洁"本身的含义不够明确。第二,廉洁性究竟是指职务行为的廉洁性还是指公务人员本身的廉洁性,对此目前并没有达成共识,而这两种表述实际上存在严格的区别,将会对受贿罪的构成要件的解释带来不同的结论。第三,廉洁性说没有说明究竟是以纯洁性说为基础的,还是以不可收买性说为基础的。由于根据前者,国家工作人员只有不公正地实施职务行为才可能构成受贿罪;而根据后者,不需要国家工作人员不公正地实施职务行为。② 可见,这种学说也并不可取。

不可收买性说主张"不能用金钱收买职务行为",也就是说,公务不能被贿赂所左右才是受贿罪的保护法益。因此,这种观点虽然能够说明针对正当职务行为的受贿罪,但却无法说明斡旋受贿罪的本质。由于斡旋受贿罪是通过斡旋其他公务员不正当行为,作为这种斡旋的代价而收受贿赂时才能成立,问题是,该公务员的职务行为并没有成为收买的对象,因而用不能用金钱收买职务行为这一不可收买性,无法说明其处罚根据。③ 这一点可以说是不可收买性说的致命缺陷。

有关受贿罪的保护法益,笔者倾向于信赖说④,理由是:针对职务行

---

① 参见张明楷:《刑法学》,2版,北京,法律出版社,2003,第920页以下。
② 参见张明楷:《刑法学》,2版,北京,法律出版社,2003,第921页。
③ 参见〔日〕大塚裕史:《刑法各论的思考方法》(新版),早稻田经营出版,2007,第522页。
④ 针对信赖说的批判是:针对社会公正的社会信赖并不能成为受贿罪的保护法益。杀人罪的保护法益毕竟是人的生命,而非刑法所保护的针对人的生命的安心感、法的安定性的信赖。同样,受贿罪的保护法益是职务行为的公正性,而不是针对职务行为公正性的社会信赖。如果把受贿罪的保护法益理解为对职务行为公正性的社会信赖的话,极有可能远离个别而具体的职务行为,而不得不对公务整体构成的危险进行处罚。社会信赖作为一种精神性价值极为抽象,并不限于受贿罪,与整个国家的法益发生关联,针对侵害国家法益的犯罪而言,一般并不将其视为保护的法益。因此,如果在受贿罪的情况下,将社会信赖单独拿出来作为法益而进行处罚是否妥当,不能不说是一大疑问。另外,"社会信赖"这一概念本身极为含糊,其处罚范围不仅不明确,在某种情况下,极有可能仅仅根据公务员似乎违法而肯定受贿罪的成立,这样将会导致处罚范围的无限宽泛。尤其是,信赖说所要保护的"社会信赖",并非是针对具体职务行为的公正性的信赖,而是针对公务员所从事的一般职务公正性的信赖,因此,往往以针对抽象的职务行为的怀疑、不信任作为受贿罪的处罚根据而进行处罚。然而,刑法是以与职务具有关联性的受贿作为处罚的对象,即便有法益侵害,如果不存在职务关联性,就应否定受贿罪的成立。主张只要有法益侵害性就会有职务关联性的信赖说的最大缺陷正是这一点。(参见〔日〕大塚裕史:《刑法各论的思考方法》(新版),早稻田经营出版,2007,第524页。)

为公正性的社会信赖作为国家秩序的精神支柱,理应有必要对其加以保护。如果这种"信赖"受到侵害,不仅会导致行贿受贿等不正之风的泛滥,也会带来一般国民的失望和不安,进而带来对政府的不信任和对政治的不信任,其结果,国民对整个国家持怀疑态度,这对国家的安定是一个致命的威胁。即便是批判信赖说的主张,也不得不承认确保对职务行为的社会信赖乃是刑事立法的基础。

由于信赖的对象还包括没有对职务行为进行贿赂的情况,信赖受到损害时存在的诸多情况确实是受贿罪的一个特征,因而缘何在侵犯其他国家法益的情况下,没有这样理解的批判并没有说服力。由于这种"信赖"是针对"不收受贿赂,秉公办事"的信赖,因而可以说是具体而明确的。如前所述,信赖说不仅是德国和韩国的通说,也是判例所取的立场。另外,以社会的信赖或信用为保护法益的刑法规定,在货币、有价证券、伪造文书、印章罪等各种伪造罪中均有规定。因此,信赖说的处罚范围不明确的主张,同样没有说服力。也就是说,根据信赖说,限于公务员收受来自国家的报酬之外的基于不法的额外利益,考虑是否存在构成受贿罪的危险;在此基础上,根据是否与职务行为有关联以及是否公正,进行应否处罚的判断,所以,这种基准同样并非不明确。对行贿方的认定也可以适用该基准,因此,并不存在妨害正当权利行使的危险。① 与此相比,如果将受贿罪侵害的法益理解为有害于公正的抽象危险,那么,由于判断是否存在这种"抽象危险"本身极为抽象,有可能导致一般人无法判断的结局,进而影响处罚范围的不明确。另外,如果将受贿罪的保护法益限定为职务行为的公正性,将受贿罪理解为抽象危险犯,那么,无法说明即便是在损害公正的前提下不处罚其本身行为,而以收受贿赂为受贿罪的构成要件这一点。

在我国,国家工作人员职务行为的宗旨是为民服务,具体表现在保护各种法益;由于国家工作人员的职务行为已经取得了相应的报酬,因而不应从公民或其他单位那里收受职务行为的报酬。国家工作人员理应要合法、公正地实施职务行为。但权力总是会被滥用的,没有权力的人也会期待有权力的人为自己滥用权力;一旦滥用权力,将权力与其他利益进行交换,权力就会带来各种利益。因此,防止权力的滥用、保障公正行使权力的最基本的措施,就是防止权力与其他利益相互交换。只有这样,公民才会信赖行政,进而信赖整个社会。

---

① 参见〔日〕大塚裕史:《刑法各论的思考方法》(新版),早稻田经营出版,2007,第375页。

职务行为既包括正在实施或已经实施的职务行为,也包括将要实施的职务行为与所允诺的职务行为。即国家工作人员既不能以正在实施或已经实施的职务行为为依据,向他人索取或者收受财物,也不能以将来可能实施的职务行为或对职务行为的许诺为依据,向他人索取或收受财物。而职务行为既包括完全属于职务范围的合法行为,也包括与职务相关的超越或滥用职务的行为。也就是说,只要与职务行为有关联即可。[1] 与职务行为相关联的行为,主要包括两种情况:一是与国家工作人员的一般的、抽象的职务权限有关联的行为,不要求与国家工作人员的具体的职务权限相关;二是与职务有密切关联性的行为。

针对公务员职务行为的信赖,是一项重要的法益。由于这种信赖是公民公平正义的观念的具体体现,它使得公民进一步信赖国家工作人员的职务行为,信赖国家机关本身,从而保证国家机关正常活动的开展。如果公民不信赖国家工作人员的职务行为,则会导致不信赖国家机关本身的结局。因此,公民对职务行为的信赖是刑法加以保护的法益。

(二) 贿赂之范围

有关贿赂的范围,笔者认为,贿赂的范围应当包括与职务相关的非法报酬或不正当利益。贿赂包括金钱、物品以及财产性利益等能够满足人们需求和欲望的有形、无形的利益。也就是说,凡是能够满足人们物质或精神需求的一切有形或无形的、物质的或非物质的、财产的或非财产性利益,均可以视为贿赂。

将贿赂限定为财物和财产性利益,法律有明文规定,也有司法解释和扩大解释作为依据,符合我国对贿赂罪按照数额量刑的惩罚体系。[2] 但

---

[1] 参见张明楷:《刑法学》,2版,北京,法律出版社,2003,第922页。

[2] 不过,这种观点同时又认为,在我国将贿赂的范围限定为包括财物和财产性利益是最佳的平衡点。至于性贿赂和其他非财产性利益,由于目前能够满足人们物质和精神需求的利益颇为丰富多样,在市场经济条件下,纯粹的非财产性利益反倒变得稀缺,多数精神享受或文化成果都需要物质载体,既然有物质载体就往往具有市场价值和价格。这种观点赞同提供付费的性服务可以成为贿赂也是基于其可以折合为一定金钱,虽然性本身不是商品、不具备财产属性,但是行贿人为国家工作人员提供非法的付费的性服务收买国家工作人员,相当于给国家工作人员提供了一定的金钱费用,只是该费用用于"购买"性服务,于是性服务便具备了贿赂的财产属性,这种行为也具有了刑事可罚性。对于其他的非财产性利益,如果纯粹是非财产性的,无法折合为一定金钱,则不宜纳入贿赂的范畴;如果利益本身为非财产性,但是可以折合为一定的金钱,则其实质上应归入财产性利益。无论怎样,万变不离其宗,对于一种利益是否属于贿赂的判定,应当立足于两点,一是受贿犯罪权钱交易的本质,二是利益是否具有财产属性。(参见郭竹梅:《受贿罪新型暨疑难问题研究》,北京,中国检察出版社,2009,第73页。)

是，这种主张对贿赂的理解仍然过于狭窄，不利于惩治日趋严重的行贿、受贿罪。

在我国的刑法理论界，有关非物质性利益是否能够成为受贿罪的对象，有肯定说和否定说的对立。否定说的理由是[①]：

第一，如果认为贿赂包括非物质性的不正当利益，则违反了我国刑法第 3 条所规定的罪刑法定主义原则。因为从我国受贿罪的立法沿革上看，历来都没有把非物质性不正当利益当作受贿罪的犯罪对象。我国 1979 年刑法第 185 条规定，国家工作人员利用职务上的便利，收受贿赂的，处 5 年以下有期徒刑或者拘役。赃款、赃物没收，公款、公物追还。1982 年，全国人大常委会通过的《关于严惩严重破坏经济的罪犯的决定》又对受贿罪作了修改，即国家工作人员索取、收受贿赂的，比照刑法第 155 条贪污罪论处。1988 年，全国人大常委会通过了《关于惩治贪污罪贿赂罪的补充规定》，该规定再一次对受贿罪作了修改：国家工作人员、集体经济组织工作人员或者其他从事公务的人员，利用职务上的便利，索取他人财物的，或者非法收受他人财物为他人谋取利益的，是受贿罪。在对 1979 年刑法进行修订的过程中，部分学者建议将贿赂的范围扩大到非物质性不正当利益上，但是没有被我国立法机关所采纳，刑法第 385 条规定，国家工作人员利用职务上的便利，索取他人财物的，或者非法收受他人财物，为他人谋取利益的，是受贿罪。由此可见，无论对受贿罪怎样修改，我国立法机关都没有把贿赂的范围扩大到非物质性不正当利益上。因此，如果认为这些非物质性的不正当利益可以成为受贿罪的犯罪对象，实际上无异于将所谓的非物质性的不正当利益类推为财物，而这是违反罪刑法定原则的。

第二，将非物质性不正当利益当作贿赂，容易混淆罪与非罪的界限。何谓非物质性的不正当利益，含义不清，界限不清。这种不正当利益，既可以是人的精神感官的刺激，也可以是人的政治方面的需要，等等，凡是可以满足人的不正当需要的非物质性利益，都可以被视为非物质性的不正当利益。如此一来，就会把贿赂的范围界定得很宽泛，必然会把一些从现行立法来看不构成犯罪的行为也当作犯罪行为来处理，这是不可取的。

第三，把非物质性的不正当利益当作贿赂，不具有实践上的可操作性。因为我国刑法立法对受贿罪规定的法定刑是采用以赃计罪的模式来设定的，比如，前述之补充规定第 5 条第 1 款规定，对犯贿赂罪的，根据受

[①] 参见王俊平、李山河：《受贿罪研究》，北京，人民法院出版社，2002，第 3 页以下等。

贿所得数额及情节,依照本规定第 2 条的规定处罚;受贿数额不满 1 万元,使国家利益或者集体利益遭受重大损失的,处 10 年以上有期徒刑;受贿数额在 1 万元以上,使国家利益或者集体利益遭受重大损失的,处无期徒刑或者死刑,并处没收财产。补充规定第 2 条规定的是贪污罪,而贪污罪主要是以贪污的数额多少来确定法定刑的。根据修订后的刑法第 386 条规定,对犯受贿罪的,根据受贿所得数额及情节,依照本法第 383 条的规定处罚。索贿的从重处罚。而第 383 条规定的贪污罪的法定刑也主要是以贪污数额的多少来确定的。受贿罪法定刑的这种确定模式意味着,行为人所接受的不正当利益必须能够用金钱这种一般的等价物加以衡量。如果无法用金钱对所获取的利益加以衡量,也就无法适用受贿罪的法条,无法对行为人定罪量刑。就非物质性的不正当利益而言,由于它无法用金钱加以衡量,因而把它当作贿赂加以处理,至少从目前的立法架构来看,是不具有实践上的可操作性的。

总之,如果对以非物质性的不正当利益进行"交易"的行为确有追究刑事责任之必要的,也只能由立法机关通过立法的途径加以解决。① 从这一意义上讲,将非物质性的不正当利益也解释为贿赂,实际上已经超出了我们的能力,有破坏法治的危险,是不可取的。

笔者认为,否定说的上述主张并没有说服力,理由是:

第一,刑法与其他法律一样,力求简明,以适应复杂的社会现象,其条文不得不以一般的、概括的、抽象的形式加以规定。因此,规定的内容不免缺乏明确性和具体性。另外,由于成文法规定的法律条文是以文章的形式表现出来的,其文字、语言的意义难免晦涩不明,运用起来时常发生疑义。加上科学的进步一日千里,社会生活随之发生重大变化,具体事实千姿万态,用有限的法律条文解决纷繁事件难免有不足之感。然而,法律一经制定公布实施,不经立法程序便不能轻易更改,尤其是事关国民的生命、财产、自由的刑法,更不能轻易修改,以确保其安定性。用抽象的、一般的法律条文解决千态万样的具体事实,必须使刑法条文的内容与意义趋于明确,于是刑法的解释便应运而生。刑法解释在于使所发生的具体事实能够获得适当的、妥善的解决,以期达到刑法制定的目的。因此,可以说解释刑法犹如营养对于生物一样,至少可以延长其生命,使其适用成为可能。也就是说,刑法只有通过解释才能生长、发展,并可以得到醇化。②

---

① 参见陈兴良、周光权:《刑法学的现代展开》,北京,中国人民大学出版社,2006,第 682 页。
② 参见陈朴生、洪福增:《刑法总则》,台北,五南图书出版公司,1986,第 3 页。

在大陆法系，作为罪刑法定主义的派生原则，禁止类推解释是众所周知的。但刑法解释不应局限于文理解释，以论理解释、目的论解释等解释方法在合理的范围内允许扩大解释甚或在有利于被告的前提下容许类推解释是通说。① 将非物质性不正当利益解释为受贿罪的犯罪对象，并不违反罪刑法定原则。

第二，将非物质性利益解释为贿赂的内容符合我国的实际情况。随着我国市场经济的发展，社会生活日益丰富，受贿者的欲望不断膨胀，需求范围也越来越广泛，用于基本生活需要和生存需要的财物已不再能满足受贿者的胃口，于是各种无形的非物质性不正当利益便开始成为受贿罪的一个新形式、新特点。② 比如，提供出国经济担保，招生招工，调动工作，帮助子女出国留学、晋职、晋级，提供性服务等能够满足人的某种精神或者待遇上欲望的权利和利益。这种形式的贿赂有愈演愈烈之势，如果不处罚这种现象，将会导致这类贿赂形式越来越盛行。

第三，非物质性利益贿赂同物质性利益贿赂一样具有社会危害性。比如，社会上大量存在的长期免费借用住房、交通工具、出国旅游、迁移户口、调动工作、出国留学甚至提供色情服务等，在现实生活中随处可见。尽管我国刑法典没有将这部分内容纳入贿赂的范围，但是，从理论上讲，这些完全可以成为贿赂的标的物。向受贿人行贿1万元与提供1万元的消费，本质上究竟有何区别？它甚至可以使受贿人获得金钱买不到或难以买到的实际利益，其诱惑力有时更甚于金钱财物，同样具有相当严重的社会危害性。

第四，惩治非物质性利益的贿赂是世界各国立法的普遍趋势，并得到部分学者和司法实践的肯定。比如，英国《公共机构贿赂法》第1条规定："公共机构的成员、官员或者雇员……索取、接受或者同意接受任何礼品、贷款、酬金、报酬或者好处的，构成受贿罪。"针对"好处"的内涵，该法第7条又规定：包括任何职位或荣誉、延缓清偿任何价金或有价之物。我国台湾地区"刑法"第121条规定："公务员或仲裁员对于职务上之行为，要求、预约或收受贿赂或其他不正利益，构成受贿罪。""其他不正利益"指贿赂以外之一切足以供人需要或满足欲望之有形或无形的不

---

① 有关罪刑法定原则与刑法解释问题，可参见郑泽善：《刑法总论争议问题比较研究Ⅰ》，北京，人民出版社，2008，第2页。
② 参见熊文玲：《非物质性利益贿赂应规定为贿赂罪探析》，载《江西社会科学》，1998(4)，第89页。

正当利益，包括物质上之利益与非物质利益，前者如设定债权、免除债务、给予无息或低利贷款，后者如给予地位、允与性交或其他性行为等。①

在非物质性不正当利益应否成为受贿罪犯罪对象的争论中，在我国的刑法理论和司法实践中，有关性贿赂应否成为受贿罪的犯罪对象问题的争论相对激烈。"性贿赂"是指为了谋取非法利益，给国家工作人员提供性服务的行为。近年来，"性贿赂"在受贿犯罪中不仅所占比率越来越大，而且"性贿赂"的手段也花样翻新。有的用"公关小姐"拉拢腐蚀，有的提供包养"二奶"或嫖娼的费用，有的为其介绍情妇，甚至还有三陪女毛遂自荐，自己傍官入党，还当上了宣传部长。"权色交易"目前已经成为与"权钱交易"并等的危害最大的腐蚀剂。② 但是，多数观点倾向于否定说，理由是③：

第一，按照我国通行的刑法理论，"贿赂犯罪"属于与职务紧密联系的犯罪种类，"贿赂"犯罪是与财产或财产性利益不可分离的。从刑法规定的犯罪体例看，"贪污贿赂罪"所涉及的所有犯罪种类都与财产有关。虽然我国刑法理论承认，贪污贿赂罪侵犯的客体是"国家工作人员职务的廉洁性"，但应当注意到，犯罪构成的基本理论认为，犯罪除了客体外，还有客观方面等诸多因素，贿赂罪的客观方面就是财产利益的非法让渡或取得。显然，"性贿赂"没有财产属性，不符合犯罪构成。

第二，从刑法的谦抑性来说，"性贿赂"也不宜被纳入我国的犯罪体系。众所周知，我国对贪污贿赂罪的惩罚非常严厉，其最高刑是死刑。通观世界各地，只有我国大陆和台湾地区将贪污贿赂等经济犯罪规定了死刑的刑罚，这不能不说是相当严厉的。所谓刑法的谦抑性，通俗地讲，就是指国家在执行刑事政策时，只要能给予犯罪人较轻处罚的，就不会给予较重的刑罚。但是，如果将"性贿赂"纳入犯罪体系，就会导致性交易所受处罚的加重，违背刑法的谦抑性原则，破坏刑罚的均衡性，产生不利的后果。

第三，从实际操作上看，将"性贿赂"纳入犯罪的体系也会带来很多弊端和难处。"性贿赂"中所涉及的"性"与财物不同，它和人身属性不可分离，是人类的特有现象，不像财物那样具有可转让性。当一个人在实

---

① 参见孟庆华：《受贿罪研究新动向》，北京，中国方正出版社，2005，第69页。
② 参见《性贿赂现状触目惊心刑却难量》，载《人民日报》，2001-12-20。
③ 参见孟庆华：《受贿罪研究新动向》，北京，中国方正出版社，2005，第70页。

施财物贿赂时,财物仅仅是行为的对象和工具,但是,如果实施的是"性贿赂",那么除了本人的性行为之外,还有他人的性行为,例如,通过提供娼妓的行为以达到不法意图。如果将"性贿赂"规定为犯罪,那么就会导致"性行为是商品或工具"的谬论。再比如,怎样追究"性贿赂犯罪",具有证据收集、数量衡量等各种无法把握的因素。无疑,如果追究"性贿赂"的刑事责任,司法实践中也会有极大的难度。

第四,性行为属于道德范畴,而道德与法律是两种并行的范畴,不能用法律来规范道德层面的事情。一些人只从现实危害性出发,就轻易主张将某种现象入罪,是不符合刑法实际的。在现实生活中,还有许多违背道德的反社会行为,但是,刑法不可能将其一一规定为犯罪行为。

第五,针对"性贿赂"行为的处理必须慎重。提供"性贿赂",是以"非财产性利益"进行贿赂的一种特殊且多发的方式。近年来,我国刑法学界关于在刑法中设立"性贿赂罪"罪名或者将"性贿赂"纳入贿赂犯罪的呼声一度很高。不过,这种做法具有极大的危险性。其危险性在于,它为刑法过多地介入并干预私生活打开了一个不小的缺口,并最终可能会以牺牲人权为代价。对于利用职务便利获取"性贿赂"的行为的处理,应当严格限制在党纪政纪的范围之内。

笔者认为,性贿赂作为受贿罪的犯罪对象之一,理应加以处罚,理由是[①]:

第一,性贿赂具有严重的法益侵害性,符合贿赂犯罪的本质。行贿策划于密室,行事于床笫,处心积虑,手段隐蔽,不留痕迹,作用持久,其社会危害性与财物型贿赂的社会危害性相比有过之而无不及。国家工作人员利用职务上的便利,无论收受或索取的是财物还是其他不正当利益,都是对职务行为信赖性的侵犯,其法益侵害性的本质是相同的。

第二,性贿赂不仅是道德的调整范围,也是法律调整的对象。男女之间非因情爱而进行的权色交易,如果被用来收买国家工作人员行使公共权力,实施职务行为,则不再仅仅关系性交易当事人的道德和生活作风问题,而是还构成了对国家工作人员职务行为公正性和社会信赖的侵犯,其行为不仅具有伦理道德上的可谴责性,而且已经具备了刑法上的可罚性。

第三,将性贿赂作犯罪化处理并不违背刑法的谦抑理念。性贿赂的社会危害性甚至超过财物贿赂的社会危害性,道德的调整已经不足以抑制其

---

① 参见郭竹梅:《受贿罪新型暨疑难问题研究》,北京,中国检察出版社,2009,第59页以下。

危害的蔓延，而民事的、行政的法律手段和措施也不足以抑制其危害的泛滥，在现行法律框架之下，按照罪刑法定的原则，很多性贿赂行为人都逃避了刑法的惩罚，仅以生活腐化堕落受到党纪、政纪的处分，这实际上放纵了大批应当作为犯罪处理的违法者。因此，对性贿赂予以犯罪化处理并不违背刑法的谦抑理念。

第四，对性贿赂予以犯罪化处理是人心所向。中国社会调查所曾经特别委托北京东方枫叶咨询有限公司对全国公众进行过专项调查，调查结果显示，69.9%的被访者提到"权色交易"是"严重的"，84.7%的公众认为应当增加"性贿赂罪"[①]。

第五，对性贿赂作犯罪化处理是借鉴、吸收国外及我国港台地区刑事立法和刑事司法经验后的应然选择。

第六，将性贿赂作犯罪化处理也是履行国际公约义务的需要。《联合国打击跨国有组织犯罪公约》和《联合国反腐败公约》均已对我国生效，两个公约分别将贿赂规定为"不应有的好处"、"不正当好处"，而我国刑法将贿赂局限于财物，根据条约必须遵守的国际法原则，我国有必要修改刑法的相关规定，使包括性贿赂在内的各种非财产性利益均归入贿赂的范围，以符合上述两个公约的要求。

四、结语

受贿罪，是指国家工作人员利用职务上的便利，索取他人财物或者非法收受他人财物为他人谋取利益的行为。有关受贿罪的保护法益问题，历来是中外刑法理论中的争论点之一。有关这一问题，我国的通说认为，受贿罪侵犯的法益是国家工作人员的职务廉洁性。换言之，受贿罪是腐败的一种主要表现形式，禁止受贿是我国廉政建设的基本内容。受贿行为严重腐蚀国家肌体，妨碍国家职能的正常履行。因此，将受贿罪保护的法益界定为国家工作人员的职务廉洁性，更有利于把握受贿罪的本质特征。我国的通说还认为，受贿罪的犯罪对象是贿赂，即行为人索取或收受他人的财物。然而，有关贿赂的外延，通说认为，有关贿赂的范围问题，应当严格执行刑法的规定，以财产性利益说为妥，即贿赂除包括金钱和可以用金钱

[①] 禹燕主编，王郡等编写，女性与廉洁文化中心编写：《腐败床榻——反权色交易调查报告》，北京，群众出版社，2009，第201页。

计算的财物外，还应包括其他物质性利益。

受贿罪保护的法益是职务行为的公正性和社会对这种公正性的信赖感。公务员的职务行为，对于国家立法、司法、行政作用的正确发挥与公正运用不可或缺，公务员为他人谋取利益，其他人没有得到这种利益，但是仍然要承受公务行为不正行使的后果，因此，本罪的保护法益首先是职务行为的公正性。同时，即便职务行为是公正行使的，与职务相关联的公务员如果收受贿赂，国民对公务的信赖感就会丧失，公务的正确行使就会受到损害或者会产生这种危险。为确保职务行为的公正性、不可收买性，就应将本罪的保护法益界定为职务行为的公正性和社会对这种公正性的信赖感。针对职务行为公正性的社会信赖作为国家秩序的精神支柱，理应有必要对其加以保护。如果这种"信赖"受到侵害，不仅会导致行贿受贿等不正之风的泛滥，也会带来一般国民的失望和不安，进而带来对政府的不信任和对政治的不信任，其结果，国民对整个社会持怀疑态度，这对国家的稳定是一种致命的威胁。

另外，贿赂的范围应当包括与职务相关的非法报酬或不正当利益。即贿赂包括金钱、物品以及财产性利益等能够满足人们需求和欲望的有形、无形的利益。也就是说，凡是能够满足人们物质或精神需求的一切有形或者无形的、物质的或非物质的、财产或非财产性的利益，均可以视为贿赂。

第十九章　受贿罪与"利用职务上的便利"

受贿罪，是指国家工作人员利用职务上的便利，索取他人财物，或者非法收受他人财物，为他人谋取利益的行为。利用职务上的便利是受贿罪成立的不可或缺的客观要件。利用职务上的便利，包括直接利用职务之便和间接利用职务之便。直接利用职务之便，是指利用本人现有职务范围内的权力，即基于本人现有职务而主管、决定、负责或者承办某种公共事务所形成的便利条件。间接利用职务之便受贿，又称斡旋受贿，是指行为人虽然没有利用本人职务范围内的权力，但是，基于其本人职权对其他国家工作人员的职务能够产生一定的制约作用，行为人利用这种制约作用而通过第三者的职务行为为请托人谋取利益而向请托人索取财物的情形。[①] 问题是，国家工作人员的职务活动多种多样，究竟事关其中怎样的职务活动才属于"利用职务上的便利"并不明确。

一、大陆法系刑法理论中的相关学说

由于刑法规定和表述的不同，有关贿赂罪中的"利用职务上的便利"问题，在日本和韩国等国的刑法中，一般以"就其职务上的事项"收受贿赂的规定出现，在这种情况下收受贿赂才能成为处罚的对象（职务关联性）。也就是说，如果不是与职务行为成为对价关系的利益，就不属于受贿罪中的"贿赂"。公务员的职务权限，一般情况下，根据法律规定有其具体的范围。但是，将受贿罪中的"职务"范围，根据法律规定而进行严格解释，很多法益就有可能得不到保护。因此，判例和学说一般将受贿罪中的"职务"范围，比行政法中的"职务"概念解释得宽泛一些。所谓一般职务权限理论和职务密切关联行为理论就是在这种背景下出现的理论。

---

① 参见周光权：《刑法各论》，北京，中国人民大学出版社，2008，第495页。

(一) 一般职务权限理论

所谓一般职务权限理论，是指即便不是公务员具体管辖的，即并不属于公务员自己具体管辖范围内的事项，如果仍然属于该公务员一般的、抽象的职务权限，就可以肯定具有职务关联性的理论。[①] 比如，A 为减免自己经营的甲公司的法人税，对管辖自己公司所在地的某税务所的职员 X 行贿 50 万日元，以便减免税额，但是，受贿的 X 并没有负责甲公司所在区域的具体税收问题。在这种情况下，由于 X 并没有具体负责甲公司所在区域的税收问题，因而能否认定 X 就其职务上的事项收受贿赂便成为问题。有关这一问题，日本的判例和学说均以一般职务权限理论为依据，肯定 X 的受托受贿罪的成立。理由是：由于 X 是管辖甲公司所在区域的税务所的职员，X 具有调查甲公司的法人税的一般的、抽象的职务权限，因而可以构成就其职务上的事项收受贿赂的受托受贿罪。

但是，缘何在一般的、抽象的职务权限范围内，就能肯定具有职务关联性？日本的判例和通说认为，如果属于一般的、抽象的职务权限范围，所分担的职务很容易得以变更（调转具体工作岗位），将来极有可能负责或担任该职务，因此，基于现有职务而收受相应的贿赂，会损害对职务公正性的社会信赖。[②]

有关职务关联性问题，在韩国的刑法理论界，主流观点认为：受贿是对职务的代价或事关职务的一种利益。这里的"事关职务"，包括广义上的行为的客观职务关联性。具体而言：（1）职务行为本身；（2）虽然在严格意义上不属于职务行为，但是与职务具有密切关联的行为；（3）客观上具备了职务行为外观的行为，比如，与职务行为相关而事实上进行处理的行为，辅佐或影响具有决定权者的行为等。其基准应当限于是否具有有损

---

① 参见《刑集》第 16 卷第 5 号，第 528 页。
② 参见〔日〕大塚裕史：《刑法各论的思考方法》（新版），早稻田经营出版，2007，第 531 页。对此，在日本的刑法理论界，有观点认为，即便是可以视为公务员具有一般职务权限的事项，如果公务员本人并没有具体担任该职务，就不应肯定具有职务权限。裁判官有进行裁判的一般性职务权限，但并没有可以干预另外一名裁判官负责的案件的一般职务权限。判例以行政组织上的"处"或"局"为单位，不仅肯定同一处内的分管事务，还肯定同一个局内分管事务的一般性职务权限。这一点虽然可以参考，但并不是绝对的基准。因此，应当综合考虑有可能负责的可能性和事务处理的具体情况，考虑"事实上公务员是否有可能负责"这一点。需要注意的是，受贿罪中的"事关职务"这一要件，应当是在怀疑是否存在职务公正性的行为中，可以以受贿罪进行处罚的可供选择的一个要件。（参见〔日〕町野朔：《受贿罪》，载〔日〕芝原邦尔等编：《刑法理论的现代展开》（各论），日本评论社，1996，第 363 页。）

执行公务公正性的可能性。也就是说，职务关联性的判断，应当以是否具有客观上具备职务行为这一外观来进行；与是否属于正当权限内的行为，以及行为人之公务员是否具有执行公务的意思没有关联。因此，与公务执行没有关联的单纯的个人行为，即便收受财物发生在执行公务的时间或场所内，也不应将其视为受贿。①

如前所述，日本刑法中的受贿罪的成立，是以是否具有职务关联性为基准进行认定的，即便有法益侵害性，如果与职务没有关联性，那么，就不能成立受贿罪。这一职务关联性，即便不是公务员具体管辖的，即并不属于公务员自己具体管辖范围内的事项，如果仍然属于该公务员一般的、抽象的职务权限就可以肯定。那么，公务员调转职务后，基于调转前职务的关联性而收受贿赂时，能否成立受贿罪便成为问题。

当然，即便调转工作，如果行为人调转后的工作性质并没有发生变化，即一般职务权限与调转前的一样，而基于调转前的职务而收受贿赂，那么，由于与调转前的职务相关而理应构成受贿罪。这是因为，既然调转前的职务与现在的职务在一般职务权限意义上相同，那么，理应将其视为具有职务上的关联性。所以，如果基于调转前的职务行为而调转后收受贿赂，就应成立单纯受贿罪；如果调转前的职务行为是基于请托而进行的，就可以成立受托受贿罪；如果这一职务行为属于不法行为，就应成立加重受贿罪。另外，如果公务员退休后收受贿赂，限于在职时受请托而违反职务，应成立事后受贿罪。②

问题是，行为人调转到与一般职务权限不同的部门后，与调转前的职务发生关联而收受贿赂时，缘何仍然可以成立受贿罪？针对这一问题，日本的判例认为："受贿罪是对公务员的职务行为提供贿赂而成立的，即便

---

① 参见〔韩〕金日秀、徐辅鹤：《刑法各论》，6版，博英社，2004，第821页以下。
② 日本刑法第197条规定：公务员就职务上的事项，收受、要求或者约定贿赂的，处5年以下有期徒刑；实施上述行为时接受请托的，处7年以下有期徒刑。将要成为公务员的人，就其将要担任的职务，接受请托，收受、要求或约定贿赂，事后成为公务员的，处5年以下有期徒刑。第197条之2规定：公务员就其职务上的事项，接受请托，使请托人向第三者提供贿赂，或者要求、约定向第三者提供贿赂的，处5年以下有期徒刑。第197条之3规定：公务员犯前两项之罪，因而实施不正当行为，或者不实施适当行为的，处1年以上有期徒刑。公务员就其职务上曾实施不正当行为或者不实施适当行为，收受、要求或者约定贿赂，或者使他人向第三者提供贿赂，或者要求、约定向第三者提供贿赂的，与前项同。曾任公务员的人，就其在职时接受请托在职务上曾实施不正当行为，或者不实施适当行为，收受、要求或者约定贿赂的，处5年以下有期徒刑。第197条之4规定：公务员接受请托，使其他公务员在其职务上实施不正当行为，或者不实施适当行为，作为其进行或者已经进行斡旋的报酬而收受、要求或者约定贿赂，处5年以下有期徒刑。

行为人调转到与一般职务权限不同的部门,如果与行为人调转前的职务发生关联而收受贿赂,而行贿对象调转前的身份是公务员,那么,仍然可以成立受贿罪。"[1] 有关这一问题,在日本的刑法理论界,有积极说(无限定说)和消极说(限定说)的对立。积极说认为,即便行为人的一般职务权限得以变更,如果变更后的身份仍然是公务员,那么,就应肯定受贿罪的成立。[2] 与此相反,消极说则认为,如果行为人已经调转到与一般职务权限不同的部门,那么,只能成立事后受贿罪。[3]

(二) 职务密切关联行为理论

日本判例的立场是：虽然形式上并不属于一般职务权限,如果基于与职务具有密切关联的行为而收受贿赂,仍然成立受贿罪。[4] 这就是所谓的职务密切关联行为理论。这种理论认为,与贿赂具有对价关系的"职务",具有同心圆的构造,即首先有一般职务权限内的职务行为,在此基础上,在其外围又有职务密切关联行为。

一般认为,日本判例中的与职务密切关联行为有两种类型：其一是,虽然不属于行为人的本职,但在实质上担任职务以及从行为人的职务派生出来的职务类型,即一般从事的公务行为。判例一般称之为"准职务行为或事实上管辖的职务行为"。其二是,基于行为人的职务而事实上利用影响力的类型,即利用行为人的职务行为的并非经常之偶然行为。

日本的通说基本倾向于职务密切关联行为理论。理由是：首先,刑法条文中的"事关职务"这一表述,不同于"执行职务",而只要与职务发生关联即可,因此,与职务具有密切关联的行为,也可以包含在"事关职务"的解释之中；其次,实质上,公务员基于职务密切关联行为而收受贿赂,将会侵害职务的公正性和社会对这一公正性的信赖。这种理论是基于受贿罪的保护法益是信赖保护说而展开的。对此,批判的观点认为,既然职务密切关联行为论的理论根据是针对公务员职务行为的不信任,那么,很难界定职务密切关联行为的范围,因此,这种理论本身有悖于罪刑法定原则中的明确性原则。[5]

---

[1] 《刑集》第37卷第2号,第170页。
[2] 参见〔日〕前田雅英：《刑法各论讲义》,4版,东京大学出版会,2007,第569页等。
[3] 参见〔日〕大谷实：《刑法讲义各论》,2版,成文堂,2007,第605页等。
[4] 参见《刑录》第19辑,第1393页。
[5] 参见〔日〕大塚裕史：《刑法各论的思考方法》(新版),早稻田经营出版,2007,第535页以下。

针对上述批判，在日本的刑法理论界，有观点认为，可以将"事关"职务的刑法条文的表述，理解为"针对"职务，这样就可以在受贿罪的认定中，不必考虑职务密切关联行为这一概念本身。① 公务的信赖之所以受到侵害，是因为职务行为的公正性受到侵害，而职务行为的公正性受到侵害，源于职务行为与贿赂处于一种对价关系，所以，与贿赂是否处于一种对价关系的职务行为的认定，才是认定受贿罪的关键。也就是说，从前的判例和通说所主张的，职务密切关联行为中的绝大部分行为可以包含在职务行为之中，因此，职务密切关联行为可以包含在职务行为之内。

有关职务密切关联行为，在韩国的刑法理论界，主流观点认为，所谓职务密切关联行为，是指利用职务上的地位或基于职务权限，可以影响职务公正性的行为。如果职务行为是基于法令、指令、训令、上司的命令等而决定的，那么，职务密切关联行为则是利用既有的职务上的地位，事实上可以实施与职务行为相同的一种影响力。②

韩国的判例在以下几种情况下，均肯定了受贿罪的成立：作为默认下属的违纪行为的代价而收受金钱；财政部保险处处长帮助保险公司的股票上市而收受金钱；总统府首席秘书官受某银行的委托，答应就该银行正在办理的相关事项与有关部门进行协调；税务所职员知情而默认，没有对某公司的偷税问题进行调查；国会议员对国会的相关议事方案，说服其他与此有关联的议员等。不过，韩国的判例，在以下情况下则否定了受贿罪的成立：教科书内容的增减、改编、修订属于发行者或作者的权限范围，因此，文教部编修局负责教育的官员受有关人员的委托，参与教科书的修订、改编过程并收取金钱；参与公判的有关人员，在受被告人能否在量刑时给予方便的委托的情况下，由于与公务员的职务没有关联，因而并不构成受贿罪。③

二、我国刑法理论中的相关主张

受贿罪的实质是权与利的交易，两者具有对价性。从1979年的《刑法》第185条到1988年1月全国人大常委会颁行的《补充规定》，再到1997年10月修订后的《刑法》第385条，都把"利用职务上的便利"规

---

① 参见〔日〕平川宗信：《刑法各论》，有斐阁，1995，第503页等。
②③ 参见〔韩〕金日秀、徐辅鹤：《刑法各论》，6版，博英社，2004，第822页。

定为受贿罪的要件，1997年最高人民检察院《关于适用刑法分则规定的犯罪的罪名的意见》再次强调"利用职务上的便利"才能构成受贿罪。但是，何谓"利用职务上的便利"，在我国刑法理论界，历来有不同的理解。尤其是遇到具体案件，针对"利用职务上的便利"的不同理解，常常引发罪与非罪的争论。

（一）"利用职务上的便利"的立法沿革及司法解释

1979年刑法颁行后，刑法学界和司法实务人士对"利用职务上的便利"的内涵和外延，甚至它是否应作为认定受贿罪的要件，产生了不同的理解和争论。当时，在我国的刑法理论界，一般认为，"利用职务上的便利"是指利用本人职务范围内的权力所造成的便利条件，具体表现在，利用自己的职权或不执行自己的职务活动，为行为人谋取利益。按照这种主张，行为人如果没有实施职务上的作为或不作为，就不构成受贿罪。① 这显然是对利用职务上的便利的狭义解释。

1982年全国人大常委会《关于严惩严重破坏经济的罪犯的决定》第1条第2项规定：对刑法第185条第1款和第2款受贿罪修改规定为：国家工作人员索取、收受贿赂的，比照刑法第155条贪污罪论处。修改后的条文没有写明"利用职务上的便利"，因而它是否仍是受贿罪的必要条件，一时成了争论的焦点。部分观点认为，立法者根据受贿罪的新特点，取消了"利用职务上的便利"这一要件，因此，国家工作人员无论其是否利用职务上的便利，只要其主观上有犯罪的故意，客观上收受了他人的财物，就构成受贿罪。很显然，这种主张有待商榷。1997年刑法，将受贿罪列入"渎职罪"一章，如果谋取不正当报酬与本人的职务无关，谈何渎职？当然，这种片面理解和《关于严惩严重破坏经济的罪犯的决定》对刑法第185条的修改在表述上的不严谨有直接关系。

1985年最高人民法院、最高人民检察院作出的《关于当前办理经济犯罪案件中具体应用法律的若干问题的解答（试行）》又明确指出："利用职务上的便利，是构成受贿罪的不可缺少的要件"。该解答重新强调了刑法的原有规定。但是，其中谈到这一要件的具体表现时，将其表述为"利用职权或者工作便利"，于是围绕"工作便利"的含义，在理论和司法实践中同样产生了争论。

1989年11月6日，最高人民法院、最高人民检察院在《关于执行

---

① 参见孟庆华：《受贿罪研究新动向》，北京，中国方正出版社，2005，第75页。

《关于惩治贪污罪贿赂罪的补充规定》若干问题的解答》中,对此作了专门解释:"受贿罪中的'利用职务上的便利',是指利用职权或者与职务有关的便利条件。'职权'是指本人职务范围内的权力。'与职务有关',是指虽然不是直接利用职权,但利用了本人职权或地位形成的便利条件。"这一解释强调作为职务核心内容的职权在实施受贿行为中的作用,对于指导司法工作人员正确认定受贿罪,区分罪与非罪的界限,具有重要意义。

最高人民检察院在1999年9月9日公布施行的《关于人民检察院直接受理立案侦查案件立案标准的规定(试行)》中明确规定:"利用职务上的便利,是指利用本人职务范围内的权力,即自己主管、负责或者承办某项公共事务的职权及其所形成的便利条件。"这一规定正确地区分了利用职务上的便利与间接受贿的界限。

(二)"利用职务上的便利"之理论争议

在我国的刑法理论界,针对受贿罪中"利用职务上的便利"是否包括"利用工作上的便利",曾经存在过肯定说与否定说的对立。[①]

肯定说认为,"利用职务上的便利"在含义上包括两个彼此联系的方面:一是基于本人职务身份而享有的职权;二是由职务派生出来的工作便利,利用工作便利多发生在有第三者存在的场合。行为人与第三者之间虽然不存在行政上的隶属关系和领导关系,却存在业务上的依赖关系,横向的经济合作关系,或工作上的相互制约关系。行为人虽然不能以行政领导的身份对第三者发号施令,但其担任的职务所具有的地位,对第三者存在着现实的影响,这种影响力就是受贿人得以利用的工作上的便利。

对此,否定说则认为,"利用职务上的便利",不包括与工作相关联的便利所造成的方便条件,"工作便利"是一个很不准确的概念,把工作便利作为受贿罪的构成要件,不仅没有立法依据,在司法实践中也会混淆罪与非罪、此罪与彼罪的界限。从逻辑上看,"两高"《关于当前办理经济案件中具体应用法律的若干问题的解答(试行)》,对受贿罪的构成要件的表述违反了同一律。《解答》关于受贿罪的构成要件,开始表述为:"受贿罪是指国家工作人员利用职务上的便利,为他人谋取利益而索取或者非法收受他人财物的行为。""利用职务上的便利是构成受贿罪的不可缺少的要件"。但其后表述为:"国家工作人员利用职务或工作便利为他人谋取利益,以酬谢费名义索取、收受财物的均应认定为受贿罪"。很显然,《解

---

① 参见孟庆华:《受贿罪研究新动向》,北京,中国方正出版社,2005,第77页以下。

答》将其在前面反复肯定的受贿罪构成要件——利用职务上的便利,在后面更换为"利用工作便利"了,"工作便利"这一概念的外延与内涵同"职务上的便利"的外延与内涵有着本质上的区别。职务上的便利仅仅是工作便利的一部分,可见,《解答》的解释是自相矛盾的。

另外,由于 1997 年刑法除了在第 385 条规定了"利用职务上的便利"而构成的受贿罪外,又在第 388 条规定了"利用本人职权或者地位形成的便利条件"而构成的斡旋受贿罪,因而在我国的刑法理论界,针对"利用职务上的便利"是否包括"利用本人职权或者地位形成的便利条件",有肯定说与否定说的对立。

肯定说认为,"利用职务上的便利"应当包括"利用本人职权或者地位形成的便利条件"。对于"利用职务上的便利"应作广义解释,即"利用职务上的便利",一般情况下是指利用本人因现有职务而主管、负责某种公共事务的便利条件,也包括虽然没有直接利用本人的职权,但却利用了与自己职务有直接关系的便利条件,即自己职权与地位所形成的便利条件。[①] 按照这种主张,"利用本人职权或者地位形成的便利条件"是"利用职务上的便利"的延伸。

否定说则认为,"利用职务上的便利",不应包括"利用本人职权或者地位形成的便利条件"。因为根据现行刑法的规定,"利用职务上的便利"和"利用本人职权或者地位形成的便利条件"是并列关系而非包容关系。从科学性的角度出发,所谓"利用职务上的便利"仅仅是指利用本人职务范围内的权力,而不应包含"利用本人职权或者地位形成的便利条件"。理由是:"职务上的便利",按照严格解释刑法用语的要求,只能解释为行为人本人职务范围内的权力上的便利,才具有科学性。将利用他人的职务上的便利行为解释为"利用职务上的便利",实际上是一种类推解释的结果,显然超出人们的正常理解"可预测范围",而无论"他人的职务"与本人的职务是否有关。[②]

[①] 参见祝铭山主编:《中国刑法教程》,北京,中国政法大学出版社,1998,第 710 页以下。
[②] 参见龚培华、肖中华:《刑法疑难争议问题与司法对策》,北京,中国检察出版社,2002,第 594 页。需要注意的是,罪刑法定原则中,传统的派生原则之一便是禁止类推解释,不过,允许合理的扩大解释。类推解释和合理的扩大解释的区别,是中外刑法理论中争议极大的难题之一。有关其区别基准,在大陆法系的刑法理论界,有根据推论形式、词语可能包含的意思、预测可能性、犯罪定型、存疑有利于被告人的利益、处罚要求和人权保障的调和等诸多观点的对立。其中,根据词语可能包含的意思说是德国等国的通说,笔者也倾向于这种观点。有关这一问题的详论,可参见郑泽善:《刑法总论争议问题比较研究Ⅰ》,北京,人民出版社,2008,第 19 页以下。

三、受贿罪中"利用职务上的便利"之类型、判断基准

(一)"利用职务上的便利"之含义

如前所述,在我国的刑法理论界,针对受贿罪中"利用职务上的便利",是否包括"利用工作上的便利",曾经有过肯定说与否定说的对立。笔者倾向于否定说,理由是:"利用职务上的便利"与"利用工作上的便利"是两个不同的概念,不应混淆两者。从语义上讲,"职务"是指"职位规定应该担任的工作",而"工作"是指"从事体力或脑力劳动,也泛指机器、工具受人操纵而发挥生产作用"[①]。相比两者,有以下不同:首先,职务比工作的外延小,前者包含于后者之中,属于种属关系。其次,职务与工作的内涵并不相同,职务所反映的基本特性是权力制约;工作所反映的并非权力制约,而是劳动。没有无制约的权力,也没有无权力的制约。权力制约才是受贿的基础和条件,工作不是受贿的条件。职务之便的外延和内涵相对比较确定,而工作之便的外延和内涵都缺乏确定性,可作任意的解释,即可以把职务行为的便利和非职务行为即劳动行为的便利都解释在内。[②]

受贿罪的本质是权力与金钱的交易,是一种滥用职权的渎职行为,因此,受贿罪只能和职权联系在一起。而"工作上的便利"一词含义相当广泛,它可以和职务相联系,由职务派生而来,也可以不和职务相联系。因此,从逻辑上来讲,工作上的便利的内涵要比职务上的便利的内涵宽泛,前者可以包容后者,把利用职务上的便利解释为包括利用工作上的便利,在逻辑上是矛盾的。而且,如果"利用工作上的便利"与职权没有内在联系,便不存在渎职问题,不存在权钱交易,不符合受贿罪的本质特征。而只有职务上的便利才产生于职务上的权力,利用这一便利才会构成职务犯罪。[③] 正因为上述司法解释的观点没有被广大刑法学者所接受,1989年11月6日最高人民法院、最高人民检察院在其作出的《关于执行〈关于

[①] 中国社会科学院语言研究所词典编辑室编:《现代汉语词典》(修订本),北京,商务印书馆,2001,第1616页、第433页。
[②] 参见蒋文烈:《关于受贿罪"利用职务上的便利"的界定》,载《现代法学》,1994(5),第74页。
[③] 参见孟庆华:《受贿罪研究新动向》,北京,中国方正出版社,2005,第79页。

惩治贪污罪贿赂罪的补充规定〉若干问题的解答》中，对"利用职务上的便利"再次作出了解释性规定："受贿罪中'利用职务上的便利'，是指利用职权或者与职务有关的便利条件。"这一解释否定了"工作上的便利也是职务上的便利"这一观点，并且，在1997年的刑法中也没有再承认"工作上的便利"。至此，我国刑法理论界对这一问题的争论渐趋统一。

但是，笔者认为，前述之否定说所主张的"利用职务上的便利"不应当包括"利用本人职权或者地位形成的便利条件"，在逻辑上是难以成立的。因为从"利用职务上的便利"的含义来看，完全可以将"利用本人职权或者地位形成的便利条件"包括在内，这同样是"利用职务上的便利"中的一种情形。另外，1999年9月9日最高人民检察院颁行的《关于人民检察院直接受理立案侦查案件立案标准的规定（试行）》，将"利用职务上的便利"解释为"利用本人职务范围内的权力，即自己职务上主管、负责或者承办某项公共事务的职权及其所形成的便利条件"，这充分说明了肯定说的合理性。也就是说，按照肯定说的主张，根据司法解释的规定，受贿罪中"利用职务上的便利"实际上包含了以下两种情形：首先，直接利用本人职权或职务形成的便利条件。即利用本人担任职务范围内所享有的主管、分管、决定、处理以及经办某种事务的权力，包括人、物、财权等。这种利用方式最鲜明地表现为行为人的职务对行贿人利益的直接制约关系。其次，利用本人职权或地位形成的便利条件，通过其他国家工作人员职务上的行为，为请托人谋取不正当利益。这实际上存在两种制约关系：一是行为人与其他国家工作人员的制约关系；二是其他国家工作人员与请托人之间的制约关系，这种制约关系既可以表现为纵向制约、影响关系，即上下级国家工作人员之间受职权上的制约影响，或者表现为横向制约、协作关系，即各国家机关单位、部门之间、相互间存在着业务上的制约或协作关系，形成了广泛联系的业务关系网，可以通过彼此的职务行为，为请托人谋利。①

（二）"利用职务上的便利"之类型

在受贿罪"利用职务上的便利"之类型中，较有争议的类型有："间接利用职务上的便利"、"利用他人职务上的便利"、"利用将来职务上的便

---

① 参见王平铭、严正华主编：《新刑法理解与适用》，南京，河海大学出版社，2000，第509页以下。

利"以及"利用过去职务上的便利"等四类。

1. "间接利用职务上的便利"

"间接利用职务上的便利"是指刑法第 388 条的规定，即："国家工作人员利用本人职权或者地位形成的便利条件，通过其他国家工作人员职务上的行为，为请托人谋取不正当利益，索取请托人财物或者收受请托人财物的，以受贿论处。"在这一要件中，行为人之所以能够通过其他国家工作人员职务上的行为为请托人谋取不正当的利益，是因为行为人所具有的职权或者地位对其他国家工作人员存在一定的关系。但是，这究竟是怎样一层关系，在我国的刑法理论界则有以下不同观点的对立：

第一，"制约论"。这种观点认为，只有在斡旋者与被斡旋者之间存在制约关系，斡旋者才属于利用本人职权和地位形成的便利条件。这种制约关系可以表现为两种情况：一是从纵的方面看，存在职务上的上下级领导和被领导的关系，也就是职务上的从属关系。比如，上级领导命令下级将下级分管的项目交给某个人实施，然后收取该人送的好处费。在这种情况下，该上级并不直接掌握项目的审批和决定权，因此，不是利用其本人手中的职权便利，但他能为他人谋取利益而收受财物，从而构成受贿罪。二是从横的方面看，有关国家公职人员在执行公务活动中存在着制约关系。从司法实践中看，对于与职务有关的便利条件的认定，应当立足于这种职务上的制约性，包括纵横两种制约，没有或不存在任何职务上有关的制约性，就不能认定被告人利用职务上的便利。[①]

第二，"非制约论"。这种观点认为，利用本人职权和地位形成的便利条件，是指利用行为人职务对第三者具有非制约关系的影响作用，行为人与被其利用的国家工作人员之间不存在职务上的制约关系。如果行为人的职务对第三者具有制约作用，在这种情况下，利用与职务有关的便利条件，通过第三者为他人谋取利益的，属于直接受贿；如果行为人的职务对第三者不具有任何影响，第三者纯粹出于私人关系或其他与职务无关的关系，而为请托人谋取利益，针对行为人来说，由于根本没有利用职务上的便利，不构成受贿罪。因此，在间接受贿犯罪中，行为人的职务与第三者的关系，只有一种情况，即行为人职务对第三者具有影响力。这种影响力的程度上限是还没有达到制约的程度，也就是请托人利益实现的根本原因在于第三者职务行为的行使，而不在于行为人职务的行使，其下限是超出

[①] 参见陈兴良：《受贿罪"利用职务上的便利"之探讨》，载《中国人民大学学报》，1994(1)，第 89 页以下。

亲友关系等一般社会关系的范围。可见，在间接受贿中，行为人职务对第三者的影响力是一种基于行为人职务身份而形成的尚未达到制约程度的影响作用。①

第三，"身份面子论或亲朋论"。这种观点认为，既不能将利用本人职权和地位形成的便利条件理解为利用制约关系，也不能将其理解为利用影响关系，否则，刑法就没有增加第388条的必要。刑法正是针对那些不具有影响、制约关系，但是利用了自己的身份、面子，通过第三者为请托人谋利，却有社会危害性而刑法第385条又不能涵盖的行为，才增加了第388条。同时，为了避免扩大打击面，又增加了"谋取不正当利益"的要件。因此，即便双方没有职务上的隶属或制约关系，但行为人利用了自己的身份、面子通过第三者为请托人谋取不正当利益的，同样构成斡旋受贿罪。也就是说，刑法第388条规定的以受贿论处的间接受贿，指的是利用与本人职务无关的便利条件，即利用亲属关系、友情关系和工作关系，因此，如果利用与本人职务有关的便利条件，通过第三者的职务便利为请托人谋利而受贿的，应当解释为属于刑法第385条规定的范围；如果纯粹利用与本人职务无关的、第三者职务上的行为，则应当理解为刑法第388条规定的间接受贿。②

笔者认为，在上述观点中，"制约论"和"身份面子论或亲朋论"不尽合理。理由是：首先，如果行为人的职权或地位形成的便利条件对其所利用的其他国家工作人员职务具有制约关系，那么，第三者利用职务之便为请托人谋取不正当利益，其动力之源在于行为人的职务：一方面，是行为人的职务支配、推动第三者利用职务为请托人谋取不正当利益；另一方面，如果第三者不按行为人的要求去做，行为人就可能利用职务给第三者带来不利的后果。因此，第三者的职务行为是行为人的职务行为的当然延伸，归根结底是基于行为人的职务。③ 因此，这种情况下的受贿犯罪理应属于直接受贿型犯罪。其次，如果第三者仅仅是因为行为人具有国家工作人员这一身份或所谓面子，而履行自己的职务行为，为请托人谋取不正当利益，而不是基于行为人的职权或地位所形成的便利条件的影响，那么，针对行为人来说，他并没有利用职权或地位所形成的便利条件，而只是利

---

① 参见毕为、陈正云：《受贿罪若干问题司法认定研究》，载高铭暄、赵秉志主编：《刑法论丛》，第4卷，北京，法律出版社，2000，第234页以下。
② 参见赵秉志主编：《中国刑法实用》，郑州，河南人民出版社，2001，第1470页。
③ 参见孟庆华：《受贿罪研究新动向》，北京，中国方正出版社，2005，第85页。

用了所谓"面子",即本质上是一种感情、交情、友谊甚或所谓社会地位、影响力、知名度等,并通过这种关系来使其他国家工作人员即第三者通过职务行为为请托人谋取不正当利益,从中索取或收受请托人的财物。因此,根据司法解释关于"对于单纯利用亲友关系,为请托人办事,从中收受财物的,不应以受贿论处"的规定,行为人不应构成受贿罪。可见,主张行为人仅仅利用自己的身份或面子来通过其他国家工作人员的职务行为,为请托人办事,从中收受财物的,可以构成间接受贿型犯罪,是没有法律依据和事实根据的。①

笔者认为,如果行为人的职务对第三者具有制约作用,在这种情况下利用与职务有关的便利条件,通过第三者为请托人谋取利益,索取或收受请托人财物的,属于直接受贿;如果行为人的职务对第三者不具有任何影响和作用,第三者纯粹出于私人关系或因其他与职务无关的关系,而为请托人谋取利益,行为人从中索取或收受他人财物的,针对行为人来说,由于根本没有利用职务上的便利,因此,不应构成受贿罪。因此,在间接受贿犯罪中,行为人的职务与第三者之间的关系,只有一种情况,那就是行为人的职务对第三者具有影响力。这种影响力的程度的上限是还没有达到制约的程度,也就是请托人利益实现的根本原因在于第三者职务行为的行使,而不在于行为人职务的行使;其下限是超出亲友关系等一般社会关系的范围。这表明在斡旋受贿中,行为人职务对第三者的影响力是一种基于行为人职务身份存在而形成的尚未达到制约程度的影响作用。这种影响力意味着只要第三者通过履行职务行为,为请托人谋取利益,从而满足行为人从中索取或收受他人财物的目的,那么,在将来,行为人可能利用其职务上的便利做有利于第三者的行为;相反,如果第三者不愿意通过履行职务行为为请托人谋取利益,从而满足行为人从中索取或收受他人财物的目的,那么,在将来,行为人可能利用其职务做不利于第三者的行为。②

2."利用他人职务上的便利"

"利用他人职务上的便利",又称利用第三者职务上的便利,是指利用与本人职务无关的第三者的职务上的便利。因此,这是一种利用本人的身份或是利用工作上的便利条件。如果与行为人的职务有关,就不属于利用第三者职务上的便利,而是利用本人职务上的便利。利用第三者职务上的便利与利用本人职务上的便利有以下区别:首先,利用与职务有关的便利

---

① 参见孟庆华:《受贿罪研究新动向》,北京,中国方正出版社,2005,第76页。
② 参见上书,第86页。

条件具有本人职务产生的制约关系的特征。而利用他人职务上的便利是基于国家工作人员的身份，是一种非制约关系。其次，利用与职务有关的便利条件是以本人职务产生的制约关系，归宿点在于本人的职务上。而利用他人职务上的便利只要具有以国家工作人员的身份斡旋就可以。[1]

有关"利用他人职务上的便利"能否构成受贿罪，在我国的刑法理论界，有以下三种观点的对立：

第一，肯定说。这种观点认为，国家工作人员要求其他国家工作人员为请托者谋取非法利益，并收受请托者财物的，也是利用职务上的便利。国家工作人员，无论职务高低，都有遵纪守法的义务。不履行这种义务，纵容违法活动，并要求其他国家工作人员利用职务之便为他人谋取非法利益，自己从中索取或收受财物，就是一种渎职行为，与受贿罪的本质特征没有多大差别。[2] 第二，否定说。这种观点认为，利用职务上的便利仅指利用行为人自己的职务之便，不包括利用第三人职务之便。即刑法第385条"利用职务上的便利"，专指利用本人职务范围内的权力，即自己职务上主管、负责或者承办某种公务的职权所形成的便利条件，不包括利用第三人的条件。[3] 第三，折中说。这种观点认为，对于利用第三者职务之便要作具体分析，不能认为都属于利用职务上的便利，也不能认为都不属于职务上的便利。受贿人利用第三者的职务之便受贿，如果认定为利用职务上的便利，必须具备两个条件：其一，利用第三者的职务之便，必须是以自己的职务为基础的，或者利用了与本人职务活动有紧密联系的身份便利。其二，行贿人通过行贿所得到的利益，无论是非法利益，还是合法利益，都是由于受贿人利用其职务从中斡旋的结果。[4]

笔者认为，1989年11月6日，最高人民法院、最高人民检察院的《关于执行〈关于惩治贪污罪贿赂罪的补充规定〉若干问题的解答》，实际上是认可了前述之折中说，即："国家工作人员不是直接利用本人职权，而是利用本人职权或地位形成的便利条件，通过其他国家工作人员职务上的行为，为请托人谋取利益，而本人从中向请托人索取或者非法收受财物的，应以受贿论处。对于单纯利用亲友关系，为请托人办事，从中收受财物的，不应以受贿论处。"这一司法解释的内容经过修订后，被吸收到

---

[1] 参见陈兴良：《受贿罪"利用职务上的便利"之探讨》，载《中国人民大学学报》，1994 (1)，第91页。
[2] 参见邢雯：《试论受贿罪利用职务上的便利》，载《法学研究》，1988 (6)，第98页。
[3] 参见孙谦主编：《国家工作人员职务犯罪研究》，北京，法律出版社，1998，第91页。
[4] 参见张穹：《论"利用职务上的便利"的法律含义》，载《法制日报》，1988-08-02。

1997年刑法第388条，即："国家工作人员利用本人职权或者地位形成的便利条件，通过其他国家工作人员职务上的行为，为请托人谋取不正当利益，索取请托人财物或者收受请托人财物的，以受贿论处。"由此可见，立法上已经承认"利用他人职务上的便利"同样是受贿罪成立的一个条件。

3. "利用将来职务上的便利"

利用将来职务上的便利，是指利用尚未担任但即将担任的职务上的便利。"利用将来职务上的便利"，由于是指将任某项职务的国家工作人员，承诺请托人于任职时为请托人谋取利益，而向请托人索取或者收受贿赂的行为，因而属于职前受贿。职前受贿是受贿人与行贿人之间的一种不法约定，这种不法约定，约定了行为人为请托人将来谋取利益，请托人给予一定的财物。正是这种约定促使他们之间达成权与利之间的某种"期货"交易。职前受贿与一般受贿的主要区别在于，利用职务便利的时间的不同，职前受贿是利用将来的职务上的便利，而一般受贿是利用现在的职务上的便利。

利用职务上的便利是否包括"利用将来职务上的便利"，在我国的刑法理论界，有肯定说与否定说的对立。肯定说认为，在利用将来职务上的便利的情况下，虽然行为人用以权钱交易的"权"，在行为人索取或收受贿赂时还是一种"期权"而不是现实的职权，但是，在这种情况下，请托人毕竟已经将贿赂送出，受贿人也已经索取或收受贿赂，而且答应将来担任某项职务时为请托人谋利，请托人与受贿人之间已经存在"权钱交易"的不法行为，而不是单纯的权钱交易之"约定"。从实质上看，利用将来的职务便利与利用现在的职务上的便利没有任何区别。[①] 也有观点认为，即将上任的国家工作人员，索取或收受贿赂并作出为请托人谋取利益的承诺，如果任职后仍遵守承诺为请托人谋利的，可以成为受贿罪的主体；如果任职后没有遵守承诺，没有为请托人谋利的，行为人不构成受贿罪的主体；如果由于某种原因而未能实际任职，行为人不构成受贿罪。[②] 还有观点认为，如果行为人具有国家工作人员的身份，同时又具有被提任某一职务的现实可能性，就可能构成受贿罪，否则就不能论以受贿罪。[③] 与此相

---

① 参见赵秉志、肖中华：《受贿罪中"利用职务上的便利"的含义》（下），载《检察日报》，2002-07-16。
② 参见林亚刚主编：《贪污贿赂罪疑难问题研究》，北京，中国人民公安大学出版社，2005，第108页。
③ 参见李文燕主编：《贪污受贿犯罪证据调查与运用》，北京，中国人民公安大学出版社，2002，第372页。

反,否定的观点则认为,受贿罪"利用职务上的便利"不应包括利用将来职务上的便利。如果行为人本身不是国家工作人员,利用将来担任国家工作人员职务的可能性,收受或者索取贿赂,本身不具备受贿罪主体条件,不构成受贿罪。如果行为人本来是国家工作人员,仅凭将来要担任的新职索取或者收受贿赂的,因为新职务尚不具有,不具有主管、负责或者承办某项公共事务的权限,也就不具有职务之便。①

笔者倾向于肯定说。理由是:在职前受贿的情况下,虽然行为人在受贿时并没有担任某项职务,但其受贿行为是凭借行为人即将担任某项职务的身份实施的。正是因为行为人即将担任某项职务,具备了为他人谋取利益的资本,他才胆敢在任职之前收受他人财物。而且,从客观行为的联系来看,虽然行为人索取或者收受贿赂的行为是在任职之前,而为他人谋取利益是约定在任职之后,从时间上来说似乎是互相脱节的,但职前受贿的行为人之所以在任职之前敢于收受他人财物,就是因为约定了任职之后为他人谋取利益,所以,职前受贿行为侵害了职务行为的廉洁性。② 当然,为了避免过多的争议,这一问题可以像日本等国③那样,通过立法予以解决。

4. "利用过去职务上的便利"

"利用过去职务上的便利",又称事后受贿,是指国家工作人员利用原职务造成的便利条件为请托人谋取利益,索取或者收受财物的行为,其收受财物的时间不是在行为人在职期间,而是利用原职务的便利条件。1989年最高人民法院、最高人民检察院《关于执行〈关于惩治贪污罪贿赂罪的补充规定〉若干问题的解答》规定:"已离退休的国家工作人员,利用本人原有职权或地位形成的便利条件,通过在职的国家工作人员职务上的行为,为请托人谋取利益,而本人从中向请托人索取或者非法收受财物的,以受贿论处。"这一司法解释肯定了离退休国家工作人员有上述行为可以作为犯罪处理。

不过,在我国的刑法理论界,对这一司法解释,部分观点持否定态

---

① 参见廖增田:《受贿罪纵览与探究——从理论积淀到实务前沿》,北京,中国方正出版社,2007,第160页。
② 参见陈兴良:《受贿罪"利用职务上的便利"之探讨》,载《中国人民大学学报》,1994(1),第92页。
③ 除了前述之日本刑法的相关条款之外,瑞士刑法第315条也规定:官署成员、公务员、执行司法职务之人、仲裁人、官署委托之鉴定人、翻译人或口译,针对将来违背义务之职务行为要求、收受或期约贿赂或免费之利益者,处三年以下重惩役或轻惩役。

度，理由是：利用职务上的便利，只能是现任职务，而不能当然地包括过去职务，因而离退休国家工作人员不能构成受贿罪。法律规定受贿罪的主体只能是国家公职人员的意义在于，国家公职人员的身份总是和一定的职务相联系的，因此，利用其职务上的便利为他人谋取利益而非法收受贿赂就成为可能，这就会使国家公职人员的职务受到亵渎，所以应予惩处。而离退休国家公职人员既然已经脱离了原来的职务，利用职务上的便利为他人谋取利益而非法收受贿赂就成为不可能。既然无职可渎，岂能以渎职罪论处？显然肯定离退休国家公职人员可以构成受贿罪，无异于否定受贿罪必须以利用职务上的便利为条件。①

笔者认为，这一主张——"将离、退休国家工作人员视为受贿罪主体，这一做法是不科学的。因为受贿罪是一种典型的贪利型渎职犯罪，国家工作人员既然已离、退休，也就不再是国家工作人员，既然已经不是国家工作人员，也就谈不上利用职务上的便利。认为已离、退休国家工作人员可以利用过去的职务上的便利构成受贿，实际上否定了受贿罪以'利用职务上的便利'为构成要件"②——有失片面。由于离退休人员完全有可能利用其影响力受贿，因而可以将离退休人员包括在受贿罪主体的范围之内。当然，根据修改前的刑法，将离退休人员解释为可以包括在受贿罪的犯罪主体内，是否涉嫌违反罪刑法定原则中的禁止类推解释原则有待探

---

① 参见陈兴良：《受贿罪"利用职务上的便利"之探讨》，载《中国人民大学学报》，1994（1），第93页。如前所述，有关这一问题，在日本的刑法理论界，在退休后收受贿赂的情况下，主张成立一般受贿罪的积极说（无限定说）认为：第一，与一般职务权限并没有区别的，基于过去职务权限而收受贿赂的情况下，之所以成立受贿罪，是因为，过去担当的职务被收买或损害未来的职务公正性，因此，即便行为人调转到不同于一般职务权限的部门，也应成立受贿罪。第二，公务员调转工作极为普遍，因此，不处罚推迟收受贿赂的时间的受贿行为不尽合理。第三，消极说将刑法条文中的"事关该职务"解释为"现在所担任的职务"，但是，没有理由对刑法条文进行狭义的理解，完全可以将其理解为"自己的职务"，而将过去担任的职务包括在处罚范围之内。对此，主张行为人退休后收受财物的情况下，不成立一般受贿罪的消极说（限定说）则认为：第一，单纯受贿罪规定的"公务员……就其职务"，应当将其理解为公务员就其现任的职务权限而收受贿赂，只有基于现任职务权限收受贿赂，才会侵害职务的公正性和社会的信赖。第二，如果所保护的法益不只是现在担任的职务的公正，还包括过去担任的职务的公正的话，就不应限于工作调转后，也应包括退休后；但是，现行刑法中有事后受贿罪的单独规定，因此，受贿罪的成立理应限于在职时的受贿。其实，这一问题与受贿罪的保护法益问题密切相关，倾向于信赖保护的观点一般取积极说，而倾向于纯洁性说的观点取消极说。（参见〔日〕大塚裕史：《刑法各论的思考方法》（新版），早稻田经营出版，2007，第533页以下。）本书对受贿罪保护法益问题倾向于信赖保护说，因此，就这一问题而言，自然倾向于积极说。

② 孟庆华：《受贿罪研究新动向》，北京，中国方正出版社，2005，第94页。

讨。为了避免刑法理论和司法实践中的不必要的争论，我国刑法修正案（七）规定：利用影响力受贿罪，是指国家工作人员的近亲属或者其他与该国家工作人员关系密切的人，通过该国家工作人员职务上的行为，或者利用该国家工作人员职权或者地位形成的便利条件，以及离职的国家工作人员或者其近亲属以及其他与其关系密切的人，利用该离职的国家工作人员原职权或者地位形成的便利条件，通过其他国家工作人员职务上的行为，为请托人谋取不正当利益，索取请托人财物或者收受请托人财物，数额较大或者有其他较重情节的行为。

（三）受贿罪中"利用职务上的便利"之判断基准

如前所述，在大陆法系部分国家的刑法理论中，有关受贿罪中"利用职务上的便利"，一般以"职务密切关联行为"理论的形式出现。对于应否肯定职务密切关联行为理论虽然存在理论上的争议，但是，在法律、法规所规定的职务之外，肯定职务关联性基本达成了共识。问题是职务关联性的判断基准，有关这一问题，主要有以下三种观点的对立[①]：

第一，公务说。这是以公务性质为基准判断职务关联性的观点。这种观点认为，从形式上讲，如果与原来的职务具有相同的性质，就可以肯定职务关联性的存在。比如，在公务员偶然与其他部门的担当者接触并得到某种信息而对外泄露的情况下，由于这种行为不具有公务性质，因而可以否定职务关联性。与此相反，如果得知某种秘密或信息是具有原本职务行为的事前或预备性质，由于在这种情况下，只有具有公务员身份的人才可以知悉，由于该行为具备了公务性而可以肯定职务关联性。因此，如果国立大学入学考试的出题者，泄露自己所分担的考题的行为，由于具备了公务性质而应肯定职务关联性。

第二，影响力说。这是以对职务是否具有影响力为基准的观点。这种观点认为，如果对某种职务不会发生影响，那么就可以否定职务关联性。比如，审查创办齿科大学的相关申请资料的评委，针对申请单位的有关人员，事先根据有关基准审阅该单位申请的相关资料，或者在最后评定结果出来之前泄露评审过程和有关情况，判例认为，这种行为属于职务密切关联行为。[②] 由于事前判定或事前告知行为，对原本属于职务行为的今后的

[①] 参见〔日〕大塚裕史：《刑法各论的思考方法》（新版），早稻田经营出版，2007，第537页以下。

[②] 参见《刑集》第38卷第7号，第2682页。

审查发生重大影响,因而根据影响力说理应肯定职务关联性。

第三,地位利用说。这是以是否对职务行为的对方行使影响力为基准的观点。这种观点认为,如果对对方没有产生影响力,则可以否定职务关联性。比如,东京艺术大学的教授,就所指导的学生购买小提琴而让学生到自己熟悉的小提琴商店购买一事,东京地方裁判所认为,事实上对学生的影响力极大而肯定了职务关联性。① 就这一案例而言,如果学生不听从指导教授的劝言,学生就会产生有可能在成绩的评定和今后的指导等诸多方面受到影响的忧虑和不安,因此,基于地位利用说可以肯定职务关联性。但是,由于教授的劝言不具有公务性质,因而立论于公务说则可以否定职务关联性。即便立论于影响力说,由于对原本职务的影响力不大而同样可以否定职务关联性。可见,根据取何种学说,对职务关联行为的认定将会产生一定的影响。笔者认为,职务关联行为的判断基准,形式上应当基于公务性,在此前提下,可以考虑影响力而进行综合判断。

在我国的刑法理论界,有关这一问题,一般以利用职务之便的形式进行议论,因此,并没有深入的研究。主流观点认为,"利用职务上的便利"应当包括以下四种形式:第一,利用本人直接主管、负责、承办某种具体公共事务的职权,即利用职权、职务范围内的权力。任何国家工作人员都经办管理一定的公共事务,拥有一定的职权,可以接受请托人的请托作出一定的职务行为或者不作出本应作出的职务行为,从而索取或收受财物。无论是"领导权和指挥权"还是"经办权和管理权",行为人有独立处理问题并作出一定行为的资格和权力,行为人无须他人配合,就可以利用自己的职权,以实施或者不实施自己的职务行为,为请托人谋利益。第二,利用滥用职权所产生的便利条件,即行为人以自己的合法职务为基础,超越职权违法为请托人谋取利益。第三,利用自己分管、主管的下属国家工作人员的职权,即处于领导地位的国家工作人员在其主管、分管的业务范围内,具有一定领导权和指挥权,可以命令、指使下属、下级国家工作人员作出一定的职务行为,为请托人办事,或者命令、指使下属、下级国家工作人员不作出本应作出一定的职务行为,而索取或收受其财物。第四,利用不属自己分管的下级部门的国家工作人员职权,即行为人不是直接利用本人的职权为他人谋取利益,而是利用自己处于领导、监督的地位,将本人的职权和地位作用于他人的职权或职务,通过他人的职权或职务为他

---

① 参见《判例时报》第1171号,第16页。

人谋取利益。[1]

需要注意的是，我国刑法修正案（七）规定，在刑法第388条之后增加1条作为第388条之一：国家工作人员的近亲属或者其他与该国家工作人员关系密切的人，通过该国家工作人员职务上的行为，或者利用该国家工作人员职权或者地位形成的便利条件，通过其他国家工作人员职务上的行为，为请托人谋取不正当利益，索取请托人财物或者收受请托人财物，数额较大或者有其他较重情节的，处3年以下有期徒刑或者拘役，并处罚金；数额巨大或者有其他严重情节的，处3年以上7年以下有期徒刑，并处罚金；数额特别巨大或者有其他特别严重情节的，处7年以上有期徒刑，并处罚金或者没收财产。离职的国家工作人员或者其近亲属以及其他与其关系密切的人，利用该离职的国家工作人员原职权或者地位形成的便利条件实施前款行为的，依照前款的规定定罪处罚。

本罪客观方面行为的本质在于行为人并没有利用自己本人的职权，而是利用自己的影响力索取或者收受贿赂，为请托人谋取不正当利益。因此，本罪行为的本质在于利用影响力问题。所谓影响力，是指一个人在与他人交往的过程中，影响或改变他人心理和行为的一种能力。[2] 笔者认为，由于我国刑法将国家工作人员和非国家工作人员利用影响力受贿规定为不同的犯罪，因而本罪的影响力只包括非权力性影响力而不包括权力性影响力。利用权力性影响力受贿的，构成我国刑法中的受贿罪本身而非本罪。本罪的非权力性影响力范围广泛，主要有：第一，基于一定的情感所产生的影响力。在生活中，情感的内容是很丰富的，有爱情、友情，并因此形成了夫妻关系或朋友关系。感情是人际交往的重要纽带，基于一定感情所产生的关系对双方都有一定的影响力。在影响力交易中，这种影响力的滥用，主要表现为丈夫、妻子或者关系要好的朋友利用另一方的影响力

---

[1] 参见孙国祥：《新类型受贿犯罪疑难问题解析》，北京，中国检察出版社，2008，第59页以下等。
[2] 参见赵秉志主编：《刑法修正案最新理解适用》，北京，中国法制出版社，2009，第208页。在我国的刑法理论界，部分观点将影响力分为权力性影响力和非权力性影响力。权力性影响力，又称强制性影响力，是指权力者在组织中担任了一定的职务所具有的与职务相关的影响力。权力性影响力具有一定的强制性，下级必须服从。同时，权力性影响力与职务相连，只有担任了一定的职务，才具有这种影响力。非权力性影响力，又称自然影响力，它来自行为者自身的因素，其中包括品格、知识、才能、情感、资历等个人因素亦即个人威望所产生的影响力。非权力性影响力是与特定的个人联系在一起的，它不是仰仗社会所赋予的职务、地位和权力而获得的，而是行为人本身的天赋、主观努力和自主行为所造就的。这种影响力并非以强制为特征，但它又能自然而然地起到影响人们思想与行为的作用。

帮助请托人从行政部门或者公共机关获取不正当好处。第二，基于一定的血缘关系所产生的影响力。血缘关系主要表现为家人、亲戚关系。在血缘观念比较浓厚的我国，血缘关系也是影响人们日常行为的重要方面。事实上，在我们的观念中，父母、子女、兄弟姐妹以及亲戚都是无法割舍的，他（她）们能对我们的行为产生重要的影响。对公务员也是如此。第三，基于一定的地缘关系所产生的影响力，比如同乡关系。同乡关系因人而异，在比较注重家乡观念的人们的心目中，同乡关系就具有一定的影响力，也会对他们的行为产生一定的影响。第四，基于一定的事务关系所产生的影响力。因事务的需要而产生的关系，在我国比较常见。同事关系就是其中的一个重要表现。此外，同学关系、师生关系等均可以归入此类，也都对关系中另一方具有一定的影响力。[①] 由此可见，我国刑法修正案（七）增加的第388条之一的规定，与日本刑法理论中界定"职务密切关联行为"基准中的影响力说有某种相似之处。

[①] 参见赵秉志主编：《刑法修正案最新理解适用》，北京，中国法制出版社，2009，第209页以下。

第二十章　法秩序的统一性、相对性与刑法分论

在大陆法系的刑法理论中，违法性概念在整个法领域是否应当统一理解，或者是否在不同法领域分别加以理解，是一个极有争议的理论问题。围绕这一争论，主张违法性判断在整个法秩序中应当统一加以理解的违法一元论倾向于违法的统一性；与此相反，主张刑法中的违法性是以是否值得处罚为前提，因此，刑法中的违法性不同于民法、行政法中的违法性的违法多元论则倾向于违法的相对性。违法一元论认为，"不同法领域之间的规范不应发生矛盾，即一个行为不能在一个法领域合法而在另外一个法领域违法，这是以'法秩序的统一性'思想为其立论基础的主张。"① 与此相反，违法多元论则认为，"法秩序在某种意义上应当进行统一，但是，规范之间的矛盾可以根据法秩序的目的不同，在有必要的范围内进行消除即可，而没有必要进行绝对的排斥。"②

当然，即便主张违法一元论，认为违法性在整个法秩序中完全单一，即在一个法领域属于违法的行为绝对不可能在另一个法领域属于合法的"严格的违法一元论"，如今在大陆法系的刑法理论界渐趋式微。③ 绝大多数违法一元论认为，违法性在其根本上——在法秩序整体上应当统一，但是，其发现形式则存在不同类别和轻重的阶段，这种观点一般被称为"缓和的违法一元论"。违法一元论根据不同法所固有的目的，肯定不同法所要求的违法性的"质"和"量"有所区别，在这一点上可以说同样肯定

---

① 〔日〕曾根威彦：《违法的统一性与相对性》，载《香川达夫先生古稀祝贺论文集》，成文堂，1996，第121页。
② 〔日〕京藤哲久：《法秩序的统一性与违法判断的相对性》，载《平野龙一先生古稀祝贺论文集》（上卷），有斐阁，1990，第190页以下。
③ 严格的违法一元论是德国的通说，而日本和韩国的通说是缓和的违法一元论。

"违法的相对性"。而违法多元论同样也肯定"作为国家意思的'违法或合法的判断',尽可能在整个法秩序中不发生矛盾"①,因此,也不完全否定"违反整个法秩序意义上的一般违法性"的存在和"回避法领域之间违法评价的矛盾"的必要性。可见,违法一元论和违法多元论在结论上究竟有哪些不同便成为问题。

有关违法的统一性和违法相对性的争论,在刑法分论中,主要体现在以下两个方面:首先,以被害者方的"法益保护的必要性"之"刑法上的合法性"问题显现出来,也就是说,就有关刑法上的保护客体(对象)问题而言,在另外一个法领域没有得到保护的事项,通过刑法上的保护而有必要构筑刑法独自的合法性概念便成为问题。其次,肯定被害者客体保护的必要性,在其反面上,与针对被害者客体保护的必要性之侵害行为的违法性问题发生关联。② 有关这一问题,目前在我国的刑法理论界,很少有系统的研究。

一、刑法中的财产概念

在财产犯中,由于财产犯是以个人财产被侵害为内容的犯罪,因而围绕财产概念,民法上的权利义务关系在刑法上具有怎样一种意义便成为问题。财产犯领域是强调民法与刑法之间的违法评价的相对性的违法多元论,与主张在两个法领域中的违法统一性的违法一元论争论最为激烈的领域。

有关财产概念,在中外刑法理论界,有法律财产说、经济财产说和法律、经济财产说之争。法律财产说认为,一切有关财产的犯罪都是侵害财产上权利的犯罪。也就是说,刑法规定财产罪是为了保护民法上的权利。因此,财产犯罪的成立不以行为造成经济损害为前提,只要侵害了民法上的权利,即便在经济上没有受到损害,也可以成立财产犯罪;反之,只要没有侵害权利,即便造成了重大经济损失,也不构成财产犯罪。理由是,经济生活中存在各种各样的经济利益、财产关系,哪些内容受法律秩序保护,由规制私人财产关系的民法决定,决定的表现是民法上的权利。刑

---

① 〔日〕前田雅英:《可罚的违法性论之研究》,东京大学出版会,1982,第358页。
② 参见〔日〕曾根威彦:《违法的统一性与相对性》,载《香川达夫先生古稀祝贺论文集》,成文堂,1996,第134页。

规定财产罪就是为了保护民法上的权利，刑法上的财产便是民法上的权利的总和。① 这是立论于违法一元论的主张。

与此相反，经济财产说则认为，作为整体的具有经济价值的利益就是财产，因而是财产犯的保护法益；经济价值一般等同于金钱价值，金钱上的得失是判断有无损害的标准。也就是说，这种观点并不重视财产的法律侧面，而是将经济意义上的交换价值理解为财产。根据这种观点，并不受法律保护的经济利益也应包含在财产概念之中。卖淫行为由于存在花费这样一层经济价值和给付相应对价而可以理解为财产，同样，作为"二奶或情妇"的契约虽然不受法律保护，也可以包含在财产概念之中。这种学说是基于违法多元论的主张。

法律、经济财产说又称折中说，这种观点认为，所谓财产，是指法律秩序所保护的、作为整体的具有经济价值的利益。因此，有关不法原因给付与诈骗罪的成立问题，与法律财产说的主张相似；有关诈骗罪的成立是否包括经济损害问题，则与经济财产说相近。② 笔者认为，法律财产说已经不适合当代复杂的财产关系，不能有效地保护财产和财产秩序，因此不可取。经济财产说的缺陷是，不仅不利于保护财产所有权人的财产，导致对财产的单纯占有的保护超出了针对财产所有权的保护，而且有过于扩大诈骗罪的处罚范围之嫌，因此，同样不可取。法律、经济财产说适当限制了经济财产说的处罚范围，总体思路具有可取性，当然，根据我国的具体情况，个别结论还有待进一步探讨。根据法律、经济财产说，诈骗罪中的财产概念可以包括：可以期待财产增加的经济利益、财产增加的盖然性较高的财产上的利益、直接占有或间接占有、劳动力等。

就财产犯犯罪对象中的财物概念问题而言，像空气那样的无法成为所有权对象的物可以排除在财物之外，在中外刑法理论界基本没有异议。问题是，在民法上，即便无法肯定"被害者"的所有权的物，能否成为刑法上财产犯的犯罪对象，违法多元论倾向于肯定的立场，违法一元论则倾向于否定的立场。

有关财物所有权的所在，在刑法中争议极大的是"不法原因给付与侵占"罪的成立与否问题。有关可以适用民法相关条款的不法原因给付物的范围，在中外刑法理论界虽然存在争议，但是，针对已经被认定为不法原

---

① 参见张明楷：《诈骗罪与金融诈骗罪研究》，北京，清华大学出版社，2006，第206页。
② 参见上书，第213页。

因给付的物①，立论于违法多元论的观点认为，即便是不法原因给付物，刑法也有必要对其予以保护，因此，可以成立侵占罪。也就是说，刑法上犯罪成立与否不应与民法上有无必要保护问题相提并论，即便委托关系在民法上不受保护，也并不影响刑法上侵占罪的成立。如果否定不法原因给付物的侵占，有可能导致多占便宜的泛滥，有悖于健全的国民感情。这种主张的立论基础是：即便被害者没有具体的所有权，刑法通过禁止外形上侵害所有权的行为，以此来保护一般所有权的思想。② 对此，批判的观点认为，既然民法上给付者的权利不属于保护的对象，如果刑法上将其作为侵占不法原因给付物而处罚的话，这是过度强调违法相对性的一种做法，不仅会导致保护法益的空洞化、形骸化，还会失去侵占罪作为财产犯的基本特征。③

针对这一问题，在我国的刑法理论界，大部分观点认为，应当将针对不法原因给付物的侵犯列为犯罪。不过，具体理由却不尽一致，比如，第一种观点认为，刑法对于"黑吃黑"的行为有介入的必要，处罚上述行为，并不是因为毒资、嫖资、贿金值得法律去保护，而是为了维护国家的利益，避免出现违法犯罪恶性循环的现象。④ 第二种观点则认为，毒资、嫖资、贿金等属于非法所得，应当没收并上缴国库，对之加以侵犯实际上侵犯了国家的财产所有权。⑤ 笔者倾向于第一种观点。

另外，在探讨有关诈骗罪中的财产概念时，有必要确认一下有关骗取不法原因给付的行为是否构成诈骗罪问题。有关这一问题，在中外刑法理论界，有肯定说和否定说的争论。⑥ 肯定说认为，第一，不能因为不法原

---

① 赌资、嫖资、贿金等，都属于民法中的不法原因给付物。所谓不法原因给付，是指基于违法原因的给付。就给付方而言，没有权利请求对方返还给付物；就被给付方而言，属于没有法律上的根据而获得利益。但基于不法原因给付后，财产的所有权归于谁，民法理论和民事立法均未完全解决。在民法上，基于不法原因而实施的交付，本来就是违背公序良俗原则的无效行为。如杀手杀人后，向雇主索取之佣金；吸毒者向贩毒者支付的毒资；妓女卖淫后，嫖客给付的嫖资；行贿人向官员行贿所用的贿款。现实生活中，也存在一些针对不法原因给付物实施的侵害行为。如杀手佯称自己答应帮助雇佣者杀死他人，骗取佣金后逃逸；贩毒者用漂白粉冒充海洛因，骗取吸毒者钱财；中介人将行贿人委托自己送人的贿赂款侵占不还。（参见何帆：《刑民交叉案件审理的基本思路》，北京，中国法制出版社，2007，第104页。）
② 参见〔日〕藤木英雄：《刑法讲义各论》，弘文堂，1977，第340页。
③ 参见〔日〕曾根威彦：《违法的统一性与相对性》，载《香川达夫先生古稀祝贺论文集》，成文堂，1996，第136页。
④ 参见王晨：《诈骗犯罪研究》，北京，人民法院出版社，2003，第7页。
⑤ 参见赵秉志：《侵犯财产罪》，北京，中国人民公安大学出版社，2003，第15页。
⑥ 参见〔日〕曾根威彦：《违法的统一性与相对性》，载《香川达夫先生古稀祝贺论文集》，成文堂，1996，第136页。

因给付物在民法上没有返还请求权,在刑法上也不受保护。民法以调整私人利益为目的,而刑法以保护法益为目的,从刑法自身的观点来作实质性判断,应该要看有无值得处罚的侵害法益的行为存在。第二,刑法对诈骗罪的成立,并没有把对方实施财产处分行为的动机如何作为构成要件要素,只要认为无行为人的欺诈行为就不会有交付财物的事情发生即可。第三,诈骗罪中的财产损害,是指无欺诈行为就不会有交付财物的结果,作为交付结果这种意义上的财物的丧失。即便是在不法原因给付的情况下,给付财物的结果也同样应当视为财产损害。因此,应当肯定诈骗罪的成立。基于违法一元论的本书也倾向于这种观点。与此相反,否定说则认为,基于不法原因给付的财产处分行为是法律所禁止的,为了实现法律取缔这类行为的目的,应当将这种财产排除在法律保护的范围之外;又由于受法律保护的财产不存在,财产上的损害也就不会发生,因而在不法原因给付的情况下,不能构成诈骗罪。

与此相关的卖淫问题是否构成诈骗罪,在中外刑法理论界,也有肯定说与否定说的争论。肯定说的理由是,刑法规定处罚诈骗罪并非只是为了保护被害人的财产权,还因为采用这种违法手段实施的行为具有扰乱社会秩序的危险性,即便与妇女约定卖淫时采用的是欺诈手段,同样具有扰乱社会秩序的性质。另外,在一定的条件下,一定的行为是具有财产价值的,比如劳动力就有财产价值,提供劳务就是一种财产处分行为,采用欺骗手段使他人提供性服务,这也可以说是使他人"提供劳务",取得的是财产性利益,因此构成诈骗罪。主张违法多元论的观点一般肯定诈骗罪的成立,而主张违法一元论的观点一般否定诈骗罪的成立。而否定说的理由是,违反公序良俗的卖淫契约本身是无效的,民法上不存在债权债务关系,法律上不应该给予保护,如果刑法上制裁这种欺诈行为,强制嫖客支付卖淫费用,那就与法律秩序的整体相矛盾,违反刑法的谦抑性;另外,发生性关系既不是创造财产行为,也不具有财产性价值,嫖客采用欺骗手段使卖淫女与自己性交,也并没有得到民法上的财产性利益,其行为当然也就不能成立诈骗罪。[①] 笔者倾向于肯定说。

二、盗窃罪的保护法益——本权说与占有说

有关盗窃罪的保护法益问题,在中外刑法理论界,主要有本权说和占

[①] 参见张明楷:《诈骗罪与金融诈骗罪研究》,北京,清华大学出版社,2006,第229页。

有说的对立。本权说的立论基础是违法一元论，而占有说的立论根据是违法多元论。本权说认为，刑法保护的应当限于民法保护的权利，财产权的侵害才是财产犯的处罚根据；与此相反，占有说则认为，在所有和占有分离现象日趋明显的现代社会，应当重点加以保护的是持有财物这一财产性秩序，因此，与民法保护问题相分离的占有本身才是刑法所保护的法益。之所以有这样的理论争议，是因为在其背后，有将刑事法上的罪责问题和民事法上的权利关系统一加以把握的违法一元论，与将刑法从民法中独立出来试图相对理解的违法多元论的对立之故。

在我国，通说认为，所谓盗窃罪是指以非法占有为目的，秘密窃取数额较大的公私财物的行为。对此，刑法理论界一般认为，盗窃罪中的"窃取"意味着财物从所有人、保管人控制之下转移到盗窃者手中。其犯罪对象是国有、集体所有制或公民私人所有的财物，犯罪行为通过作用于犯罪对象，侵犯的法益是公民财产的所有权。依通说来看，财产犯罪的保护法益是指财产的所有权以及其他本权，因为本权是指法律上的正当权利，即行为人占有财物时基于法律上的正当理由，本权首先是指所有权，除此之外，还有其他本权，比如租赁权、抵押权等，行为人只有侵害了他人的这种本权，才构成财产犯罪。他人占有也不是指单纯的占有本身，而是指基于原权的占有即存在占有的合法原因，是享有占有权利的人的占有，所以，盗窃他人合法所有的财物成立盗窃罪。我国的通说可以归类为"本权说"，问题是，本权说对司法实践中所遇到的许多具体问题很难给予合理的解释。

在日本的刑法理论界，本权说与占有说的对立，围绕日本刑法第242条[1]"有关他人占有的自己财物"的解释存在激烈的争论。倾向于本权说的观点认为，刑法第242条是针对自己所有物的一种特别规定，这里的他人"占有"是指基于权原的占有，即基于合法的缘由而有占有该财物的权利（本权）者的占有；与此相反，主张占有说的观点则认为，刑法第242条是保护他人占有本身的一种注意性规定，这里的"占有"是指纯粹的一般占有，因此，它与民法上的违法与否毫无关联。立论于违法一元论的本权说，试图统一把握刑法和民法的关系而严格解释刑法第242条中的"占有"概念；与此相反，基于违法多元论的占有说，试图将第242条中的占有与民法上的权利关系进行分离，从刑法独自的立场宽泛地理解这一概念。[2] 刑

---

[1] 日本刑法第242条规定：虽然是自己的财物，但由他人占有或者基于公务机关的命令由他人看守时，就本章犯罪，视为他人的财物。

[2] 参见〔日〕曾根威彦：《违法的统一性与相对性》，载《香川达夫先生古稀祝贺论文集》，成文堂，1996，第134页。

法理论中的这种对立，在并不基于实体性权利（本权）意义上的民事法上的违法占有，以及所有权与其他本权发生冲突的情况下极为明显。

有关盗窃罪的保护法益问题，笔者倾向于平稳占有说。平稳占有说是为了克服本权说和占有说的缺陷而出现的学说，意在既不扩大也不缩小盗窃罪的处罚范围。也就是说，财产犯的保护法益，原则上是所有权及其他本权与占有（第一原则）；在本权与占有发生冲突时，只有可以与本权对抗的合法占有，值得以法律保护。明显的违法占有，在本权面前必须让步（第二原则）；例外地存在着单纯的占有就是保护法益的情况（第三原则），对违禁品的占有就属于这种情况。① 而有关违法性的统一性问题，笔者则倾向于违法一元论，因此，基于权原的占有等能够与所有权进行对抗的合法占有理应被加以保护，而明显的违法占有应当在所有权面前让步。

作为自己的所有物民法意义上他人违法占有的事例，首先可举当初他人的占有就属于违法的情形。比如，行为人（所有者 X）从盗窃犯的手中（占有者 A）秘密取回被盗财物的情况下。占有说认为，如果行为人的行为不能满足自救行为的要件就可以成立盗窃罪。也就是说，A 的民法上的违法占有也属于刑法上的合法，至少有必要在刑法上予以保护（占有概念的相对化）。② 笔者认为，在上述情况下，A 的占有是违反 X 意思的无

---

① 有关这一问题的详尽论证，可参见郑泽善：《刑法争议问题探索》，北京，人民出版社，2009，第 316 页以下。
② 由于我国刑法对盗窃罪的规定比较单一，因而在司法实践中，自己合法所有的财物因种种原因被行政、司法机关查扣，在该财物被依法没收，发生所有权移转之前，本人设法取回的行为，是否构成财产犯罪，不仅判决理由不同，实务部门的分歧也较大。例如，判例1：被告人乙购买的轿车因参与非法营运，被交通管理所依法查扣，存放于当地停车场。乙趁夜将汽车盗出，迅速销售后，又以该车被盗为由，向交通管理所索赔，获赔人民币 11 万元。一审法院以盗窃罪对乙定罪量刑，二审法院维持原判。法院认为，盗窃罪的对象是"公私财物"，这里的公私财物既包括他人所有的公私财物，也包括他人占有的公私财物，所以秘密窃取他人占有的本人财物而后索赔的行为，应构成盗窃罪一罪，乙获赔的金额 11 万元应认定为盗窃数额。（参见《江世田等妨害公务案——聚众以暴力手段抢夺被依法查扣的制假设备应如何定罪》，载最高人民法院刑事审判第一庭、第二庭编：《刑事审判参考》，总第 29 集，第 205 号案例，北京，法律出版社，2002）。判例2：丙因欠他人贷款，其个人所有的汽车被人民法院依法裁定扣押后，停放于人民法院的停车场。丙唯恐汽车因自己无法履行判决而被拍卖，遂趁无人之际，撕毁封条，将汽车从停车场偷偷开回藏匿。一审法院认为，按照我国的刑法理论与司法实践，侵犯财产罪的犯罪客体应该是他人对财产的所有权，而且需要被害人有实质的财产损害与损害危险。本案被告人盗窃的，系他人占有的本人财物，主观上是为防止拍卖导致汽车贬值，并不是为了据以提起索赔，不具有非法占有的故意。因此，被告人的行为不构成盗窃罪，而是构成《刑法》第 314 条规定的非法处置扣押的财产罪。（参见《陆惠忠、刘敏非法处置扣押的财产案——窃取本人被司法机关扣押财物的行为如何处理》，载最高人民法院刑事审判第一、二、三、四、五庭编：《刑事审判参考》，总第 51 集，第 404 号案例，北京，法律出版社，2006。）由此可见，在我国的司法实践中，针对这类案件的认定、判决比较混乱。

权限、不合法的占有,并不能与具有正当权利的 X 的所有权进行对抗,因此,理应肯定行为人 X 一方具有优越地位和利益。"占有说之所以肯定 X 成立盗窃罪,是因为,处罚盗窃罪的宗旨在于保护占有财物的一般财产性秩序,从这种主张可以看出,与保护民法意义上的财产权相比,更为重要的是保护整个财产性秩序,这可以说是基于全体主义的一种观点。"[1]

另外,虽然他人当初占有自己的所有物属于合法,后来由于某种原因转化为违法的情况下,应当比照上述例子进行理解。比如,Y 借给 B 一本书,由于迟迟不予返还而偷偷地取回了自己的书。在这种情况下,占有说肯定 Y 成立盗窃罪;如果立论于本权说,可以否定盗窃罪的成立。当然,B 的占有当初是合法的,虽然不能与前述例子中的盗窃犯 A 相提并论,但是,如果考虑行为时点的具体情况,对方的占有同样属于民法上的没有权原的违法占有,因此,两者间具有某种共性。[2] 返还期限到来后,B 并没有与 Y 的所有权进行对抗的法律意义上的利益,因此,在这种情况下,如果主张即便返还期已过,B 的占有仍然可以与 Y 的所有权进行对抗而应当予以保护,这是一种破坏刑民统一关系的观点,显然不尽合理。

三、正当权利的行使与恐吓

在债权者为了讨回债务威逼对方使之交付财物的情况下,是已经发生实质性"财产损害"而成立恐吓罪,还是侵害被害者的意思决定而只成立胁迫罪,在日本的刑法理论和司法实践中,作为"正当权利的行使与恐吓罪"问题素有争议,这一问题与违法一元论和违法多元论具有密切的关联性。成立恐吓罪的观点认为,即便是作为民法上财产权的行使而实施的行为,由于在刑法意义上导致了对方的损害发生而成立恐吓罪,这是立论于违法多元论的主张。与此相反,主张成立胁迫罪的观点则认为,行为既然作为民法上财产权的行使而实施,那么,在刑法上至少可以否定发生了财产损害而应当否定恐吓罪的成立,这是基于违法一元论的主张。[3] 问题

---

[1] 〔日〕曾根威彦:《违法的统一性与相对性》,载《香川达夫先生古稀祝贺论文集》,成文堂,1996,第 138 页。

[2][3] 参见〔日〕曾根威彦:《违法的统一性与相对性》,载《香川达夫先生古稀祝贺论文集》,成文堂,1996,第 138 页。

是，就刑法中特定犯罪类型，是否可以不考虑行为作为民法上权利行使的一环而实施，在这种情况下，在与行为者的权力行使这一层关系上，是否存在作为恐吓罪处罚的财产损害？

这一问题也与欺诈性行使权利问题相关。所谓欺诈性行使权利，是指采用欺诈手段使对方偿还到期未还的债务，能否构成诈骗罪的问题。有关这一问题，日本最高裁判所的一则判例引人注目。案情是：A建筑公司承担了B县高层住宅的建筑工程（承建总额为7 000万日元），完工后，B方支付建筑款的前提是由B县城建部门的C出具验收证明。但是，A建筑公司经理X担心由于没有处理好污泥、排水设施而受影响，于是，伪造了一份合格的处理污泥、排水的相关证明，并将这一伪造的证明提交给C，顺利通过验收，并让B方支付了7 000万日元的建筑款。①

在本案中，被告人虽然伪造了相关证明，但是，根据日本刑法的相关规定，伪造的并不是虚假名义的证明，因此，不构成伪造文书罪；另外，又不符合处罚内容虚假的医生诊断书之类的私文书伪造罪而不可罚。问题是，这种伪造行为是否符合诈骗罪实行行为中的欺诈行为？这一问题涉及怎样理解财产上的损害内容以及有无欺诈行为问题。针对类似的案件，大阪高等裁判所的一则判例曾经认为，"就尚未处理好的污泥、排水设施问题而言，被告人将原本不应全额领取的建筑工程款项，以已经完工的形式全额领取行为本身存在欺诈，因此，构成诈骗罪。"②

但是，最高裁判所针对前述之判例，在否定合同法解释的基础上认为，本案中承建合同规定的是整体工程款项，并没有单独规定污泥、排水等细节，因此，即便没有处理好污泥、排水设施而应减免相关款项额度，由于并没有这一方面的详细合同，因而B县方不能要求减免部分承建款。

就权力行使与诈骗罪的成立问题而言，基于本权说，由于被告人有承建款的请求权，因而即便使用欺诈手段要回建筑款，因没有侵害财产权而不符合诈骗罪的构成要件。但是，基于占有权说，如果没有欺诈行为就不会支付7 000万日元的款项，因此，符合诈骗罪的构成要件。当然，作为权利行使的问题有可能阻却违法性。笔者认为，被告人X虽然伪造相关证明，让对方提前支付了本应支付的建筑款，如果能够肯定其手段具有社

---

① 参见《刑集》第55卷第5号，第371页。
② 转引自〔日〕大塚裕史：《刑法总论的思考方法》（新版），早稻田经营出版，2004，第221页。

会相当性，那么，就有阻却违法的余地。

第一审之大阪地方裁判所认为，如果伪造的相关证明被发现，就不可能通过验收，进而延长支付建筑款的日期，被告人通过欺诈行为提前了建筑款项的支付日期而成立诈骗罪。对此，最高裁判所认为，让对方支付建筑款是被告方原本具有的权利之一，在这种情况下，通过欺诈手段提前让对方支付建筑款项能否成立诈骗罪，应当根据提前让对方支付的日期与正常支付的日期相比，在社会观念上如果有显著的差距，那么，可以肯定诈骗罪的成立。本案中的被害者之B县的损害，指的是占有整体完工后才应支付的款项以及这一期间的利益（包括这一期间的利息或将这笔款项用于他处而产生的利益）。[1] 最高裁判所虽然没有明确在这种情况下成立诈骗罪的具体日期，但可以看出，如果超出一般社会观念上容忍的时间范围，就应肯定诈骗罪的成立；反之，可以阻却违法性。有关权利行使与诈骗罪的成立问题，目前在我国的刑法理论界基本没有研究，在司法实践中，也没有出现过类似的案件。

在前述之正当权利的行使与恐吓罪成立与否的问题上，主张成立恐吓罪的观点认为，即便被害者负有债务，但是，债务者的财物或财产性利益并不立即归属于债权者，如果不存在恐吓行为，被害者就不会交付财物或财产性利益，正是因为基于胁迫而交付财物或财产性利益，有关该财物或财产性利益的使用、收益、处分这一财产权的事实性机能受到了损害，因此成立恐吓罪。这种观点全然不顾行为的渊源之民法上的权利、义务关系，单纯地将"被害者"方的物理意义上的或经济意义上的"损失"作为探讨的对象。当然，行为者是无权利者这一一般意义上的恐吓罪中，通过恐吓使对方交付财物或利益这一符合构成要件的行为，实质上带来了"财产上的损失"，作为恐吓罪已经具备了可罚的违法性。但是，如果这种行为是基于权利行使的一环而进行，那么，行为即便符合形式上的恐吓罪的构成要件，实质上并没有给债务者带来"财产上的损害"。主张成立恐吓罪的观点过于强调违法的相对性，将"没有胁迫就不会交付财物"的情形统统视为存在财产"损害"，将会带来财产上损害概念的形骸化。[2] 也就是说，将债权者的行为视为具备成立恐吓罪的可罚的违法性本身很难令人

---

[1] 参见〔日〕大塚裕史：《刑法总论的思考方法》（新版），早稻田经营出版，2004，第223页。

[2] 参见〔日〕西田典之：《权利的行使与恐吓》，载〔日〕藤木英雄等编：《刑法的争论点》（新版），有斐阁，1987，第286页。

赞同，因此并不可取。

四、妨害公务罪中的"职务行为的合法性"

妨害公务罪，是指以暴力、威胁方法①，阻碍国家机关工作人员、人大代表、红十字会工作人员依法执行职务或者履行职责，或者故意阻碍国

---

① 有关妨害公务罪中的暴力、威胁方法的界定，在我国的司法实践中，有这样一则指导性案例。基本案情：被告人宋永强，男，1975年3月出生，汉族，江苏溧阳市人，初中文化，汽车驾驶员，住溧阳市。2004年8月16日因本案被逮捕。江苏省溧阳市人民法院经审理查明：2004年7月14日下午5时许，被告人宋永强驾驶牌号为苏DL058解放牌载货汽车装载25吨（额定载重4.5吨）水泥沿104国道由东向西行驶。因车辆严重超载，被告人宋永强为掩盖车辆超载真相，以逃避检查处罚，在距溧阳市梅园治理机动车超速超载点（以下简称超点）500米处时将车速提升至60千米每小时，当车辆以此速度行驶至距离该超点50米处时，负责车辆超速超载治理工作的交通警察张冬柏在快车道中央示意被告人宋永强将车驶入慢车道并停车接受检查。被告人宋永强因害怕处罚，故未采取制动措施和改变行驶方向而是继续恒速沿快车道向前行驶。在距被害人张冬柏10米许时，被告人宋永强见其仍未避让方才紧急刹车，张冬柏此时虽经紧急避让但仍被撞倒而致外伤性尾骨骨折。案发后，被告人宋永强已赔偿了被害人张冬柏的经济损失。溧阳市人民法院认为，被告人宋永强驾驶超载车辆，明知交通警察在执行公务，却不服从指挥、停车接受检查，而是通过高速驾车这一危险方式胁迫交警放弃正常执行公务，且造成交警受轻伤的后果，其行为阻碍了国家机关工作人员依法执行职务，已构成妨碍公务罪。检察机关指控被告人宋永强妨害公务罪，罪名成立，应予支持。辩护人提出的被告人宋永强属初犯、偶犯，对被害人造成的损害已给予赔偿，归案后认罪态度较好等辩护意见，经查属实，予以采纳。鉴于被告人宋永强最终能采取紧急制动措施以致没有造成更为严重的后果，案发后能积极赔偿被害人的紧急损失，认罪态度较好，可酌情从轻处罚。据此，依照《中华人民共和国刑法》第277条、第52条、第53条之规定，于2004年11月4日作如下判决：被告人宋永强犯妨害公务罪，判处罚金人民币5000元（罚金于本判决生效后10日内缴纳）。宣判后，宋永强没有提出上诉，检察机关也未提出抗诉，本判决已发生法律效力。判决要旨：NO.6-1-277-1 驾车强行闯关逃避检查，并造成检查人员轻伤的，属于以暴力、威胁方法阻碍国家机关工作人员依法执行职务，应以妨害公务罪论处。妨害公务罪的暴力、威胁方法是多种多样的，可以包括驾车强行闯关逃避检查，威胁检查人员人身安全并造成其人身伤害的行为。在本案中，被告人通过高速驾车的危险方法胁迫交警放弃正常执行公务，且造成交警轻伤的后果，其行为阻碍了国家机关工作人员依法履行职务，构成妨害公务罪应该没有异议。值得注意的是，本案被告人的行为并不构成故意伤害罪。纵观本案发生的全过程，被告人的主观心态是想通过高速驾车冲过关卡的方式迫使交警放弃正常执行公务，以图逃避检查处罚，但其并不希望真正造成交警的死伤，且力图避免发生这样的结果，这从被告人在距交警10米处采取紧急刹车措施即可看出。因此，被告人的行为并不构成故意伤害罪。而即使被告人的行为成立故意伤害罪，由于其仅造成被害人轻伤的后果，按照想象竞合犯的处断原则，并综合考虑被告人的犯罪目的，还是以妨害公务罪处罚为宜。（参见陈兴良、张军、胡云腾主编：《人民法院刑事指导案例裁判要旨通纂》（下卷），北京，北京大学出版社，2013，第858页。）

家安全机关、公安机关依法执行国家安全工作任务，虽未使用暴力、威胁方法，但造成严重后果的行为。就妨害公务罪问题而言，基于确保和顺利完成公务这一国家利益、尊重基本人权这一个人利益，以及尽最大可能调和两者之间的利益，本规定所保护的公务必须限于"合法"的公务行为，这一点在中外刑法理论中基本没有异议。但是，"有关合法性的要件以及判断基准，根据取违法一元论还是违法多元论，结论将大不相同"①。

（一）合法性要件

被妨害的公务行为必须具有合法性，即公务必须是依法执行的。这主要是由于实施职务行为的对方的权利也需要保障，非法职务行为不值得用刑法加以保护，对非法执行的职务加以保护将导致法秩序的混乱。在我国，一方面，公务执行机构设置多、权力广泛，公务执行效果一直较为良好；另一方面，公务执行者越权执法、滥用职权的现象在有的地方、有的时候比较严重。那么，强调妨害公务罪中的公务必须是合法执行的公务，可以对作为弱者的执行公务的对方给予适度的倾斜保护。在这里，公务行为的合法性是构成要件要素，违法的职务行为可能构成滥用职权罪；同时，承受违法执行职务的人还可以实施正当防卫。②

作为公务行为的合法性要件，在中外刑法理论界，一般指以下三种情形③：（1）国家机关工作人员所实施的行为，属于该国家机关工作人员的抽象的职务权限或一般的职务权限。基于法治主义原理，国家机关工作人员的职务具有事项上、场所上的范围，此即一般的职务权限，如果超出了这种一般的职务权限，则不能认定为依法执行职务。但国家机关工作人员如何分担内部事务，则不影响其职务权限。（2）国家机关工作人员具有实

---

① 〔日〕曾根威彦：《违法的统一性与相对性》，载《香川达夫先生古稀祝贺论文集》，成文堂，1996，第141页。
② 参见周光权：《刑法各论》，北京，中国人民大学出版社，2008，第352页。
③ 参见张明楷：《刑法学》，2版，北京，法律出版社，2003，第795页。另外，也有观点认为，公务行为的合法性要件还包括：公务上的合法性是形式上合法，而非实质合法，即公务行为只需要在形式上有合法的依据，即可认定行为合法。例如，持有法院的判决书或者警察机构对于违反治安管理规定的人的处罚决定书实施职务行为的，即为合法的公务。至于该判决书和处罚决定书的内容事实上是否正确，不影响公务的合法性。相对人对于该判决书或者处罚决定书只能依照法定程序申请救济，而不能以私力阻碍公务的执行。（参见周光权：《刑法各论》，北京，中国人民大学出版社，2008，第353页。）

施该职务行为的具体的职务权限。在通常情况下，具有实施某种职务行为的抽象的职务权限的人，也具有实施该职务行为的具体的权限，但也存在不一致的情形，即在某些情况下虽然有抽象的职务权限，却无具体的职务权限。特别是在实际上需要通过分配、指定、委任才能实施某种职务行为时，只有经过分配、指定、委任，才能认为具有具体的职务权限；否则没有具体的职务权限。(3) 国家机关工作人员的职务行为必须符合法律上的重要条件、方式与程序。在许多情况下，职务行为要取得合法性，必须符合法律规定的重要条件、方式与程序。如逮捕犯人，必须符合刑事诉讼法规定的条件、方式与程序，否则便属于非法逮捕。但应注意的是，对于法律上的一些任意规定，国家机关工作人员在执行职务时予以违反的，不应认为是非法执行职务。也就是说，从保护公务与保障国民人权相调和的观点出发，只要没有违反保护执行职务的对方的权益所必要而且重要的程序要件，就应认定为依法执行职务。违法一元论试图将公务行为的合法性严格加以限定，这是基于法秩序的统一性，主张在其他法领域——尤其是在行政法、诉讼法领域属于违法的职务，在刑法上也属于违法，依此来限定妨害公务罪的成立范围。

　　针对立论于违法一元论的上述理解，有观点对上述（2）和（3）的要件，是否能够区分这两个要件，违背执行公务的具体要件和方式达到怎样一个程度才属于违法的公务行为提出了质疑。另外，这种观点还认为，区分（2）和（3）的要件并没有多大意义，因此，主张在界定公务行为时，具体所执行的公务行为在刑法规范下是否属于值得保护的行为才是关键。也就是说，这种主张试图将公务行为的"合法性"问题，消解在"要保护性"问题之中。这是将妨害公务的"合法性"问题，作为"是否值得从暴力、胁迫加以保护"这一实质性基准进行判断的主张①，是基于违法多元论的主张。也就是说，这种观点是在主张，即便公务行为在行政法或诉讼法上属于违法，这并不意味着没有刑法上的要保护性，因此，如果存在要保护性，刑法上就应作为合法的公务进行保护。

　　但是，主张要保护性的上述观点，即便公务行为在形式上不符合行政法规而属于违法行为，根据实质上有必要加以保护这一基于国家整体利益，将其视为刑法上的"合法"的履行公务，这极有可能导致无视国民情感的结局。肯定公务行为的合法性问题，由于事关具有抵抗意识的国民一方的行为的违法性问题，因而除了公务的要保护性问题之外，有必要从是

---

① 参见〔日〕前田雅英：《刑法各论讲义》，2版，东京大学出版会，1995，第487页。

否将抵抗行为作为妨害公务行为进行处罚的视角进行判断。另外，依据与"职务行为性"要件不同的职务的"合法性"要件，通过严格要求职务行为的合法性才能保障国民的权利、自由的立场出发，有必要区别具体权限和法定条件和方式，依此来尽量一元地、统一地把握有关合法性要件中的行政法、诉讼法的关系。①

(二) 合法性判断基准

有关公务行为合法性的判断基准，在中外刑法理论界，有以下三种观点的对立：一是公务员基准说（主观说），即从公务员自身出发进行判断。二是法官基准说（客观说），即以法官的独立判断为基准。三是折中说（一般人基准说），强调从一般的社会观念出发客观地看待公务执行行为的性质。如果贯彻公务员基准说，因为公务员代表国家利益，以其为基准进行判断，就有可能造成公务员的判断和被执行者的利益无法平衡的情况，也会出现所有的公务执行都具有合法性的局面，尤其是在公务员有恣意的情形下，公务员的主观判断是否妥当更是值得怀疑。一般人基准说不能提供切实有效的判断基准，哪些人是一般人极其暧昧，本身就需要界定。因此，通说是以站在中立立场上的法官判断为基准。② 但是，法官的判断究竟应当以"行为时"为基准还是"裁判时"为基准，根据取违法多元论还是违法一元论，其结论将大不相同。

倾向于违法多元论的行为时基准说认为，应当根据职务行为时的具体情况客观地进行判断（缓和的客观说）；与此相反，基于违法一元论的裁判时基准说则认为，应当以裁判时的事后审查为基准（纯客观说）。两种观点的上述对立，在警察基于错误判断而逮捕无辜的行为人时，其结论将大不相同。根据行为时基准说，逮捕行为当时如果存在可以认定被逮捕者是现行犯人这一客观情况，即便事后判明是错误地逮捕，这种逮捕也合法。③ 与此相反，根据裁判时基准说，如果被逮捕者不是真正的犯人，即便外观上存在逮捕现行犯人的客观状况，该逮捕行为仍然属于违法。在这种情况下，如果事后判明确实是现行犯人的话，如果警察的错误逮捕行为

---

① 参见〔日〕村井敏邦：《妨害执行公务罪研究》，成文堂，1984，第212页。
② 参见周光权：《刑法各论》，北京，中国人民大学出版社，2008，第353页。
③ 有关这一问题，在我国的刑法理论界，倾向于行为时基准说的观点认为，刑法规定本罪，是为了保护合法的职务活动，而职务行为是否合法当然应当以实施职务行为时为基准进行判断，即以行为时的具体状况为基础进行客观判断，而不能在事后进行纯客观的判断。（参见张明楷：《刑法学》，2版，北京，法律出版社，2003，第796页。）

不存在过失,那么,不能追究警察的责任,问题是,针对警察的非答责性,是否能够找到职务行为的合法性根据这一点①,这恐怕是这种观点的不足之处。

需要注意的是,"公务行为的合法性",同时可以成为与此相抗衡的妨害公务行为的"行为的违法性"要件这一点。就基于错误判断的逮捕问题而言,不仅要考虑逮捕者方的情况,还应考虑被逮捕者方的情况。从被逮捕者的角度来说,即便错误逮捕不属于警察方的过失,错误逮捕本身并没有变化。判断公务行为的合法、违法,与刑法中的一般违法性判断一样,不仅要考虑公务执行者个人事项,还要考虑包括对方情况在内,从整个法秩序的角度进行判断。在这种情况下,即便逮捕行为符合刑事诉讼法上的要件而属于合法行为,既然事后判明不是现行犯人而属于错误逮捕,由于行为时的判断仍然存在错误,因而从整个法秩序的角度而言,错误的逮捕行为属于违反一般规范的,具有一般违法性的公务行为而属于刑法上的违法,而可以与此相抗衡的行为只能是合法行为。②

---

① 针对这一问题,在我国的刑法理论界,倾向于裁判时基准说的观点认为,裁判时基准说是大致合理的,在作出裁判时对公务执行行为的合法性进行客观的、事后的判断,有利于保护公务执行行为,也可以调和其与公民权利之间的矛盾。但是,这一主张也会产生一些问题,例如法律手续齐备的搜查行为,事后证明完全是错误的,以裁判时基准说判断公务的合法性也可能不妥当。这样就会得出同一执行职务行为一方面符合刑事诉讼法的规定,另一方面又是违法执行公务的结论,从而造成实质上的混乱。不过,比较而言,裁判时基准说考虑了需要保护的公务行为的公正性,对于恰当平衡国家利益和个人利益,并在强大的国家作用之下保护个人有积极的意义。(参见周光权:《刑法各论》,北京,中国人民大学出版社,2008,第354页。)
② 参见〔日〕曾根威彦:《违法的统一性与相对性》,载《香川达夫先生古稀祝贺论文集》,成文堂,1996,第143页。

主要参考文献

中文文献：

[1] 高铭暄，马克昌主编. 刑法学. 5版. 北京：北京大学出版社，高等教育出版社，2011

[2] 王作富主编. 刑法分则实务研究. 北京：中国方正出版社，2010

[3] 赵秉志主编. 刑法争议问题研究（下卷）. 郑州：河南人民出版社，1996

[4] 张明楷. 刑法分则的解释原理. 北京：中国人民大学出版社，2004

[5] 陈兴良主编. 刑法学. 上海：复旦大学出版社，2009

[6] 陈兴良，周光权. 刑法学的现代展开. 北京：中国人民大学出版社，2006

[7] 曲新久主编. 刑法学. 4版. 北京：中国政法大学出版社，2011

[8] 谢望原，赫兴旺主编. 刑法分论. 北京：中国人民大学出版社，2008

[9] 李希慧主编. 刑法各论. 武汉：武汉大学出版社，2009

[10] 周光权. 刑法各论. 北京：中国人民大学出版社，2008

[11] 于志刚. 案例刑法学（各论）. 北京：中国法制出版社，2010

[12] 黎宏. 刑法学. 北京：法律出版社，2012

[13] 贾宇主编. 刑法原理与实务. 北京：中国政法大学出版社，2007

日文文献：

[1] 大塚裕史. 刑法各论的思考方法. 新版. 早稻田经营出版，2007

[2] 野村稔. 经济刑法的论点. 现代法律出版，2002

[3] 山口厚等. 理论刑法学的最前线Ⅱ. 岩波书店，2008

[4] 立石二六. 刑法各论30讲. 成文堂，2008

[5] 植松正等. 现代刑法论争Ⅱ. 劲草书房，1996

[6] 山口厚. 问题探究刑法各论. 有斐阁，2005

[7] 曾根威彦. 刑法的重要问题（各论）. 成文堂，1997

[8] 芝原邦尔等. 刑法理论的现代展开（各论）. 日本评论社，1998

[9] 冈野光雄. 刑法各论25讲. 成文堂，1995

[10] 伊东研祐. 现代社会与刑法各论. 2版. 成文堂，2002

[11] 武田诚. 放火罪研究. 成文堂，2001

[12] 高桥则夫. 刑法各论. 成文堂，2013

[13] 佐久间修. 刑法各论. 成文堂，2011

韩文文献：

[1] 金日秀，徐辅鹤. 刑法各论. 6版. 博英社，2004

[2] 黄山德. 刑法各论. 6版. 邦文社，1989

[3] 吴英根. 刑法各论. 大明出版社，2009

[4] 孙行权. 刑法事例研究. 法元社，2000

[5] 李炯国. 刑法各论研究1. 法文社，1997

[6] 河泰勋. 刑法事例演习. 3版. 博英社，2009

[7] 宋宪哲. 刑法事例总整理. 图书出版文声，2006

图书在版编目(CIP)数据

刑法分论争议问题研究/郑泽善著. —北京：中国人民大学出版社，2015.11
国家社科基金后期资助项目
ISBN 978-7-300-13906-7

Ⅰ.①刑… Ⅱ.①郑… Ⅲ.①刑法-分则-研究-中国 Ⅳ.①D924.304

中国版本图书馆 CIP 数据核字（2015）第 257154 号

国家社科基金后期资助项目
刑法分论争议问题研究
郑泽善 著
Xingfa Fenlun Zhengyi Wenti Yanjiu

出版发行	中国人民大学出版社		
社　　址	北京中关村大街 31 号	邮政编码	100080
电　　话	010－62511242（总编室）	010－62511770（质管部）	
	010－82501766（邮购部）	010－62514148（门市部）	
	010－62515195（发行公司）	010－62515275（盗版举报）	
网　　址	http://www.crup.com.cn		
	http://www.ttrnet.com（人大教研网）		
经　　销	新华书店		
印　　刷	涿州市星河印刷有限公司		
规　　格	165 mm×238 mm　16 开本	版　次	2015 年 11 月第 1 版
印　　张	25.25 插页 2	印　次	2015 年 11 月第 1 次印刷
字　　数	435 000	定　价	75.00 元

版权所有　侵权必究　　印装差错　负责调换